浙江省普通本科高校"十四五"重点立项建设教材

工程经济学

主　编　项　薇
副主编　林文文
参　编　陈秀勇　胡少媚

机械工业出版社

本教材面向高等学校工程技术类专业学生，特别针对工程认证需求，集成了工程经济与项目管理的知识体系，系统介绍了工程经济分析的基本概念、原理、方法，以及生产制造与服务领域工程实践中典型经济性决策、项目管理实践中若干典型工具应用，内容新颖，学践结合，有助于拓展认知。

本教材可作为工程技术类专业（机械类、土建类、电气工程类、管理科学与工程类、自动化类、材料科学与工程类、化工类等专业）本科生（大二以上年级）的教材，也可供政府、企业培训相关技术管理人员使用，还可供期望了解生活中的经济决策问题的人员自学用。

图书在版编目（CIP）数据

工程经济学 / 项薇主编. -- 北京：机械工业出版社，2025.6. -- (浙江省普通本科高校"十四五"重点立项建设教材). -- ISBN 978-7-111-78617-7

Ⅰ. F062.4

中国国家版本馆CIP数据核字第20258EF923号

机械工业出版社（北京市百万庄大街22号　邮政编码100037）
策划编辑：常爱艳　　　　　责任编辑：常爱艳　施　红
责任校对：贾海霞　张亚楠　　封面设计：张　静
责任印制：任维东
唐山三艺印务有限公司印刷
2025年9月第1版第1次印刷
184mm×260mm・18.75印张・463千字
标准书号：ISBN 978-7-111-78617-7
定价：59.80 元

电话服务　　　　　　　　　　网络服务
客服电话：010-88361066　　　机 工 官 网：www.cmpbook.com
　　　　　010-88379833　　　机 工 官 博：weibo.com/cmp1952
　　　　　010-68326294　　　金 书 网：www.golden-book.com
封底无防伪标均为盗版　　　　机工教育服务网：www.cmpedu.com

"工程经济学"是高等学校工程技术类专业的一门专业核心课程,主要介绍工程经济分析的基本概念和方法(如货币的时间价值、经济等值概念、成本收入预估模型、经济评价理论和方法等)及工程实践中的工程经济分析应用(如项目方案经济评价、更新分析和不确定性分析等),旨在培养学生运用工程经济学的基本原理、方法和技能解决实际工程项目中经济效益评价及科学决策的能力,形成科学思维观,培养工程素养。目前国内高校大多数工科专业需要开展工程认证工作,而工程认证毕业要求中包含了工程经济与项目管理的知识体系和能力的相关要求,因此国内高等院校大多数工科专业陆续开设了工程经济学及项目管理方面的课程。

国内大多数《工程经济学》教材主要面向土木建筑类专业和工程管理专业,教材中的案例导入、例题、案例分析等大都结合了以上专业实践中的工程经济应用。与之不同的是,本教材面向工程技术类专业,深入浅出地解释了工程经济的概念、原理、方法以及在生产制造及服务领域实践中的应用。

本教材在"新工科"建设层面有以下特色:

1)注重实践性,本教材内容体现"新工科"教学模式,强化情境(社会民生热点、生产制造及服务领域工程)问题的导入,注重构建问题-知识-方法图谱及层次化知识体系。本教材旨在解决情境问题,使"新工科"教学得以在真实案例的导引之下提炼问题、思考问题、解决问题,培养学生灵活运用知识的能力,培养学生的开放发散思维。

2)"工程经济学"课程融合了工程学和经济学知识,有"工+经"属性,本教材特别针对"新工科"对工程认证需求,进一步集成了工程经济与项目管理在生产制造和服务领域的交叉融合,拓展为"工+经+管",强调多个学科和多个知识点的有机衔接。

3)特别介绍了人工智能和大数据分析等新兴技术对工程经济分析的方法拓展及应用实践,在部分章节中介绍了深度学习、人工智能模型算法等新兴技术工具在经济性决策的交叉应用。

本教材紧扣专业培养目标及课程教学目标,将教材内容规划成4个部分:绪论、基础篇、方法篇、实践篇,沿着框架认识→地基构建→方法体系→实践应用的路径逐步深入。

1)绪论(第1章):包括工程及工程中的决策、工程经济学的内涵、生产服务领域的典型工程经济学问题、工程经济分析的原则、工程经济分析的过程,帮助学生形成初步的框架认识。

2)基础篇(第2~3章):介绍工程经济学的基本概念、原理和计算公式,包括经济与成本概念、货币的时间价值和等值计算,通过学习基本概念,实现"地基构建"。

3)方法篇(第4~5章):介绍开展工程经济学分析所必须了解的方法、模型及工具,包括成本预估方法、经济性评价方法，形成解决问题的方法体系。

4）实践篇（第6~11章）：关注实际生产服务工程背景下的典型决策情境，进行合理假设提炼，引导学生挖掘其中的本质决策问题（包括项目经济性决策、税后经济性决策、资产更新决策、生产中静态经济性决策、不确定性的决策、生产过程中的项目管理实践）等，设置基于情境 PBL 的项目学习，创新开发解决方案，选择适合的方法工具模型进行工程经济学评价分析并解决问题，达成实践应用的能力。

按照上述逻辑规划，本教材每章在组织时也设计了"导—学—练—践—探"的学习路径，达成分层螺旋学习的模式：

1）"导"：章前通过"目标——能力"、"问题——知识导引"、"案例导入"等帮助学生认识本章学习的"地图"；提供若干"思政导引"方面的思考，强调专业内容与思政元素同向同行。

2）"学"：结合例题进行具体内容讲解，阐述知识点和应用，辅以逐级问题思考和思政思考，鼓励学生"学中思，思中学"。

3）"练"：章后提供"测试及问题"，从知识点练习到问题求解训练，提供全面测试训练，巩固学习。

4）"践"：提供基于情境 PBL 实践的拓展实践，情境 PBL 项目源自生活社会热点或具体工程实践案例，学生可组队自主实践。

5）"探"：考虑到学生的自主学习能力及兴趣存在差异，为有高阶学习需求的学生提供"双语术语"及"拓展阅读文献"资源，帮助其进行拓展探究。

本教材所倡导的"导—学—练—践—探"式螺旋学习路径，引领各类分层的"导引类思考"，如针对所有学生的"问题思考""思政导引"，让学生进入专题学习前带着问题去求解，去领悟；针对有高阶学习需求的学生的"拓展思考""高阶学习导引"等，引导学生在学习中不断升级、拓宽思路、实现分层，最终引导有兴趣、有能力的学生在课后拓展探索。

本教材由宁波大学机械工程与力学学院"工程经济学"课程教学团队骨干教师编写完成，团队所承担的"工程经济学"课程先后获评浙江省一流本科（线上线下混合式）课程、浙江省"互联网+教学"示范课程、浙江省线上一流国际化课程。本教材由课程和团队负责人项薇担任主编并负责统稿，由林文文担任副主编，陈秀勇、胡少媚参与编写。各章编写分工如下：第1、3、6、8章由项薇编写；第10、11章及附录由林文文编写；第4、5、9章由陈秀勇、项薇、林文文共同编写；第2、7章由胡少媚、项薇共同编写。

本教材在写作过程中参考了不少同行出版的著作、教材和论文，以及网络资料，在此予以致谢！由于资料来源较广，时间跨度比较大，参考文献未能一一列出，敬请见谅。书中难免有不如人意之所在，敬请读者批评指正，以便再版时修订，使之能够更契合教学和时代的要求。

我们为选择本书作为授课教材的教师免费提供教学课件（PPT）、测试及问题的答案及教学大纲，请登录机工教育服务网（www.cmpbook.com）索取。

项薇
2025 年 7 月

目录 Contents

前　言

绪　论

第1章　概述 ························ 2
　本章目标 ·························· 2
　本章问题-方法-知识图谱 ············· 2
　案例导入 ·························· 3
　1.1　工程及工程中的决策 ············ 4
　1.2　工程经济学的内涵 ·············· 6
　1.3　生产服务领域的典型工程
　　　 经济学问题 ···················· 7
　1.4　工程经济分析的原则 ············ 8
　1.5　工程经济分析的过程 ············ 9
　小结 ······························ 13
　测试及问题 ························ 13
　情境问题实践 ······················ 14
　双语术语 ·························· 15
　拓展阅读文献 ······················ 15

基　础　篇

第2章　经济与成本 ················ 18
　本章目标 ·························· 18
　本章问题-方法-知识图谱 ············ 18
　案例导入 ·························· 19
　2.1　资本及投资 ···················· 19
　2.2　成本及其分类 ·················· 21
　2.3　收入与利润 ···················· 35
　小结 ······························ 36
　测试及问题 ························ 36
　情境问题实践 ······················ 37
　双语术语 ·························· 38
　拓展阅读文献 ······················ 39

第3章　货币的时间价值和等值计算 ··· 40
　本章目标 ·························· 40
　本章问题-方法-知识图谱 ············ 40
　案例导入 ·························· 41
　3.1　基本符号 ······················ 41
　3.2　货币的时间价值与利息 ·········· 42
　3.3　等值 ·························· 44
　3.4　现金流图 ······················ 46
　3.5　基本等值转换计算 ·············· 47
　3.6　延迟年金系列等值转换 ·········· 54
　3.7　均匀梯度（等差）序列
　　　 等值转换 ······················ 55
　3.8　几何梯度（等比）序列
　　　 等值转换 ······················ 58
　3.9　包含多种形式现金流的
　　　 等值转换 ······················ 59
　3.10　考虑利率随时间变换下的
　　　　现金流等值转换 ··············· 61

3.11　一年复利多次的等值转换 ……… 61
3.12　连续复利下的等值转换 ………… 64
小结 ……………………………………… 65
测试及问题 ……………………………… 66
情境问题实践 …………………………… 67
双语术语 ………………………………… 68
拓展阅读文献 …………………………… 68

方　法　篇

第4章　成本预估方法 ……………… 72
本章目标 ………………………………… 72
本章问题-方法-知识图谱 ……………… 72
案例导入 ………………………………… 73
4.1　引言 ………………………………… 74
4.2　项目成本收入综合估算流程 …… 74
4.3　成本与费用估算模型 …………… 81
4.4　人工智能在成本预估中的
　　　应用 ……………………………… 86
小结 ……………………………………… 91
测试及问题 ……………………………… 91
情境问题实践 …………………………… 93
双语术语 ………………………………… 94
拓展阅读文献 …………………………… 94

第5章　经济性评价方法 …………… 95
本章目标 ………………………………… 95
本章问题-方法-知识图谱 ……………… 95
案例导入 ………………………………… 96
5.1　项目经济性评价指标体系 ……… 96
5.2　基准收益率 ……………………… 97
5.3　净现值及其评价方法 …………… 98
5.4　将来值及其评价方法 …………… 101
5.5　净年值及其评价方法 …………… 102
5.6　内部收益率及其评价方法 ……… 103
5.7　外部收益率及其评价方法 ……… 107
5.8　回收期及其评价方法 …………… 108
5.9　投资收益率 ……………………… 110
小结 ……………………………………… 111
测试及问题 ……………………………… 111
情境问题实践 …………………………… 113
双语术语 ………………………………… 114
拓展阅读文献 …………………………… 114

实　践　篇

第6章　项目经济性决策 …………… 116
本章目标 ………………………………… 116
本章问题-方法-知识图谱 ……………… 116
案例导入 ………………………………… 117
6.1　项目、方案的分类 ……………… 117
6.2　单一方案的经济性决策（P1）… 118
6.3　独立方案的经济性决策（P2）… 120
6.4　互斥方案比较的基础和
　　　决策问题 ………………………… 121
6.5　有用寿命相同时的互斥方案
　　　决策（P3）……………………… 123
6.6　有用寿命不同时的互斥方案
　　　决策（P4）……………………… 126
小结 ……………………………………… 131
测试及问题 ……………………………… 132
情境问题实践 …………………………… 135
双语术语 ………………………………… 136
拓展阅读文献 …………………………… 136

第7章　税后经济性决策 …………… 137
本章目标 ………………………………… 137
本章问题-方法-知识图谱 ……………… 137
案例导入 ………………………………… 138

7.1 引言 ……………………………………… 139
7.2 折旧基础 ………………………………… 139
7.3 折旧方法 ………………………………… 141
7.4 所得税概述 ……………………………… 145
7.5 所得税计算 ……………………………… 147
7.6 税后经济性分析 ………………………… 148
小结 ………………………………………… 155
测试及问题 ………………………………… 156
情境问题实践 ……………………………… 157
双语术语 …………………………………… 158
拓展阅读文献 ……………………………… 158

第8章 资产更新决策 …………………… 160
本章目标 …………………………………… 160
本章问题-方法-知识图谱 ………………… 160
案例导入 …………………………………… 161
8.1 引言 ……………………………………… 161
8.2 更新分析的动因 ………………………… 162
8.3 更新中的若干概念 ……………………… 163
8.4 更新分析中考虑的因素 ………………… 164
8.5 资产更新决策的典型问题导览 ……… 166
8.6 新资产（挑战资产）的经济
    寿命（P1） …………………………… 168
8.7 现有资产（防御资产）的剩余
    寿命（P2） …………………………… 169
8.8 更新分析中互斥方案的比较 ………… 171
8.9 各类典型更新决策问题（P3） ……… 172
8.10 资产退出（废止）决策（P4） …… 177
8.11 租赁购买决策（P5） ……………… 179
小结 ………………………………………… 181
测试及问题 ………………………………… 182
情境问题实践 ……………………………… 184
双语术语 …………………………………… 185
拓展阅读文献 ……………………………… 185

第9章 生产中静态经济性决策 ………… 187
本章目标 …………………………………… 187
本章问题-方法-知识图谱 ………………… 187
案例导入 …………………………………… 188
9.1 静态经济研究基础 ……………………… 188
9.2 生产过程中成本相关决策 ……………… 189

9.3 不同经济环境中的生产决策 …… 196
9.4 价值工程 ………………………… 202
小结 ………………………………… 209
测试及问题 ………………………… 209
情境问题实践 ……………………… 212
双语术语 …………………………… 213
拓展阅读文献 ……………………… 213

第10章 不确定性的决策 …………… 214
本章目标 …………………………… 214
本章问题-方法-知识图谱 ………… 214
案例导入 …………………………… 215
10.1 引言 …………………………… 215
10.2 不确定性界定及来源 ………… 216
10.3 盈亏（临界）分析 …………… 217
10.4 敏感性分析 …………………… 222
10.5 风险概率分析 ………………… 224
10.6 大数据分析 …………………… 230
小结 ………………………………… 231
测试及问题 ………………………… 232
情境问题实践 ……………………… 234
双语术语 …………………………… 235
拓展阅读文献 ……………………… 235

第11章 生产工程中的项目管理
实践 ……………………………… 237
本章目标 …………………………… 237
本章问题-方法-知识图谱 ………… 237
案例导入 …………………………… 238
11.1 引言 …………………………… 238
11.2 项目管理流程 ………………… 239
11.3 项目选择决策 ………………… 240
11.4 项目管理决策 ………………… 246
11.5 项目质量管理实践 …………… 251
11.6 人工智能在项目规划中应用 … 254
小结 ………………………………… 256
测试及问题 ………………………… 256
情境问题实践 ……………………… 257
双语术语 …………………………… 258
拓展阅读文献 ……………………… 259

附　录

附录 A　Excel 公式汇总 …………………… 262
附录 B　财务函数总结 …………………… 266
附录 C　离散复利利息和年金表 ……… 269
附录 D　连续复利利息和年金表 ……… 288

参考文献 ……………………………………………………………………………………… 292

绪　论

（工程）是一门如何花最少的钱把事情办好的艺术。
　　　　——［美］A. M. 惠灵顿（工程经济学首创人）

第1章　概述

第 1 章 概述

导

本章目标

知识目标	能力目标
◇ 了解工程经济学的内涵。 ◇ 了解工程经济学发展历程。 ◇ 掌握工程经济分析的基本原则。 ◇ 掌握形成备选方案的创新方法。 ◇ 认识工程经济分析的过程。	◇ 能够意识到工程经济对未来工程师的意义，形成成本经济和决策意识。 ◇ 能够开展完整的工程经济分析：根据具体情境，提炼工程经济基本问题，运用适合的方法提出多种备选方案，选择评价准则，分析比较形成决策。

本章问题-方法-知识图谱

本章问题-方法-知识图谱见图1-1。

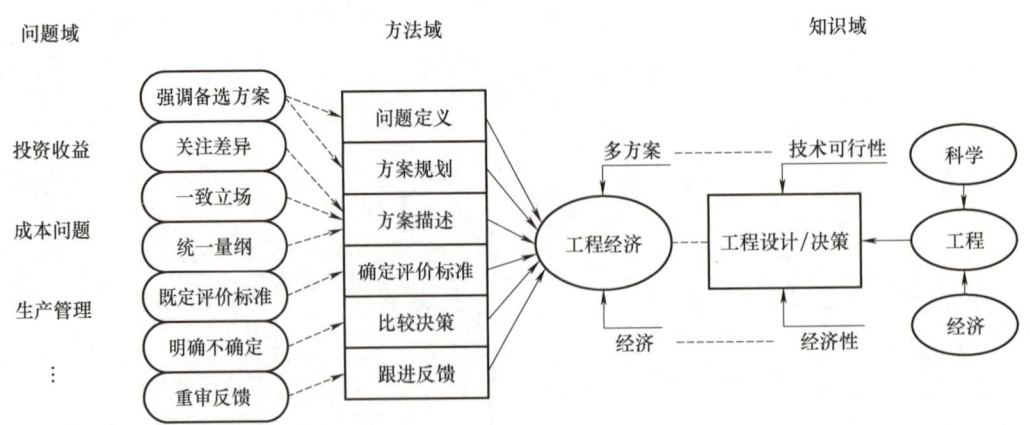

图 1-1　本章问题-方法-知识图谱

 **案例导入**

某集团企业前瞻创新中心产品孵化流程

某集团目前主营产品为汽车零部件，位列全球汽车零部件供应商百强。该企业前瞻创新中心负责开展技术前瞻和新产品孵化的工作，通过市场调研、技术分析和专家咨询等方式，跟踪全球科技发展趋势，探索潜在机会和孵化新产品。该企业预测到市场对未来人形机器人的大量需求，想拓展成为机器人零部件供应商，目前正规划进入人形机器人硬件供应链领域。

在该创新中心产品孵化流程中，需要考虑许多因素，包括：市场前景（人形机器人是否具有可持续发展的潜力）、技术可行性（企业现有技术的成熟度和实施难度）、资金需求（考虑项目的启动和运营成本）、团队能力（评估团队的技术和能力）、商业模式（确保项目具有稳定的收入来源，并能够持续盈利）、法律和合规性（在创业过程中避免法律风险）及地区和政策支持（充分利用项目所在地区的创业环境和政策支持）。在选择创新项目决策时，以上因素都需要综合考虑，究其核心为技术可行性及经济可行性。技术可行性是指在项目投资之前需要调研的技术细节，只有当这些技术基础足够可靠时，该项目才有可能可行。经济可行性主要通过衡量该项目能否利用资源生产出有价值的产品或服务，以及产出的产品或服务能否通过市场获取利益，以保证它的经济可行性。前者确保了项目的技术实施可能性，而后者则确保了项目的经济效益和资源的合理配置。两者共同构成了项目成功实施的基础。

该前瞻创新中心的人形机器人硬件产品生产规划流程包括：需求调研（了解现状实况、目标功能，难点堵点，提出具有明确目标的任务）、技术方案开发（根据目标任务，提出能够完成任务的技术方法，分析每一项技术方法的优势劣势）、经济分析（针对技术方案估算需要的资金和工期等，形成可比对可估算的方案）、决策（最终根据几个比选方案，择优提出建议方案）。

问题思考 上述人形机器人硬件产品的孵化决策时，技术与经济的关系中，谁起决定性作用？

思政导引 可行性分析中除了前面提到的技术可行性和经济可行性，还应该或需要考虑什么其他的可行性？

请带着这些问题思考，在本章学习中找寻答案。

1.1 工程及工程中的决策

1.1.1 工程与工程决策的定义

工程的定义是"利用通过学习、实验和实践获得的数学与自然科学方面的知识去经济地使用材料和自然之力的方法来造福人类"。这个定义既强调了工程中的物理方面，又强调了工程中的经济方面。

科学是"一种系统化的、有序的知识体系，旨在通过可检验的解释和预测来研究自然、社会和思维等领域的现象和规律"。

工程与科学的区别在于工程最终要通过实践解决问题，在解决问题的实践中涉及的不仅是科学方法的应用，还有经济效益的达成，即最终要以现金价值这个经济性的关键指标来衡量效益。所以，工程本质上是与经济紧密联系的。

工程决策是指根据企业目标，通过调查、分析、研究，运用一定的科学方法和手段，对工程项目的建设规模、投资规模、建设周期、经济发展影响等进行技术经济分析评价的过程。这一过程涉及对项目的多个方面进行深入的分析和评估，包括可行性、经济效益、社会影响等，以确保项目的成功实施和预期目标的实现。

在前面案例导入中，我们了解到该企业在选择人形机器人硬件项目孵化决策时，关注核心为技术可行性及经济可行性。企业自身的技术成熟度确保了项目的技术实施可能性，而经济可行性则确保了项目的经济效益和资源的合理配置。两者共同构成了项目成功实施的基础，所以在工程决策中，经济性的决策不容忽视。

1.1.2 工程中的经济性决策

生活中有很多场景会面临经济性决策问题，例如：

1) 你准备买一辆新车，车价是12万元，你付了20%首付（2.4万元），余下80%（9.6万元）选择申请汽车金融贷款，在这种情况下，汽车经销商给你提供了几个选择：①贷款利率3%，车价没有折扣；②贷款利率5%，车价有5 000元的优惠折扣。那么你会如何选择？

2) 假期里有几个朋友安排去西北旅行，你是选择跟团旅行，7天食宿行全包，费用为7 000元；还是选择7天自由行，自己安排路线食宿，到目的地当地包车？

3) 周末外卖点比萨，你是选择必胜客的12寸芝士厚饼皮比萨（售价98元），单点饮料（售价10元），还是选择经典比萨套餐（售价128元）？或者其他诸如芝根芝底店的12寸比萨？

问题思考 上述生活中的决策，决策依据是什么？其中的经济性指标有哪些？

与生活中相对简单的经济性决策相比，工程中的决策广度、深度、时间跨度以及应用情

境场景更为复杂。首先来看生产服务领域企业里不同工程技术管理人员经常会面临的诸多工程决策问题,例如:

1)在众多可行的产品设计方案当中,产品研发工程师如何选择最有竞争性的方案?
2)现在使用的设备是否需要更新?设备维护工程师在设备管理中何时考虑更新?
3)创新研发部门提交的一个新孵化项目是否应该采纳投资?
4)企业引进新工艺将显著提升现有产品的生产质量稳定性,但是会增加制造成本,是否应该考虑采纳新工艺?
5)在资源资金有限的情况下,企业如何选择最佳的改善项目方案进行投资?哪个/哪些项目应该落地实施?
6)在现有的市场环境及生产销售状况下,某类产品的可获利空间如何?有效提高利润的方案有哪些?
7)订单需求旺盛时,企业新接单加工某一产品,是选择自产?还是外包?

还有一类工程决策是由政府部门实施的,比如:

8)公共服务供电决策,夏季天气炎热时,居民空调的使用消耗相对较高,高峰期用电集中,电力紧张,这时候电力资源的分配要如何决策?企业限电会影响企业生产,降低收益,乃至降低 GPD,但是保证生产用电,会降低生活用电稳定性。电力部门做电力资源分配决策时考量的经济性和满意度应如何平衡?
9)规划地铁线路时,换乘站点、途经站点、覆盖区域等的决策应如何考虑及评价?

问题思考 上述工程决策问题的共同之处是什么?

这些都是源于实际工程背景下的决策问题,工程决策的技术可行性体现在不同方案中的技术可实现性,技术上可行是基本要求。图 1-2 描述了工程决策中所考虑的技术可行性与经济可行性。抛开工程技术可行性的考虑,工程决策本质上可以还原为一个共通的问题:"企业/政府可以花费多少钱去实施什么方案?"即工程经济可行性问题。这个问题当中包含了两个核心点,一是**经济性的考虑**(即要花费多少钱?或可获利多少?),二是**方案比较**(即实施什么方案最好)。

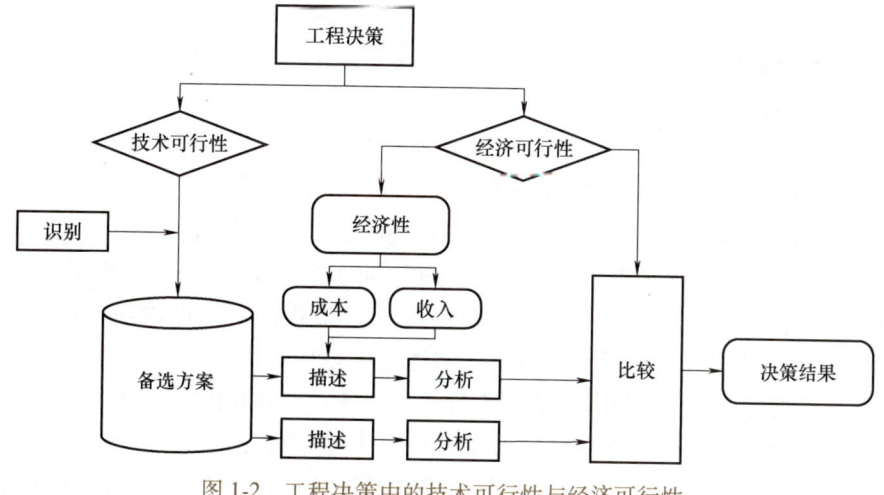

图 1-2 工程决策中的技术可行性与经济可行性

> **思政导引** 公共服务领域内的经济性决策与生产制造领域内的经济性决策有什么不同？追求利益最大化是所有经济性决策的基本标准吗？

1.2 工程经济学的内涵

1.2.1 工程经济学的内涵、研究对象及研究任务

工程经济学的内涵是研究如何有效利用资源，提高经济效益，以及研究工程中如何达到技术因素与经济因素的最佳结合。

工程经济学的研究对象包括各种工程（项目）方案的经济分析的基本方法和经济效果的评估方法。这些工程项目（或投资项目）包括公共项目和企业投资项目。工程经济学的实质是寻求工程技术与经济效果的内在联系，着重研究工程、技术与经济的相互关系，揭示它们协调发展的内在规律，谋求工程、技术与经济的最佳结合，促使工程技术的先进性与经济的合理性的统一。

工程经济学的研究任务是以现有资金为基础，对工程项目及其相应环节进行经济效益分析；对各种备选方案进行分析、论证、评价，从而选择技术上可行、经济上合理的利用有限资源的最佳活动方案，从而取得最大的经济效益。

上述工程经济学的定义中体现出其两大内涵：**经济效益分析**和**备选方案选择**。工程项目的技术分析提供了多个备选方案基础，最终工程决策将依据对各备选方案的经济效益分析对比，选择最优方案，以获取最大经济效益。

1.2.2 工程经济学发展历程

工程经济学作为一门学科，其雏形可以追溯到19世纪末。当时，在工业革命的推动下，全球范围内大规模的基础设施建设如火如荼地进行，特别是在交通运输领域，美国尤为突出。1887年，美国著名的土木工程师亚瑟·M. 惠灵顿（Arthur M. Wellington）发表了其著作《铁路布局的经济理论》(The Economic Theory of the Location of Railways)，惠灵顿首次将经济分析引入工程决策过程，强调了成本效益分析的重要性。这一思想为后来的工程经济学研究奠定了基础，使得工程技术人员开始重视经济学理论在工程项目中的应用。

进入20世纪，特别是20世纪初期，工程经济学开始从初步形成阶段迈向理论体系的构建阶段。此时，随着经济学和管理学理论的成熟与发展，工程经济学逐渐演变为一门独立的学科。20世纪20年代和20世纪30年代，随着工业化进程的加快，企业对资本投入的经济性和投资决策的科学性提出了更高的要求，这为工程经济学的深入发展提供了契机。

1930年E. L. 格兰特（E. L. Grant）教授出版了《工程经济学原理》(Principles of Engineering Economy)，这本著作被视为工程经济学理论体系构建的一个重要里程碑。格兰特教授在书中系统地阐述了工程经济分析的基本理论和方法，例如现值、年值、折旧、成本效益分析等概念。他通过将这些经济学概念与工程项目决策结合，提出了工程经济学的基本框架，奠定了现代工程经济学的学科基础。格兰特教授因此被尊称为"工程经济学之父"。

第二次世界大战后,全球经济迅速复苏,各国政府和企业纷纷加大对基础设施和工业项目的投资。这一时期,工程经济学迎来了快速发展的黄金时期。战后经济的复苏不仅带来了技术的革新,也使得大规模工程项目的经济分析需求大幅增加。此时,工程经济学从理论体系的初步构建逐渐走向了更加深入和广泛的应用阶段。

随着数学工具和计算机技术的引入,工程经济学的分析方法变得更加精准和复杂。工程经济学家们开始运用线性规划、动态规划、模拟技术等先进的数学工具,对工程经济问题进行更为深入的定量分析。这些方法极大地提升了工程经济分析的科学性和可靠性,使得工程项目的经济性评估和决策更加精确和系统。

20世纪50年代至70年代期间,随着全球工业化和城市化进程的加快,工程经济学的研究范围进一步扩展。学者们不仅关注基础设施建设和制造业,还开始研究能源、环境保护、资源利用等领域的工程经济问题。特别是在能源领域,石油危机促使各国政府更加关注能源项目的经济性,工程经济学在能源投资和项目评估中得到了广泛应用。

此外,20世纪70年代末,随着全球经济一体化的推进,跨国工程项目的增多也推动了工程经济学的国际化发展。学者们开始研究如何在不同的经济环境和文化背景下进行工程项目的经济分析和决策,推动了工程经济学的全球化进程。

1.2.3　工程经济学对工程师的意义

工程经济学在培养工程技术类学生的经济意识方面具有十分重要的作用,作为修读工程类专业(工科)的学生,毕业后将成为工程师,根据专业的不同,从事的设计生产工作的领域涵盖广泛,以机械工程类的工程师为例,包括结构工程师、工艺工程师、电气工程师、生产管理工程师等。无论哪类具体领域的工程师,其工作核心都是设计,设计对象是各种产品/系统。

> **问题思考**　作为设计师,如何衡量一个设计是否成功?

一方面,工程设计必须满足功能上的需求,产品或系统在功能上符合用户的需求是一个成功设计的基本要求。另一方面,成功的设计最终都要落地成产品,只有销往市场,才能构成完整的闭环。从设计模型到最终产品,需要经历资本投入、选择原材料、选择工艺、选择设备加工等完整的生产过程,需要投入生产成本。通过售出产品回收销售收入,且收入超出成本获得利润,是企业追求的终极目标,所以经济性必须成为成功设计的重要考量。所谓"经济",是个比较的概念,同样功能的产品,设计方案可以不同,不同的可行方案会带来不同的生产成本和收入。只有收入超出成本,才能为企业带来利润,只有在功能上满足需求,且在经济上能够为企业带来更大经济收益(利润)的,才是成功的设计。作为设计师的工程师,具备成本意识、经济分析和决策能力将直接关乎产品、项目、工程的可持续性发展。

1.3　生产服务领域的典型工程经济学问题

工程经济决策的广度、深度、时间跨度以及应用情境场景差异很大。本教材重点关注生产服务系统中的工程经济决策问题。对于工程师而言，初期可能主要负责产品、工艺、装备、系统的开发设计等，涉及的经济性决策主要体现在车间生产决策、成本改善层面。随着经验及资历的增加，工程师逐渐成为资深管理者或系统专家，这时涉及的经济性决策可能包括更高层次的资源分配和战略规划层面，所考虑的从短期问题变成了中期乃至长期问题，影响的因素会更多，更为复杂。图 1-3 是生产服务领域内的典型工程经济问题。

投资收益问题				成本问题				生产管理决策			
盈利性分析	流动性分析	敏感性分析	损益回报	价值工程	成本估算	成本控制	定价策略	更新分析	盈亏分析	工艺选择	外包决策

图 1-3　生产服务领域内的典型工程经济问题

无论是哪类工程经济决策，都需要对其进行工程经济分析。下面两个小节将介绍在工程经济分析中需要秉持的基本原则和例行的分析流程。

1.4　工程经济分析的原则

工程经济分析过程中有若干基础的原则，这些原则为工程经济学方法的应用提供了一个基本体系。

1. 提出备选方案

工程经济强调多个备选方案，决策一定是从若干备选方案中选择出来的，可行备选方案集的好坏决定了工程决策的质量。因此，工程经济分析首先需要识别和定义方案。在为项目确定备选方案的过程中，创新性是极为重要的。例如，为了提高企业生产利润，可以采取许多改善方案，包括提高产品售价、降低原材料采购价、减少生产过程中浪费、改善产线平衡率、降低生产节拍等，也可以同步实施多个措施，这些备选改善方案的质量将直接决定利润提升决策的有效性。

同时必须提醒，在一些决策中，特别是在投资性决策中，最好有一个可行的备选方案：不做任何改变。当所有投资项目方案都无法达成企业最低期望收益时，不做投资就是最佳的备选方案。

2. 关注差异

在对多个备选方案进行选择比较时，为了简化问题，通常我们可以忽略不同方案的共性部分，着重关注那些不同的地方。只评估分析差异带来的影响，将会简化经济分析的复杂度。例如，两个品牌的安全座椅产品价格相同，则在最终购买决策时，价格因素可不必理会，决策的依据将是两个产品中存在差异的某个要素，如品牌、售后服务、操作便捷性等。

3. 始终如一的立场或视角

工程经济分析需要对项目方案进行量化描述，通常会将方案描述为现金流图，即需要描述项目一定时期内的经营活动产生的现金和现金等价物的流入和流出。因而在构建项目方案的现金流图时，应该始终站在一致的立场上去审视方案中的经济性收入或者支出。比如描述一个贷款问题，初始的贷款本金对于借贷人来说是一笔收入，而对于出贷方则是一笔支出。所以在描述一个 5 年期的项目贷款的时候，在整个还贷周期内我们要始终如一地站在同一立场上描述现金的流入和流出。如果不能做到这一点，则会产生矛盾，带来错误的分析结果。

4. 使用一致的量纲

方案描述时需要遵从一个共同的基本可比性原则，即使用一个通用的、普遍适用的度量单位来衡量方案的不同效果。由于普遍采用现金流描述方案，因此需要采用一致的量纲描述现金流大小。注意以下三种处理情形：

1）情形 1：对于方案中常见的典型经济性效果，现金流普遍采用货币形式描述，所以现金流上的项目收入或者支出应该用相同的货币单位（比如统一转换成人民币），并且在时间上保持一致。

2）情形 2：对其他效果（非经济性）可以按需要进行处理，将效果指标等效转换成相应的经济性效果指标，再遵从情形 1。比如不同方案后续带来每年生产废品率的不同，废品率每降低 0.5% 可以转换成增加年收入 1 万元，经过转换可以描述为货币收入形式。

3）情形 3：对无法用货币形式衡量或直接转换的其他效果（非经济性），需要采用适合的方法量化其效果，比如顾客满意度提升可以近似映射成未来一定时期内增加的订单量，进而转换成货币等等。若实在无法量化，需要额外描述，以便决策者比较方案时有所考量。

5. 考虑所有的评价标准

最终决策（较优的方案）的选择需要使用既定的一个或几个评价标准，所以决策的过程当中应该充分考虑各种经济性评价指标（比如盈利性、流动性、收益率等）及其他非经济性评价指标，形成全面的衡量指标。

6. 让不确定性更加明确化

任何项目方案的实施都是发生在将来的事情，未来发生的收入或者支出都存在一定的不确定性。理论上不确定性本就是不可避免的，但是为了能够进行量化的工程经济分析，有必要将不确定性影响尽可能地降低，需要通过一些有效的预测模型或方法对不确定性因素进行预测。对于无法规避的不确定性因素，再进一步进行相应的敏感性分析，考虑不确定性因素对于项目决策的影响程度。

7. 重新审视和反馈

任何项目在后续的执行过程中都可能与之前的预测不同。在项目执行完成后，对项目进行重新审视评估和反馈调整，一方面形成项目工程经济分析的闭环，另一方面可以为后续再做类似项目时提供参考，从而提高改进未来项目分析和决策的质量。

1.5 工程经济分析的过程

一个合理且完整的工程经济分析有助于辅助形成高质量的工程决策，需要秉持第 1.4 小节讨论的 7 个基本原则和例行的分析流程步骤。这个流程步骤包括 6 个过程：问题定义、方案规划、方案描述、确定评价标准、方案评价比较决策、项目跟进反馈。

1.5.1 问题定义

在工程经济分析中,首先需要明确工程项目的目标,需要通过调研,收集多类信息,明确工程的目标及对象,识别确定工程项目所要解决的关键问题,即问题的识别和定义。在问题识别定义过程中,可以采用多种方法工具(见第11.3节)。

1.5.2 方案规划

明确了目标和关键问题后,下一步就要针对问题开发相应的解决方案。通常一个问题可以有多种解决方案,解决方案的多样性是经济性比较的一个前提。所以需要穷举可行解决方案,能够创新性地提出解决的方案是工程经济分析方案规划的一个重点。

创新性地提出备选方案的常见方法有头脑风暴法、名义小组讨论法和德尔菲法,这些方法都是基于群体创新理念,可以克服个人的一些思维障碍,拓展思考的角度,从而提出一些新的高质量备选方案。

1. 头脑风暴法

头脑风暴法(Brain Storming)是一种集思广益,从而产生新思想、新方案的群体创新方法,它的基本原则是"延缓判断"和"数量产生质量",通过会议形式鼓励参与者自由提出创意和想法,强调对任何思想都不能批评,以增加创意的数量和多样性,通过联合讨论和评价分析,产生高质量的决策方案。一次完整的头脑风暴的过程包括以下步骤:①准备阶段。选择参与者(4~7人),预先对问题进行描述。②头脑风暴阶段。根据相关的问题,以及头脑风暴的实施原则,提出尽可能多的观点、方案并记录下来。③评价阶段。对于与问题相关的想法,从效果和可行性方面进行评价。

2. 名义小组讨论法

名义小组讨论法(Nominal Group Technique,NGT)由德尔贝克(Andre P. Delbecq)和范德温(Andrew H. Van de Ven)提出,被视为一种结构化的头脑风暴法,通过将参与者分成小组进行讨论,结合个人的思想和判断,汇总各组的想法并进行评价和排序,最后达成小组共识,有助于系统地收集和处理创意。NGT方法的小组成员没有特别限定人数,5~10人为宜。NGT的基本框架是:①个人独立思考,讨论前先独立形成个人意见或方案;②小组对每个人的思考进行阐述;③个人对每个思考的点子进行投票和排序;④讨论并达成小组共识。NGT法是管理决策中的一种定性分析方法。决策过程中对群体成员的讨论或人际沟通加以限制,但群体成员应独立思考。

3. 德尔菲法

德尔菲法(Delphi Method)是一种匿名的方法,通过多轮专家咨询和反馈,使专家们的意见趋于一致,适用于需要专家集体判断和预测的复杂问题。虽然都是群体创新方法,不同于NGT,德尔菲法可以试图消除一些群体动力学固有的一些缺点(在群体动力学中,一些群体成员的个性或品格会遮蔽其他成员的个性),即专家组中领导者的意见往往会比较强势,会压过其他群体成员的一些想法,产生倾向性。所以这个方法需要一组专家匿名表达意见,通常采用个体抽样调查的方式,然后汇总所有意见,再将结果的概要反馈给所有专家,并对那些和小组一般意见有很大不同的意见进行特别关注,询问专家是否愿意根据小组结果重新考虑他们的原始意见,这样的过程反复进行,直到达成一个理想、全面、一致的小组意见。

1.5.3 方案描述

这个步骤是指针对每个备选方案收集调研信息，准确描述方案的预期效果。

1）针对经济性效果描述，结合第 1.4 节中的原则 2、原则 3 和原则 4，预估构建其对应的现金流。现金流是工程经济分析中的重要概念，包括现金流的大小、方向和作用点，有效地利用现金流分析项目经济性，对于工程项目的决策至关重要。应当将影响各备选方案现金流的各种因素定量化，一般将方案的投入、产出转变成用货币表示的收入或者费用支出，并估计现金流发生的时间点，从而绘制相关方案的现金流图。

2）针对非货币因素形式的效果进行量化描述，如安全、环境、可持续性、满意度等，也会对备选方案决策起到一定作用。

1.5.4 确定评价标准

确定评价标准这一步骤反映了工程经济分析的原则 5（考虑所有的评价标准）。决策者通常选择那些符合组织所有者长期经济性利益的备选方案，例如项目盈利性指标、流动性指标等作为评价标准。

除了决策制定的经济性因素，有一些非货币因素也需要考虑，比如提高员工的满意度，保持生产的柔性，环境友好、安全及可持续发展的考虑等，这些都会对备选方案的最终决策起到一定作用。特别是对于公共服务性的机构而言，利润的最大化、成本最小化、高回报率等企业项目决策常见的典型评价标准往往不是其主要考量指标，一些其他指标，比如满足消费者的期望、保障员工安全或者公众安全、快速应急响应、普及覆盖率、提高公众满意度的考虑等更为重要。

1.5.5 方案评价比较决策

前面两个步骤（方案描述和评价标准）完成后，根据各方案的现金流，对评价指标进行分析评价、比较并最终做出决策。这一过程涉及对不同方案的经济效益、可行性以及风险等因素的综合考虑。经济性评价包括对技术方案的盈利性和流动性的分析。这对于评估技术方案的经济可行性和优化决策具有重要意义。

有时除了评价经济效益，在经济性评价基础上，需要进一步评估备选方案的社会效益和生态环境效益等，从而使方案评价更加全面。

1.5.6 项目跟进反馈

项目跟进反馈是工程经济分析步骤的最后一个环节，是指在决策方案执行中乃至完成后，追踪收集项目过程各节点的实际项目收入支出效果，分析与之前预估的差异，实现工程经济分析的闭环。在项目的执行阶段，对项目的过程进行监督将会提高目标的实现程度，减小预期目标的可变性。所以反馈跟踪对于后续组织经营的持续改善具有重要性，它将特别影响对后续类似项目方案的准确分析。

【例】

工程经济分析应用

某汽车零部件公司是全球领先的车用车座舱内饰件供应商，客户包括宝马、奥迪、大众、戴姆勒、特斯拉等。公司主营产品为高端乘用车座椅及头枕、座椅扶手、中控系统、内饰部件等。近年汽车行业市场环境一般，同类产品竞争激烈，公司的生产管理团队正在为提高盈利性承受着巨大的压力，他们想新引进一个更高效的智能真皮剪裁系统，可以提高高端真皮的材料利用率和效率，但需要较大的设备投入。请利用工程经济分析的原则和过程对问题进行应用讨论。

1) 请识别并定义该公司亟待解决的问题（以创新性的方式描述可能的问题）。
2) 为所描述的问题提供尽可能多的潜在备选方案。
3) 选择几个可能的评判标准，并讨论对决策结果的影响。
4) 讨论这个决策项目的工程经济分析流程。

解：
1) 从例题已知信息中得知，公司面临激烈的市场竞争环境，亟待解决的问题是提高盈利性。提高盈利性可以通过多种方式实现，具体描述成以下若干具体情形：
① 可以保持成本不变，提高收益（增效）。
② 可以保持收益不变，降低成本（降本）。
③ 可以提高收益的同时降低成本（降本增效）。

2) 针对上述识别定义的不同问题，分别提供其潜在备选方案。
① 针对问题1（增效问题）可能的潜在备选方案包括：
a. 通过引进高效的智能真皮剪裁优化系统，合理规划高端皮料的布局剪裁，一方面提升剪裁效率，另一方面高效利用原料，以实现增效，增加产出，最终增加收益。但是新设备的引进也会导致投入成本的增加。
b. 可以考虑将剪裁余料进行二次开发利用，制作附加小皮件产品，从而增加收益。
c. 可以考虑将剪裁余料进行回收售卖，从而增加收益。
② 针对问题2（降本问题）可能的潜在备选方案包括：
a. 优化高端皮料的布局剪裁，高效利用原料，降低原料成本。
b. 可以考虑推广标准化生产的工艺，降低生产工艺成本。
c. 可以考虑实施精益生产，降低生产管理成本。
③ 针对问题3（降本增效问题）可能的潜在备选方案包括同时导入前面的几个方案组合。

3) 上述问题中适合的评判标准可以是生产成本、利润、订单完成率、合格品率、产出率、设备利用率，原料利用率等。其中前两个可以直接表述为货币型效果。

4) 工程经济分析流程包括：
步骤1：问题定义。
步骤2：方案规划，见解答1）和2）。
步骤3：方案描述。针对每个备选方案，收集信息数据，构建现金流图（以问题1的a方案为例，需要进一步收集新系统的购入价格，提升生产率及原料利用率的数据，估算引入设备后的年收入和成本，最终构建方案的现金流图）。
步骤4：确定评价标准。可以选择分析评价方案的现值。
步骤5：对比选择具有最大利润（即最大现值PW）的方案。
步骤6：方案执行中乃至完成后，追踪收集项目过程各节点的最终实际项目收入支出效果，分析与之前的预估差异，实现工程经济分析的闭环。

 小结

　　工程经济学的内涵：经济效益分析和备选方案选择。工程项目的技术分析提供了多个备选方案基础，最终工程决策将依据对各备选方案的经济效益分析对比，选择最优方案，以获取最大经济效益。

　　工程经济学的七大原则：
　　1）提出备选方案。
　　2）关注差异。
　　3）始终如一的立场或视角。
　　4）使用一致的量纲。
　　5）考虑所有的评价标准。
　　6）让不确定性更加明确化。
　　7）重新审视和反馈。

　　工程经济分析的过程：问题定义、方案规划、方案描述、确定评价标准、方案评价比较决策、项目跟进反馈。

测试及问题

一、判断题

1. 工程定义既强调了工程中的物理方面，也强调了工程中的经济方面。（　　）
2. 产品设计仅关注产品功能的实现，无须考虑生产成本。（　　）
3. 工程经济的核心要素是经济性评价和比较。（　　）
4. 为了简化问题，可以忽略各方案间共同的部分，着重关注差异。（　　）
5. 决策存在于备选方案之中。（　　）
6. 贷款问题中，借贷方和出贷方立场一样。（　　）
7. 描述方案的现金流时，必须严格按照实际货币币种及金额绘制。（　　）
8. 工程项目未实施时，无法进行工程经济分析。（　　）
9. 完成工程经济决策后，就无须跟踪项目实施了。（　　）
10. 投资项目方案的盈利性分析属于工程经济问题。（　　）

二、简答题

1. 简述工程与科学的区别。
2. 简述工程经济学的核心要素（内涵）。
3. 列举创新性提出备选方案的常见方法。
4. 在工程经济学方案描述中涉及哪些工程经济学原则？请举例说明。
5. 请查阅文献，简述工程经济学国内外发展历史。
6. 针对某手机生产商的产品升级方案设计，请给出几个可能的经济性效果及几个非货

币因素的效果，如何描述这些效果？

7. 你和朋友中午聚餐想点比萨外卖，必胜客提供圆形的、加厚的、直径 12 寸的"至尊经典"比萨，1.3 寸厚，包括两种馅料，价格是 108 元，快递免费。芝根芝底比萨店提供 1 寸厚、12 寸大的方形比萨，你可以任选两种馅料，比萨的价格是 90 元，外加 5 元的快递费用。请运用工程经济的原则和过程加以分析和决策。

1）请定义问题并提供方案及分析。

2）若从性价比的角度出发，以"单位体积比萨的成本最小"这个评判依据为基础进行决策，则你会选择哪家比萨店？

3）请列举其他若干可以作为决策的衡量标准。

8. 请每 5 人一组，进行头脑风暴实践，讨论工程经济中的道德伦理问题。

9. 请每 5 人一组，针对案例导入问题中案例，讨论工程经济原则在该集团孵化中心对人形机器人硬件孵化项目的决策中的应用。

 情境问题实践

工程经济学应用案例收集

相关情况见表 1-1。

表 1-1　PBL[○]情境问题类型基本信息

PBL 情境对象	领域	复杂度	参考知识	项目要求
企业	生产/服务业运营管理	一级	工程经济学基本原则；工程经济分析过程	团队

情境任务：

本实践项目要求小组选择某一特定组织类型（例如生产或服务领域内的某个企业/公司、政府机构、医院、交通运输企业、电力企业等），开展相关公司调研工作，收集企业各部门中工程经济学问题的案例，并尝试阐述工程经济学原则在这些案例或问题中的应用，解决问题时工程经济学的分析步骤的流程，然后递交报告。

思考如下问题：

1. 调研设计需要收集哪些数据？如何获取？

2. 某个工程经济相关问题是什么？企业的方案是什么？可行备选方案是如何获取的？运用适合的创新方案尝试讨论

3. 方案是如何描述的？需要收集哪些数据？

4. 问题决策依据是什么？企业采用哪些经济性相关的评价指标？

5. 有何建议？

○　PBL（Problem Based Learning）是指问题驱动教学法。

思政导引　学习工程经济学对工程师的意义是什么？

双语术语

- Brain-Storming　　　　　　　　　　　头脑风暴法
- Nominal Group Technique（NGT）　　名义小组讨论法
- Delphi Method　　　　　　　　　　　德尔菲法
- Cash Flow　　　　　　　　　　　　　现金流
- Engineering Decision　　　　　　　　工程决策
- Decision Criteria　　　　　　　　　　决策标准
- Engineering Problem Definition　　　 工程问题定义
- Engineering Economy Analysis（Design）　工程经济分析（设计）
- Engineering Economy Principle　　　 工程经济原则
- Post-evaluation　　　　　　　　　　项目后评价

拓展阅读文献

［1］郝晶晶. 现代工程经济管理的风险防范策略探讨［J］. 商业观察，2023，9（36）：89-92.
［2］翟爱丽. 工程经济对工程项目的重要性分析［J］. 商业观察，2023，9（13）：117-120.
［3］潘涛. 基于全生命周期下的工程经济管理研究［J］. 价值工程，2020，39（33）：27-28.
［4］戴长剑. 提升企业工程经济管理水平的路径分析［J］. 产业创新研究，2020（11）：82-83.
［5］陈丹，张华. 探究电力工程技术经济分析在造价控制中的重要作用［J］. 电气技术与经济，2023（9）：122-124.

习题答案

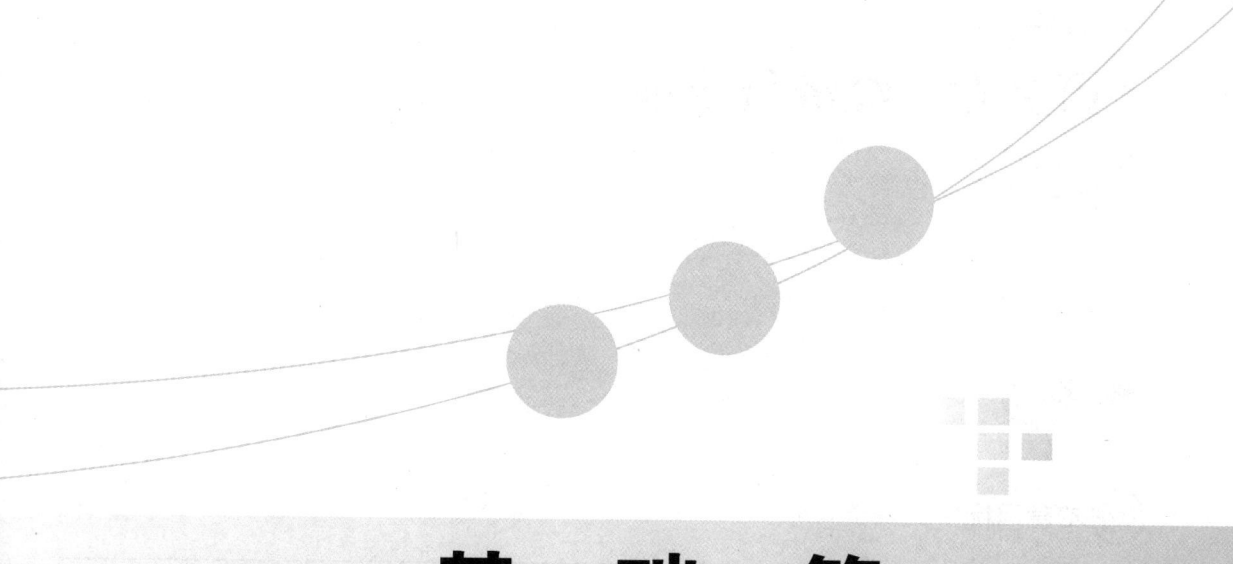

基础篇

不积跬步，无以至千里，不积小流，无以成江海。

——《荀子·劝学》

时间就是金钱。——[美] 本杰明·富兰克林

第2章 经济与成本

第3章 货币的时间价值和等值计算

第 2 章　经济与成本

导

本章目标

知识目标	能力目标
◇ 理解工程项目投资的构成、形成的资产分类。 ◇ 掌握各类成本的概念。 ◇ 掌握利润的概念及计算。	◇ 能够在不同情境下对各种项目的成本进行分类和计算。 ◇ 能够计算企业的收入和利润，编制利润表。

本章问题-方法-知识图谱

本章问题-方法-知识图谱见图 2-1。

图 2-1　本章问题-方法-知识图谱

案例导入

产品如何定价?

某大型连锁酒店准备为旗下一家酒店新建一个水上乐园设施（需额外 6 000 万元的投资），并对酒店内住宿的客户开放，酒店希望能在 3 年内收回投资。建成后为了维持这个酒店和水上乐园正常运转，酒店每天需要支出 10 万元左右（包括照明、基本服务、公共区域清洁、水上乐园换水等）。这家酒店目前主要以商务住宿为主，有 400 间房间，每天每个房间的变动成本在 100 元左右。假设每年酒店正常营业 350 天。

酒店集团认为新建水上游乐园后，能吸引更多的家庭用户更高频次的入住，房间入住率会提升到 80%。酒店现在的毛利率是 30%，希望新建水上乐园后，能够成为一家更有特色的高端酒店，提高企业毛利率。

究竟应该给每个房间定价多少呢？

问题思考 产品定价的目标是什么？是不是定价越高，就会带来更高的利润？定价会考虑哪些因素？成本与定价的关系是什么？需要考虑的成本包括哪些？

产品价格是一成不变的吗？会受哪些因素的影响？

思政导引 是不是定价越低，就越有竞争优势？

请带着这些问题，在本章学习中找寻答案。这需要了解工程经济学分析中的若干基本概念。

工程经济分析离不开对项目基础工程经济要素的认识，诸如投资、成本、收入及利润等，这些要素是构成项目现金流的基本单元。准确界定各类经济要素的概念内涵，把握不同要素的特征，认识各类经济要素在不同实际情境中的形式，是实现方案描述、项目评价决策、工程实施等管理决策的基础。本章将介绍资本、投资、成本、收入及利润等基本概念。

2.1 资本及投资

2.1.1 资本

资本是工程经济学中的一个重要概念，是指用于生产和创造其他财富的资源。资本在经济活动中起了生产要素作用。通过投入资本，人们可以生产出更多的产品和服务，从而增加经济价值。

资本可以按照不同的标准进行分类，根据资本的形态可以将其分成实物资本和货币资本。前者（实物资本）是指有具体物质形态的资本，包括土地、建筑、设备、机器；后者（货币资本）是以货币形式存在的资本，包括货币、债券、股票、存款等。本书中工程经济分析过程重点关注货币资本，因为货币资本通常用于投资和融资活动，为企业提供所需的资金，而实物资本通常需要通过投资来获取。货币资本运作包括借贷、投资和交易等。

任何项目的顺利实施运营都需要用货币资本来购买人力、设备、材料、能源以及其他所需产品。货币资本可以进一步分为两类：债务资本和权益资本。

1) **债务资本**　又称借入资本，即从贷款人（又称债权人）那里得到的用来投资的资本。作为回报，贷款人从借款人那里获得利息。正常情况下，贷款人除固定利息以外，不能获得其他任何可能由借入资本的投资产生的收益。因为债权人不是企业的所有者，也不像企业所有者那样承担所有商业项目和商业机会所带来的风险。

2) **权益资本**　是指为了获取利润，而在某些商业项目或者商业机会中投入资金，通常通过发行股票或置换所有权筹集的资本，包括普通股和优先股。权益资本在正常经营情况下不会偿还给投资人。权益资本有很大的投资风险，一旦企业经营出现问题，意味着可能失去所有投入的资金，当然，高风险也意味着高收益，一旦企业获得成功，权益资本所获取的回报要比债权人获得的利息大很多。

2.1.2　投资

投资是指为了获得未来收益而将资金或其他资源投入某个项目或活动中，可分为实物投资、证券投资等。实物投资是指以货币投入企业，用于生产或直接为生产服务的固定资产投资及流动资金等，通过生产经营活动取得一定利润，也称为生产性建设投资；证券投资是指以货币购买企业发行的股票和公司债券，间接参与企业的利润分配。本书后续章节涉及的工程经济决策分析仅仅关注实物投资部分。

通常，投资者在投资前应对项目总投资进行详细的分析和研究，以便做出正确的投资决策。工程项目总投资是指完成工程项目建设所需投入的全部费用总和，会因项目不同而有所差异，具体构成会因项目的实际情况而有所不同，一般来说，它包括固定资产投资、流动资金投资和借款利息等部分。典型的工程项目总投资的构成见图2-2。

(1) **固定资产投资**。它是指项目按拟定建设规模、产品方案、工程内容进行建设所需的费用。它包括工程费用、预备费用和工程建设其他费用。

1) 工程费用包括建筑工程费、设备购置费和安装工程费三部分。

2) 预备费用是指投资估算中为不可预见的因素和物价变动而准备的费用，分为基本预备费和涨价预备费。前者用于弥补工程概预算编制中难以预料的费用。后者用于弥补工程造价增长的费用。

3) 工程建设其他费用主要包括土地使用费用、建设单位管理费、研究试验费、建设单位临时设施费、工程监理费、工程保险费、办公和生活家具购置费等。

(2) **流动资金投资**。它是指为维持生产所占用的全部周转资金，包括原材料、燃料、低值易耗品、工资等。流动资金在生产过程中，从货币形态开始，经过生产储备金、生产资金、成品资金三个阶段，再回到货币形态，周而复始。流动资金通常在项目投产前预先支

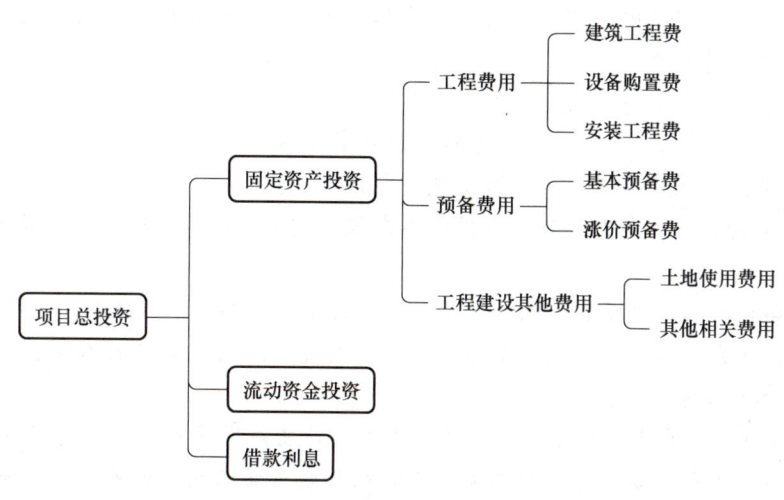

图 2-2　工程项目总投资的构成

付，在项目寿命期终结后全部还原成货币资金。

（3）**借款利息**。如果项目需要通过贷款融资，这部分费用包括贷款利息。

项目投资的结果形成资产。根据资本保全原则，当项目建成投入运营时，固定资产投资形成固定资产、无形资产和递延资产等。而流动资金投资则形成流动资产。相关资产的概念详见第 7.2.1 小节。

2.2　成本及其分类

成本通常是指企业为生产商品或获得某种产品或服务所发生的各项费用。由于企业生产经营活动必须耗费一定的资源，其所耗费资源的货币价值表现称为成本，有时称为代价或费用。工程经济研究中会涉及各类成本，这些成本发生的情境、频率、对经济性分析的影响都会有差异。本节内容将介绍若干典型的成本类别概念及其在工程经济问题中的应用。

2.2.1　固定成本、可变成本、增量成本

1. 固定成本、可变成本

成本按照形态分类，可以分为固定成本、可变成本。

（1）**固定成本**。固定成本是指成本总额在一定时期和一定业务量范围内，不受业务量增减变动影响，表现为固定金额的成本。这些成本通常与企业的长期投资和基础设施相关，如厂房和机器的折旧费、财产税、房屋租金、借贷资金的利息、管理人员的工资等。即使企业的生产活动暂时停止，仍然需要支付固定成本。

（2）**可变成本**。可变成本是指在成本总额中随业务量的变化而变动的成本。这些成本一般直接与生产活动相关，主要有为维持企业提供产品和服务的经营能力而必须开支的成本，包括原材料、燃料、动力等生产要素的价值。当一定期间的业务量增大时，原材料、燃料、动力的消耗会按比例相应增多，发生的成本也会按比例增大，故称为可变成本。例

如，一家制造业企业生产更多的产品时，需要购买更多的原材料和支付更多的工人工资，这些增加的费用即可变成本。

【例 2-1】

养老机构的可变成本

请思考服务业领域中养老机构的可变成本包括哪些？

答：养老机构的可变成本是指可以根据养老服务需求和规模进行调整的成本。一般涉及以下类别：

1）食品和日用品采购成本。包括食品、水、日常必需品的采购成本。

2）职工劳动力成本。养老院需要聘请护工、厨师、清洁工等工作人员，随着服务规模的扩大，劳动力成本也会相应增加。

3）医疗卫生用品成本。例如医用口罩、手套、消毒液等医疗用品的消耗成本。

4）活动组织成本。例如为养老机构里的老人开展文娱活动、健身活动、社交活动等的成本。

5）水电费用。随着设施设备的增多，老人用电用水量的增加，水电费用会相应变化。

> **问题思考** 固定成本是否是永恒不变的成本？可变成本是否一定与产量等比例相关？

通常项目总成本可表达为所有固定成本与所有可变成本的总和。一般而言，可变成本随着业务量的变化而变化，因此在总成本中会占比较大的比例。

$$总成本 = \sum 固定成本 + \sum 可变成本$$

固定成本总额只有在一定时期和一定业务量范围内才是固定的，也就是说，固定成本的固定性是有条件的。这里所说的一定范围叫作相关范围。如业务量的变动超过这个范围，固定成本就会发生变动。同理，可变成本与业务量之间的线性依存关系也是有条件的，有一定的适用区间，超出适用区间时，可变成本发生额可能呈非线性变动。

【例 2-2】

废料回收站点选址决策

废料回收站点回收固体废料，将其分类后运到一家发电厂作为原料进行发电。现有两个选址地点 A 和 B，对应的转运回收物的数据见表 2-1。电厂回收固体废料的价格为 8 元/m³，假设一年转运固体废料的总量为 200 000m³，请为固体废料站点进行选址决策分析。

表 2-1 选址地点 A 和地点 B 的数据

项目	地点 A	地点 B
转运距离	4km	3km
废料站点年租金	50 000 元	100 000 元
转运成本	1.5 元/(m³·km)	

解：

1）首先分析选择决策问题中的固定成本和可变成本。该问题中固定成本为废料站点年租金，可变成本为转运成本，成本随着转运量和距离增加而增多。

租金$_A$ = 50 000 元，租金$_B$ = 100 000 元，单纯从固定成本看，地点 A 的固定成本更少，即投入更少。

$$\text{转运成本}_A = 4\text{km} \times 200\,000\text{m}^3 \times 1.5\,\text{元}/(\text{m}^3 \cdot \text{km}) = 1\,200\,000\,\text{元}$$
$$\text{转运成本}_B = 3\text{km} \times 200\,000\text{m}^3 \times 1.5\,\text{元}/(\text{m}^3 \cdot \text{km}) = 900\,000\,\text{元}$$

通过计算可变成本，发现地点 B 的可变成本更少。

2）计算总成本。总成本=固定成本+可变成本=租金+转运成本，可得：

$$\text{总成本}_A = 50\,000\,\text{元} + 1\,200\,000\,\text{元} = 1\,250\,000\,\text{元}$$
$$\text{总成本}_B = 100\,000\,\text{元} + 900\,000\,\text{元} = 1\,000\,000\,\text{元}$$

3）计算利润。利润=总收入-总成本，分别计算两个站点地址的利润，可得：

利润$_A$ = 8 元/m³×200 000m³-1 250 000 元 = 1 600 000 元-1 250 000 元 = 350 000 元
利润$_B$ = 8 元/m³×200 000m³-1 250 000 元 = 1 600 000 元-1 000 000 元 = 600 000 元

所以，选择地点 B 能够获取更多利润。从上述计算发现，正确的决策需要全面考虑项目的总成本，仅仅考虑固定成本的投入可能会带来错误的决策。

在此，小结一下可变成本和固定成本的几个关键区别：

1）可变成本与生产量成正比，固定成本则不随生产量变化。

2）在短期内，企业可以通过调整生产量来控制可变成本，但固定成本在短期内难以改变。

3）可变成本的变动可以反映在产品的单位成本中，而固定成本则分摊到每一单位产品上，通常随着生产量的增加，单位固定成本会降低。

4）在进行成本利润分析时，可变成本和固定成本的计算对于确定产品的盈亏平衡点至关重要（详见第 9.3 节）。

在企业管理中，了解可变成本和固定成本对于制定合理的生产和定价策略具有重要意义。通过降低可变成本和提高生产效率，企业可以减少单位产品的成本，提高市场竞争力。同时，合理规划固定成本，如通过长期租赁而非购买设备来减少固定资产投资，可以帮助企业保持灵活的财务结构，应对市场变化。

【例 2-3】

案例导入问题——酒店定价

回顾一下本章篇首的案例，提炼关键信息：某酒店拟新建一个水上乐园设施（需额外 6 000 万元的投资），希望能在 3 年内收回投资。建成后为了维持这个酒店和水上乐园正常运转，酒店每天需要支出 10 万元左右（包括照明、基本服务、公共区域清洁、水上乐园换水等）。这家酒店目前主要以商务住宿为主，有 400 间房间，每天每个房间的可变成本在 100 元左右。假设每年酒店正常营业 350 天。酒店集团预估水上乐园设施运行后会使客房入住率提升到 80%。酒店现在的毛利率是 30%，希望新建水上乐园后，能够成为一家更有特色的高端酒店，进一步提高企业毛利率。考虑这个情形，请为这个酒店的房价进行定价决策。

解：计算酒店的总固定成本 6 000 万元水上乐园资本投入要求 3 年收回，所以每年要收回 2 000 万元；再加上每天 10 万元的基础运维支出（10 万元/天×350 天），总固定成本为 5 500 万元/年。

计算单个房间每天的固定成本，需要算出每年有效房间数，空置房间不会产生收入，也没办法分摊固定成本。

每年有效房间数＝房间数×入住率×天数＝（400×80%×350）间/年＝11.2 万间/年

单个房间每天的固定成本＝（5 500/11.2）元/（天·间）≈500 元/（天·间）

单个房间每天的可变成本＝100 元/（天·间）

则

单个房间每天的总成本＝固定成本+可变成本＝（500+100）元/（天·间）＝600 元/（天·间）

确认了成本，定价时需要考虑利润，在考虑利润率的时候，一般建议参考同行业其他企业要求的利润率或者企业要求的 ROA（资产回报率）。

由利润率＝（收入－成本）/收入，可得：

收入＝总成本/（1－利润率）

酒店现在的毛利率为 30%，按照这个利润率定价的话，则：

定价＝总成本/（1－利润率）＝[600/（1－30%）]元/（天·间）＝857 元/（天·间）

若考虑将毛利率提升到 30%以上，假设 50%，则：

定价＝总成本/（1－利润率）＝[600/（1－50%）]元/（天·间）＝1 200 元/（天·间）

> **拓展思考** 产品定价是指把产品或服务价值货币化。产品定价由内外部因素共同决定，内部因素有产品的生产成本、目标利润率，外部因素有用户需求，同行业市场竞争等。产品价格不是一成不变的，会随着外部市场竞争，产品自身生产成本等因素不断变化。合适的价格既能被消费者接受，也能保证卖家的利润，对企业非常重要。

2. 增量成本

增量成本（Incremental Cost）是指一定时间或者一定范围内在原有产出基础上多生产的产品量所产生的费用。增量成本的一种特殊形式是边际成本（Marginal Cost），在经济学中特指每增产一单位的产品所引起的成本变动额。边际成本是按单位产品的增加来计算的，而增量成本是按总产量的增加来计算的。显然，当产量的增量为一单位时，边际成本就等于单位产品变动成本。

由于增量成本是多制造一单位或多单位的成本，如果产量不增加，就不会产生成本。增量成本通常低于产生增量成本的单位平均成本。

【例 2-4】

增 量 成 本

某公司考虑增加产品产量，但需要了解所涉及的增量成本。以下是目前的生产水平以及额外单位的额外成本。生产 10 000 台的总成本为 300 000 元；生产 12 000 台的总成本为 330 000 元；产品售价为 20 元，请为该公司提供决策分析。

解：

公司可以使用增量成本分析来帮助确定其业务部门的盈利能力。

生产额外 2 000 台的总增量成本＝（330 000－300 000）元＝30 000 元

生产额外 2 000 台的总增量收入＝（2 000×20）元＝40 000 元

可知，增量成本＜增量收入，即公司增加 2 000 台产量所额外带来的收入超过额外产生的成本，所以应该做出增加产量的决策。

进一步分析单位增量成本和单位平均成本，可得：

单位增量成本=(30 000/2 000)元/台=15元/台

在10 000台产量规模下，单位平均成本=(300 000/10 000)元/台=30元/台

在12 000台产量规模下，单位平均成本=(330 000/12 000)元/台=27.50元/台

可知，单位增量成本均低于两个产量规模下的单位平均成本。单位增量成本较低的原因是某些成本例如固定成本保持不变。尽管一部分固定成本会随着产量的增加而增加，但通常情况下，单位成本会下降，因为公司不会购买额外的设备或固定成本来生产增加的产量。

> **问题思考** 增量成本里应该包括哪些成本项？增量成本与固定成本和可变成本的关系是什么？可变成本一定属于增量成本吗？固定成本一定不属于增量成本吗？

增量成本的组成：增量成本一般包括直接材料、直接人工等可变成本和某些特定的固定成本。以生产系统中的增量成本为例，可能包括以下内容：库存原材料；为设备供电所需的额外电力；只涉及生产的工资或直接人工成本；装运和包装。

增量成本与可变成本的关系：从增量成本的定义中可知，它是由于生产额外的产品单元而产生的总成本，所以增量成本完全取决于生产量，是随产量波动的成本。因此，增量成本一定包括可变成本，如直接材料成本、直接人工成本等。

增量成本与固定成本的关系：虽然固定成本是无论生产量如何变化都会保持不变的成本；增量成本会随着生产或经营活动的变化而变化，但是不能简单地认为"固定成本一定不属于增量成本"。在实际生产中增量成本是较难确定的，增量成本中有时会包括某些特定的固定成本，这取决于日常总生产量、增加产量及产能限制，或者0到1质变（即从无到有）情形。在实际情况下，需要具体问题具体分析，比如，引进新产品生产时，或者当产量增加额度超过临界产能时，一些固定成本投入（设备、场地）也需要计入增量成本中。

3. 增量成本的应用

在企业的生产、运营和投资决策中，增量成本的考虑非常普遍，其作为管理决策的重要工具，对企业进行扩大生产规模、引入新产品或技术等战略决策具有重要的参考价值，其应用包括：

1）在企业扩大生产规模时，通过对增量成本的分析，可以评估扩大规模对企业利润的影响，从而判断是否值得进行扩张，帮助公司实现规模经济，优化生产。

2）引入新产品或技术时，通过增量成本的分析，可以衡量新产品或技术对企业利润的贡献，从而确定是否应该进行投入。

3）有助于确定一个公司的利润最大化点或何时增量成本等于增量收入。如果一个企业每种产品的增量收入（或边际收入）大于制造或购买该产品的增量成本，那么该企业就获得了利润。

4）评估产品自制/外购决策。在具有加工能力的条件下，自制还是外购决策中是否考虑增量成本及增量成本中包括哪些成本费用，都需要具体问题具体分析。

【例 2-5】
"自制与外购"决策中的增量成本

某公司生产甲产品,每月需要 A 零件 1 000 件,<u>公司有剩余生产能力生产该零件</u>。预计每个零件的直接材料 40 元、直接人工 15 元、生产 A 零件的设备耗能费用(单位可变成本)5 元;每月固定成本 15 000 元,其中包括基本固定成本(保险费和管理费用等)9 000 元,因生产 A 零件引入相关的其他固定成本(专用工装夹具费用)6 000 元。

采购部调研得知某供应商的 A 零件售价为 68 元/件,请问公司应该选择自制还是外购 A 零件?

解:

首先明确决策思路。选择自制或是外购,需要比较两者成本的高低并最终选择成本较低的方案。

1)外购的成本是外部供应商的报价,本例中为 68 元。

2)自制的成本:自制生产成本涉及固定成本(如厂房设备投资、保险、管理费等)和可变成本(如材料、人工、能耗等)。需要注意的是,无论选择自制还是外购,诸如厂房、保险、管理费等基本固定成本金额均不会发生改变,故而决策中待比较的自制生产成本应该是考虑自制的增量成本,即因为选择自制而额外带来的生产成本。增量成本一定包括可变成本,但是固定成本则需要视具体情况决定。依题目信息,计算分析见表 2-2。

表 2-2 自制外购决策计算 (单位:元)

项目	自制	外购	备注
采购成本		68×1 000	可变成本
直接材料	40×1 000		可变成本
直接人工	15×1 000		可变成本
设备能耗	5×1 000		可变成本
专用工装夹具费用	6 000		固定成本
成本总和比较	66 000(增量成本)	68 000	

本例中,直接材料 40 元、直接人工 15 元、设备能耗 5 元属于可变成本,应该纳入增量成本计算;保险费和管理费用等基本固定成本 9 000 元属于不相关成本,无须纳入;专用工装夹具费用 6 000 元虽然也属于固定成本,但是它是因为自制决策而额外带来的成本,故应该在增量成本计算中考虑。

因此,自制的增量成本(66 000 元)小于外购成本(68 000 元),应该选择自制。

讨论: 本例中指明公司具有剩余产能,增量成本将包括人工和材料的直接成本,能耗及其他固定成本。如果可利用的生产能力现在还不存在或产能不足,那么增量成本还必须包括为提供这些必须的生产能力而投资的固定成本(如厂房、车间、设备等)。

拓展思考 若公司计划将现在自制的某一产品改为外购,在进行决策分析中,会如何考虑?考虑减少的增量成本吗?

2.2.2 直接成本、间接成本、标准成本

1. 直接成本、间接成本

按照成本可追溯性分类，成本可以分为直接成本和间接成本。这两个成本概念主要用于企业了解某一产品或服务的成本构成，从而评估计算该产品、服务的标准成本。

（1）直接成本。直接成本（Direct Cost）是指能被合理计算并且合理分配给某个特定的产品或服务的成本，通常直接与产品、服务、建设活动相联系，如原料、主要材料、外购半成品、生产工人工资、特定专用机器设备折旧等。

> **问题思考** 是不是所有的材料成本和人工成本都属于直接成本？

（2）间接成本。间接成本（Indirect Cost）是指很难分配给某一特定产品或服务的成本，如机物料消耗、辅助工人和车间管理人员工资、车间房屋折旧、通用机器设备折旧、水电费、办公费等。通常这些间接成本按照一定的规则分配给某一产品或服务。例如，将直接劳动小时、直接劳动力价格或直接材料价格按一定比例，分配给某一产品。

更易于理解的说法，间接成本可以视为由除了直接人工成本和直接材料成本以外的工厂运营成本构成的成本，也被通俗地称为制造费用（Factory Overhead）。在本教材中，从工程经济和管理的角度看，间接成本与制造费用含义等同。

2. 标准成本

（1）**定义**。标准成本（Standard Cost）是指对某一特定产品或服务在交付前预估的单位生产成本。标准成本产生于预算过程，是通过精确的调查、分析与技术测定而制定的，用来评价实际成本、衡量工作效率的一种目标成本。标准成本的制定通常从直接材料成本、直接人工成本和其他类间接成本（制造费用）三方面计算：

1）**直接材料成本**。这是产品生产成本中最大的组成部分，通常占主导地位。需要注意的是，并不是所有的材料都能计入直接材料成本，直接材料一般为能够非常直观地计入生产、服务的材料，通常鉴别某材料是否为直接材料的准则是材料使用容易测量，且对同一产品有相同的标准用量。若不符合该准则，则为间接材料成本，需归集到制造费用中。例如：生产实木沙发的原木木材容易被准确量化其标准用量，属于直接材料。直接材料成本的计算公式如下：

$$直接材料成本 = 直接材料的标准用量 \times 标准单位成本$$

2）**直接人工成本**。与直接材料类似，直接人工是指能够非常直观地计入生产、服务过程的人力工时，比如加工产品的产线工人的人工成本。而其他诸如办公室管理人员、设计人员等并不直接参与生产的人工工时属于间接人工成本，则归集于制造费用。直接人工成本的计算公式如下：

$$直接人工成本 = 直接人工标准工时 \times 工资$$

3）**制造费用**（Manufacturing Overhead）。这是指除直接材料和直接人工之外的所有生产费用，包括间接材料成本、间接人工成本，还有诸如厂房租金、设备折旧、维修费用等其他成本项目。前面举例的生产实木沙发的企业，实木沙发加工过程中需要的哑光漆、磨砂纸、胶水等通用辅材耗材的使用量没有固定值，一般与多种家具产品共同使用，企业不会单

独准确统计其单位用量，这些辅材耗材就属于制造费用范畴。再如家具生产车间的能耗费用、板材切割机、打磨机、吊装设备、物流设备的维护费用等，这些制造费用无法直接关联某一产品、服务，而是与企业某一水平的产量相关的，这部分成本会随着生产数量的增加而增加，但单位成本相对稳定。我们需要统计某一确定水平产量下的总制造费用，再计算出其中某一产品单位产量对应的制造费用。

问题思考 如何合理地分配制造费用呢？

由于制造费用是企业**某一水平产量下**的支出成本，分配制造费用的基本思路是根据典型制造费用类别，选择有直接比例关系的对象作为标准，按比例分配。需要计算制造费用率（即单位对象的制造费用），然后可以算出单位制造费用，计算公式如下：

$$制造费用率 = 当期总制造费用（某一水平产量）/当期对象成本$$

$$单位制造费用 = 制造费用率 \times 单位对象成本$$

最为常见的等比例对象包括：①直接人工成本；②直接人工工时；③直接材料成本；④总直接成本（直接人工和直接材料成本总和）；⑤机器工时。

【例 2-6】

金属安全锤的制造费用预估

某机器加工车间生产不止一种金属安全锤 A，一季度里车间总的设备维护费用 3 000 元，电费 27 000 元，这两个费用支出都与总的机器工时相关，可以假定制造费用同机器工时有直接比例关系，已知一季度内车间设备的机器总工时为 7 200 小时，1 个金属安全锤 A 的加工工时为 3 小时，计算该金属安全锤 A 制造费用。

解：这里的制造费用包括设备维护费和电费，由于题目中明确制造费用同机器工时有直接比例关系，则制造费用率为

$$制造费用率 = 一季度总制造费用/一季度机器总工时 = (3\,000+27\,000)\text{元}/7\,200\text{h}$$
$$= 4.16\, 元/h$$

金属安全锤 A 产品的单位机器工时为 3h，则该产品的制造费用为

$$单位制造费用 = 制造费用率 \times 单位机器工时 = 4.16\,元/h \times 3h = 12.48\,元$$

（2）**标准成本的作用**。标准成本是企业进行成本控制和盈利分析的重要依据，通过标准成本的计算分析，企业可以优化生产流程，降低成本；评估产品的盈利能力，为产品定价和市场策略提供依据；分析成本变化趋势，预测未来的经营风险和机遇。这有助于企业进行有效的成本管理，提高企业竞争力。其主要应用包括：

1) 了解产品的成本构成，预测未来制造成本。
2) 将实际单位成本与标准成本比较，分析差异，评价运行绩效。
3) 确定产品、服务定价。
4) 形成在制品和产成品的价值。

表 2-3 介绍了产品标准成本的基本构成及计算标准成本时通常需要获取的数据来源。其中原始成本（Prime Cost）为产品的直接材料成本和直接人工成本之和。为简化计算，通常产品制造费用是以产品原始成本的某个百分比估算的。

表 2-3 标准成本的组成

成本基本构成		成本数据来源
标准成本	原始成本 — 直接材料成本	BOM①（设计/生产部），材料价格采购清单（采购部门）
	原始成本 — 直接人工成本	工艺表（生产部），标准工时表（生产部），工人工资表（人力部）
	制造费用	生产部辅材耗材领用量、设备维护计划表（生产部）、管理人员工资表（人力部）、水电能耗、折旧等其他管理费用（财务部）

原始成本主要由供应商价格支配和产品工艺要求决定，可以控制调整的空间一般不大，而公司对控制制造费用则相对拥有更多的主动权，如可以通过削减管理员工、对固定资产实行加速折旧、优化设备调度等办法来降低间接成本，所谓公司的成本控制能力主要是指对制造费用的控制能力。

【例 2-7】

产品标准成本估算

某企业生产 A 产品，要求计算 A 产品的标准成本，相关成本资料如下：

1）直接材料：甲材料标准价格为 20 元/kg，乙材料标准价格为 32 元/kg。单位产品 A 耗用甲材料为 5kg，乙材料为 9kg。

2）直接人工：单位产品标准工时为 13h，工人工资 10 元/h。

3）制造费用：固定性制造费用预算数为 61 000 元，变动性制造费用预算数为 38 000 元。标准总工时数为 10 000h。

解：

$$直接材料成本 = 5kg \times 20 元/kg + 9kg \times 32 元/kg = 100 元 + 288 元 = 388 元$$

$$直接人工成本 = 13h \times 10 元/h = 130 元$$

$$原始成本 = 直接材料成本 + 直接人工成本 = 388 元 + 130 元 = 518 元$$

$$制造费用率 = (61\ 000 元 + 38\ 000 元)/10\ 000h = 9.9 元/h$$

$$总标准成本 = 原始成本 + 产品 A 的制造费用 = 原始成本 + 制造费用率 \times 人工工时$$

$$= 518 元 + 9.9 元/h \times 13 = 646.7 元$$

（3）企业进行成本管理和定价决策，除了关注生产成本（标准成本），还要考虑其他的会计费用，如管理费用、销售费用等，这些费用一般不与产品生产直接相关，不能计入特定核算对象的成本，而应计入当期损益，在会计成本概念中被统称为期间费用。企业为产品进行定价决策时，应该将这些期间费用合并到产品总成本中。

1）**管理费用（Administrative Expenses）** 是服务于企业内部管理目的的一系列成本概念的总称，是指企业在经营管理及非生产性支出等方面所发生的费用，如租赁费用、水电费用、管理人员薪资等。一般而言，很难将管理费用直接分配到特定产品中，通常的做法是将管理费用按产品标准成本的百分比分配给产品。例如，企业某一年的年度总管理费用和总生产成本分别为 10 000 元和 100 000 元，则分配到特定产品的管理费用即该产品标准成本的 10%。

---

① BOM（Bill of Material）是指材料明细表。

2）**销售费用**（Selling Expenses）是指企业在销售商品和提供劳务过程中发生的各种费用，包括运输费、包装费、广告费、销售人员工资等。类似前面管理费用的计算，在许多情况下，销售费用也应按产品标准成本的百分比分配给产品。例如，企业一年的销售费用为20 000 元，总生产成本为 100 000 元，则分配到特定产品的销售费用为该产品标准成本的 20%。

制造企业中产品的加工生产始于原材料，历经生产制造流程，转变为在制品——成品，最终成为待售商品。随着生产流程中的推进，一些相应的成本类别不断累加，最终形成产品的总成本，即标准成本、管理费用和销售费用的总和，产品最终的定价将基于估算出的产品总成本额外考虑期望的利润而得，见图 2-3。

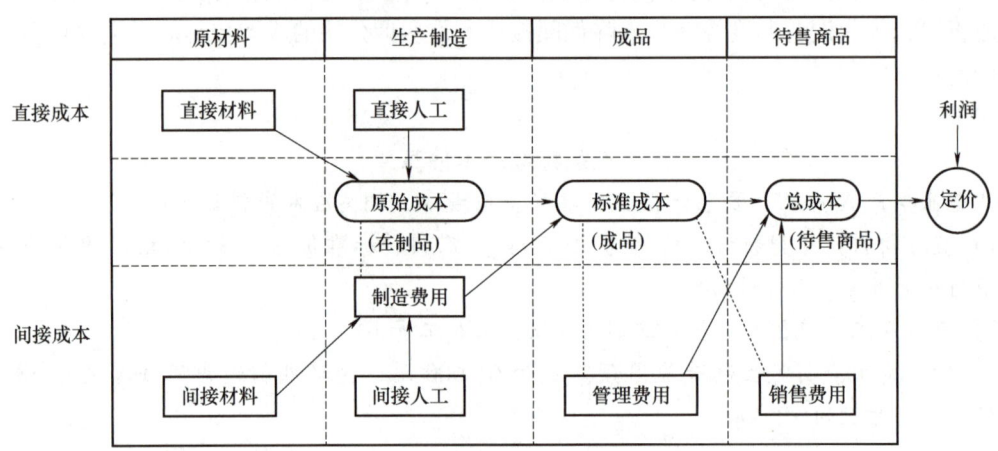

图 2-3 产品生产流程与成本构成

> **高阶学习导引** 成本会计在工程经济分析中十分重要，因为它主要涉及公司的决策和控制。另外，成本会计是进行工程经济研究所需的大部分成本数据的来源。建议自主学习成本会计。可参考以下内容：
> William G. Sullivan, Elin M. Wicks, James T. Luxhoj, 工程经济学，清华大学出版社，2007. 附录 2-A：会计基础

2.2.3 付现成本和非付现成本

1. 付现成本

付现成本亦称"现金支出成本"（Cash Cost），是指企业在经营期以现金支付的成本费用。付现成本包括以下几个主要项目：

1）现金购买的原材料。企业在生产过程中，需要购买原材料，这些原材料的费用通常以现金支付。

2）管理费用。包括开办费、公司经费、工会经费、董事会费、技术转让费等，通常以现金支付。

付现成本在企业管理中具有重要意义，它帮助企业更好地理解和管理其现金流出，从而做出更合理的财务决策。通过区分付现成本和非付现成本，企业可以更准确地评估其运营成

本和资本支出，优化资源配置，确保企业的财务健康和可持续发展。与其他成本相比，付现成本通常与未来的决策相关联并且需要在将来支付。决策者在此类决策分析过程中对"付现成本"的考虑，往往会比对"总成本"的考虑更为重视，并会选择"付现成本"最小的方案来代替"总成本"最低的方案。

2. 非付现成本

非付现成本又称为账面成本（Book Cost），指的是企业在经营期不以现金支付，只反映在会计系统里的成本费用，一般包括固定资产折旧费、无形资产摊销额、开办费摊销以及全投资假设下经营期间发生的借款利息支出。

1）固定资产折旧是指固定资产在使用过程中逐渐减少的价值，通常按照一定的折旧方法计算。

2）无形资产摊销是指无形资产在使用过程中逐渐减少的价值，通常按照一定的摊销方法计算。

3）开办费摊销是指企业在开业初期发生的费用，按照一定的摊销方法分摊到各个会计期间。

4）借款利息支出。在全投资假设下，经营期间发生的借款利息支出也被视为非付现成本。

工程经济研究中，只有涉及现金流量的付现成本才是需要考虑的。账面成本不会直接体现在项目现金流中，但是不等于它不需要在工程经济分析中考虑。比如折旧的影响在税后的经济性分析中很关键，因为折旧影响所得税，而所得税则是现金流量中不可忽视的现金支出。

【例 2-8】

设备采购决策

某企业现接受一批订货，为满足客户对这批订货的要求，急需购置一种专用设备，但企业的资金十分紧张，预计短期内没有账款可以收回，而且银行贷款利率高达 15% 以上。在这种情况下，该企业购买专用设备有下述两个可选择方案。

方案一：甲公司可提供这种专用设备，要价 100 000 元，货款需马上支付。

方案二：乙公司亦可提供这种设备，要价 105 000 元，但货款只需先付 9 000 元，其余分 12 个月付清，每月归还 8 000 元。

根据上述资料，企业管理人员认为方案二较为可行，因为该方案所需支付的总成本虽然较方案一多 5 000 元，但现金支出成本较低，是企业现有支付能力所能承受的，而专项设备购入并投入使用所带来的收益可弥补总成本较高而带来的损失。

2.2.4 沉没成本

沉没成本是指以往已经投入，但与项目实施的未来收入和成本无关的费用，该费用无论能否回收，都不会影响当前决策。所以，沉没成本发生在过去，却不会出现在将来的现金流中，也就是不会在工程经济学研究中考虑。

生活中最常见的沉没成本例子为不需返还的定金，比如 4S 店购车提前支付的定金、淘宝双 11 促销活动中预付的定金，订单一旦取消，则提前支付的定金均无法回收而成为沉没成本。工程经济问题中的沉没成本形式各异，比如，企业研发新产品，前期投入大量资金开展调研考察、进行样机测试等，结果因为技术稳定性不达标而无法投产，只能重新开发，那么前期所有已投入的费用均为沉没成本，与新开发产品项目的决策无关。另外，在设备更新决策中，沉没成本被定义为旧设备的账面价值与其市场价值之差，该沉没成本与是否选择新设备或者继续使用旧设备的决策无关。

【例 2-9】
更新决策中的沉没成本

某企业现有设备 A 是 4 年前花 22 000 元购置的，预计其使用寿命为 10 年，10 年后无残值。目前设备 A 在公司内部账面价值为 11 000 元，估计该设备在二手市场售价 9 500 元。现在对设备 A 需要进行更新决策分析，这里的沉没成本是多少？

解：

首先，例题中的 22 000 元是设备 A 的初始成本，是 4 年前的设备采购决策的结果，当时的初始成本不应该代表今天设备 A 的价值。其次，设备 A 目前账面价值 11 000 元是经过 4 年折旧后的价值，也是 4 年前公司折旧决策后的结果。那么，从沉没成本的定义出发，初始成本（22 000 元）和账面价值（11 000 元）都是发生在过去、由过去决策引起的，与后续更新决策无关的成本，应该算是沉没成本。

更新分析中还有一种观点，设备的沉没成本是其账面价值和市场价值的差值，即 11 000 元 - 9 500 元 = 1 500 元。但这里需要注意的是，若考虑所得税，1 500 元差值中体现了设备资产的损益（我们将在后续第 7 章讨论），会对更新决策带来影响。否则，在不考虑所得税的前提下，这 1 500 元也可视为设备 A 的沉没成本，与后续更新资产的决策无关。

2.2.5 机会成本

机会成本是指企业为从事某项经营活动而放弃另一项经营活动的机会，或利用一定资源获得某种收入时所放弃的另一种收入。由于使用的资源是有限的，资源用于某个方案就失去了用于其他方案的机会，机会成本就产生了。因此，机会成本是舍弃的最佳机会的成本，通常是隐含的成本。例如，如果一家公司有 A、B、C、D 等投资项目，如果选择投资新项目 A，就需要放弃投资 B、C、D 项目可能带来的更高回报，而这些项目中的最高预期收益就是该公司投资 A 项目的机会成本。

机会成本的概念在企业管理中非常重要，它帮助企业在做出决策时考虑到所有可能的选项及其潜在收益，从而选择最优方案。

【例 2-10】
更新决策中的机会成本

见例 2-8 更新决策问题，若继续使用设备 A，如何确定该设备在后续更新分析中的初始投资成本？

解：

表面上看（从企业内部视角），企业继续使用旧设备没有额外投资，但实际上，从外部视角看，旧设备有其自身的价值，这个价值体现为市场价值，而非账面价值。继续使用旧设备意味放弃了公司通过处置该设备可以获得的 9 500 元，所以 9 500 元的二手市场价格就是机会成本。

在更新分析中，应该基于机会成本概念来确定旧设备的初始投资成本，也就是其市场价值 9 500 元，即现在二手市场上意向买家愿意出资购买的价格。

> **拓展思考** 决策中一定要考虑机会成本吗？（请思考产能不足或产能过剩的情境）

2.2.6 全寿命周期成本

全寿命周期成本（Life Cycle Cost，LCC）是指一个项目对象（产品、系统或服务）在其经济有效使用期间所发生的与该对象有关的所有成本，包括设计、研究与开发、制造、使用、维修和保障直至报废所需的有关费用之和。

全寿命周期成本的作用在于厘清一个项目在它整个寿命期间各阶段所花费的成本。其目的有两个方面：其一，认清各阶段成本组成，有助于精准预估各类成本，形成项目工程经济分析的现金流；其二，让企业可以合理分配项目各个阶段的成本分布，有针对性地制定措施，优化资源配置，降低成本，提高效益，以达成最小化全寿命周期成本的目标。

全寿命周期成本的关键是确定寿命周期阶段和成本组成。

项目的全寿命周期开始于项目经济需求的识别，结束于项目活动的停止或废弃处理。寿命周期的结束可以在功能或经济的基础上进行预测。寿命周期通常可以划分为三个时期：建设（采购）阶段、运营阶段和处置阶段。每个阶段可以按照对象的具体发展进程进一步划分成若干连贯时期。详见图 2-4。

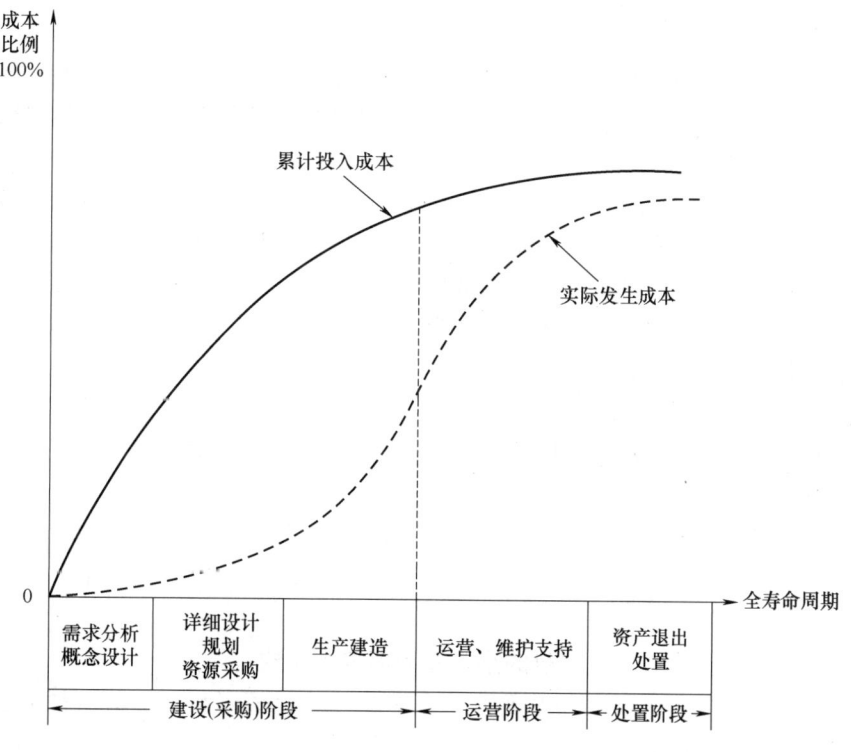

图 2-4 全寿命周期及成本比例

1）建设（采购）阶段。这是项目寿命周期的开始，项目研究与开发（概念设计、详细设计）、资产的初始投资、人员招聘均属于建设阶段的活动。该阶段的时间跨度随各生产要素的不同而有所变化,其投入成本是整个寿命周期中最高的,大约80%的投入在此阶段内完成,通常为一次性成本。建设阶段的决策将直接影响项目后续阶段的成本,因此需要合理优化设计规划,降低后期成本。

2) 运营阶段。生产要素获得后,接下来进入生产运行维护阶段。系统进入正常生产使用阶段,资产设备面临运行维护和停工维修的权衡阶段,员工开始掌握劳动技能并进入实际操作阶段。运行阶段是整个寿命周期成本相对稳定的时期,涉及的各类运营成本多为经常性成本。

3) 处置阶段。项目寿命周期终了之时,是生产要素的处置阶段。包括产品使用期满的废弃处置、资产寿命周期终点的处置、材料的回收等,表示寿命周期进入了不再获利的处置阶段,各类处置成本一般为一次性固定成本。

项目全寿命周期成本的组成有项目初始投资成本、生产制造成本、运营和维护成本、废弃处置成本等,这些成本的发生位于上述寿命周期的不同阶段,各成本之间不是独立的,而是相互影响、相互作用的。通过全寿命周期成本方案,企业可以更好地了解并合理分配产品或项目的各个阶段的成本分布,有针对性地制定措施,降低成本,提高效益。寿命周期成本类别主要包括以下几个方面的费用:

1) 初始投资成本(Investment Cost, C_I)。通常包括研发设计、测试、样机、场地准备、劳动力和设备租赁等。在项目早期阶段,准确估计这些成本对于整个项目的财务规划至关重要。初始成本的控制不仅影响项目的启动,也对后续的资金管理和投资回报率有着深远的影响。

2) 生产制造成本(Production Cost, C_P)。包括原材料采购、加工、组装、调试、包装等费用。制造阶段的决策将直接影响产品质量和制造成本。因此,需要选择合理的供应商,采用高效的生产工艺的方式降低成本。

3) 运营和维护成本(Operation and Maintenance Cost, O&M, C_O)。包括产线设备的运行、管理和维护费用,如人员、公司能源消耗、原材料损耗、仓储物流、设备维护、周期性检修、更换零部件、维修人员工资、维修材料等费用。运营维护阶段的决策将直接影响产品的生产效率、运营成本、设备的可靠性和寿命。合理预测这些成本并制定有效的维护策略,是确保项目长期运行效率和成本效益的关键。

4) 废弃处置成本(Disposal Cost, C_D)。包括产品报废、回收处理、环境治理等产生的费用。该决策将直接影响企业的环境、责任和社会形象。需要合理采用废物处置和环境保护等方式降低成本。

根据LCC的定义,全寿命周期成本是上述所有成本的总和,可以得出其计算模型为

$$LCC = C_I + C_P + C_O + C_D$$

【例2-11】
飞机的全寿命周期成本组成

飞机全寿命周期成本的组成相对复杂,它受多种因素的影响,包括飞机类型、使用环境、维护保养水平等,以下为一些典型的成本组成:

1) 初始投资成本,包括飞机采购、备件采购等产生的费用,约占总成本40%~60%,影响采购成本的因素包括飞机型号、市场行情等。

2) 运营成本,包括飞行运行成本、维护成本、机组人员工资、燃油费、保险费等费

用，约占总成本 20%~30%，影响飞机运营成本的因素包括燃油价格、飞行频次、航线距离等。

3) 支持维修成本，包括机组人员培训、技术支持、定期维护、大修等费用，约占总成本 10%~20%。影响支持维护成本的因素包括飞机型号、维护等级、维护周期等。

4) 退役成本，包括飞机退役、拆解、处置等费用，约占总成本 1%~2%。

2.3 收入与利润

企业经营的目的是盈利，因此收入与利润是企业永恒不变的关注点。

2.3.1 收入

收入是反映项目真实收益的经济数据，也是工程经济分析中现金流入的重要组成。收入是指企业在销售商品，提供劳务及让渡资产使用权等日常活动中所形成的经济利益的总流入，包括主营业务收入和其他业务收入。收入可能表现为企业资产的增加，如增加银行存款、应收账款、应收票据等，也可能表现为企业负债的减少，如以商品或劳务抵偿债务（预收账款）。

收入有不同的分类，按照收入的性质，可分为商品销售收入、劳务收入和提供他人使用本企业的资产而取得的收入等。按照企业收入来源渠道，分为营业收入、营业外收入和投资收入。营业收入是指企业在某一会计期间的主要生产经营活动中，通过销售商品、提供劳务或从事与企业的正常经营活动有关的其他行为而获得的收入，而营业外收入则是与企业的主要生产经营活动没有直接关系的非经常收入。

典型营业收入的计算公式为

$$营业收入 = 产品(服务)销售量 \times 销售单价$$

2.3.2 利润

利润是指收入扣除成本和税金的余额，是企业的经营成果，是企业经营效果的综合反映，也是其最终成果的具体体现。若余额大于零，则为利润；若余额小于零，则为亏损。

利润相关的几个主要概念包括营业利润、利润总额和净利润。

1) **营业利润**是企业在其全部销售业务中实现的利润，包括主营业务利润和其他业务利润。

2) **利润总额**是企业在一定时期内通过生产经营活动所实现的最终财务成果。其计算方式为：

$$利润总额 = 营业利润 + 营业外收入 - 营业外支出$$

3) **净利润**是企业在一定时期内实现的利润总额扣除所得税后的金额。其计算方式为：

$$净利润 = 利润总额 - 所得税费用$$

【例 2-12】

企业的利润表

某企业去年销售收入为 5 000 万元，生产成本为 3 500 万元，销售费用为 500 万元，管理费用为 500 万元，财务费用为 100 万元，所得税税率为 25%，请编制企业去年的利润表。

解：

根据例题信息，计算利润，编制利润表，如表2-4所示。

表2-4　企业去年的利润表

项目	金额（万元）
销售收入	5 000
减：生产成本	-3 500
销售费用	-500
管理费用	-500
财务费用	-100
税前利润	400
减：所得税	-100
净利润	300

小结

本章主要介绍了工程经济中涉及的一些重要的成本概念。

1）总成本为所有固定成本与所有可变成本的总和。一般而言，可变成本随着业务量的变化而变化，固定成本在一定时期和一定业务量范围内，不受业务量增减变动影响。

2）按照成本可追溯性分类，成本分为直接成本和间接成本。这两个成本概念主要用于企业了解某一产品或服务的成本构成，从而评估计算该产品或服务的标准成本。

3）项目全寿命周期成本的组成有项目初始投资成本、生产制造成本、运营和维护成本、废置处理成本等，这些成本的发生位于上述寿命周期的不同阶段。

练

测试及问题

一、选择题

1. 项目投资中，属于固定资产投资项目的有（　　　）。

a. 建筑工程费　　　b. 设备购置费　　　c. 安装工程费　　　d. 基本预备费

e. 涨价预备费

2. 总成本中应不包括（　　）。

a. 折旧，摊销　　　b. 利息支出　　　c. 所得税　　　d. 经营成本

3. 进行成本分析时，一般应该列入固定成本的是（　　　）。

a. 燃油动力费　　　b. 固定资产折旧　　　c. 原材料费用　　　d. 生产工人计件工资

4. 销售费用是指企业为（　　）而发生的各种费用。

a. 购买设备　　　b. 筹集资金　　　c. 申报项目　　　d. 销售商品

5. 在一定的生产规模内，单位变动成本与产量（　　　）。

a. 成正比　　　b. 无关　　　c. 成反比　　　d. 互为倒数

6. 对于已投产项目，引起单位固定成本变化的原因是（　　）。
   a. 原材料价格变动　　　　　　　　b. 产品产量的变动
   c. 劳动力价格的变动　　　　　　　d. 总成本的变动
7. 下列各项中属于无形资产的有（　　）。
   a. 专利权　　　b. 商标权　　　c. 著作权　　　d. 土地使用权
   e. 经营特许权
8. 在下列成本项目中，属于变动成本的有（　　）。
   a. 折旧费　　　b. 原材料费　　c. 计件工资　　d. 财务费用
9. 下列选项中属于固定资产的是（　　）。
   a. 厂房　　　　b. 保险柜　　　c. 专利　　　　d. 原材料
10. 下列费用中属于制造费用的有（　　）。
    a. 原材料　　　　　　　　　　　　b. 生产单位的职工福利费
    c. 劳动保护费　　　　　　　　　　d. 职工工资

二、简答题

1. 某公司生产需要一种乙零件，该企业尚有部分剩余生产能力，可以用于自制该零件。

1) 自制的有关单位成本资料如下：直接材料 2 元；直接人工 1 元；变动制造费用 1 元；自制还需增加专属固定成本 800 元。

2) 如果外购的话，根据供应商提供的资料，购买数量 600 件以下时，单价 6 元；购买数量 600 件以上（含 600 件）时，单价 5 元。

请进行自制还是外购的分析决策。

2. 某公司是一家生产手机的企业，主要产品为智能手机。该公司产品的销售单价为 2 000 元，每台手机的直接材料成本为 600 元，直接人工成本为 300 元，可变制造费用为 200 元。该公司当月生产了 1 000 台手机。请计算该公司当月的生产成本。

3. 某企业生产甲产品，其标准成本的相关资料如下：

1) 单件产品耗用 A 材料 10kg，标准单价为 3 元/kg。
2) 耗用 B 材料 8kg，标准单价为 5 元/kg。
3) 单位产品的标准工时为 3h，标准工资率为 12 元/h。
4) 标准变动性制造费用率为 8 元/h。
5) 标准固定性制造费用率为 12 元/h。

假定本期实际产量为 1 300 件，发生实际工时 4 100h。求甲产品的标准成本。

咖啡店定价、成本与利润

相关情况见表 2-5。

表 2-5　PBL 情境问题类型基本信息

PBL 情境对象	领域	复杂度	参考知识	项目要求
咖啡店的定价	服务业	二级	成本分类；定价策略	团队

情境任务：

咖啡是全球热饮的经典代表，已经成了都市人的生活必需品。开一家咖啡店能否成功呢？本实践项目要求团队成员以学校学生生活区为背景，收集相关咖啡店运营的各类投资、运营、成本、利润等数据信息，尝试开展咖啡店的各类成本分析及咖啡产品定价决策，并递交报告。

思考如下问题：

1. 咖啡店定价策略

1）了解市场需求：通过市场调研了解目标客户群体的消费水平、喜好以及竞争对手的定价。

2）成本加成：在制定价格时要考虑咖啡店的成本，咖啡店运营包括哪些成本？

3）品质与服务：在定价时，要考虑哪些品质与服务的价值以确保价格与价值相符？

4）价格策略：针对不同的客户群体，可以采用哪些不同的价格策略？

2. 咖啡店成本分析

1）采购成本：主要包括咖啡豆、牛奶、糖等原材料的采购成本。

2）设备折旧：咖啡店需要购置专业的咖啡设备、家具等固定资产，这些资产会随着时间的推移而折旧。在计算成本时，需要考虑设备折旧费用。

3）租金及物业费用：收集店铺的位置、面积、租约条款、租金及物业费支付等。

4）员工工资：收集员工薪酬信息。

5）其他费用：收集包括市场营销、办执照、买保险等其他可能产生的费用。

3. 咖啡店利润空间分析

调研的咖啡店目前的经营策略有哪些？（可从附加值服务、产品线、运营效率和营销策略几个维度思考）你可以提出哪些改进措施？

思政导引　定价策略中如何平衡品质与利润？追求利润至上与品质第一有矛盾吗？

- Invest　　　　　　　　　　　　　　投资
- Cost　　　　　　　　　　　　　　　成本
- Fixed Cost　　　　　　　　　　　　固定成本
- Variable Cost　　　　　　　　　　　可变成本
- Incremental Cost　　　　　　　　　 增量成本

- Direct Cost　　　　　　　　　　直接成本
- Indirect Cost　　　　　　　　　间接成本
- Standard Cost　　　　　　　　　标准成本
- Cash Cost　　　　　　　　　　　付现成本
- Book Cost　　　　　　　　　　　账面成本
- Sink Cost　　　　　　　　　　　沉没成本
- Opportunity Cost　　　　　　　　机会成本
- Life Cycle Cost　　　　　　　　　全寿命周期成本
- Income　　　　　　　　　　　　收入
- Profit　　　　　　　　　　　　　利润

拓展阅读文献

［1］孟凡生，甄晓非. 基于双重成本控制标准的成本计算与收益分配研究［J］. 华东经济管理，2012，26（11）：117-121.
［2］戴宾，陈金枝，喻家乐. 产品线竞争环境下的生产成本信息分享策略［J］. 管理工程学报，2024，38（4）：149-169.
［3］Thomas Tosse. 快速确定生产成本［J］. 现代制造，2024（2）：30-31.
［4］苏淑欢. 制造费用分配方法应该改进［J］. 财务与会计，1997（12）：13-14.
［5］孟宪海. 全寿命周期成本管理与价值管理［J］. 国际经济合作，2007（5）：59-61.

习题答案

第 3 章　货币的时间价值和等值计算

 本章目标

知识目标	能力目标
◇ 掌握货币时间价值、单利复利的差异。 ◇ 掌握现金流图表达要素、符号意义及现金图流绘制。 ◇ 掌握等值的含义、各类现金流的等值转换的计算及应用。 ◇ 理解名义利率、实际利率的本质。 ◇ 掌握离散复利与连续复利及其复利系数表的使用。	◇ 能够根据具体项目信息，绘制现金流图。 ◇ 能够应用等值概念及等值计算对不同领域不同形式的工程经济问题现金流进行等值转换。 ◇ 能够理解、计算、评价生活中各类金融保险投资方案的实际利率、年金、剩余本金、现值将来值等指标。

本章问题-方法-知识图谱

本章问题-方法-知识图谱见图 3-1。

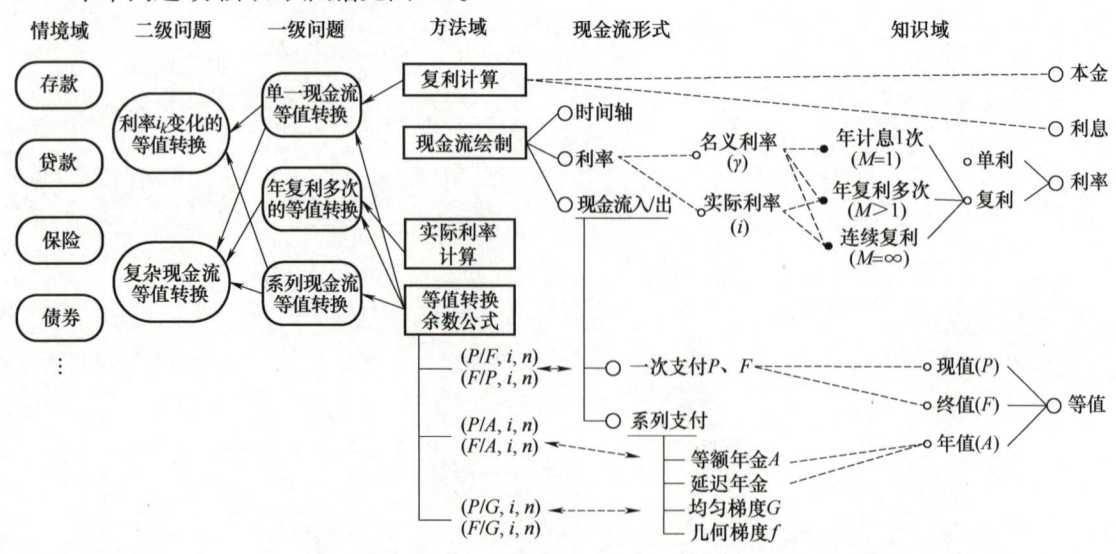

图 3-1　本章问题-方法-知识图谱

案例导入

小米 SU7 的购车金融服务

你打算购买一辆小米 SU7，小米官网给了购车信息，售价 215 900 元起，并提供金融服务优惠信息如表 3-1 所示。

表 3-1 小米汽车金融服务优惠信息

首付比例	首付金额（元）	贷款金额（元）	期限（月）	年化费率	月供金额（元）
15%	32 385	183 515	12	2.5%	15 675
			24	2.5%	8 029
			36	2.5%	5 480
			48	2.5%	4 205
			60	2.5%	3 440
50%	107 950	107 950	12	2.5%	9 221
			24	2.5%	4 723
			36	2.5%	3 224
			48	2.5%	2 474
			60	2.5%	2 024

问题思考 你会如何选择？你想了解小米汽车金融服务的月供金额是怎么计算的吗？这些不同的方案对你而言是一样的吗？对小米金融服务而言是一样的吗？

思政导引 "买不起，只要延长分期还款，少花些钱就能买到了，这是省钱过日子，又提前消费最经济的方式。"这个消费观正确吗？

请带着这些问题，在本章学习中找寻答案。这需要研究资金的时间价值及其等值转换。

3.1 基本符号

i——利率、折现或贴现率、收益率。
N——计息期数。
I——利息。
P——现值，是指某一现金流量值换算成当前时点上的金额，即未来某一时点上的一定量现金折合为现在的现金的价值。

F——将来值，又称终值，是指现在一定量现金在未来某一时点上的价值，即某一现金流量值换算成未来终了时点上的金额。

A——年金，又称年度等值，是指某一现金流量值换算成若干连续时点上大小相等的金额（等额系列）。

G——均匀梯度，是指某一现金流呈现等额递增或递减的金额。

3.2 货币的时间价值与利息

3.1.1 资金的时间价值

工程项目的设计、开发、实施通常会经历一段时间，这段时间是资源在项目全生命周期中流动的过程，究其本质，是资金流动交换的过程。所以分析项目的经济性，就要研究分析资金在项目不同时间节点流动的结果。

问题思考 今天的一元钱等于一年后的一元钱吗？原因是什么？

资金的时间价值也称为货币的时间价值（Time Value of Money），是指把资金投入经济活动一段时间后产生的增值或经济效益。这个增值来源于资金的机会成本，若把资金存入银行可以取得利息，若将资金用于投资预期可获得利润。所以在对项目经济性进行分析时，发生在不同时间点的现金流量是不能直接比较或加减的，必须将资金的时间价值考虑进来。

资金时间价值的大小取决于多方面因素，从投资者的角度来看主要有：①投资收益率，即单位投资所能取得的收益；②通货膨胀，即对因货币贬值造成的损失所应做的补偿；③风险，即对因风险可能造成的损失所应做的补偿。

3.1.2 利息及利息的由来

衡量资金时间价值大小有两个尺度：一个是绝对尺度，即利息；另一个是相对尺度，即利率。

利息是指借贷过程中，借款人支付给债权人超过原有借贷金额的部分，可以认为是借款人因占用资金所支付的报酬或债权人因暂时放弃使用资金所得到的补偿。利息的计算公式如下：

$$I = F - P \tag{3.1}$$

式中，I 为利息；F 为还本付息的总额；P 为原有借贷金额，即本金。

利率是指单位时间内（如年、半年、季度、月、周、日等）所得利息与本金之比，它反映了资金随时间变化的增值率。利率通常用百分比表示，计算公式如下：

$$i = \frac{I}{P} \times 100\% \tag{3.2}$$

式中，i 为利率；I 为利息；P 为原有借贷本金。

3.1.3 单利

单利是指在计算利息时，仅计算本金的利息，对本金产生的利息不再计算利息。即不论年限有多长，每年按原始本金计息，而已取得的利息不会累积到原始本金中再计息，也就是通常所说的"利不生利"。其计算公式如下：

$$I_t = Pi \tag{3.3}$$

式中　I_t 为第 t 个计息周期的利息额；P 为本金；i 为计息周期单利利率。

如果用 I 代表 n 个计息周期所付出或所得到的单利总利息，其计算公式如下：

$$I = Pin \tag{3.4}$$

由式（3.4）可知，在以单利计息的情况下，总利息与本金、利率及计息周期数成正比关系。则第 n 个期末本利和 F 等于本金加上 n 个计息周期的总利息，计算公式为

$$F = P + I = P + Pin = P(1 + ni) \tag{3.5}$$

【例3-1】　某人存入银行1 000元，以10%的年存款利率存3年。问按单利法3年后能从银行取出多少钱？所得利息是多少？（不考虑利息税）

解：

单利法3年后的本利和为

$$F = P(1 + ni) = [1\,000 \times (1 + 3 \times 10\%)] \text{元} = 1\,300 \text{元}$$

单利法3年的利息为

$$I_3 = Pni = [1\,000 \times 3 \times 10\%] \text{元} = 300 \text{元}$$

3.1.4　复利

复利是指将上期利息结转并入本金来一并计算本期利息的计算方式，也就是所谓的"利滚利"，不仅本金会生利息，利息也能生利息。

按照复利计算，已知 P 和 i，则 n 期内每期的利息及本利和的计算公式推导过程见表3-2。

表3-2　复利法计算公式的推导过程

计息周期	期初本金	本期利息	期末本利和
1	P	Pi	$F = P + Pi = P(1+i)$
2	$P(1+i)$	$P(1+i)i$	$F = P(1+i) + P(1+i)i = P(1+i)^2$
3	$P(1+i)^2$	$P(1+i)^2 i$	$F = P(1+i)^2 + P(1+i)^2 i = P(1+i)^3$
…	…	…	…
n	$P(1+i)^{n-1}$	$P(1+i)^{n-1} i$	$F = P(1+i)^{n-1} + P(1+i)^{n-1} i = P(1+i)^n$

所以，复利的基本计算，即复利终值 F 的计算公式为

$$F = P(1+i)^n \tag{3.6}$$

【例3-2】　沿用例3-1，若考虑复利，该企业3年后能从银行取出多少钱？所得利息是多少？

解：

复利法3年后的本利和为

$$F = P(1+i)^n = [1\,000 \times (1 + 10\%)^3] \text{元} = 1\,331 \text{元}$$

复利法 n 期的利息为

$$I_n = F - P = 1\,331 \text{元} - 1\,000 \text{元} = 331 \text{元}$$

从前面两个例子可以看出，同一笔借款，在利率和计息周期均相同的情况下，用复利计

算出的利息金额数比用单利方式计算出来的利息金额数多 31 元。本金越大，计息周期越多时，两种计息方式计算出的结果差距就会越大。复利反映利息的本质特征，即利息作为资本也参加了社会再生产的过程，因此，在实际生活中得到了广泛的应用，在工程经济分析中一般也采用复利计算。

3.3 等值

在理解资金的时间价值和利息的概念基础上，我们可以进一步理解等值的含义。所谓等值是指发生在某一时间节点的资金，考虑资金的时间价值（利息）的影响，等同在另一时间节点上的资金额。影响资金等值的因素有 3 个：资金额的多少、资金发生的时间、利率（或折现率）的大小。其中利率是一个关键因素，等值计算中一般是以同一利率为计算依据的。

【例 3-3】 若利率为 12%，现在的 2 500 元，其在 2 年后的等值金额是多少？其在 2 年前的等值金额是多少？

解：

我们知道由于资金时间价值的存在，2 500 元在 2 年后的等值并不是 2 500 元，而是考虑复利后，2 500 元在 12%利率作用下 2 年后的本利和，即

$$F=P(1+i)^n=[2\,500\times(1+12\%)^2]\text{元}=3\,136\text{元}$$

同样，若是计算 2 年前的等值，我们可以想象一笔钱在 2 年前按 12%复利存进，存 2 年后变成 2 500 元，求这笔钱是多少，由基本公式 $F=P(1+i)^n$，可以转换成

$$P=F(1+i)^{-n}=[2\,500\times(1+12\%)^{-2}]\text{元}=1\,993\text{元}$$

即，2 500 元在 2 年前的等值为 1 993 元。

【例 3-4】 再来看一个分期还款方案的例子，一笔 8 000 元本金的贷款，分 4 期内还，每期利率 10%，可以选择 4 种不同的还款方式：

方案 1：等额本金还款方式，即每期还 1/4 本金再加当年利息。

方案 2：等额本息还款方式，即每期还相等金额 2 524 元。

方案 3：前 3 期，每期只还利息，不还本金，直到第 4 期期末，返还所剩本金利息。

方案 4：直到第 4 期期末一次性返还本金再加所有累积利息。

应如何选择？

解：

首先具体将每个还款方案展开计算分析一下，见表 3-3~表 3-6。

表 3-3 方案 1：等额本金还款 （单位：元）

期数	期初欠款额	本期利息	期末总欠款	本期还款本金	期末总还款
1	8 000	800	8 800	2 000	2 800
2	6 000	600	6 600	2 000	2 600
3	4 000	400	4 400	2 000	2 400
4	2 000	200	2 200	2 000	2 200
总计	20 000	2 000			

表 3-4　方案 2：等额本息还款　（单位：元）

期数	期初欠款额	本期利息	期末总欠款	本期还款本金	期末总还款
1	8 000	800	8 800	1 724	2 524
2	6 276	628	6 904	1 896	2 524
3	4 380	438	4 818	2 086	2 524
4	2 294	230	2 524	2 294	2 524
总计	20 950	2 096			

表 3-5　方案 3：分期还息　（单位：元）

期数	期初欠款额	本期利息	期末总欠款	本期还款本金	期末总还款
1	8 000	800	8 800	0	800
2	8 000	800	8 800	0	800
3	8 000	800	8 800	0	800
4	8 000	800	8 800	8 000	8 800
总计	32 000	3 200			

表 3-6　方案 4：一次性偿还本息　（单位：元）

期数	期初欠款额	本期利息	期末总欠款	本期还款本金	期末总还款
1	8 000	800	8 800	0	0
2	8 800	880	9 680	0	0
3	9 680	968	10 648	0	0
4	10 648	1 065	11 713	8 000	11 713
总计	37 128	3 713			

从上面具体计算可以看到，从方案 1 到方案 4，所偿还的利息逐渐增加，从方案 1 的累计 2 000 元，到方案 4 的累计 3 713 元，但究其原因是欠款额不同，方案 1 每期都会偿还一定本金，而方案 4 直至最后一期期末才一次性偿还本金，导致欠款额巨大。对比表 3-7 发现，无论哪种方案，利息总额与欠款总额的比率都是 10%。所以，**从这一点而言，这 4 个方案在理论计算层面上是等值的。**

表 3-7　方案汇总分析

方案	期初欠款总额	利息总额	比率（利息总额/期初欠款总额）
1	20 000	2 000	10%
2	20 950	2 096	10%
3	32 000	3 200	10%
4	37 128	3 713	10%

拓展思考

1. 既然 4 个方案是等值的，那是否意味着选哪一个都一样？这时你的选择依据是什么？
2. 若你站在出借人立场（银行），你的倾向性是什么？（提示：风险）
3. 若在还款期内，利率改变了，那么 4 个方案还等值吗？

再来回顾一下本章开篇的案例导引问题，小米汽车金融服务所提供的不同购车优惠方案，还款期，首付比例不同，但本质也是等值的。

3.4 现金流图

当需要描述方案的具体形式时，即要清楚考察在不同时间点资金的流入流出情况时，就需要绘制现金流图。现金流图是可以反映项目（方案）中现金流量状态的图。描述现金流量，必须把握三要素：大小（资金数额）、方向（资金流入或资金流出）以及时间（资金流入或流出发生的时间点）。

现金流图包含三要素，缺一不可：

1）水平线表示时间维度（时间轴），时间从 0（即现在）开始，从左向右延伸，每一个时间间隔代表一期（比如年、季度、月等）。时间点上数字代表第几期的期末，例如第 1 期的期末，第 2 期期末，依次直至第 n 期期末结束（即项目研究期结束）。

2）垂直于时间轴的箭头表示资金流动的方向，标在每个时间节点。箭头方向显示资金的流动方向，向下的箭头表示支出（现金流出），而向上的箭头表示收入（资金流入）。在第一章中我们曾经强调过，资金的流入或流出与研究立脚点有关，所以绘制现金流图的箭头方向时，务必保证立场的一致性。箭头线的端头注明该资金流量的数额。

3）利率 $i(\%)$，表明计息期内的利率大小。

【例3-5】 例 3-4 中 4 种方案的现金流图绘制如下：

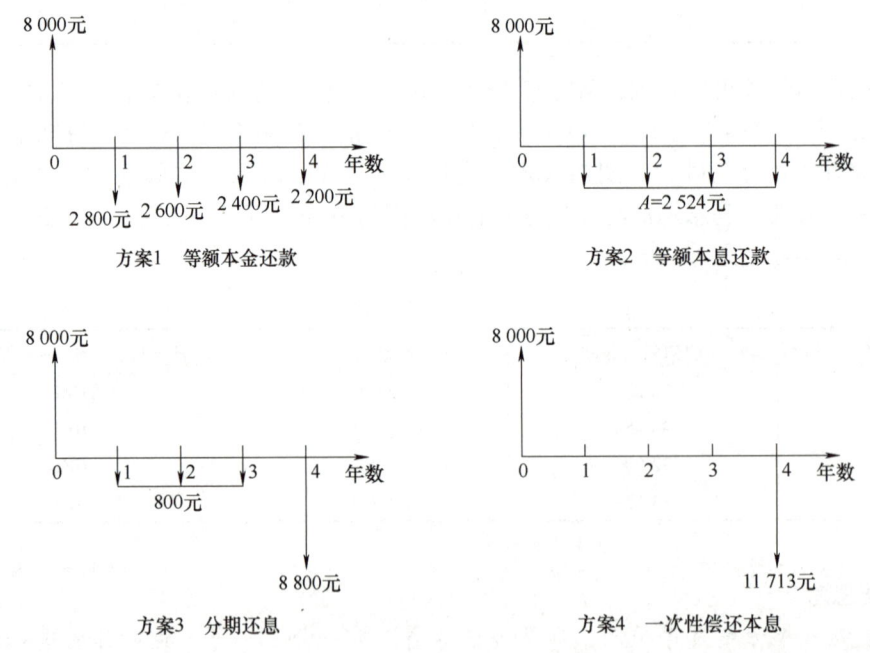

图 3-2 4 种方案的现金流图

虽然现金流图可以清晰地描述资金流的时间、流量、性质，但当项目非常复杂，周期很长时，现金流图会非常复杂，这时采用现金流表（可使用 Excel 电子表格的形式）表达会更加便捷。可参考本章小结后高阶学习导引进行自主学习。

3.5 基本等值转换计算

当项目或方案的现金流图绘制好后,需要基于现金流图进行工程经济分析,因为发生在不同时间点的资金不能直接比较,资金比较或加减的前提是必须发生在同一时间节点,所以要实现不同方案的经济性比较,必须将发生在不同时间的资金在考虑其时间价值的前提下等值转换到同一时间节点,这就是等值转换的目的。因为项目的现金流图中会有不同类型的现金流量形式,本节将针对不同形式进行等值转换。

3.5.1 一次支付等值转换($P \leftrightarrow F$)

一次支付又称整付,是最基本的现金流量情形,是指分析系统的现金流量无论是现金流入还是现金流出,分别在时间点上只发生一次。

1. 一次支付终值转换($P \rightarrow F$)

如果有一项资金 P 按年利率 i 进行投资,按复利计算,n 年以后本利和应为多少?即已知 P、i、n,求 F。其现金流图如图3-3所示。

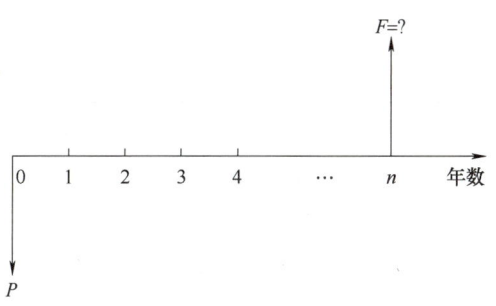

图3-3 已知现值求终值的现金流图

根据复利计息公式(3.7),可得:

$$F = P(1+i)^n \tag{3.7}$$

它是资金等值计算的基本公式,其他公式都可以由此派生出来。

式中,$(1+i)^n$ 通常称作"一次支付终值系数",简称"复利终值系数",用符号(F/P, i, n)表示,符号(F/P, i, n)表达为"计息期为 n,每期利率为 i 情况下,已知 P 求 F",所以对应每个 i 和 n,都可以计算出相应的复利终值系数,将系列编制成表,即可快速方便地查表获取该系数,复利终值系数可以通过查阅附录C直接获得。

这时,式(3.7)也可写为

$$F = P(F/P, i, n) \tag{3.8}$$

2. 一次支付现值转换($F \rightarrow P$)

想在 n 年后得到一笔资金 F,在利率 i 下,现在应存入银行多少钱?即已知 F、i、n,求 P。其现金流图如图3-4所示。

由式(3.7)的逆运算可以得出现值 P 的计算公式为

图 3-4 已知终值求现值的现金流图

$$P = F(1+i)^{-n} \tag{3.9}$$

式中，系数 $(1+i)^{-n}$ 称为一次支付现值系数，记为 $(P/F, i, n)$，表达为"计息期为 n，每期利率为 i 情况下，已知 F 求 P"，同样，对应每个 i 和 n，都可以计算出相应的一次支付现值系数，将系列编制成表，即可快速方便地查表（附录 C 中第 3 行）获取该系数。

则式（3.9）可写为

$$P = F(P/F, i, n) \tag{3.10}$$

【例 3-6】 表 3-8 为若干一次支付现金流量的实例问题及其对应的等值问题、现金流图及计算方法。

表 3-8 一次支付现金流量实例

求解	已知	实际情境	等值问题	现金流图	计算方法
F	P	企业购置数控机床贷款 600 万元，复利 6%，5 年后偿还本息和多少？	现值 600 万元，其 5 年后的将来值是多少（一次支付终值）？	$P=600$ 万元，$i=6\%$，$F=?$，0~5 年	$F = P(F/P, 6\%, 5)$ $= P(1+6\%)^5$ $= [600 \times 1.338\ 2]$ 万元 $= 802.9$ 万元
P	F	某企业计划在 5 年后从银行提取 800 万元，如果银行利率为 5%，问现在应存入银行多少钱？	5 年后将来值 800 万元，其等值的现值是多少（一次支付现值）？	$F=800$ 万元，$i=5\%$，$P=?$，0~5 年	$P = F(P/F, 5\%, 5)$ $= F(1+5\%)^{-5}$ $= [800 \times 0.783\ 5]$ 万元 $= 626.8$ 万元
i	P, F, n	想在 10 年内把 50 万元变成 100 万元，需要找收益率多少的投资项目？	现值 50 万元，其 10 年后等值 100 万元，所对应的利率是多少？	$F=100$ 万元，$P=50$ 万元，$i=?$，0~10 年	$i = \sqrt[n]{F/P} - 1$ $= \sqrt[10]{\dfrac{100}{50}} - 1$ $= 7.18\%$

(续)

求解	已知	实际情境	等值问题	现金流图	计算方法
n	P, F, i	将现在50万元，投到一个收益率15%投资项目需要多久可以获利100万元？	现值50万元，在15%利率下，多久后等值为100万元？	$F=100$万元，$P=50$万元，$i=15\%$，$n=?$	$n=\dfrac{\log(F/P)}{\log(1+i)}$ $=\dfrac{\log\dfrac{100}{50}}{\log(1+15\%)}$ $=4.95$

3.5.2 等额支付系列转换（$P \leftrightarrow A \leftrightarrow F$）

在项目执行期内经常会发生等额支付的现金流量，图3-5中描述了一个等额支付系列的现金流，其特点如下：

1) 每笔支出是大小相等、方向相同的现金流，用年值A表示。
2) A发生在每个计息期期末。这类现金流为典型的标准年金A，即A（等额年金）发生在从第1期到第n期期末。

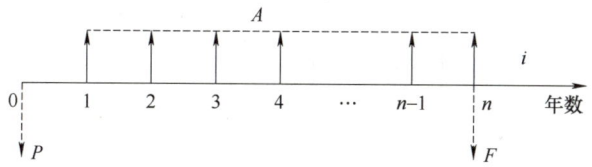

图3-5 等额支付系列（标准年金）的现金流

本小节将关注等额年金A、现值P和将来值F之间的等值转换。

1. 等额支付终值转换（$A \rightarrow F$）

如果某人每年年末存入资金A，在年利率为i的情况下，到n年后资金的本利和F为多少？即已知A、i、n，求F。其现金流图如图3-6所示。

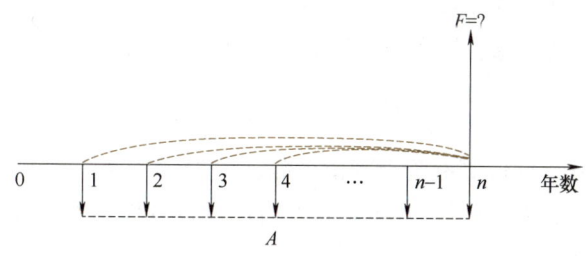

图3-6 已知年金求终值的现金流图

从上图可以看出，连续等额支付的系列现金流量A相当于n个大小为A的一次支付类型。因此可以根据式（3.7）推导出等额支付资金系列的现金流量到n年年末累计的终值F：

$$F = A(1+i)^{n-1} + A(1+i)^{n-2} + \cdots + A(1+i) + A \qquad (3.11)$$

等式两边分别乘以$(1+i)$得：

$$F(1+i) = A(1+i)^n + A(1+i)^{n-1} + \cdots + A(1+i)^2 + A(1+i) \tag{3.12}$$

式（3.11）、式（3.12）两式相减得：

$$F(1+i) - F = A(1+i)^n - A$$

整理后可得：

$$F = A\left[\frac{(1+i)^n - 1}{i}\right] \tag{3.13}$$

式中，括号[ ]内的分式称作等额支付终值系数，记为（$F/A, i, n$），表达为"计息期为 n，每期利率为 i 情况下，已知 A 求 F"。同样，对应每个 i 和 n，都可以计算出相应的等额支付终值系数，将系列编制成表，即可快速方便地查表（附录 C 中第 5 行）。

因此，上式又可以写为

$$F = A(F/A, i, n) \tag{3.14}$$

2. 等额支付现值等值转换（$A \rightarrow P$）

你有意为学院优秀学生提供奖学金基金，打算按利率 $i = 5\%$ 计算，为了能在今后 $n = 10$ 年内每年年末提取相等金额的资金 A 作为奖学金，则现在需投资基金的现值 P 是多少？

该情境问题的本质等值问题即已知 A、i、n，求 P。其现金流图如图 3-7 所示。

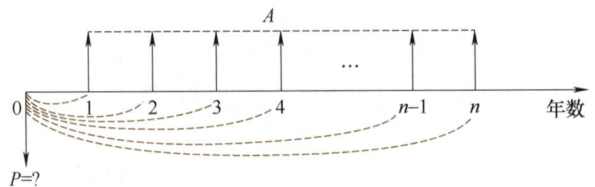

图 3-7 已知年金求现值的现金流图

类似地，可将连续等额的系列现金流量 A 视为 n 个大小为 A 的一次支付，已知终值 F，分别求其相应的等值现值 P，然后累加为最终的累计现值 P。

其计算公式为

$$P = A(P/F, i, 1) + A(P/F, i, 2) + \cdots + A(P/F, i, n-1) + A(P/F, i, n)$$
$$= A(1+i)^{-1} + A(1+i)^{-2} + \cdots + A(1+i)^{-(n-1)} + A(1+i)^{-n}$$

类似前面的推导思路，或直接求该等比数列的和，整理得

$$P = A\left[\frac{1-(1+i)^{-n}}{i}\right] \tag{3.15}$$

式中，括号[ ]内的分式称作等额资金现值系数，记为（$P/A, i, n$），表达为"计息期为 n，每期利率为 i 情况下，已知 A 求 P"，其数值可通过直接查阅等额资金现值系数表（附录 C 中第 7 行）。

故上式也可以写为

$$P = A(P/A, i, n) \tag{3.16}$$

3. 等额支付积累基金转换（$F \rightarrow A$）

为了能在 n 年年末筹集到一笔资金（将来值 F），按年利率 i 计算，拟从现在起至 n 年的每年年末等额存入一笔资金 A，积累到 n 年年末。即已知 F、i、n，求 A。其现金流图如图 3-8 所示。

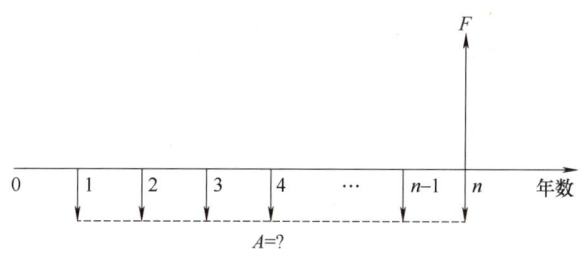

图 3-8 已知终值求年金的现金流图

由式（3.13）的逆运算可以得出积累基金的计算公式：

$$A = F\left[\frac{i}{(1+i)^n - 1}\right] \tag{3.17}$$

式中，括号［］内的分式系数为等额支付积累基金系数，记为 $(A/F, i, n)$，表达为"计息期为 n，每期利率为 i 情况下，已知 F 求 A"，其数值可通过直接查阅等额支付积累基金系数（附录 C 中第 2 行）。

则上式可以写为

$$A = F(A/F, i, n) \tag{3.18}$$

4. 等额支付资金恢复转换（$P \to A$）

该问题典型的情境是贷款回款方式，银行现提供贷款 P，年利率为 i，要求在 n 年内等额分期回收全部贷款，问每年年末应回收多少资金 A？

该情境问题的本质等值问题是已知现值 P 求年金 A。其现金流图如图 3-9 所示。

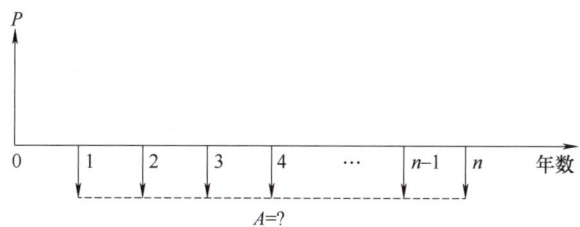

图 3-9 已知现值求年金的现金流图

由式（3.15）可推导出等额支付资金恢复公式：

$$A = P\left[\frac{i}{1-(1+i)^{-n}}\right] \tag{3.19}$$

式中，括号［］内的分式系数称为等额支付资金恢复系数，记为 $(A/P, i, n)$，表达为"计息期为 n，每期利率为 i 情况下，已知 P 求 A"，其数值可直接查阅等额支付资金恢复系数（附录 C 中第 4 行）。

则上式可以写为

$$A = P(A/P, i, n) \tag{3.20}$$

【例 3-7】 表 3-9 为若干等额支付现金流量的实例问题及其对应的等值问题、现金流图及计算方法。

表 3-9　等额支付现金流量实例

求解	已知	实际情境	等值问题	现金流图	计算方法
F	A	假设你从20岁起每天攒10元（则每年年末向银行存入3 650元），若银行年利率为5%，到80岁时，你会成为百万富翁吗？	利率5%情况下，年金3 650元，其60年后的将来值是多少（等额支付终值）	$F=?$，$A=3\ 650$元，$i=5\%$	$F=A(F/A,5\%,60)$ $=[3\ 650\times353.583]$万元 $=129.057\ 7$ 万元
P	A	某校友欲为学院设立奖学金基金，承诺未来8年，每年提供10万元奖金，考虑利率为8%，问当下至少需要投入多少基金？	利率8%情况下，未来10年每年年金10万元，其等值的现值是多少（等额支付现值）	$A=10$万元，$P=?$，$i=8\%$	$P=A(P/A,i,n)$ $=10\times(P/A,8\%,8)$ $=[10\times5.746\ 6]$万元 $=57.466$ 万元
A	F	某厂欲积累一笔设备更新基金，用于4年后更新设备。此项投资总额为600万元，银行利率为5%，问每年年末至少要存款多少？	利率5%情况下，4年后600万元，其等值的年金是多少（等额支付偿债基金）	$F=600$万元，$A=?$，$i=5\%$	$A=F(A/F,i,n)$ $=600\times(A/F,5\%,4)$ $=[600\times0.232]$万元 $=139.20$ 万元
A	P	车贷中的等额本息还款：贷款15万元购车，利率是6%，分期5年偿还，每月还款额是多少？	月息0.5%（即年利率6%）情况下，现值15万元，分为5×12期=60期，其等值分期额是多少（等额资金回收）	$P=15$万元，$A=?$，$i=0.5\%$	$A=P(A/P,i,n)$ $=150\ 000\times(A/P,0.5\%,60)$元 $=(150\ 000\times0.019\ 3)$元 $=2\ 895$ 元

> **思政导引**　$(F/A,i,n)$ 这个系数的情境例题向我们展示了复利在财富积累中的神奇效果。通过持续存钱及避免不必要的浪费来积累财富通常会是一种非常有效的创造财富的手段。从另一方面看，若没有节俭存钱，而是无节制地借钱（用信用卡）来花费明天的钱，$(F/A,i,n)$ 带来的复利效果将会让你的债务飞速增加。

3.5.3 等值转换系数间的关系

以上 6 个公式是常用的资金等值计算公式，根据上述资金等值计算公式可看出，资金等值计算基本公式之间存在以下关系，具体如图 3-10 所示。

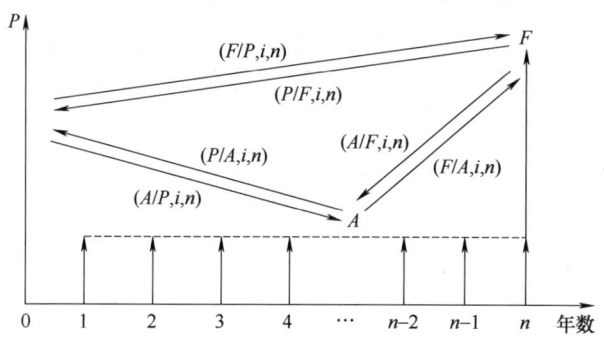

图 3-10 资金等值计算的基本公式图

由上图可知，这 6 种等值计算系数之间存在以下几种基本关系：

$$(P/F,i,n) = 1/(F/P,i,n) \tag{3.21}$$

$$(A/P,i,n) = 1/(P/A,i,n) \tag{3.22}$$

$$(A/F,i,n) = 1/(F/A,i,n) \tag{3.23}$$

$$(F/A,i,n) = (P/A,i,n)(F/P,i,n) \tag{3.24}$$

$$(P/A,i,n) = \sum_{k=1}^{n}(P/F,i,k) \tag{3.25}$$

$$(F/A,i,n) = \sum_{k=1}^{n}(F/P,i,n-k) \tag{3.26}$$

表 3-10 汇总了这 6 个基本的资金等值转换公式、等值转换系数及其表达式。根据不同的利率 i 和计息期 n，等值转换系数的数值可以查阅附录 C。

表 3-10 资金等值转换系数、公式及表达式

支付类型	待求	已知	公式	系数	表达式
一次支付	F	P	$(1+i)^n$	一次支付终值系数	$(F/P,i,n)$
	P	F	$(1+i)^{-n}$	一次支付现值系数	$(P/F,i,n)$
等额支付系列	F	A	$\dfrac{(1+i)^n-1}{i}$	等额支付终值系数	$(F/A,i,n)$
	P	A	$\dfrac{1-(1+i)^{-n}}{i}$	等额支付现值系数	$(P/A,i,n)$
	A	F	$\dfrac{i}{(1+i)^n-1}$	等额支付积累基金系数	$(A/F,i,n)$
	A	P	$\dfrac{i}{1-(1+i)^{-n}}$	等额支付资金恢复系数	$(A/P,i,n)$

3.6 延迟年金系列等值转换

截至目前我们讨论的等额支付系列现金流都是标准年金系列,即第一笔等额支付发生在第 1 期期末(见图 3-5)。但是在很多实际情境中,第一笔等额年金支付发生在一段时间之后,这类年金系列就称为延迟年金系列。延迟年金系列现金流图如图 3-11 所示,第一笔 A 并非发生于第 1 期期末,而是延迟了 J 期之后发生在第 $J+1$ 期期末。

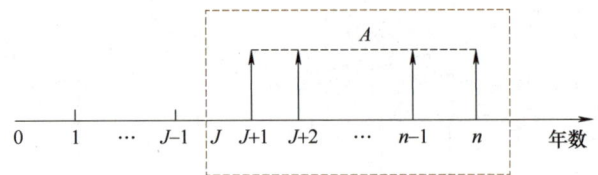

图 3-11 延迟年金系列的现金流图

延迟年金系列的现值转换

已知发生于第 $J+1$ 期期末的等额年金 A,求其等值现值。

方法 1:可以将每一次 A 视为将来值,求其等值现值,累加为 P_0。其计算公式为

$$P_0 = \sum_{t=J+1}^{n} (A(P/F,i,t)) \tag{3.27}$$

方法 2:先求出第 n 期期末的等值年金终值,再将其折现为第 0 期的现值。其计算公式为

$$P_0 = (F/A,i,n-J) \times (P/F,i,n) \tag{3.28}$$

方法 3:可以将延迟年金转换成标准年金。从图 3-12 中可见,若将第 J 期视为第 0 期,第 $J+1$ 期视为第 1 期,第 n 期视为 $n-J$ 期,则虚线框中的等额年金系列即标准年金系列,则可以 3 步求解最终现值 P_0:

1)按虚线框内的标准年金系列求 P_J,即求其等值现值,$P_J = A(P/A,i,n-J)$。
2)令 $F_J = P_J$。
3)求最终的现值,$P_0 = F_J(P/F,i,J)$
$$= A(P/A,i,n-J)(P/F,i,J) \tag{3.29}$$

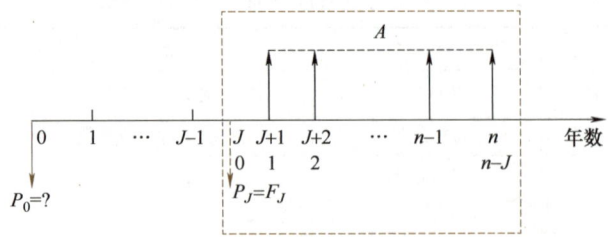

图 3-12 求解延迟年金系列的方法 3 的现金流图

【例 3-8】 有一种教育险险种,在孩子 18 岁开始上大学时提供教育储备金,连续 4 年,每年提供 30 000 元。若在孩子出生时一次性投保该教育险,需要多少钱?

该教育险种的现金流图见图 3-13,分别用上述 3 个方法计算 P_0,得到:

$$P_0 = A \sum_{t=18}^{21} (P/F, 6\%, t) = [30\ 000 \times (0.350\ 3 + 0.330\ 5 + 0.311\ 8 + 0.294\ 2)] 元 = 38\ 604\ 元$$

$$P_0 = A(F/A, 6\%, 4)(P/F, 6\%, 21) = [30\ 000 \times 4.374\ 6 \times 0.294\ 2] 元 = 38\ 610\ 元$$

$$P_0 = A(P/A, 6\%, 4)(P/F, 6\%, 17) = [30\ 000 \times 3.465\ 1 \times 0.371\ 4] 元 = 38\ 608\ 元$$

几种方法求得的结果近似相等，误差是复利系数产生的四舍五入造成的。

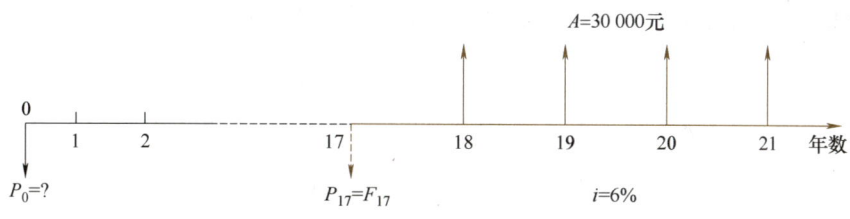

图 3-13　教育险种现金流图

3.7　均匀梯度（等差）序列等值转换

在实际项目现金流中，我们常会遇到一些现金流系列，比如设备维修保养费用每年都会递增一个固定数额，这类连续每期都以相等数额递增或递减的现金流量，我们称为均匀梯度序列（又称算术序列或等差序列）。G 就是均匀梯度值。图 3-14 是标准均匀梯度 G 序列的现金流量表和现金流图。其中，第 0 期和第 1 期末均无任何现金流，第一个 G 发生于第 2 期期末，以后每期递增 G。

表 3-11　梯度值为 G 的均匀梯度现金流表

各期期末	现金流
1	$(0)G$
2	$(1)G$
3	$(2)G$
⋮	⋮
$n-1$	$(n-2)G$
n	$(n-1)G$

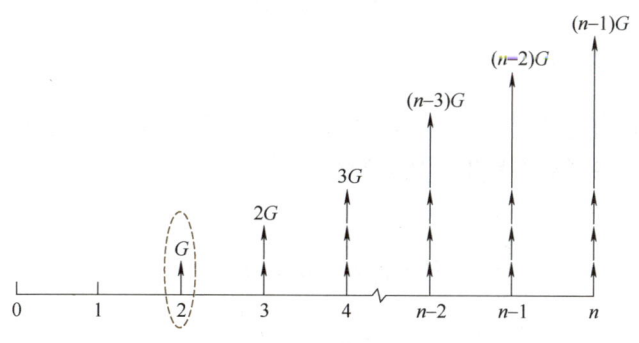

图 3-14　梯度值为 G 的均匀梯度现金流图

> 强调：标准均匀梯度序列现金流的第一个现金流量发生在第 2 期期末。

基于该现金流形式，下面介绍相关的等值转换。

3.7.1 已知 G，求解 P

在梯度值为 G 的均匀梯度现金流表中，已知 G 求 P 的等值转换计算见图 3-15。

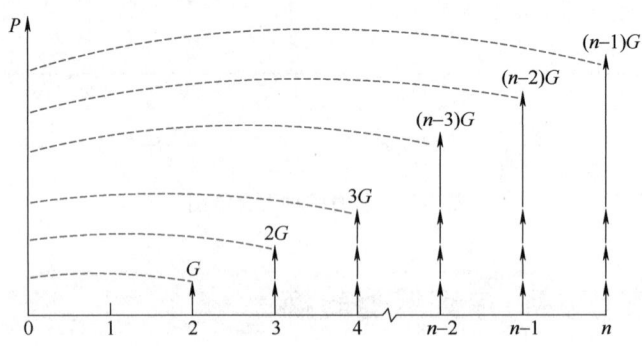

图 3-15 已知 G 求 P 的等值转换计算

由图 3-15 可知，将每个 G 进行等值现值 P 的转换，然后累加，可得

$$P = G(P/F,i,2) + 2G(P/F,i,3) + \cdots + (n-1)G(P/F,i,n)$$

$$= G\left[\frac{1}{(1+i)^2} + \frac{2}{(1+i)^3} + \cdots + \frac{n-1}{(1+i)^n}\right]$$

$$= G\sum_{k=1}^{n}\frac{k-1}{(1+i)^k}$$

$$= G\left\{\frac{1}{i}\left[\frac{(1+i)^n-1}{i(1+i)^n} - \frac{n}{(1+i)^n}\right]\right\} \tag{3.30}$$

式中，括号 $\{\}$ 中的系数被称为梯度系列现值转换系数，该系数也可以写为 $\left(\frac{1}{i}\right)[(P/A,i,n) - n(P/F,i,n)]$，在附录 C 第 6 行中给出按照不同的利率 i 和计息期数 n 计算出的该系数的一些数值，我们用函数符号 $(P/G,i,n)$ 来表示系数。

因此式（3.30）可以写为

$$P = G(P/G,i,n) \tag{3.31}$$

3.7.2 已知 G，求解 A

在梯度值为 G 的均匀梯度序列中，已知 G 求 A 的等值转换计算见图 3-16。
从式（3.30）中很容易推导出 A 的计算公式：

$$A = P(A/P,i,n)$$

$$= \left(\frac{G}{i}\right)[(P/A,i,n) - n(P/F,i,n)](A/P,i,n)$$

$$= \frac{G}{i} - \frac{nG}{i}(A/F,i,n)$$

$$= \frac{G}{i} - \frac{nG}{i}\left[\frac{i}{(1+i)^n - 1}\right]$$

$$= G\left[\frac{1}{i} - \frac{n}{(1+i)^n - 1}\right] \tag{3.32}$$

式中，括号[ ]内的系数称为梯度系列年值转换系数，表达为($A/G,i,n$)，同样，按照不同的利率i和计息期数n计算出该系数值（见附录C第8行）。

则已知G，求A的转换可表达为

$$A = G(A/G,i,n) \tag{3.33}$$

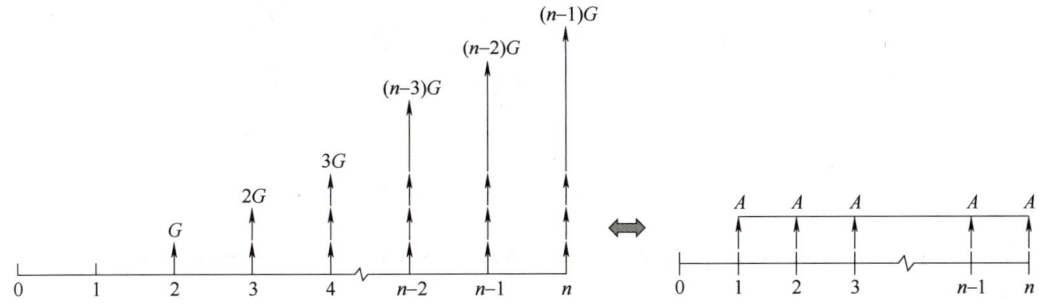

图3-16 已知G求A的等值转换计算

3.7.3 已知G，求解F

由前面$G \to P$，$P \to F$的转换公式，可得

$$F = G(P/G,i,n)(F/P,i,n)$$

$$= G\left\{\frac{1}{i}\left[\frac{(1+i)^n - 1}{i(1+i)^n} - \frac{n}{(1+i)^n}\right]\right\}(1+i)^n$$

$$= \frac{G}{i}\left[\frac{(1+i)^n - 1}{i} - n\right]$$

$$= \frac{G}{i}(F/A,i,n) - \frac{nG}{i} \tag{3.34}$$

该公式也可以直接根据现金流图，将每个现金流进行等值终值转换累加得出，即

$$F = G(F/A,i,n-1) + G(F/A,i,n-2) + \cdots + G(F/A,i,2) + G(F/A,i,1)$$

篇幅所限，附录C中并未提供$G \to F$的系数，该系数可通过式（3.34）计算，或通过($P/G,i,n$)($F/P,i,n$)查附录C求得。

【例3-9】 有4期连续的现金支出序列，第一期期末为800元，之后每期递减100元，利率为12%，求其等值现值、终值及年值。

解：

该问题的现金流（如图3-17a所示）可以拆解表述为如图3-17所示的两个现金流图（b和c）之和，即一个年金$A = 800$元的等额支付现金流出和一个均匀梯度$G = 100$元的均匀梯度系列现金流入。

则其等值年值可以表述为

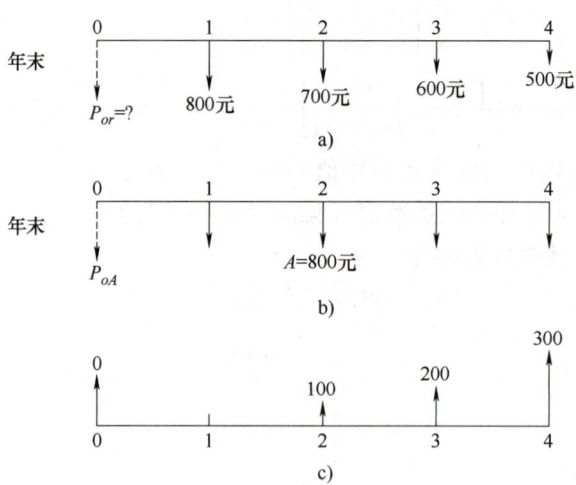

图 3-17 现金流图及求解思路

$$A = [-800 + G(A/G, 12\%, 4)] 元 = [-800 + 100 \times (1.358\ 9)] 元 = -665 元$$

则其等值现值为

$$P = A(P/A, 12\%, 4) = (-665 \times 3.037\ 3) 元 = -2\ 019.8 元$$

其等值终值为

$$F = A(F/A, 12\%, 4) = (-665 \times 4.779\ 3) 元 = -3\ 178.2 元$$

3.8 几何梯度(等比)序列等值转换

在实际项目现金流中,我们还会遇到一些序列现金流,其现金流量每期都以一定的比率 f 发生变化(递增或递减),称为几何梯度系列,如图 3-18 所示。需要强调第一笔现金流量 A_1 发生在第一期期末,并且 $A_k = (A_{k-1})(1+f)$,$2 \leq k \leq n$。几何梯度序列中第 n 期为 $A_n = A_1(1+f)^{n-1}$,系列中的等比率 $f = (A_k - A_{k-1})/A_{k-1}$。当 $f > 0$,为递增序列;$f < 0$,则为递减序列。

为了计算现值 P,每期的现金流量可以按利率 i 做相应的折现,然后累加,即:

$$P = A_1\left(\frac{P}{F}, i, 1\right) + A_2\left(\frac{P}{F}, i, 2\right) + A_3\left(\frac{P}{F}, i, 3\right) + \cdots + A_n\left(\frac{P}{F}, i, n\right)$$
$$= A_1(1+i)^{-1} + A_1(1+f)(1+i)^{-2} + A_1(1+f)^2(1+i)^{-3} + \cdots + A_1(1+f)^{n-1}(1+i)^{-n}$$

最终可以推导成:

$$P = \begin{cases} \dfrac{A_1[1-(1+i)^{-n}(1+f)^n]}{i-f} & f \neq i \\ A_1 n(1+i)^{-1} & f = i \end{cases} \tag{3.35}$$

将其中 $(1+i)^{-n}$ 及 $(1+f)^n$ 替换成表达式 $(P/F, i, n)$ 和 $(F/P, f, n)$,则公式为

$$P = \begin{cases} \dfrac{A_1[1-(P/F, i, n)(F/P, f, n)]}{i-f} & f \neq i \\ A_1 n(P/F, i, 1) & f = i \end{cases} \tag{3.36}$$

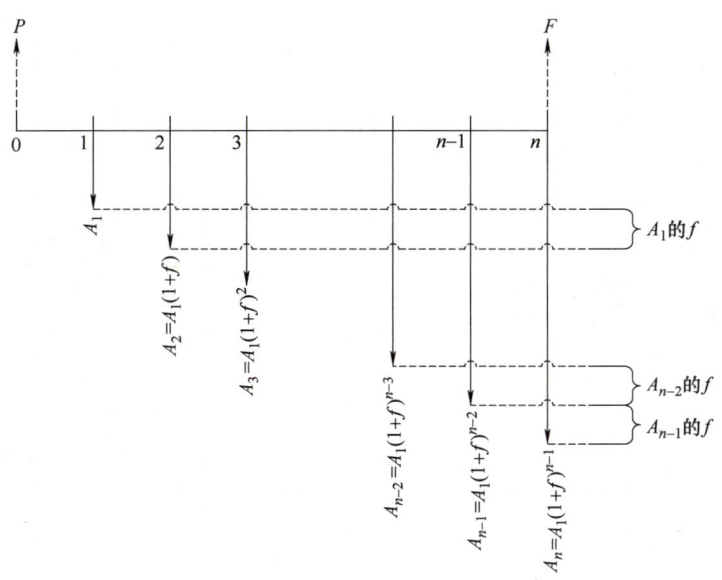

图 3-18 几何梯度系列现金流

【例 3-10】 某公司的销售收入预估从第 1 年年末开始为 360 000 元，每年以 7%递增，若利率为 15%，10 年后该公司所有销售收入的终值为多少？

利用式（3.35）计算该几何梯度序列的现值：

$$P = \frac{A_1[1-(P/F,i,n)(F/P,f,n)]}{i-f} = \frac{360\,000[1-(P/F,15\%,10)(F/P,7\%,10)]}{0.15-0.07} 元$$

$$= 2\,311\,909 \text{ 元}$$

$$F = P(F/P,f,n) = P(F/P,15\%,10) = (2\,311\,909 \times 4.046) 元 = 9\,353\,984 \text{ 元}$$

3.9 包含多种形式现金流的等值转换

实际项目的现金流中通常包含多种复杂的现金流入及流出。

【例 3-11】 图 3-19 给出了一个 8 年的一系列年末现金流量的问题，第 1 年年末现金流出是 100 元，第 2 年年末是 200 元，第 3 年年末是 500 元，从第 4 年到第 8 年每年年末都是 400 元。像某种设备预期的维修支出或对某项基金的支付都属于这种情况。注意到图中所有支付都出现在年末，除了一些特殊情况，在本书中，我们假设现金流都发生在计息期期末。尝试计算出这些现金流量：①费用的现值；②费用的将来值；③费用的年值 A，年利率为 20%。

解：

①为了求现值，需要计算出所有支付在第 1 年年初（0 时点）的等值并相加。整个时期内的货币运动情况如图 3-19a 所示。

$$P_0 = F_1(P/F,20\%,1) + F_2(P/F,20\%,2) + F_3(P/F,20\%,3) + A(P/A,20\%,5) \times (P/F,20\%,3)$$
$$= (100 \times 0.833\,3 + 200 \times 0.694\,4 + 500 \times 0.578\,7 + 400 \times 2.990\,6 \times 0.578\,7) 元$$
$$= 1\,203.82 \text{ 元}$$

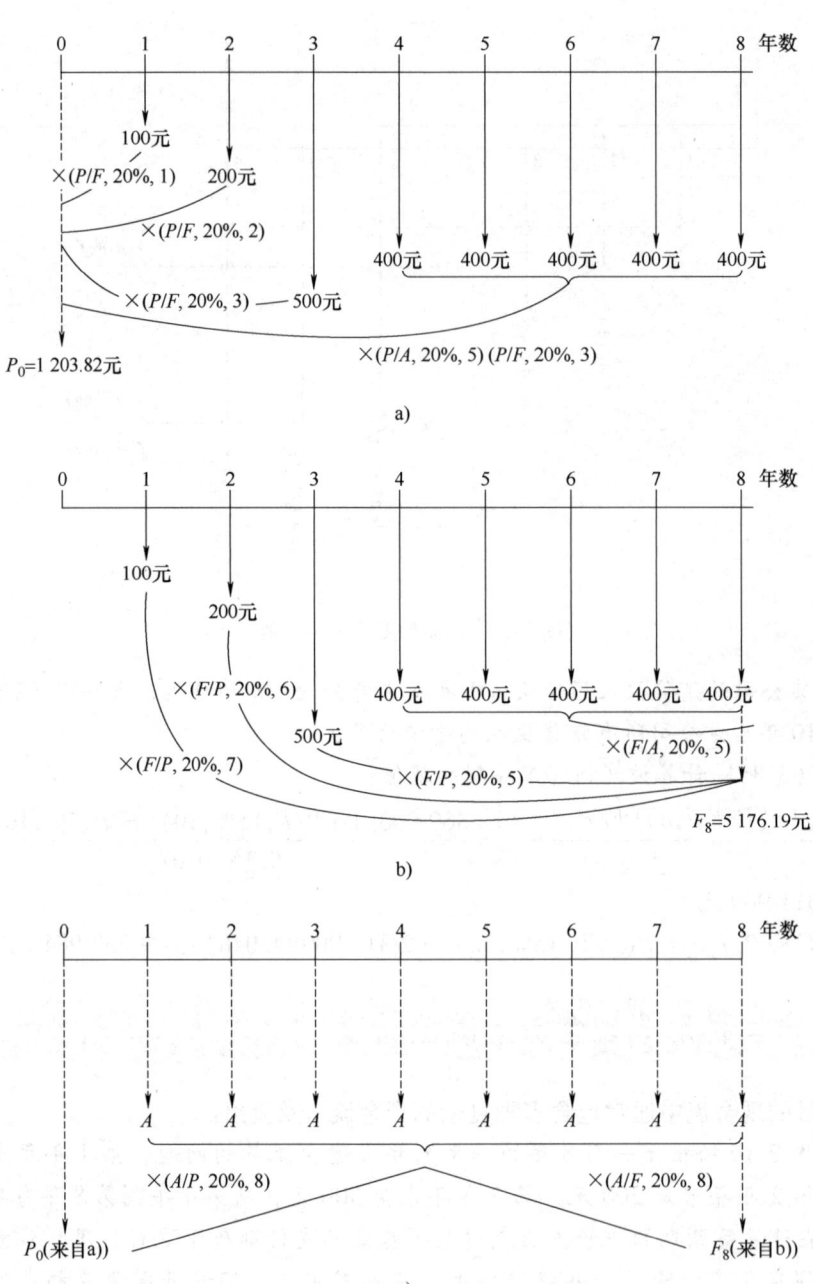

图 3-19 计算等值 P、F 和 A 的现金流图

② 为了求将来值，需要计算出所有支付在第 8 年年末的等值并相加。整个时期内的货币运动情况如图 3-19b 所示。由于我们已经计算出了现值为 1 203.82 元，接下来我们可以直接计算将来值。

$$F_8 = P_0(F/P, 20\%, 8) = (1\,203.82 \times 4.299\,8)\text{元} = 5\,176.19\text{ 元}$$

③ 这种不规则的现金流量的等额年金 A 可以直接由 P_0 或者 F_8 计算得出，图 3-19c 显示出如何由 P_0 和 F_8 计算出 A。

$$A = P_0(A/P, 20\%, 8) = (1\,203.82 \times 0.260\,6)\text{元} = 313.73\text{元}$$
$$A = F_8(A/F, 20\%, 8) = (5\,176.19 \times 0.060\,6)\text{元} = 313.73\text{元}$$

3.10 考虑利率随时间变换下的现金流等值转换

在本小节之前，我们计算现金流的等值转换会假设项目期内的利率是固定不变的。但实际情境中，比如借贷问题中，贷款利率是浮动的，贷款利率的变化就会影响到贷款的各类等值转换计算，所以必须考虑在这类情境下现金流等值转换的计算。

在利率随时间而变化的情况下，为了计算流量系列的将来值，将用到一系列的 $(F/P, i_k, k)$ 系数。一般情况下，在第 n 期期末发生的现金流量的将来值可以用式（3.37）来计算，其中 i_k 表示第 k 期的利率（符号 $\prod$ 表示乘积）。

$$F_n = P \prod_{k=1}^{n}(1+i_k) \tag{3.37}$$

> 当不同计息期内的利率不同时，现金流必须在每个利率的计息期内依次进行等值转换。

【例 3-12】 某学生留学 MIT，每年要申请助学贷款 4 000 美元，要在 4 年后偿还。4 年中每年的利率浮动，分别是 4%、5%、6%、5%。那么在第 4 年年末将一次性偿还多少金额？

解:

该助学贷款的现金流绘制如图 3-20。由于利率逐年都在变动，虽然每年有等额系列现金流 4 000 美元，我们无法直接利用 $(F/A, i, n)$，必须逐年依次把每年年初的欠款按照相应年份的利率进行复利计算，最终得到第 4 年年末的将来值。

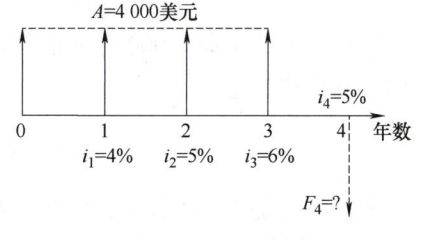

图 3-20 现金流图

$$F_1 = [4\,000 \times (F/P, 4\%, 1)]\text{美元} = 4\,160\text{美元}$$
$$F_2 = [(4\,000 + F_1)(F/P, 5\%, 1)]\text{美元} = 8\,568\text{美元}$$
$$F_3 = [(4\,000 + F_2)(F/P, 6\%, 1)]\text{美元} = 13\,322\text{美元}$$
$$F_4 = [(4\,000 + F_3)(F/P, 5\%, 1)]\text{美元} = 18\,188\text{美元}$$

3.11 一年复利多次的等值转换

截至目前我们介绍的都是以一年为一个计息周期的，而当计息周期小于一年时，如半年、季度或月，就会出现一年内复利多次的情境，即一年内计息次数大于 1，这种情形下的现金流等值转换需要关注名义利率和实际利率的问题。

3.11.1 名义利率和实际利率

如果计息期是 1 个月，计息期内利率（即月利率）是 1%，通常人们习惯使用年利率来表示，也就是表达为**年利率12%，按月计息**。这里的年利率12%就是名义利率。由于按月计息，一年内复利12次，因此实际利率并不是12%，而是比12%更大。

1. 名义利率

名义利率（r）是指周期利率乘以一年内的计息周期数所得到的年利率。若以一个月为一个计息周期，月利率为1%，则名义利率为12%（1%×12=12%）。很显然，计算名义利率时忽略了前面各期利息再生的因素，与单利的计算相同。

2. 实际利率

实际利率（i）是指在计息中考虑了资金时间价值所实际发生的年利率。

已知年初有资金P，名义利率为r，一年内计息m次，则计息周期利率为r/m，一年后产生的复利终值（本利和）为F，用复利计息公式可得到：

$$F = P\left(1 + \frac{r}{m}\right)^m \tag{3.38}$$

根据利息的定义可得到该年的利息I为

$$I = F - P = P\left(1 + \frac{r}{m}\right)^m - P = P\left[\left(1 + \frac{r}{m}\right)^m - 1\right] \tag{3.39}$$

再根据利率的定义可得到年实际利率i为

$$i = \frac{I}{P} = \frac{F-P}{P} = \frac{P\left(1+\frac{r}{m}\right)^m - P}{P} = \left(1 + \frac{r}{m}\right)^m - 1 \tag{3.40}$$

假设有个3年期1 000美元的投资，名义利率是12%，按半年计算复利。可以计算出有效的年利率应该是

$$i = \left(1 + \frac{r}{m}\right)^m - 1 = \left(1 + \frac{12\%}{2}\right)^2 - 1 = 12.36\%$$

若同样投资1 000美元，年名义利率还是12%，但每月复利一次，也就是月利率是1%。那么实际利率为

$$i = \left(1 + \frac{r}{m}\right)^m - 1 = \left(1 + \frac{12\%}{12}\right)^{12} - 1 = 12.68\%$$

不同计息周期下的名义利率对应的实际利率见表3-12。

表3-12 不同计息周期下的名义利率对应的实际利率

计息周期	一年内计息周期数 m	名义利率					
		6%	10%	12%	15%	24%	35%
年	1	6%	10%	12%	15%	24%	35%
半年	2	6.09%	10.25%	12.36%	15.56%	25.44%	38.06%
季度	4	6.14%	10.38%	12.55%	15.87%	26.25%	39.86%
月	12	6.17%	10.47%	12.68%	16.07%	26.82%	41.19%
周	52	6.179%	10.51%	12.73%	16.16%	27.05%	41.74%
日	365	6.18%	10.515%	12.74%	16.177%	27.11%	41.88%
连续	$\to \infty$	6.183%	10.516%	12.75%	16.18%	27.12%	41.91%

从表 3-12 中可以得出名义利率和实际利率存在下述关系：

1) 实际利率比名义利率更能反映资金的时间价值，名义利率越大，计息周期越短，实际利率与名义利率的差异就越大。

2) 当每年计息周期数 $m=1$ 时，名义利率与实际利率相等。

3) 当每年计息周期数 $m>1$ 时，实际利率大于名义利率。

3.11.2 一年内复利多次的等值转换

1. 一次支付

已知：名义利率 r；一年内计息的总次数 m；计息的年数 $n_年$。

求现值 P 或终值 F。

求解思路：可以直接用相应的公式 $P=F(P/F,i,n)$ 或 $F=P(F/P,i,n)$ 来计算，但要特别注意所用利率 i 与 n 的匹配，i 与 n 的对应关系见表 3-13。

表 3-13 i 与 n 的对应关系

i	n
实际利率 $\left[\left(1+\dfrac{r}{m}\right)^m-1\right]$	计息年数（$n_年$）
计息期期利率 $\left(\dfrac{r}{m}\right)$	计息期总数（$mn_年$）

【例 3-13】 假设一笔 10 000 元的资金将要投资 5 年，名义利率 6%，按月计复利。那么 5 年年末的将来值是多少呢？

解：

因为是按月计复利，所以一年计算 12 次利息，即 $m=12$，5 年的计息期数就是 12×5 期 = 60 期。月利率为 6%/12 = 0.5%。

方法 1：（利用实际利率和总年数计算）

先计算得到年有效利率 $i=\left(1+\dfrac{r}{m}\right)^m-1=6.17\%$，因此

$$F=P(F/P,6.17\%,5)=(10\,000\times 1.061\,7^5)元=13\,489.91\,元$$

方法 2：（利用月利率及 5 年内总月数计算）

$$F=P(F/P,0.5\%,60)=(10\,000\times 1.348\,9)元=13\,489\,元$$

2. 系列支付

已知：名义利率 r；计息期总数 $mn_年$；发生在每个计息期期末的等额年金 A 系列或均匀梯度 G 系列现金流。

求现值 P、终值 F 或年值 A 的等值转换。

求解思路：可以直接用相应等额支付系列及均匀梯度系列的公式来计算相应的问题，但需注意，因为问题中的系列现金流发生在计息期期末，在计算等值转换时，更适合直接考虑以计息期的期利率进行复利计算。即直接用相应的公式 $P=F(P/F,r/m,mn_年)$、$F=P(F/P,r/m,mn_年)$ 及 $A=P(A/P,r/m,mn_年)$ 来计算。

【例 3-14】 李女士今年 40 岁，她购买了一份养老保险，在 60 岁时能够获得 300 000 元养老

金。李女士选择在5年内月末等额分期缴交保费，名义利率是6%，按月复利计息。每月应交多少保费？

解：

从40岁到60岁共计20年，计息期总数为 $20 \times 12 = 240$，每月的利率是 $6\%/12 = 0.5\%$，60岁时的300 000元等值现值为

$$P = F(P/F, r/m, mn_{\text{年}}) = F(P/F, 0.5\%, 240) = (300\,000 \times 0.302)\text{元} = 90\,628\,\text{元}$$

保费5年内交纳，分期交纳的次数是 $5 \times 12 = 60$，代入式 3.19 可得：

$$A = P(A/P, 0.5\%, 60) = (90\,628 \times 0.019\,3)\text{元} = 1\,749.12\,\text{元}$$

3.12 连续复利下的等值转换

3.12.1 连续复利的含义

连续复利假设现金流量发生在离散的时间间隔内（例如一年一次），但在整个时间间隔内复利是不间断的，即计息期非常短。

前面介绍过年实际利率 i 与名义利率 r 的关系公式为

$$i = \left(1 + \frac{r}{m}\right)^m - 1$$

当每期计息时间趋于无限小时，则一年内计息次数趋于无限大，即 $m \to \infty$，此时可视为计息没有时间间隔而成为连续计息，年实际利率就是连续复利，其计算公式为

$$i = \lim_{m \to \infty}\left[\left(1 + \frac{r}{m}\right)^m - 1\right] = \lim_{m \to \infty}\left[\left(1 + \frac{r}{m}\right)^{\frac{m}{r}}\right]^r - 1 = e^r - 1 \tag{3.41}$$

其中，e 是自然对数的底，其值约为 2.718 28。

> 当每年计息周期为星期、日或 $m \to \infty$ 时，不同计息周期的实际利率相差不大。

3.12.2 考虑连续复利时的等值转换

前面已知连续复利下，实际利率的计算公式为 $i = e^r - 1$，那么在名义利率是 r，年数为 n，考虑连续复利下的等值转换时，将离散复利 F/P、P/F、F/A、P/A 和 A/G 相应公式中的 i 用 $e^r - 1$ 代替，就可以得到离散现金流量连续复利的计算公式：

$$(F/P, \underline{r}, n) = e^{rn} \tag{3.42}$$

$$(P/F, \underline{r}, n) = \frac{1}{e^{rn}} = e^{-rn} \tag{3.43}$$

$$(F/A, \underline{r}, n) = \frac{e^{rn} - 1}{e^r - 1} \tag{3.44}$$

$$(P/A, \underline{r}, n) = \frac{1 - e^{-rn}}{e^r - 1} = \frac{e^{rn} - 1}{e^{rn}(e^r - 1)} \tag{3.45}$$

$$(A/G, \underline{r}, n) = \left[\frac{1}{e^r - 1} - \frac{n}{e^{rn} - 1}\right] \tag{3.46}$$

上述表达式中的符号 r（名义利率，连续复利）是为了区别离散复利表达式中的 i（离散复利），表 3-14 汇总了连续复利下离散现金流量的利息系数和符号。这些系数原则上只要给出具体的名义利率 r 和 n，就可以计算出相应的系数值。具体数值可以查附录 D，不同教材由于篇幅限制，并不是所有系数值都在附录中完整提供，在本书附录 D 中没有给出 $(A/F, r, n)$、$(A/P, r, n)$ 和 $(A/G, r, n)$ 系数，$(A/P, r, n)$ 和 $(A/F, r, n)$ 的值从和 $(P/A, r, n)$、$(F/A, r, n)$ 的倒数关系中推导出来。

表 3-14 连续复利下离散现金流量的利息系数和符号

求	已知	系数	符号	名称
F	P	e^{rn}	$(F/P, r, n)$	连续复利一次支付复利系数
P	F	e^{-rn}	$(P/F, r, n)$	连续复利一次支付现值系数
F	A	$\dfrac{e^{rn}-1}{e^r-1}$	$(F/A, r, n)$	连续复利等额支付系列复利系数
P	A	$\dfrac{e^{rn}-1}{e^{rn}(e^r-1)}$	$(P/A, r, n)$	连续复利等额支付系列现值系数
A	F	$\dfrac{e^r-1}{e^{rn}-1}$	$(A/F, r, n)$	连续复利等额支付系列积累基金系数
A	P	$\dfrac{e^{rn}(e^r-1)}{e^{rn}-1}$	$(A/P, r, n)$	连续复利等额支付系列资金恢复系数
A	G	$\dfrac{1}{e^r-1}-\dfrac{n}{e^{rn}-1}$	$(A/G, r, n)$	连续复利梯度系列年值转换系数

【例 3-15】 若 10 万元贷款采用 8% 的连续复利偿还（$M\to\infty$），请计算 10 年内每年等额偿还的金额。

解:

利用公式 $A=P(A/P, r, n)$ 求解，由于附录 D 表中没有 $(A/P, 8\%, 10)$ 系数，可以采用 $(P/A, 8\%, 10)$ 的倒数转换：

$$A = P\frac{1}{(P/A, 8\%, 10)} = \left(10\times\frac{1}{6.6117}\right)\text{万元} = 1.512\text{ 万元}$$

对比离散复利（$M=1$）的情况：

$$A = P(A/P, 8\%, 10) = (10\times 0.149)\text{万元} = 1.49\text{ 万元}$$

小结

本章主要介绍了工程经济分析的基本概念和计算分析基础，包括：

1) 正确认识现金流是工程经济分析的基础。现金流分析应该从全寿命周期识别项目各节点的现金流入/流出，借助现金流图或现金流表的形式表现。

2) 资金的时间价值是资金的基本属性。资金时间价值可以通过利息、利率来表示，利息包括单利和复利两种计息方式，利息通常被看作资金的机会成本。

3) 资金等值计算是指将同一时间序列不同时间点上的现金流量，按照一定的利率和计息方式换算到某一时间点，从而满足收支在时间上可比的要求。

4) 6 种基本现金流形式的等值转换计算：P-F-A 之间的等值转换公式及表达式。

5) 其他现金流形式的等值转换计算：延迟年金、均匀梯度序列、几何梯度序列、组合序列现金流等。

6）考虑时间变化利率下的等值计算。

7）一年计息超过一次的等值计算：名义利率与实际利率。

8）连续复利的等值计算。

> **高阶学习导引** 建议自主学习现金流表及 Excel 电子表格求解等值转换问题，可参考下述资源：
>
> 虞和锡，尹贻林，工程经济分析与计算：微软 Excel 在工程经济中的应用，天津大学出版社，2015.

测试及问题

一、判断题

1. 单利忽略了利息的时间价值。（ ）
2. 当一年内计息次数超过 2 次时（$M>2$），名义利率一定小于实际利率。（ ）
3. 相同本金下，按复利计息的将来值一定高于按单利计息的将来值。（ ）
4. 已知 P，求 F，正确的表达为（$G/F, i, n$）。（ ）
5. 已知 F，求 A，正确的表达为（$A/F, i, n$）。（ ）
6. 若两个方案从经济分析上等值，则可视为等同的。（ ）
7. 对于均匀梯度系列的标准现金流，第一个 G 发生在第二期期末。（ ）
8. 对于从第一期开始，每期收入比之前多增加 100 元的现金流，应该用几何梯度系列现金流表达。（ ）
9. 今天的 1 元等同于未来某个时间的 1 元。（ ）
10. 10% 按月计复利比 10% 按季度计复利的将来值更大。（ ）

二、简答题

1. 你向银行借款 10 000 元，5 年后一次性偿还本利，年利率是 10%，用单利计算利息。画出现金流图，计算第 5 年年末需要支付的利息总额是多少？（第 3.1.3 小节）

2. 小王计划每年等额支付 2 500 元来偿还助学贷款，现在他还有 4 年可以全部还清贷款，假设贷款的年利率是 5%，那么小王还有多少贷款需要偿还？（第 3.4.2 小节）

3. 假设引进某套设备每年可为公司节省劳动力和材料成本 22 000 美元，设备期望寿命为 5 年，如果公司每年要从这笔投资上获取 15% 的回报。对购买这套设备，花费多少是适当的？根据公司的观点，画出现金流图。（第 3.4.2 小节）

4. 某企业打算花费 10 万元买一台激光切割机，计划使用 4 年，预估每年扣除经营费用后可获年均 1 万元的净收益。在企业基准收益率 MARR 为 15% 情况下，4 年后这台切割机的市值为多少才能表明你这笔投资是划算的？（第 3.4.1、3.4.2 小节）

5. 一笔 10 000 元的贷款要求在 8 年期内按年利率 9% 还清。在前 4 年内，贷款本金的一半将按照年均支付系列 A_1 元来偿还，计累计复利。后四年本金的另一半将按照年均支付系列 A_2 元来偿还。求 A_1 和 A_2 分别是多少。（第 3.4.1、3.4.2 小节）

6. 某企业打算花费 20 000 元升级车间的叉车系统。这次升级将使成本第一年节省 2 000 元，第二年节省 4 000 元，此后则每年节省 5 000 元。这个叉车系统持续多少年才能使投资获得 18% 的回报？（第 3.4.1、3.5 小节）

7. 在图 3-21 中，当现金流图 a 中的 K 值为多少时才与现金流图 b 等值？假定年利率为 12%。（第 3.6 节）

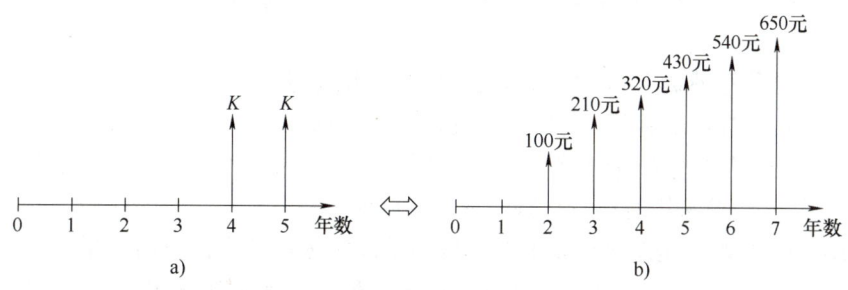

图 3-21　现金流图

8. 车间投资（I）10 万元购置了一台数控车床，首年运行维护费用（OC）为 2 万元，后续每年递增（G）2 000 元，预期使用寿命为 10 年，届时机床的市场残值（S）为 5 000 元。若基准收益率 MARR 为 10%，则该数控车床投资寿命周期成本的现值和将来值分别是多少？（第 3.6、3.8 节）

9. 假设你的信用卡上欠了 1 100 元，年利率为 18%，按月复利。信用卡公司说你每月的最低还款额是 19.80 元。请依次考虑以下问题：

1）如果你只付最低还款额，你需要多久才可偿还 1 100 元的结余（假设不会再收取任何费用）？

2）如果你每月付最低还款额再加上 10 元（共 29.80 元），你需要多久才可偿还 1 100 元的结余？

3）比较 1）支付的利息总额与 2）支付的利息总额。

10. 某人购置价值为 200 万元的新房，首付 40 万元，其余 160 万元选择商业银行贷款，30 年按揭，5% 利率，选择按月等额本息还款。请计算每月还款额为多少？3 年后，贷款余额为多少？（第 3.10 节）

 情境问题实践

了解信用卡，拒做卡奴

相关情况见表 3-15。

表 3-15　PBL 情境问题类型基本信息

PBL 情境对象	领域	复杂度	参考知识	项目要求
了解信用卡，拒做卡奴	社会热点	二级	名义利率 & 实际利率	团队

情境任务：

请找任意一家银行网站，获取其信用卡中的相关信息（如最低还款，还款期，账单日，利息，滞纳金等）。根据该银行信用卡信息设计撰写项目报告，在报告中至少要回答下列问题：信用卡的优势是什么？信用卡还款的方式是什么？为何会出现"卡奴"现象？从工程经济学角度谈谈银行信用卡中有哪些"坑"，你将如何充分利用其优势避免"踩坑"？

思考如下问题：

1）信用卡是免息消费卡吗？什么情况下可以实现免息消费？

2）信用卡可以提取现金吗？与储蓄卡提取现金有何区别？

3）指出信用卡信息中哪个概念与课程中所学的"名义利率""实际利率"有关。计算该银行针对信用卡账单未按时还清金额收取的实际利率。

4）信用卡"卡奴"是怎么产生的？可以尝试以实际计算为例分析后果。比如，若信用卡刷卡取现 10 000 元，但一直不还，累计滞纳金罚款，不断复利滚动，3 年后会欠多少钱？

思政导引　如何避免成为"卡奴"？若无法及时还款，应该如何处理？（个人信用的重要性）

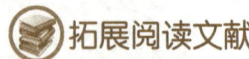

双语术语

- Time Value of Money　　　　　　　　　　　资金的时间价值
- Interest　　　　　　　　　　　　　　　　　利息
- Simple Interest/Compound Interest　　　　　单利/复利
- Equivalent　　　　　　　　　　　　　　　　等值
- Cashflow Diagram　　　　　　　　　　　　　现金流图
- Discrete Compounding/Continuous Compounding　离散复利/连续复利
- Uniform Annuity Series　　　　　　　　　　等额支付系列
- Deferred Annuity Series　　　　　　　　　　延迟年金系列
- Uniform Gradient Series　　　　　　　　　　均匀梯度系列
- Geometric Gradient Series　　　　　　　　　几何梯度系列
- Nominal Interest/Effective Interest　　　　名义利率/实际利率

拓展阅读文献

[1] 白锐. 财务管理中货币时间价值的基本计算及应用 [J]. 产业与科技论坛，2020，19（02）：69-70.

［2］张华新. 浅析货币时间价值在长期投资中的运用［J］. 知识经济，2017（03）：23-24.
［3］杨雪. 浅议资金时间价值的系数关系［J］. 现代商业，2015（26）：135-136.
［4］许长荣. 利用Excel模拟运算功能编制资金时间价值系数表［J］. 中国管理信息化，2015，18（01）：34-36.
［5］刘敏. 资金时间价值中的系数关系探析［J］. 商业会计，2015（13）：67-69.
［6］高俊科. 关于资金流现值的计算［J］. 数学的实践与认识，2007（19）：37-40.
［7］王莉丽. 连续的本息计算公式及其应用［J］. 数理统计与管理，2002（04）：38-39+64.
［8］黄中生. 基于货币时间价值的利息费用或收益核算探讨［J］. 财会通讯，2017（22）：67-69.
［9］蒋书良. 货币时间价值年金的核算方法及应用探析［J］. 会计之友，2014（24）：79-82.
［10］刘金芹. 利用货币时间价值理好财［J］. 财会月刊，2012（08）：63-64.
［11］张丽萍. 关于资金时间价值在商品房按揭贷款中的运用［J］. 商业经济研究，2011（14）：77-78.
［12］郑明望. 浅谈资金时间价值在项目投资决策中的运用［J］. 中国经贸导刊，2009（15）：61.

习题答案

方法篇

工欲善其事，必先利其器。——《论语·卫灵公》

对错不重要，重要的在于正确时获取了多大利润，错误时亏损了多少。——[美] 乔治·索罗斯

第4章　成本预估方法
第5章　经济性评价方法

第 4 章 成本预估方法

 本章目标

知识目标	能力目标
◇ 了解相关项目成本综合估算方法。 ◇ 掌握成本费用与收入归类相关概念。 ◇ 掌握典型成本与费用估算模型。	◇ 能够使用 WBS 方法在工程实践中应用。 ◇ 能够正确选择并使用成本与费用估算模型。

 本章问题-方法-知识图谱

本章问题-方法-知识图谱见图 4-1。

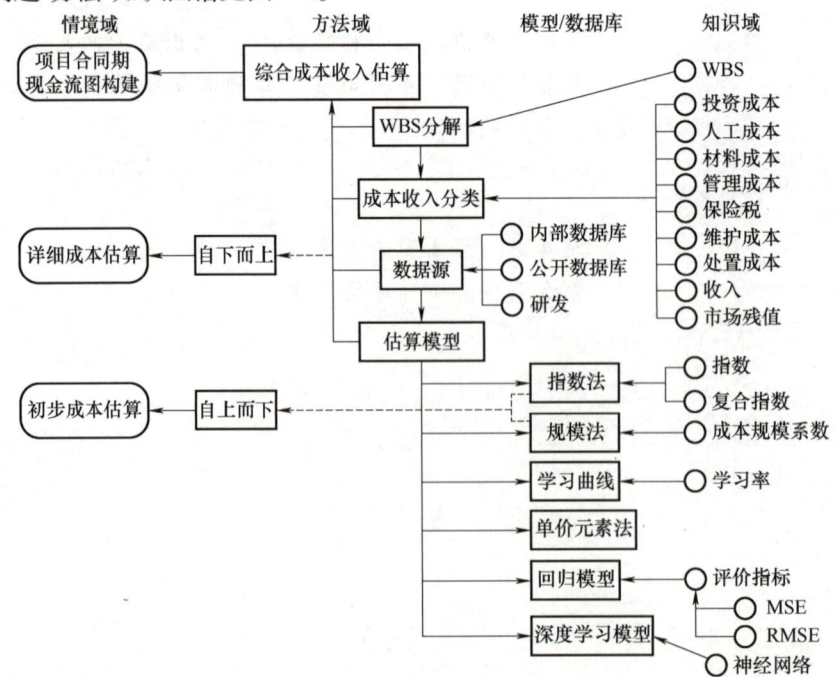

图 4-1　本章问题-方法-知识图谱

 案例导入

美国大学生教育成本

美国大学生的教育成本包括学费、食品和住房费、书籍资料及设备费、交通费等各项开支，总体呈现逐年上涨的趋势。美国公立大学教育成本存在很明显的地域保护特征，表4-1为美国公立大学（加州大学洛杉矶分校，UCLA）2023—2024学年大学生教育成本。

表4-1 美国公立大学（加州大学洛杉矶分校，UCLA）2023—2024学年大学生教育成本

（单位：美元）

项目	UCLA校内住宿	租校外公寓	住家通勤
学费	15 154	15 154	15 154
食品和住房	18 369	18 609	8 019
书籍资料及设备	1 641	1 641	1 641
交通	778	1 458	2 451
个人用品	2 226	2 340	2 535
健康保险	3 774	3 774	3 774
贷款费用	117	117	117
总计—加州本地居民	42 059	43 093	33 691
非居民补充学费	34 200	34 200	34 200
总计—非居民	76 259	77 293	67 891

（数据来源：UCLA官网）

表中可见，加州本地居民大学教育成本为4万美元左右，而非加州本地居民的大学教育成本达7万美元左右。若是私立大学，虽不存在州内州外学费差异，但教育成本更高，例如斯坦福大学教育成本达92 892美元，哥伦比亚大学为93 417美元，卡耐基梅隆大学为86 812美元。

由于高昂的学费，美国超过一半的大学生需要申请学生贷款才能完成学业，工作后再偿还贷款。美国的助学贷款利率很高，本科生助学贷款利率是5.5%，研究生助学贷款利率是7.05%，且都是复利计息。美国大学生平均需要在毕业后20年才能还清贷款，所以学生贷款成为放贷机构的长期优质资产。

看了美国大学生的教学成本案例，你是否想了解中国大学教育成本？跟美国的高等教育相比，我国高等教育的平均学费，无论是公办还是民办，都远低于美国。更为难得的是，中国高校针对贫困生的国家助学贷款在校期间是全免息的。

问题思考 若你是即将开始大学生活的新生，你将如何预估大学期间的教育成本？估算的数据来源是什么？

若你是大二学生，你将如何预估大学后面几年的教育成本？估算的数据来源是什么？

思政导引 高等教育不仅仅是个人的投资，而且是社会的责任。思考如何通过学识和能力的提升，未来在社会中发挥积极作用，回馈社会。

请带着这些问题思考，在本章学习中找寻答案。

4.1 引言

　　成本预估是项目管理中的核心环节之一，它指的是在项目规划阶段对未来可能发生的项目成本进行预测和估算。准确的成本预估是项目成功的关键，它不仅直接影响项目预算的制定，还会影响项目的融资决策、资源分配和最终的投资回报。

　　由于工程经济研究涉及项目延伸到未来的结果，工程经济分析就要针对项目未来实施执行过程中涉及的经济性产出进行计算分析，因此估算可行方案的未来现金流是分析过程中的关键步骤。第1章中我们介绍了工程经济分析的几个步骤，其中第三步就是构建项目的现金流，需要对项目未来发生的现金流入流出进行预估。而工程经济研究中最复杂、烦琐且耗时的部分就是对未来成本、收入、使用寿命、资产设备剩余价值等的估算。基于工程经济分析的决策只有在这些成本和收入估算准确可靠的前提下才具有经济合理性。因此，选择合适的成本预估方法至关重要。

　　成本预估存在两种基本思路："自上而下"和"自下而上"，分别适用于不同情形。前者"自上而下"的思路属于初期预估，一般用于项目规划或初始评估阶段，使用来自以往类似工程项目的历史数据，考虑通货膨胀、活动水平、能耗、规模等因素的变化，进行适度调整，用于估算当前项目的成本、收入，其估算精度一般；后者"自下而上"是一种更详细的成本估算方式，将项目分解为可管理的小单元并估算累加其经济后果，采用该思路的估算精度会随着项目结构单元的细化程度的提升而提升，所需输出（产品或服务）的详细信息只有在已经定义清晰的前提下才会取得最好的效果，故而适用于项目详细设计及实施建设阶段。

　　在不同的项目以及项目不同的阶段，所采用的成本预估方法会有所不同，需要考虑项目规模、复杂程度及信息完整度的情况。常见的成本预估方法包括类比估算法、参数估算法、专家判断法等。这些方法各有特点，无论采用哪种方法，成本预估都应在最大限度上确保科学性、准确性和可行性，以便在项目执行过程中有效控制成本，减少预算超支的风险。本章将详细介绍各种成本预估方法的原理、步骤及适用情境，并探讨如何根据项目需求选择最合适的方法。通过对不同方法的比较与分析，帮助读者理解成本预估在项目管理中的重要性，提升成本管理的能力，为顺利实施项目奠定坚实基础。

4.2 项目成本收入综合估算流程

　　成本估算的目的是预测项目未来各时间节点的现金流量，根据估算应用需求的对象情境不同，可以是简单粗略的估算，也可以是详尽全面的预测，相应的估算方法也会不同，各种方法的精度和复杂度取决于诸多因素。本节内容将关注项目成本收入综合估算基本流程及其中涉及的主要组成部分。

4.2.1 基本概念及基本流程

首先对综合估算中涉及的几个基本概念进行阐述，以利于后续理解。

成本估算是指完成项目所需资源成本的近似计算。这个计算通常是在项目开始之前进行的预测，其结果为一个具体的成本估算值。

WBS 结构（又称工作元素结构，Work Breakdown Structure）是一个定义项目所有工作元素及其相互关系的层级结构。

现金流（又称现金流量，Cash Flow）是指项目在一定时期内实际收入和支出的现金流动情况，也就是现金的流入和流出。

成本收入分类是指用于对工程经济分析中所需要的成本和收入进行辨识归属判别的类型定义，会涉及项目全生命周期中多个阶段的成本收入。

估算模型是指具体的成本收入估算方法，与成本收入数据相结合，用于估算单个现金流的具体数值。

成本收入数据源是指成本收入估算中涉及的各类信息数据来源。

项目成本收入综合估算的最终输出为现金流估算，形成项目研究期内完整现金流的绘制，估算综合方法的流程见图 4-2。

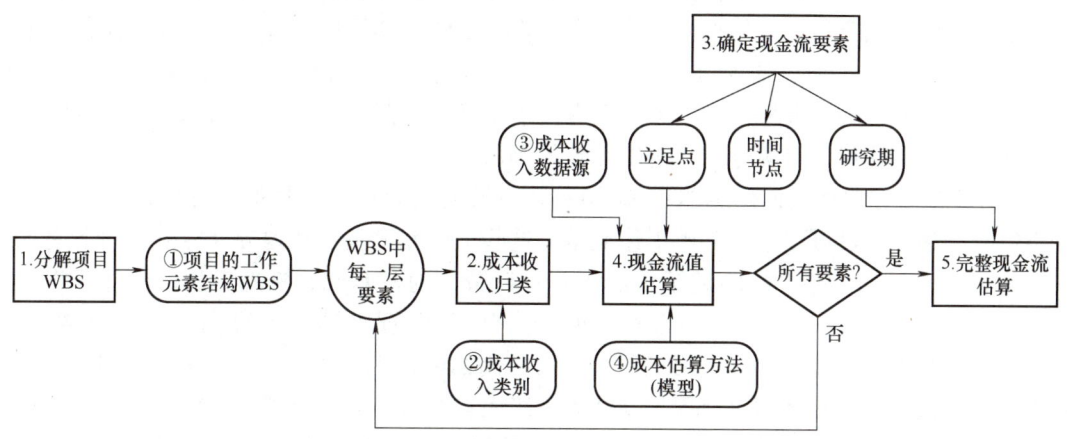

图 4-2 项目成本收入综合估算流程

项目成本收入估算具体包括 5 个步骤。

步骤 1：分解项目（WBS）

首先从 WBS 的角度描述项目。WBS 用于描述项目方案在设计、人工、材料要求等方面的特征。然后，将这些设计、资源要求和其他特征的变化反映在该备选方案的估计未来成本和收入（净现金流）中。

步骤 2：成本收入归类

针对 WBS 中每一层级的现金流量属性，按其成本收入分类进行归类描述，诸如投资、材料成本、人力成本、残值等，这个归类类别将决定后续估算成本收入数值时应该采取的合适的模型。

步骤 3：确定现金流要素

明确项目总体的研究期和立足点视角。项目的立足点是从项目所有者的角度出发的，方案的净现金流代表从所使用的角度估计的未来收入和成本，后续的成本和收入都要基于一致的立足点。同时也要根据前述步骤 2 中的某一具体层级现金流及其成本收入类型，明确该现金流的流入流出方向及在研究期内发生的时间节点。

步骤 4：现金流值估算

根据前述具体现金流的成本收入类型，选择适合的成本预估方法（模型）并应用该方法估算其成本收入数值。具体方法模型详见第 4.3 节。

步骤 5：完整现金流估算

判断是否完成 WBS 中所有层级要素的现金流估算。若否，循环步骤 2 至步骤 4，为 WBS 中每一层级要素估算现金流值；若是，则完成所有现金流要素，最终绘制项目研究期内的完整现金流，用于后续工程经济分析决策。

从图 4-2 可见，项目的综合估算方法包括 4 个基本组件：①项目的工作元素结构 WBS；②成本收入类别；③成本收入数据源；④成本估算方法（模型）。这 4 个基本组件以及集成的流程程序步骤，提供了为项目开发现金流的有组织的方法。下面小节拓展介绍这 4 个基本组件。

4.2.2 项目 WBS 结构

从综合估算流程中可见，项目 WBS（Work Breakdown Structure，工作元素结构）扮演着至关重要的角色，是项目成本估算的开端。WBS 是工程经济分析中一种极其重要的辅助手段，是项目成本综合估算中的首要环节，用于将项目的总体目标分解成可管理的任务和子任务。WBS 结构定义了所有的项目要素及其相互关系，为确定成本和收入数据以及整合项目管理活动提供一个层次框架。该框架不仅有助于明确项目范围，还可以细化到每个具体的工作元素，为成本估算、资源分配、进度计划等提供基础。

图 4-3 是一个典型的四层级 WBS 结构。其中最上层为整个项目的顶层级，接下来层级逐步细化，整个项目可以分成若干工作元素，这些工作元素被不断地分级拆解，向下递进展开。例如一个商务大楼（WBS 的第一层级）可以分为地基基础、外部工程、内部工程、屋顶工程、水电能源系统、动力系统、咨询服务、项目管理等第二层级元素；每个 WBS 的第二层级元素可以进一步划分成第三层级元素。例如屋顶工程可以进一步拆分为框架结构、防水层、屋顶板、排水结构以及屋顶安装等三级元素。这个分解过程可以持续下去，直到能够满足对项目/系统的完整定义，达到适合详尽度的要求为止。

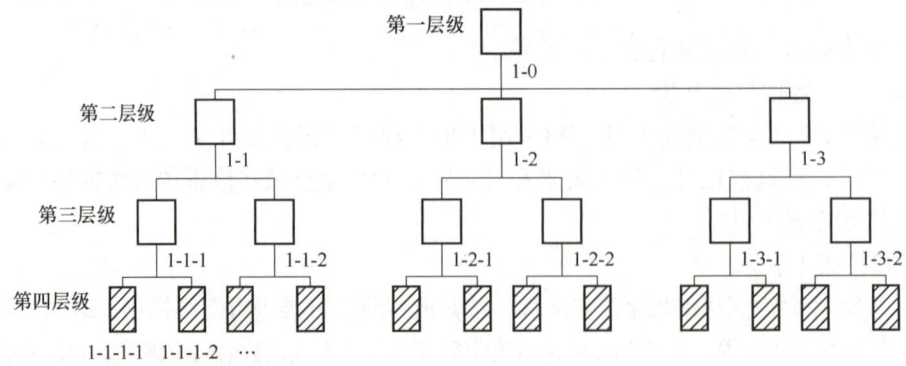

图 4-3　四层级 WBS 结构

1. WBS 在项目成本估算中的作用

1）详细分解项目任务。将项目分解为各个层级的任务和子任务，确保每个部分都得到了详细的定义和描述。这种分解有助于更准确地估算每个任务的成本，并汇总得到整个项目的成本。

2）明确成本对象。每个工作包都有明确的成本对象，可以单独估算成本，有助于提高成本估算的准确性。

3）资源分配。通过 WBS，可以清晰地将资源分配到每个具体任务，包括人力、物力、财力和时间等，避免资源分配不均或遗漏。资源的分配是成本估算的重要组成部分，因为资源的成本直接决定了项目的总成本。

4）风险识别与管理。WBS 可以帮助识别项目中的潜在风险，并在成本估算时考虑这些风险，确保预算的可靠性。通过比较实际成本与预算成本，可以及时发现成本偏差，并采取相应的措施进行调整和控制。

2. WBS 结构的创建步骤

1）定义项目目标和范围。明确项目的总体目标和范围，确保 WBS 构建方向的正确。

2）确定顶层层级元素。列出项目的主要交付物和里程碑事件，作为 WBS 的最高层级。

3）逐级拆解项目元素。将每个层级项目元素分解成更小的组件，逐层细化，直到每个工作包足够具体，便于管理和估算。典型的 WBS 结构的拆解方式包括基于物理组成体征和基于功能特征的拆解。其中物理特征是指那些能够形成产品设备的组成部分，这些层级元素通常体现为产品结构（硬件）组成的原材料和资源的成本。功能特征元素主要从功能（或者软件）的角度来拆解项目/系统，一般涉及项目管理、营销设计、系统整合等。上一层级工作元素的内容以及所需的资源是下属相关元素、活动和资源的总和。

4）编码和编号。为每个工作包分配唯一的编码和编号，以便跟踪和管理。为了在层级上更好地显示各元素之间的关系，同时也为了方便数据的处理和综合，可以给每个层级元素进行合理的编号，编号方式可以多种多样。图 4-3 中采用了典型的纯数字型编号模式。第一层级为 1-0，第二层级为 1-1、1-2、1-3，第三层级为 1-1-1、1-1-2、1-2-1、1-2-2、1-3-1、1-3-2，第四层级为 1-1-1-1、1-1-1-2……以此类推。除了第一层级外，其他层级与描述该层工作元素的编码个数一致。

5）验证完整性。确保 WBS 覆盖了项目的全部范围，没有遗漏任何重要任务。

随着项目的推进和变化，WBS 需要不断地进行更新和维护，需要定期回顾和检查 WBS 的准确性和完整性，并根据实际情况进行调整和修改。同时，还需确保 WBS 与项目计划、进度和资源等其他项目管理要素保持一致。

3. WBS 在项目成本综合估算中的优势

1）提高估算准确性。通过 WBS 将项目分解为更小的任务和子任务，可以更准确地估算每个任务的成本，并减少估算误差。

2）增强项目可控性。WBS 为项目经理提供了清晰的项目视图和控制框架，有助于更好地掌握项目的进度和成本情况，并采取相应的措施进行调整和控制。

3）促进团队协作。WBS 明确了每个任务和子任务的负责人和责任人，有助于促进团队成员之间的协作和沟通，确保项目按计划顺利进行。

【例 4-1】

某制造企业产品成本的 WBS

应用 WBS 结构能为企业提供一个清晰的成本视角，其层次化的结构使得企业能够清楚地看到成本的分布和每个成本项的具体贡献及内涵。这种结构提供了一种系统的方法来预测和跟踪成本、编制和控制预算,可以使企业部门或团队的成本责任变得明确,促进成本管理的有效性,并为企业做科学决策提供帮助。

在工程经济学的研究领域中,成本概念按照不同的定义、作用等被分类为固定成本、可变成本、增量成本、经常性成本以及寿命周期成本等,这些成本术语构成了成本分析的理论基础。这些成本丰富了我们对于成本结构的理解,但过多的成本类型在实际企业成本管理时会增加数据处理的成本和负担,增加分析的难度。因此,在实践中,企业通常根据实际可获取的数据源和具体情况对这些成本类别进行简化和整合,以便更有效地聚焦于成本分析的核心。整合后的成本项结构如图4-4所示。

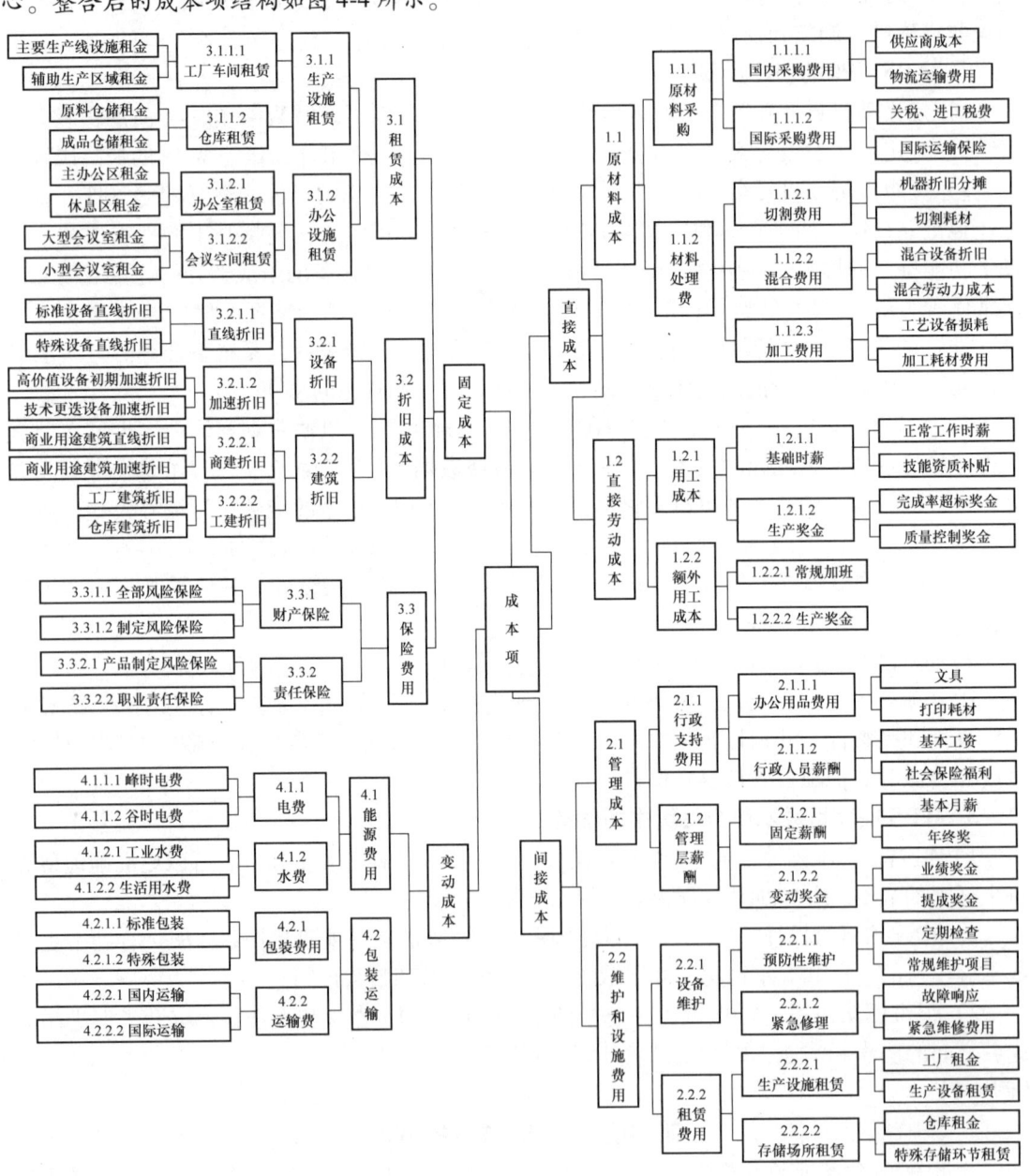

图4-4 企业成本WBS结构图

4.2.3 成本收入类别

在项目成本估算中,成本收入归类(Cost and Revenue Categorization)是理解项目经济效益的关键。一般来说,成本费用可以归类为不同的项目,以便于企业进行成本控制和财务分析。同时,收入也需要进行归类,以反映项目的经济贡献。通过成本收入归类,项目管理者可以系统地估算项目的总成本和收入,为项目的决策和控制提供支持。

考虑到项目完整寿命周期包括项目规划设计、建设及运营维护等系列阶段,其中涉及的成本收入覆盖了全寿命周期。前面第2章中详细介绍了各类成本费用的概念,下面简要列举了一些典型的成本收入类别:①初始投资(厂房设备等固定资产和流动资产);②材料成本;③人工成本;④管理费用;⑤维修成本;⑥间接成本(保险、水电、仓储等等);⑦收入;⑧残值;⑨资产处置费用。

这些类别的成本收入通常发生在项目寿命周期的不同阶段,表4-2给出了投资/建设期、生产经营期和项目结束期内典型的成本收入类型。

表4-2 项目寿命周期阶段及成本与收入类型对照表

成本与收入类型	厂房投资	设备投资	材料费	人工费	水电费	间接成本	维修成本	仓储成本	收入	市场残值	处置成本
项目寿命周期阶段	投资/建设期		生产经营期							项目结束期	

4.2.4 成本估算方法(模型)

选择合适的估算方法是项目成本综合估算的关键步骤。不同估算方法模型可以帮助项目经理和团队准确预测项目的成本,并制订有效的预算和资源计划。估算方法模型需要综合考虑项目的特点、现有信息、项目阶段以及所需的估算精度。通过合理选择和组合使用不同的估算方法,可以提高项目成本估算的准确性和可靠性,从而更好地控制项目预算和资源。选择估算方法时的考虑因素包括:

1) **项目阶段**。在项目的不同阶段选择不同的估算方法。例如,早期阶段可能更适合使用专家判断法和类比估算法,而详细计划阶段则适合使用自下而上估算法和参数估算法。

2) **项目类型**。软件项目可能适用COCOMO(Constructive Cost Model)模型;建筑项目可能更适合参数估算。

3) **可用数据**。历史数据的完整性和可靠性会影响估算方法的选择。

4) **精确度要求**。高精度要求的项目应采用详细的估算方法,如自下而上估算。

5) **资源和时间限制**。在时间紧迫的情况下,可能需要采用快速估算方法。

以下是一些常见的项目成本估算方法:

1) **专家判断法**。征求具备专业知识或者接受过相关培训的个人或小组的意见,通过他们的经验和判断来估算项目成本。当项目复杂度高、难以用数学模型准确估算时,或者当历史数据不足时,专家判断法可以作为一种有效的补充。该方法快速、简便,适用于早期阶段或缺乏详细信息的项目。但是主观性强,易受个人偏见影响。

2) **自下而上估算法**。首先给出每个项目顺序号对应的人工物料清单,然后对各项物料和工作的成本进行估算，最后向上汇总或滚动到更高层次，加总得到项目总成本。该方法适用于项目分解结构清晰、细节明确的项目。估算结果详细、准确，能够反映项目的实际情况，适用于项目计划阶段和复杂项目。但操作复杂、耗时较长，需要较多的资源支持和详细的项目任务分解。常见的自下而上的估算模型有单价元素模型，详见第4.3.1小节。

3) **类比估算法（经验估算法）**。通过比照已完成的类似项目的实际成本来估算新项目的成本。当新项目与以往项目在规模、范围、技术难度等方面相似时，类比估算法可以快速且相对准确地估算成本。这种方法的特点是简单易行，基于历史数据，快速估算，适用于与过去项目相同或相似的项目。但是准确性一般较低，因为完全相同的项目几乎不存在，且项目间的差异可能影响估算结果。典型的类比估算模型为指数法模型，具体模型详见第4.3.2小节。

4) **参数估算法**。利用项目特性参数（如项目设计生产能力、每平方米单价等）建立数学模型来估算项目成本。适用于具有一定标准化、规模化的项目，如工业项目等。这种方法是基于统计和数学模型，能够基于项目特性进行较为准确的估算，适用于标准化和重复性任务。但是需要可靠的历史数据和参数，复杂项目可能不适用。典型的参数估算模型包括规模法模型、学习曲线模型及回归模型等，具体模型详见第4.3.3、4.3.4、4.4.1小节。

5) **三点估算法**。基于乐观估计（Optimistic Estimate）、悲观估计（Pessimistic Estimate）和最可能估计（Most Likely Estimate）三种情况计算成本的加权平均值。其计算公式为：$E=(O+4M+P)/6$，其中 O 是乐观估计，M 是最可能估计，P 是悲观估计。这种方法考虑了不确定性，估算较为稳健；缺点是计算稍复杂，需获取多种估计值。

4.2.5 成本收入数据源

成本收入估算的精度一方面取决于估算方法的效率，另一方面取决于数据的可靠性和质量。以往类似项目的成本收入数据来源于不同渠道，这些多渠道数据的准确获取及数据量将是保证项目成本收入估算精度的重要前提。

几个典型的成本收入估算的信息来源包括：

1) 会计记录。财务数据是获取成本收入信息的最主要和最直接的来源。（拓展学习：William G. Sullivan, Elin M. Wicks, James T. Luxhoj, 工程经济学，清华大学出版社，2007.）

2) 公司内部部门记录。除了财务部门，公司还有许多部门会对成本收入估算贡献数据信息，例如生产部门（提供生产工艺、质量、生产物流、生产调度数据）、销售部门（提供销量、收入数据）、采购部门（提供供应链数据）、人力资源部门（提供人力成本、培训成本等数据）。

3) 公开信息记录。公司外部相关的信息数据来源也很广泛，包括一些公开发布的物价指数、交易日志、行业调查报告、机构发布的定期统计报表、同类企业年度财报、政府机构政策等，这些信息数据的收集及其中利用价值等都是需要关注的。

4) 研发部门。若无法从企业内部获取以往类似项目的信息，或无法从外部及公开渠道获取有价值的信息，那么唯一的途径就是通过自行研发，包括经济预测、市场分析、工作研究、时间研究等方式，获取有价值的成本收入数据。

4.3 成本与费用估算模型

4.3.1 单价要素模型

单价要素模型是一种有效且广泛应用的成本估算方法，它是一种基于单价和数量的成本估算方法，特别适用于能够明确列出各项工作或资源单价的项目。该模型通过将项目的各项成本分解为单价要素，并结合数量，计算出每个要素的总成本，最终汇总得出项目的总成本。单价要素模型的优点包括简洁明了（易于理解和操作）、灵活性强（适用于各种类型的项目）、数据驱动（基于具体的单价和数量，数据较为可靠）。但也存在数据依赖性强（需要准确的单价和数量数据，否则估算会产生偏差）、适用性有限（对于非常复杂或不可分解为具体要素的项目，可能不太适用）以及时间敏感性（单价可能随市场变化而波动，需要经常更新）等问题。这种方法适用于各种规模的项目，尤其是建筑和制造业。

单价要素模型的应用步骤如下：

1) 列出所有成本要素。将项目分解为各个具体的成本要素，如材料、人工、设备、管理等费用。
2) 确定每个要素的单价。收集和确定每个要素的单价，可以通过市场调查、供应商报价、历史数据等方式获得。
3) 确定每个要素的数量。根据项目计划、图样、规格等，确定每个要素的数量。
4) 计算每个要素的总成本。将每个要素的单价和数量相乘，得到各要素的总成本。
5) 汇总所有要素的成本。将所有要素的总成本汇总，得出项目的总成本。

【例 4-2】

单价要素模型的应用

假设有一个小型建筑项目需要估算其总成本。项目的主要成本要素包括材料、人工和设备。

解：

1) 列出所有成本要素。

材料：混凝土、钢筋、砖块

人工：工时

设备：挖掘机租赁

2) 确定每个要素的单价。

混凝土单价：100 元/m^3

钢筋单价：500 元/t

砖块单价：0.5 元/块

人工单价：25 元/h

挖掘机租赁单价：200 元/天

3) 确定每个要素的数量。

混凝土数量：50m^3

钢筋数量：10t

砖块数量：10 000 块

工时：500h

挖掘机租赁天数：10 天

4）计算每个要素的总成本。

混凝土总成本：100 元/m³×50m³=5 000 元

钢筋总成本：500 元/t×10t=5 000 元

砖块总成本：0.5 元/块×10 000 块=5 000 元

人工总成本：25 元/h×500h=12 500 元

挖掘机租赁总成本：200 元/天×10 天=2 000 元

5）汇总所有要素的成本。

总成本=5 000 元(混凝土)+5 000 元(钢筋)+5 000 元(砖块)+12 500 元(人工)+
2 000 元(设备)
=29 500 元

4.3.2 指数法模型

指数法模型是一种用于成本和费用估算的数学模型，特别适用于随着时间或地域的变化，成本和费用呈现线性增长或减少的情况。使用这种方法的条件是待估对象成本的历史成本已知，并且这个历史成本与当时的社会成本指数关联度高。指数法成本估算通过选取适当的成本指数，将过去的成本数据（如材料、设备等的原始成本）转换为当前市场条件下的成本估算值。这种模型广泛应用于工程、制造和项目管理的概念设计及初步估算阶段。

指数本身是个无量纲的数字，它揭示了基准年的成本或价格的变化情况。指数法模型基于之前参照年份同期成本的历史数据与当前成本指数之间的比例关系，调整原始成本以反映通货膨胀、技术进步、材料价格波动等因素对成本的影响。该模型计算公式如下：

$$C_n = C_k (\overline{I_n} / \overline{I_k}) \tag{4.1}$$

式中，k 是参照年，该参照年的成本价格是已知的；n 是需要估算成本（价格）的年份；C_n 是第 n 年的成本估算；C_k 是参照年的实际成本（价格）；$\overline{I_n}/\overline{I_k}$ 是第 n 年和第 k 年的指数比率。

指数法特别适用于那些保存有完整历史成本资料，但难以直接获取当前市场价格的资产或项目的成本估算。常见的应用包括在 WBS 较低层级上估算材料成本、人工成本、设备成本、收入等等。

【例 4-3】

指数法模型估算生产压铸机的成本

已知 2005 年每台压铸机的成本指数是 94.6，该机型 2010 年的成本指数为 106.8。假如 2005 年生产一台压铸机的成本是 100 200 元，那么 2010 年生产压铸机的成本是多少？

解：

由指数法可得，$C_{2005}=100\ 200$ 元，$\overline{I_{2005}}=94.6$，$\overline{I_{2010}}=106.8$，则：

$$C_{2010} = C_{2005}(\overline{I_{2010}}/\overline{I_{2005}}) = 100\ 200\ 元 \times 106.8/94.6 = 113\ 122\ 元$$

计算可知，2010 年生产压铸机的成本是 113 122 元。

该方法具有简单易行、数据易得及适用范围广等优点，能够考虑通货膨胀、技术进步等多种因素对成本的影响,提高成本估算时效性,但存在准确性和可靠性有限和受外部因素影响大等缺点。

> **问题思考** 指数法模型的准确性与选择的成本指数相关,在实际应用中需要根据项目的具体情况选择合适的成本参考指数,以尽可能提高估算精度和可靠性。
> 那么成本指数应如何获取?当无法直接获取时,应如何计算?如何保证指数计算方法的科学性?

成本指数对于成本估算至关重要,一些指数可直接关联政府机构或行业机构每年公开发布的诸如消费指数、价格指数等等,也可直接根据成本对象类型,以某一年为基准年,以不同时期的工程定额为基础计算出来。单一项目成本指数的计算公式为

$$\bar{I}_n = \frac{C_n}{C_k} \times 100\% \qquad (4.2)$$

计算多个项目综合指数,可以将企业的各个成本项目按照其在总成本中所占的比重进行加权,然后计算出一个平均值。其计算公式如下:

$$\bar{I}_n = \frac{W_1(C_{n1}/C_{k1}) + W_2(C_{n2}/C_{k2}m + \cdots + W_m(C_{nm}/C_{km})}{W_1 + W_2 + \cdots + W_M} \times \bar{I}_k \qquad (4.3)$$

式中,M 是指数中涉及的项目个数($1 \leq m \leq M$);C_{nm} 是第 m 个项目在第 n 年的单位成本/价格;C_{km} 是第 m 个项目在第 k 年的单位成本/价格;W_M 是第 m 个项目的权重,W_1,W_2,$\cdots$,W_M 之和为 1;$\bar{I}_k$ 是第 k 年的综合指数。

【例 4-4】

企业综合成本指数

假设基准年(2020 年)的综合成本指数为 99.2,请根据表 4-3 信息计算 2024 年的企业综合成本指数。

表 4-3 企业综合成本指数计算数据

成本项目	比重	基准年(2020 年)成本数据	2024 年成本数据
原材料	0.5	100	120
人工成本	0.3	50	60
管理成本	0.2	20	30

解:

在这个例子中,我们可以看到,原材料成本占比最大,为 50%,人工成本占比为 30%,管理成本占比为 20%。综合这些比重和相应的成本数据,我们可以计算出成本指数如下:

$$\bar{I}_n = \frac{W_1(C_{n1}/C_{k1}) + W_2(C_{n2}/C_{k2}) + \cdots + W_M(C_{nM}/C_{kM})}{W_1 + W_2 + \cdots + W_M} \times \bar{I}_k$$

$$= \frac{0.5 \times (120/100) + 0.3 \times (60/50) + 0.2 \times (30/20)}{0.5 + 0.3 + 0.2} \times 99.2 = 125$$

2024 年的企业综合成本指数为 125。

使用指数法进行成本收入估算的步骤如下:

1) 确定基准年。选择一个具有代表性的年份作为成本估算的基准年,该年的成本数据应准确且易于获取。

2) 收集成本指数。获取从基准年到当前年份的成本指数数据。这些数据通常由政府机构、行业协会或专业评估机构发布,或者按照式(4.2)自行计算。

3) 计算指数比率。利用成本指数计算从基准年到当前年份的指数调整比率系数。

4) 调整原始成本。将原始成本乘以指数比率,得到当前市场条件下的成本估算值。

虽然成本指数法的准确性不如单价法模型,但仍不失为一种有效的辅助估算方法,可在省时省力的情况下提供一个成本预估上限。

4.3.3 规模法模型

规模法模型(也称规模经济模型)是一种用于成本和费用估算的方法,通过确定项目的规模(如软件项目的功能点数、工程项目的产能等),并利用历史数据或行业标准来估算完成该项目所需的成本。这种方法的核心在于建立项目规模与成本之间的关联模型,从而实现对项目成本的预测和规划。这种模型适用于在规模变化时预测项目成本的变化,广泛应用于制造业、建筑业和大型工程项目中估算项目开发、工程或设备投资领域。

一般而言,企业投资成本会随着规模或产能的变化而变化,其关系可表达为

$$\frac{C_A}{C_B} = \left(\frac{S_A}{S_B}\right)^X \quad (4.4)$$

式中,C_A 是 A 工厂的投资额;C_B 是 B 工厂的投资额;S_A 是 A 工厂的规模;S_B 是 B 工厂的规模;X 是反映规模经济的规模指数,基于规模经济的原理,当生产规模增加时,由于资源利用效率提高、固定成本分摊等因素,总成本的增长速率会低于生产规模的增长速率,因此,单位成本会随规模增加而降低。$X>1$ 表示规模不经济,$X<1$ 表示规模经济,$X=1$ 表示成本与规模呈现线性关系。

【例 4-5】

规模法模型的应用

假设我们有一个基准项目,生产 100 单位产品的成本为 10 000 元。通过历史数据分析得出规模指数 b 为 0.85。现在我们需要估算生产 200 单位产品的成本。

解:

1) 计算基准项目数据。

规模(S_A):100 单位

总成本(C_A):10 000 元

2) 新项目规模。

规模(S_B):200 单位

根据题目信息,规模指数 $x=0.85$

3) 计算新项目成本:

由式(4.4)可得,新项目成本为:

$$C_B = C_A \left(\frac{S_B}{S_A}\right)^X = \left[10\,000 \times \left(\frac{200}{100}\right)^{0.85}\right] 元 = 18\,025 \text{ 元}$$

因此,生产 200 单位产品的成本估算为 18 025 元。

4.3.4 学习曲线模型

学习曲线模型是一种用于成本和费用估算的方法，基于学习效应原理，即随着生产经验的积累，单位产品的生产时间或成本会逐渐降低。作为一种衡量效率变化的工具，学习曲线模型可以协助管理者了解在既定模式下作业投入量的变化，从而判断未来生产成本的变化方式，为定价决策提供合理依据。

学习曲线（Learning Curve）又称经验曲线效应或波士顿经验曲线效应，是表示单位产品生产时间（成本）与所生产的产品总数量之间的关系的一条曲线。学习曲线模型的基本概念是指随着产品产量的增加，生产过程中的平均时间（成本）逐渐下降。这一现象在许多行业都可以观察到，尤其在需要高度重复性人工作业的各类制造业领域内，学习曲线模型主要适用于人的行为而非机器作业，因为机器在重复劳动下通常无法提高生产效率。故而此模型广泛应用于制造业、软件开发和其他需要重复执行任务的行业，在制造过程中常常可以用来估算产品的设计与生产时间，也可以用于估算人工成本。

学习曲线的概念强调随着产品累计产量的增加，单位产品的成本会以一定的比例下降，这个比例被称为学习率，是一个百分数，习惯上表达为每当生产量增加一倍时，单位成本的下降比例（即学习率）为 S。例如，80%的学习率表示每增加一倍的生产量，单位成本变为80%。学习曲线可以表示为一条向下弯曲的曲线，反映了单位产品成本随产量增加而减少的趋势，见图4-5。

由学习曲线的概念，生产量（U）每翻一倍，投入的资源成本（Z_U）就减少固定百分比（学习率 S），设初始投入的资源成本为 K，则可表示为

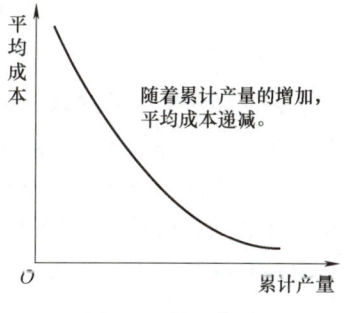

图4-5 学习曲线

$$\begin{aligned} &\text{当 } U = 2^0 = 1, & Z_U &= KS^0 = K \\ &\text{当 } U = 2^1, & Z_U &= KS^1 \\ &\text{当 } U = 2^2, & Z_U &= KS^2 \\ &\qquad\vdots & &\vdots \\ &\text{当 } U = 2^m, & Z_U &= KS^m \end{aligned} \qquad (4.5)$$

两边取对数，分别可得

$$\log U = m \cdot \log 2$$
$$\log Z_U = \log K + m \log S$$

将，$m = \log U / \log 2$ 代入上式，可得

$$\log Z_U = \log K + \frac{\log U}{\log 2} \log S$$

定义 $b = \log S / \log 2$，代入上式，可得

$$\log Z_U = \log K + b \log U$$

两边取逆对数，得

$$Z_U = KU^b \qquad (4.6)$$

式（4.6）可用来计算达到产出量 U 时所投入的资源成本。

学习曲线模型的应用步骤如下：

1) **确定初始数据**。确定第一批次的单位成本和学习率。
2) **计算学习率的对数**。利用公式 $b = \log S / \log 2$ 计算学习率的对数。

3）应用学习曲线公式。利用公式 $Z_U=KU^b$ 计算各批次的单位成本。

【例 4-6】

学习曲线模型的应用

假设我们有一个装配生产项目，第一批次生产成本为 100 元，学习率为 80%。现在我们需要估算第 4 批次的生产成本，以及完成第 4 批次的累计生产成本和累计平均生产成本。

解：

1）获得初始数据。

第一批次的生产成本：100 元

学习率：80%

2）计算学习率的对数。

$$b = \log S / \log 2 = -0.096\ 91 / 0.301\ 03 = -0.321\ 9$$

3）计算第 4 批次装配成本。

$$Z_4 = KU^b = (100 \times 4^{-0.321\ 9})\ 元 = 64\ 元$$

因此，第 4 批次的生产成本估算为 64 元。

4）完成第 4 批次的累计成本为所有 4 个批次生产成本总和，即

$$\sum_{u=1}^{4} Z_u = Z_1 + Z_2 + Z_3 + Z_4$$
$$= K(1^b + 2^b + 3^b + 4^b)$$
$$= (100 + 80 + 70.2 + 64)\ 元 = 314.2\ 元$$

5）完成 4 批次的平均成本为

$$\left(\sum_{u=1}^{4} Z_u\right)/4 = (314.2/4)\ 元 = 78.55\ 元$$

> **拓展思考** 学习曲线中固定的学习率百分比是根据以往经验判断得出的，并用于预测未来行为变化的方式。然而，这种"过去"的百分比在过去可能是固定的，但在未来可能不再适用，因此需要根据条件的变化进行修正。学习曲线模型假设效率的提升仅基于"重复同一行为"，但实际上影响人行为的因素更为复杂，包括新技术的学习、外部激励和自我激励等。如何考虑实现效率提升？

4.4 人工智能在成本预估中的应用

4.4.1 成本预估中的回归模型

1. 回归模型简介

回归模型是一种统计方法，旨在研究因变量（如成本）与一个或多个自变量（如材料成本、人工费用等）之间的关系。它通过建立数学模型来量化这些关系，并进行未来的成本预测。回归模型广泛用于工程经济学，能够帮助识别影响成本的关键因素，为预算和决策提供依据。

2. 线性回归模型

线性回归通常是指简单线性回归，涉及一个因变量（目标变量）和一个自变量（预测

变量），并且假设因变量与自变量之间的关系是线性的，即可以用一条直线来近似表示。线性回归模型的基本形式是

$$Y = \beta_0 + \beta_1 X + \epsilon \tag{4.7}$$

式中，Y 是因变量（成本）；X 是自变量；β_0 是截距项；β_1 是回归系数；ϵ 是误差项。

基本原理：线性回归模型预测简单直观，但受限于数据的线性假设。

线性回归模型的优点在于其简单性和易于解释。然而，它假设因变量与自变量之间存在线性关系，因此在面对非线性关系时表现不佳。此外，线性回归对异常值较为敏感，可能影响模型的准确性。

问题思考 当数据明显不符合线性关系时，线性回归是否仍然有效？

3. 多元回归模型

多元回归模型是一种扩展的线性回归模型，通过引入多个自变量来提高预测的准确性。其基本形式为

$$Y = \beta_0 + \beta_1 X_1 + \beta_2 X_2 + \cdots + \beta_n X_n + \epsilon \tag{4.8}$$

式中，Y 是因变量（成本）；X_1，X_2，$\cdots$，X_n 是自变量；β_0 是截距项；β_1，β_2，$\cdots$，β_n 是回归系数；ϵ 是误差项。

在多元回归模型中，选择合适的自变量至关重要。多重共线性指的是自变量间高度相关，可能导致回归系数不稳定，进而影响模型的预测能力。常用方法包括逐步回归和主成分分析。逐步回归通过逐步添加或移除变量构建最优模型，而主成分分析通过将原始变量转换为线性无关的新变量来减少共线性。

4. 回归模型的评估

评估回归模型的效果是保证预测准确性的重要步骤。常用的评估指标包括：

1）决定系数（R^2）。决定系数表示模型对数据变异的解释能力，取值范围在 0 到 1 之间。R^2 越接近 1，说明模型对数据的解释能力越强。例如，如果 R^2 为 0.85，说明模型可以解释 85% 的数据变异。这表示模型能够很好地拟合数据，但需要注意 R^2 过高可能意味着过拟合。

2）均方误差（MSE）。均方误差是预测值与实际值之间差异的平方的平均值，计算公式为：

$$\text{MSE} = \frac{1}{n} \sum_{i=1}^{n} (Y_i - \hat{Y}_i)^2 \tag{4.9}$$

式中，Y_i 是实际值；$\hat{Y}_i$ 是预测值；n 是样本数量。

均方误差越小，表示模型预测的准确性越高。MSE 提供了对预测误差的直接度量，数值越小，模型的预测性能越好。

3）均方根误差（RMSE）。均方根误差是均方误差的平方根，表示预测误差的实际尺度，计算公式为

$$\text{RMSE} = \sqrt{\text{MSE}} \tag{4.10}$$

RMSE 提供了一个与原始数据单位相同的误差度量，使得模型的预测精度更易于解释。RMSE 越低，表示模型的预测误差越小，性能越好。

基于传统回归模型，机器学习则提供了更多处理复杂数据的回归算法，如决策树回归、随机森林回归、支持向量回归（SVR）和神经网络回归。决策树回归适用于处理非线性关

系；随机森林通过集成多棵决策树提高预测的准确性和稳定性；SVR 则使用支持向量机处理高维数据的回归问题，适合复杂数据集。

【例 4-7】

多元线性回归模型应用

某研究人员想通过房屋的面积（m^2）、卧室数量（间）和房屋的年龄（年）来预测房屋的价格（万元）。他收集了以下 4 个样本数据，见表 4-4。

表 4-4 样本数据

面积/m^2	卧室数量/间	房屋年龄/年	房屋价格（万元）
120	3	10	45
150	4	5	55
100	2	15	38
180	4	8	65

请根据上述数据建立一个多元线性回归模型，求得回归方程，并预测面积为 $160m^2$、卧室数量为 3 间、年龄为 10 年的房屋价格。

解：

多元线性回归模型的形式为

$$Y = \beta_0 + \beta_1 X_1 + \beta_2 X_2 + \beta_3 X_3$$

我们根据题目，将数据写成矩阵形式：

X 为自变量矩阵：

$$X = \begin{pmatrix} 1 & 120 & 3 & 10 \\ 1 & 150 & 4 & 5 \\ 1 & 100 & 2 & 15 \\ 1 & 180 & 4 & 8 \end{pmatrix}$$

Y 为因变量矩阵：

$$Y = \begin{pmatrix} 45 \\ 55 \\ 38 \\ 65 \end{pmatrix}$$

计算回归系数：

解得

$$\hat{\beta} = \begin{pmatrix} \beta_0 \\ \beta_1 \\ \beta_2 \\ \beta_3 \end{pmatrix} = X^{-1}Y = \begin{pmatrix} -40 & \frac{82}{3} & 22 & -\frac{25}{3} \\ -\frac{1}{5} & \frac{1}{10} & \frac{1}{10} & 0 \\ 15 & -\frac{26}{3} & -8 & \frac{5}{3} \\ 2 & -\frac{4}{3} & -1 & \frac{1}{3} \end{pmatrix} \times \begin{pmatrix} 45 \\ 55 \\ 38 \\ 65 \end{pmatrix} = \begin{pmatrix} -\frac{7}{3} \\ \frac{3}{10} \\ \frac{8}{3} \\ \frac{1}{3} \end{pmatrix}$$

根据计算得到的回归系数，回归方程为

$$\hat{y} = -\frac{7}{3} + \frac{3}{10}X_1 + \frac{8}{3}X_2 + \frac{1}{3}X_3$$

假设我们想预测一个面积为160m²、卧室数量为3间、房屋年龄为10年的房屋价格，根据回归方程可以计算：

$$\hat{y} = \left(-\frac{7}{3} + \frac{3}{10} \times 160 + \frac{8}{3} \times 3 + \frac{1}{3} \times 10\right) 万元 = 57 万元$$

因此，预测该房屋的价格为57万元。

这个简化的例子展示了如何使用基本的公式来计算多元线性回归模型的系数和进行预测。在实际应用中，通常使用统计工具（如SPSS、R、Python等）来完成这些分析步骤。

4.4.2 成本预估中的深度学习模型

1. 深度学习模型简介

深度学习是一种先进的机器学习方法，通过模拟多层神经网络的结构来处理复杂的数据。深度学习模型能够自动从数据中提取特征，并进行复杂的模式识别，适用于大规模和复杂的成本预估任务。深度学习模型核心在于利用多层的神经网络来自动学习数据中的高级特征和复杂关系，显著提高了预测能力。

2. 常见的深度学习模型

前馈神经网络（Feedforward Neural Network，FNN）是指最基础的深度学习模型，由输入层、若干隐含层和输出层组成。每层的神经元通过加权连接，信息从输入层通过隐藏层传递到输出层。FNN适用于处理结构化数据，通过反向传播算法进行训练。其计算公式如下：

$$a_j^{(l)} = f\left(\sum w_{ij}^{(l)} a_i^{(l-1)} + b_j^{(l)}\right) \tag{4.11}$$

式中，$a_j^{(l)}$ 是第 l 层中第 j 个神经元的激活值；$w_{ij}^{(l)}$ 是从第 $l-1$ 层第 i 个神经元到第 l 层第 j 个神经元的权重；$b_j^{(l)}$ 是第 l 层第 j 个神经元的偏置；f 是激活函数，如 ReLU、sigmoid 或 tanh。

卷积神经网络（Convolutional Neural Network，CNN）主要用于图像数据的处理，通过卷积层和池化层提取数据的局部特征。CNN不仅在图像处理领域表现出色，还可以应用于表格数据和其他具有空间结构的数据。通过适当的预处理和特征工程，CNN也能在处理表格数据时表现优异。

3. 深度学习模型基本原理

卷积层（Convolutional Layer）通过卷积核（过滤器）在输入数据上滑动，利用局部连接和权重共享提取特征，能够捕捉局部模式，如图像中的边缘和角点。对于表格数据，卷积层可提取局部相关性信息。

池化层（Pooling Layer）用于对卷积层输出下采样，减小数据维度、降低计算量并增强模型鲁棒性。常见的池化方式有最大池化（Max Pooling），选择局部最大值和平均池化（Average Pooling），计算局部均值。

全连接层（Fully Connected Layer）类似传统神经网络层，将卷积层和池化层提取的特征整合，用于最终预测。每个神经元与上一层所有神经元相连，整合来自不同卷积核的信息，生成输出。

循环神经网络（Recurrent Neural Network，RNN）是一种专门处理序列数据的神经网络，能够通过其内部循环结构捕捉时间上的依赖关系。在RNN中，隐藏层不仅可以接收当前输入,还可以结合前一个时间步的隐状态,使网络能够"记住"历史信息。因此,RNN在时间序列分析、语音识别、自然语言处理等任务中表现良好。

然而,传统RNN在处理长期依赖时常遇到梯度消失或爆炸的问题,难以学习远距离时间步间的关系。为了解决这一问题,长短期记忆网络(Long Short Term Memory,LSTM)通过引入遗忘门、输入门和输出门的机制,能更有效地保留长期信息,适合处理具有长期依赖性的任务。

LSTM的基本单元是LSTM单元(或称为LSTM细胞),它包含了三个重要的门(Gate)结构:遗忘门(Forget Gate)、输入门(Input Gate)和输出门(Output Gate)。这些门控制信息在单元状态(Cell State)中的流动,使得LSTM能够保留长期的记忆和捕捉复杂的时间依赖关系。

遗忘门决定丢弃哪些信息。通过sigmoid函数将上一个时间步的隐状态(Hidden State)和当前输入结合起来,输出一个0到1之间的值,用于决定单元状态中哪些部分需要遗忘。公式如下:

$$f_t = \sigma(W_f[h_{t-1}, x_t] + b_f) \tag{4.12}$$

式中,f_t是遗忘门的输出;W_f是权重矩阵;h_{t-1}是上一个时间步的隐状态;x_t是当前输入;b_f是偏置项;σ是sigmoid激活函数。

输入门决定哪些新信息需要存储到单元状态中。分为两个部分:一部分通过sigmoid函数决定需要更新的信息,另一部分通过tanh函数生成新的候选信息。

$$i_t = \sigma(W_i[h_{t-1}, x_t] + b_i) \tag{4.13}$$

$$\widetilde{C}_t = \tanh(W_C[h_{t-1}, x_t] + b_C) \tag{4.14}$$

式中,i_t是输入门的输出;$\widetilde{C}_t$是新的候选记忆单元;W_i和W_C是权重矩阵;b_i和b_C是偏置项;tanh是双曲正切激活函数。

更新单元状态公式如下:

$$C_t = f_t C_{t-1} + i_t \widetilde{C}_t \tag{4.15}$$

式中,C_t是当前时间步的单元状态;C_{t-1}是上一个时间步的单元状态。

输出门决定当前的隐状态应该包含哪些单元状态中的信息。通过sigmoid函数决定输出哪些信息,并通过tanh函数将单元状态转换为新的隐状态。

$$o_t = \sigma(W_o[h_{t-1}, x_t] + b_o) \tag{4.16}$$

$$h_t = o_t \tanh(C_t) \tag{4.17}$$

式中,o_t是输出门的输出;h_t是当前时间步的隐状态;W_o是权重矩阵;b_o是偏置项。

4. 深度学习在成本预估中的应用

应用深度学习进行成本预估时,需要经过以下几个步骤:

1)数据准备与特征工程。包括数据清洗、特征选择和数据归一化。数据清洗去除噪声和错误数据,特征选择识别对预测有重要影响的变量,数据归一化将数据缩放到统一范围以优化模型训练。例如,在工程项目中,需要清洗异常值、填补缺失值、选择关键特征(如材料类型、项目规模等),并对数据进行标准化。

2)模型训练与优化。选择合适的深度学习架构(如FNN、CNN、LSTM),设置超参数(如学习率、批量大小等)进行训练,使用交叉验证防止过拟合。通过随机搜索或网格搜索优化超参数,使用正则化(如L2正则化)提高模型的泛化能力。

拓展思考 对于一个包含时序性特征的数据集（如股票价格或传感器数据），我们通常会使用 RNN 或 LSTM 模型来处理。然而，考虑到 CNN 在提取局部特征方面的强大能力，你能否设计一个结合 CNN 与 LSTM 的混合模型，用于捕捉数据的局部特征和时序依赖性？请思考如何将卷积层的输出与 LSTM 的输入合理结合，最大化两者的优势。同时，分析这种混合模型在时序数据处理中的潜在优势和局限性。

小结

1）WBS 是项目成本综合估算中的重要工具，用于将项目的总体目标分解成可管理的任务和子任务，从而更精确地进行成本估算。

2）选择合适的估算模型是项目成本综合估算的关键步骤。选择合适的估算模型需要综合考虑项目的特点、现有信息、项目阶段以及所需的估算精度。

3）指数法模型特别适用于随着时间或地域的变化，成本和费用呈现线性增长或减少的情况。此外，该方法还特别适用于那些保存有完整历史成本资料，但难以直接获取当前市场价格的资产或项目的成本估算情况。

4）规模法模型特别适用于项目范围明确且历史数据丰富、需要基于项目规模进行成本预测、软件开发项目的成本估算、需要快速估算成本以支持决策等的情况。

5）单价法模型适用于较为简单的项目、历史数据或市场行情可靠的项目、需求明确且工作量易于量化的项目、需要快速估算成本以支持初步决策的情况等。

6）学习曲线模型适用于重复生产或大量生产、技术熟练程度对成本有显著影响、需要预测未来成本降低趋势、需要评估技术进步和管理改善对成本影响以及需要分析采购成本或实施采购降价等情况。

7）回归模型和深度学习模型在成本预估中的应用日益广泛。线性回归模型简单直观，但对数据的线性假设限制了它的应用范围。深度学习模型能够处理复杂的非线性关系和大规模数据，但需要更多的计算资源和数据。未来，随着计算资源和数据量的增加，深度学习在成本预估中的应用将会越来越广泛，同时，如何提高模型的解释性和降低计算资源的消耗也是需要解决的重要问题。

测试及问题

一、判断题

1. 专家判断法是一种定量的成本预估方法。（　　）
2. 类比法适用于技术上与已完成项目相似的项目，能够提供较为快速的成本预估。（　　）
3. 在项目成本预估中，越详细的估算方式精度越高，所需时间越短。（　　）
4. 参数估算法依赖于项目关键参数（如面积、单位数等）来估算项目成本，通常用于

早期估算。 （　）
5. 三点估算法通过最乐观、最可能和最悲观的成本估计来确定一个期望值。（　）
6. 学习曲线模型主要适用于人工作业和机器作业的成本预估。（　）
7. 参数法能够快速提供成本预估，但精确度不如详细估算法。（　）
8. 专家判断法通常适用于缺乏历史数据或详细信息的项目。（　）

二、简答题

1. 解释线性回归模型的基本原理及其应用限制。
2. 描述多元回归模型如何处理多重共线性问题。
3. 列举三种常见的深度学习模型及其应用场景。
4. 对比传统回归模型和深度学习模型在成本预估中的优缺点。

三、计算题

1. 某公司要新拓建一个厂房，需要估算公司未来的现金流量，以下各项成本收入的信息数据要如何获取？请有针对性选择较合理的估算模型。（第4.3节）

1）5 000 m^2 厂房的土地成本。
2）建筑物的成本（空心砖建筑）。
3）最初的启动资本。
4）总资本投资成本。
5）第一年的人工与原材料成本。
6）第一年的销售收入。

2. 一个于2014年购买的价值200 000元的设备必须在2024年年底替换掉。2014年的设备成本指数为223，2024年的设备成本指数为293，此次替换的估算成本是多少？（第4.3.2小节）

3. 某公司在2015年耗费52 000元安装了一个25 000kg/h的锅炉，当年的物价指数为468，该公司想在2024年安装一个同样规格的锅炉。2024年的物价指数为542。请问新锅炉的成本预估是多少？（第4.3.2小节）

4. 表4-5所示为某电机制造的主要制造成本因素，同时该表显示了参照年度和当前年度的成本指数。（第4.3.2小节）

表4-5　某电机制造厂成本资料

成本因素	占制造成本的百分比	（参照年度）成本指数	（当前年度）成本指数
工厂工人成本	13%	131	176
直接原材料	20%	150	210
外购元件	32%	172	231
间接成本	21%	160	190
工艺	8%	135	180
其他成本	6%	140	172

1）基于以上信息，算出参照年度和当前年度的复合成本指数。
2）假如该设备参照年度单位制造成本为30 000元，你对该设备在当前年度制造成本的不完全估算是多少？

5. 5年前，一个80kW的柴油发电机的成本是160 000元，当时该品种设备的成本指数为 187，而现在是 194。它的成本规模系数为 0.6。现在考虑以同等设计的 120kW 的发电机为一个独立工厂供电，试确定 120kW 的发电机的总成本（第 4.3.3 小节）

6. 十年前一个占地 100m² 的换热器成本为 13 500 元，当时的成本指数为 830。试估算今年占地 60m² 的换热器的成本，同期成本指数为 964，成本规模系数为 0.6。（第 4.3.2、4.3.3 小节）

7. 请运用规模法模型估算新电厂的建设成本。新电厂和参考电厂的主要的设备、成本和因素如表 4-6 所示。假如附属设备将导致 260 000 元的额外成本，给出提议建设的新电厂的成本。（第 4.3.3 小节）

表 4-6　新电厂和参考电厂资料

设备	参考容量	单位参考成本（元）	成本规模系数	新设计容量
两个锅炉	6mW	300 000	0.80	10mW
两个发电机	6mW	400 000	0.60	9mW
水箱	100 000L	106 000	0.66	114 375L

8. 假设完成第一个原件需要 400h，并且学习曲线的斜率为 91%。试估算前 24 个原件的每个原件的平均时间。（第 4.3.4 小节）

9. 在学习曲线斜率为 92%、完成第一个单位元件耗时 460h 的前提下，找出生产前 30 单位元件的平均单位时间。（第 4.3.4 小节）

情境问题实践

你的大学四年成本是多少？

相关情况见表 4-7。

表 4-7　PBL 情境问题类型基本信息

PBL 情境对象	领域	复杂度	参考知识	项目要求
个人	日常生活	一级	成本收入综合估算方法；WBS 结构；指数法模型	个人

情境任务：

为了更好地规划未来，你想了解如何合理分配和管理资金，以确保能够顺利完成学业并不至于出现经济压力。本实践项目要求个人估算一下大学四年的教育成本。收集相关信息数据，并尝试运用成本收入综合估算流程及适合的成本收入估算模型方法，形成你的大学成本收入 WBS 结构，对大学四年的教育成本收入进行合理估算，递交报告。

思考如下问题：

1. 你在计算大学四年成本时应该考虑哪些方面的支出？（例如学费、住宿、书本费、交通等等），你的支出情况如何？

2. 大学四年中你的经济来源有哪些？你该如何规划大学四年的经济来源？

3. 你如何合理控制自己的支出？
4. 如果你的预算不足，可以采取哪些措施应对？
5. 根据你的情况，估算你的四年大学总花费。

> **思政导引** ○ 对比中美两国高校教育成本差异。
> ○ 如何看待你的大学收入来源？
> ○ 如何合理规划你的大学教育成本收入？

双语术语

- Cost Estimation   成本估算
- Work Breakdown Structure（WBS）   工作元素结构
- Cost and Revenue Categorization   成本收入归类
- UnitFactor   单价要素法
- Index Model   指数法模型
- Power Sizing Model   规模法模型
- Learning Curve   学习曲线
- Regression Model   回归模型
- Linear Regression Model   线性回归模型
- Multiple Regression Model   多元回归模型
- Coefficient of Determination R^2，决定系数
- Mean Squared Error   MSE，均方误差

拓展阅读文献

[1] MATTHEWS L M. Estimating manufacturing costs：a practical guide for managers and estimators [M]. New York：McGraw-Hill Book Co.，1983.

[2] MICHAELS J V, WOOD W P. Design to cost [M]. New York：John Wiley & Sons，1989.

[3] PARK W R, JACKSON D E. Cost engineering analysis：a guide to economic evaluation of engineering projects, 2nd ed. [M]. New York：John Wiley & Sons，1984.

[4] 解钟情. 人工智能在生产企业成本预测与控制中的应用研究 [J]. 知识经济，2024，691（27）：25-27.

习题答案

第 5 章 经济性评价方法

本章目标

知识目标	能力目标
◇ 了解工程项目经济评价指标体系类别。 ◇ 了解基准收益率概念。 ◇ 掌握项目盈利性评价方法（等值法、收益率法）及其适用情境。 ◇ 掌握项目流动性评价方法（回收期法）及其适用情境。	◇ 能够使用现值法、年度等值法、将来值法评价单个项目盈利性。 ◇ 能够使用内部收益率法和外部收益率法评价单个项目盈利性。 ◇ 能够针对项目的流动性进行评价分析。

本章问题-方法-知识图谱

本章问题-方法-知识图谱见图 5-1。

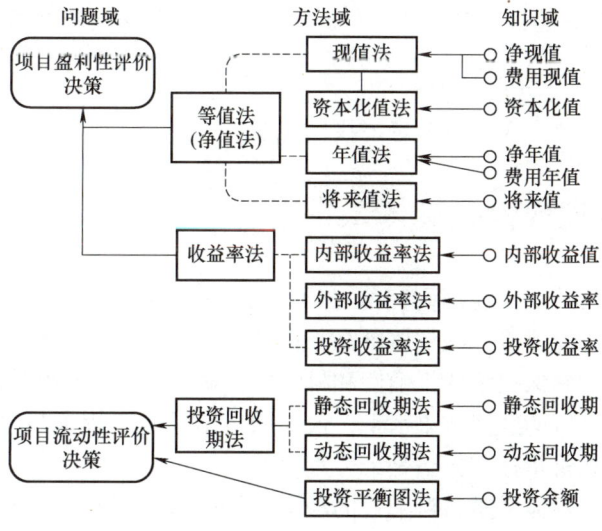

图 5-1 本章问题-方法-知识图谱

 **案例导入**

某项目经济可行性研究报告的结论

半导体制造过程通常涉及将多层材料存放在硅制圆盘（晶圆）上，每一层都有一个图形，最终形成微处理器的电子电路。每个晶圆上大约有 100 个微处理器。然而，由于生产过程中的种种因素，实际产出通常每个晶圆上只有 75% 的微处理器合格。某公司的一组工程师提出了一个改善生产效率的建议，旨在通过重新设计化学气相沉积（CVD）设备的关键部件，优化真空空间，从而提高生产产出，预计每个晶圆的无缺陷微处理器平均产出将增加 2%。

当前生产状况如下：
1) 公司仅拥有一台 CVD 设备，每小时能处理 10 个晶圆。
2) CVD 设备的平均利用率为 80%。
3) 制造一个晶圆的成本为 5 000 美元，而一个合格微处理器的售价为 100 美元。
4) 半导体制作车间每周工作 168 小时，且所有生产的合格微处理器均可售出。

项目成本与投资回报如下：
1) 项目总投资：250 000 美元。
2) 维修与保养费用：每月 25 000 美元。
3) 改进后工具的使用寿命：5 年。
4) 公司基准收益率（MARR）：每年 12%（按月复利）。

如果你是公司负责人，这个项目是否应被批准？

问题思考　只要项目投入的资金都能收回来，该项目就一定是值得投资的吗？是否可以采用投资回收的快慢来衡量项目的经济性？

思政导引　该项目的技术改进是否符合国家的创新驱动发展战略？是否能推动高新技术产业的发展？

请带着这些问题思考，在本章学习中找寻答案。

5.1　项目经济性评价指标体系

任何资本投资项目的工程经济研究都必须考虑对项目可能产生的回报（或损失）的评价，这就是项目的经济性评价。经济评价是工程经济分析的核心内容，包括项目盈利性和流动性评价，其目的在于确保决策的正确性和科学性，避免或最大限度地减小工程项目投资的风险，明确建设方案投资的经济效果水平，最大限度地提高工程项目投资的综合经济效益。为此，正确选择经济评价指标和方法是十分重要的。

项目经济性评价指标体系是指对项目的经济可行性和效益进行评估的一套系统指标。这套指标体系帮助决策者判断项目是否具备投资价值、能否带来预期的经济回报。经济性评价体系按照不同的目的分为多种指标类别：

1）按照是否考虑货币时间价值，划分为静态评价指标和动态评价指标。

① 静态评价指标是指不考虑货币时间价值的指标，包括静态回收期、投资收益率、资产负债率等。

② 动态评价指标是指考虑货币时间价值的指标，包括动态回收期、内部收益率、外部收益率及所有净值类指标（如净现值、净年值、净将来值）。

2）按照评价内容性质，即盈利性、流动性和资金使用效率，划分为价值类指标、时间类指标和效率类指标。

① 价值类指标是指用来评价项目盈利性的指标，可以反映项目投资的净收益大小，包括净现值、费用现值、净年值、费用年值、将来值等。

② 时间类指标是指用时间（年限）长短来衡量投资资金回收快慢的指标，可以评价项目流动性，例如回收期。

③ 效率类指标是指反映资金利用效率的指标，反映的是相对值，如内部收益率、外部收益率、投资利润率等。

表 5-1 汇总了上述不同类别的经济性评价指标。工程项目本身的特征不同，需求不同，其经济性评价的目的也会存在很大差异。为了全面评价工程项目方案的经济效益，工程项目的经济可行性分析可能会从不同类别经济性指标中选择若干适合的衡量指标。例如，投资型工程项目重点关注项目盈利性，会选择净现值和回收期指标。

表 5-1 项目经济性评价指标

指标类型	具体指标	静态/动态	评价角度
时间型指标	静态投资回收期	静态	流动性
	动态投资回收期	动态	
价值型指标	净现值/费用现值	动态	盈利性
	净年值/费用年值	动态	
	将来值	动态	
效率型指标	内部收益率	动态	
	外部收益率	动态	
	投资收益率	静态	

5.2 基准收益率

基准收益率（Minimum Acceptable Rate of Return，MARR），又称最低期望收益率，是项目或投资的最低可接受收益率。它是决策者在评估一个项目或投资时设定的标准，只有当项目的预期收益率高于基准收益率时，项目才会被认为是可接受的。

基准收益率是投资决策中的一个关键参数，它反映了投资者对项目未来收益的期望和对资金时间价值的评估。确定基准收益率时应综合考虑以下几个因素：资金成本、机会成本、项目风险、通货膨胀率等。合理确定基准收益率对于投资决策的准确性和科学性至关重要。

基准收益率的主要影响因素如下：

1) **资金成本**：是指为取得资金使用权所支付的费用，包括资金筹集成本和资金使用成本。资金筹集成本是指在筹集资金过程中发生的各种费用，如手续费、注册费等；资金使用成本是指因使用资金而向资金提供者支付的报酬，如利息、红利等。基准收益率最低限度不应小于资金成本。

2) **机会成本**：是指投资者将有限的资金用于拟建项目而放弃的其他投资机会所能获得的最好收益。机会成本虽不是实际支出，但在投资决策时应作为一个重要因素加以考虑。基准收益率最低限度不应小于机会成本。在决策过程中，机会成本通常是放弃的最佳选择的价值。可以简单表示为

$$机会成本 = 放弃的选择的收益 - 所选择的收益机会成本$$

假如项目资金完全由企业自有资金提供，机会成本可参考行业的平均收益水平，即自有资金的机会成本；假如项目资金从银行贷款获得，则最低收益不能低于银行贷款利率。

3) **投资风险**：项目投资总是伴随着一定的风险，包括市场风险、技术风险、环境风险等。为了补偿投资者所承担的风险，通常以一个适当的风险补贴率（即风险报酬）来提高基准收益率。风险补贴率的大小要视投资项目未来经营风险的大小来定。一般而言，风险越大，补贴率越高。而资金密集型投资项目的风险一般高于劳动密集型项目，资产专用性强的投资项目风险一般高于资产通用性强的项目，以扩大产量、增加市场份额为目的的投资项目风险一般高于以降低生产成本为目的的项目。

4) **通货膨胀**：是指由于货币发行量超过商品流通所需要的货币量而引起的货币贬值和物价上涨。若项目现金流量按当年价格预测估计，应以年通货膨胀率修正基准收益率；若按基年不变价格计算，则不再考虑通货膨胀。通货膨胀会造成材料、设备、土地、人工等费用的上升，因此在确定基准收益率时，必须考虑通货膨胀对基准收益率的影响。

5) **资金规模限制**：可使用资金的额度也会影响基准收益率的大小。资金越少，则越要提高相应的最低期望收益率，以保证可以筛选出盈利性更好的项目。

5.3 净现值及其评价方法

5.3.1 净现值

净现值（Net Present Value，NPV）是对投资项目进行动态评价的最重要的指标之一，它可以反映出项目在经济寿命期内的获利能力。该指标是指把项目经济寿命期内各年的收益和支出费用按一定的折现率折算到某一基准年（通常是现时点）后的现值累加值。现值（Present Worth，PW）法的原理是指根据净现值指标来评价工程项目的盈利性，旨在衡量一个项目在考虑时间价值（即基准收益率 MARR）的前提下能带来的净效益，帮助决策者评估项目是否值得投资。

现值法的优点在于它不仅考虑了货币资金的时间价值，还考察了项目在全寿命周期的收益状况，并直接以绝对货币金额表示项目投资的收益性大小，经济意义明确、直观。

1. 净现值的计算

净现值的计算公式为

$$NPV = PW(i) = \sum F_k(1+i)^{-k} \tag{5.1}$$

式中，$PW(i)$ 为现值，即所有未来现金流在利率 i 下的折现值之和；F_k 为第 k 年的净现金流量，$F_k = R_k - C_k$，其中 R_k 及 C_k 分别为第 k 年的收益和支出；i 为基准收益率或最低期望收益率，$i = \text{MARR}$；k 为代表项目经济寿命（研究期）内的某一年。

2. 评价准则

运用现值法进行项目盈利性的评判准则如下：

1) 净现值（NPV）>0：项目具有盈利性，项目是可行的，建议投资。
2) 净现值（NPV）= 0：项目刚好能够回收成本，处于盈亏平衡点。
3) 净现值（NPV）<0：项目收益不足以覆盖成本，不建议投资。

【例 5-1】

现值法评价项目盈利性

请用现值法评价某项目的盈利性，其成本及收入估算如表 5-2：

表 5-2 【例题 5-1】资料

项目	数据
初始投资	50 000 元
年收入	20 000 元
年度运营成本	2 500 元
第 5 年年末市场残值	10 000 元
研究期	5 年
基准收益率	20%/年

解：

绘制该项目的现金流图，如图 5-2 所示。

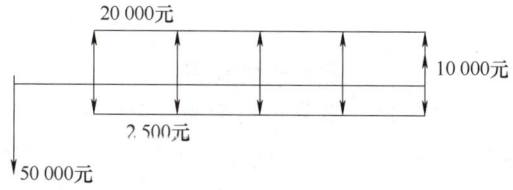

图 5-2 项目现金流图

$$NPV = PW(20\%) = [-50\,000 + (20\,000 - 2\,500) \times (P/A, 20\%, 5) + 10\,000 \times (P/F, 20\%, 5)] \text{元}$$
$$= 6\,354.50 \text{ 元}$$

由计算出的 NPV = 6 354.50 元可知：

该项目初期投入的 50 000 元已经全部回收，且该项目实现了最低期望的基准收益率 20%，另外还能获得额外 6 354.50 元的净现值。所以，该项目具有盈利性，值得投资。

如果将基准收益率提高至 30%，投资决策会发生改变吗？

$$NPV = PW(30\%) = [-50\,000 + (20\,000 - 2\,500) \times (P/A, 30\%, 5) + 10\,000 \times (P/F, 30\%, 5)] \text{元}$$
$$= -4\,687.5 \text{ 元}$$

由评价准则可知，NPV(30%)<0，意味着项目收益不足以覆盖成本，不建议投资。

问题思考 净现值 NPV 与基准收益率有什么关系？

如果已知项目方案各年的净现金流量，则该项目的净现值完全取决于所选择的基准收益率。由净现值的计算表达式可以看出，净现值的大小对利率 i 比较敏感。若以纵坐标表示净现值，横坐标表示利率 i，则净现值与利率的关系可以用图 5-3 表示。

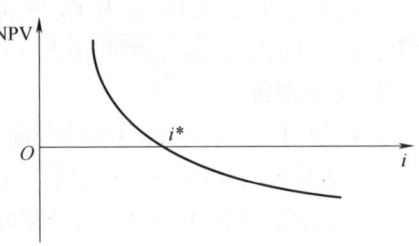

图 5-3 净现值与利率的关系

由图 5-3 可见，净现值与利率的关系存在以下特点：

1) 净现值随基准利率的增大而减小，故基准收益率 MARR 定得越高，净现值就越小。随着 MARR 逐级增大，净现值将逐级减小，由正数变负数，项目能被接受的可能性就越少。

2) 当曲线与横轴相交于 i^* 时，净现值 NPV 等于 0，当 $i>i^*$，NPV(i)<0；当 $i<i^*$，NPV(i)>0。i^* 是一个具有重要经济意义的利率临界值，被称为内部收益率（后续在第 5.6 节中会详细介绍）。

5.3.2 费用现值

费用现值（Present Cost，PC）法是现值法的一个特例。当项目不考虑收益，仅仅考虑投资、成本和残值时，此时将项目寿命期内的投资和经营成本按照一定利率（通常为基准收益率，MARR）折现后的累加总和就是费用现值。

费用现值的计算公式为

$$PC(i) = \sum CO_k(1+i)^{-k} \tag{5.2}$$

式中，CO_k 为项目/方案第 k 年的现金流出。

由于费用现值仅仅考虑现金流出，因此其值一定为负值。通常该概念多用于互斥方案的比较，考虑选择费用现值较少的方案。

【例 5-2】

费用现值计算

某厂生产原来采用人工叉车搬运，每年搬运费为 8 200 元（方案 1）。现拟采用运输带，需投资 15 000 元，预估运转后每年支出人工费为 3 300 元，电力 400 元，杂费 300 元，此运输带可用 10 年，无残值（方案 2）。若最低收益率为 10%，则该厂是否应该安装运输带取代人工搬运？

解：

首先计算两个方案的费用现值。

$PC_1(10\%) = [-8\,200 \times (P/A, 10\%, 10)]元 = (-8\,200 \times 6.144\,6)元 = -50\,386$ 元

$PC_2(10\%) = [-15\,000 - (3\,300 + 400 + 300) \times (P/A, 10\%, 10)]元 = (-15\,000 - 4\,000 \times 6.144\,6)元$
$= -39\,578$ 元

由两个方案的费用现值比较，方案 2（传送带）的费用现值更少，故选择投资方案 2。

5.3.3 资本化值

资本化值法是现值法的另一个特例。当项目的有用寿命或项目考虑的研究期无限长，即

现金流是发生在未来无限长时间内的（$n \to \infty$），此时的现值计算就称为资本化值（Capitalized Worth，CW）。类似第 5.3.2 小节中的费用现值，若项目仅考虑投资、成本和残值，不考虑收入时，其现值计算的结果称为资本化成本（Capitalize Cost）。

资本化值的计算公式为

$$CW(i) = PW_{n \to \infty} = A(P/A, i, \infty) = A \left[\lim_{n \to \infty} \frac{(1+i)^n - 1}{i(1+i)^n} \right] = A \left(\frac{1}{i} \right) \quad (5.3)$$

由上式可见，项目的资本化值就是有用寿命的年度等值除以每年的利率。

【例 5-3】

捐款的资本化值计算

某企业有意向大学捐赠一个方程式赛车竞赛基地。该捐赠款项的本金将享受每年 5% 的固定利息回报，这些利息收入足以长期（即永久）覆盖竞赛基地的建设成本及所有维护开支。具体而言，竞赛基地的初始建设预算为 50 000 元，每年的维护费用则固定为 10 000 元。为了成功建设这座实验室并确保其后续的持续运营与维护，所需的捐赠金额应该是多少？

解：

计算现金需求的资本化值相当于计算建造以及永久维护实验室的初始捐赠本金：

$$CW(5\%) = \frac{A}{5\%} = \left[\frac{-50\,000 \times (A/P, 5\%, \infty) - 10\,000}{5\%} \right] 元$$

$$= \left(\frac{-50\,000 \times 0.05 - 10\,000}{5\%} \right) 元 = -250\,000 \, 元$$

其中 $(A/P, 5\%, \infty)$ 的值可以从附录中查到，为 0.050 0。

5.4 将来值及其评价方法

1. 将来值含义及计算

将来值（Future Worth，FW）又称终值，是基于某一利率（通常为 MARR）将整个研究期内的所有现金流转换到研究期期末的等值。该指标通常用于衡量项目的投资、收益等各类资金流动的累积效果，使资本投资人对项目结束时所能获取的收益会有直观的认识。

将来值法是一种基于将来值指标的项目经济性评价方法，它与现值法相对，通过将当前及未来的现金流量折算到项目期末时刻的终值来评估项目的经济效益。将来值的基本计算公式为

$$FW(i) = \sum F_k (1+i)^{n-k} \quad (5.4)$$

式中：FW 为将来值，即项目在某一特定未来时刻的总价值；F_k 为第 k 年的净现金流量，$F_k = R_k - C_k$；其中 R_k 及 C_k 分别为第 k 年的收益和支出，$(0 \leq k \leq n)$；n 为项目周期（年数）；i 为基准收益率或最低期望收益率，$i = MARR$；k 为代表项目经济寿命（研究期）内的某一年。

2. 将来值法的评价准则

将来值法的判别准则与净现值法一致，运用将来值法进行项目盈利性的评判准则如下：

1) FW>0：项目具有盈利性，项目是可行的，建议投资。
2) FW=0：项目刚好能够回收成本，处于盈亏平衡点。

3) FW<0：项目收益不足以覆盖成本，不建议投资。

【例 5-4】

使用将来值法来判断例 5-1 项目的经济可行性

沿用例 5-1 问题，若用将来值法对该项目进行盈利性分析，则：

$FW(20\%) = [-50\,000 \times (F/P, 20\%, 5) + (20\,000 - 2\,500) \times (F/A, 20\%, 5) + 10\,000]$元 $= 15\,813$ 元

因为 FW>0，所以该项目具有盈利性，建议投资。

5.5 净年值及其评价方法

1. 年度等值

年度等值也可称为净年值（Net Annual Value，NAV），是指通过资金的等值计算将项目的净现值分摊到寿命期内各年（从第一年到第 n 年）的年度等值，也就是将整个寿命期内各年的现金流量（包括投资、收入、支出、残值等）按一定的折现率 i（通常是 MARR）折算成等额的年值。

年值法（Annual Worth Method，AW）是基于净年值指标对项目盈利性的评价方法，是指根据项目现金流量的等值性，将项目在整个寿命期内各年的现金流量（包括投资、收入、支出、残值等）按一定的折现率 i（通常是 MARR）折算成等额的年值，以此来评价项目的经济效益。年值法特别适用于具有固定时间周期的投资决策。

2. 年度等值计算

年度等值计算可以有两种方式：①根据年度等值概念计算；②由净现值等值转换。

1）根据年度等值概念计算。一个项目的年度等值是指等额年收入（$\overline{R}$）减去等额年费用（$\overline{E}$），再减去等额年度资本回收额（CR）。

$$AW(i) = \overline{R} - \overline{E} - CR(i) \tag{5.5}$$

式中，等额年度资本回收额（Capital Recovery，CR）是指投入资本的等值年度费用，是反映在给定的年限内等额回收初始投入资本或清偿所欠债务的价值指标，其计算公式为

$$CR(i) = I(A/P, i, n) - S(A/F, i, n) \tag{5.6}$$

式中，I 为项目的原始投资；S 为项目研究期期末的市场残值；n 为项目研究期。

> 讨论：式（5.5）若不包括等额年收入（$\overline{R}$），则是等值年度费用（Equivalent Uniform Annual Cost，EUAC），即 EUAC $= -\overline{E} - CR(i)$，具体应用详见后续章节。

2）由净现值等值转换。借助等值转换思路，求年度等值还可以先将方案的现金流量折算成净现值，再乘以等额支付系列资金恢复系数（$A/P, i, n$）得到；也可以将方案的现金流量折算成将来值乘以等额支付系列积累基金系数（$A/F, i, n$）得到，即

$$AW(i) = NPV(A/P, i, n) = NFV(A/F, i, n) \tag{5.7}$$

式中，NPV 为净现值；NFV 为净将来值；n 为项目周期（年数）；i 为基准收益率或最低吸引力收益率 MARR。

3. 年值法的评价准则

年值法的判别准则与净现值法一致，运用年值法进行项目盈利性的评判准则如下：

1）AW>0：项目具有盈利性，项目是可行的，建议投资。
2）AW=0：项目刚好能够回收成本，处于盈亏平衡点。
3）AW<0：项目收益不足以覆盖成本，不建议投资。

【例 5-5】

年度等值法应用

沿用例 5-1 的问题，这里分别用两种方法计算年度等值（净年值）。

1）根据年度等值概念计算。

由式（5.6）可知，

$$CR(20\%) = [50\,000 \times (A/P, 20\%, 5) - 10\,000 \times (A/F, 20\%, 5)]元$$
$$= (50\,000 \times 0.334\,4 - 10\,000 \times 0.134\,4)元 = 15\,376\,元$$

由式（5.5）可知，

$$AW(20\%) = \overline{R} - \overline{E} - CR(20\%) = (20\,000 - 2\,500 - 15\,376)元 = 2\,124\,元$$

2）由净现值等值转换。例 5-1 中已经算出净现值 NPV=6 354.50 元，则利用等值转换，直接求得：

$$AW(20\%) = [6\,354.50 \times (A/P, 20\%, 5)]元 = 2\,124\,元$$

可以看出两种方法计算出的年度等值相同。

根据评价准则，因为 AW>0，所以项目值得投资。与前面例题求解一致。

可见，年值法的判别准则与净现值法一致，采用两种方法获得的项目盈利性决策也一致。

> 同一个项目无论是以净现值作为评价指标，还是以将来值作为评价指标，或是以年度等值作为评价指标，其评价的结论都是相同的。三者代表相同的评价尺度，只是所关注的价值时间节点不同，因此在方案的评价中只需选其一作为评价指标。至于选取哪一个，取决于哪一个对于决策更有价值，哪一个使用更方便。

5.6 内部收益率及其评价方法

前面所讨论的净现值法、净年值法，都需要先给定一个基准收益率 MARR，它反映了投资者主观上所希望达到的单位投资平均收益水平。基准收益率的大小取决于多方面的因素，包括机会成本、通货膨胀因素和风险因素等。但是工程项目的实际年均收益率究竟等于多少，以上若干评价方法均无法解决，这就涉及本节即将讨论的内部收益率指标及其评价方法。

5.6.1 内部收益率

内部收益率（Internal Rate of Return，IRR）是指项目在寿命期内使所有现金流入等值与现金流出等值相等时对应的折现率，简单地说，就是净现值为零时的折现率。其数学表达式为

$$PW = \sum R_k(P/F, i, k) - \sum E_k(P/F, i, k) = 0 \tag{5.8}$$

式中，R_k 为第 k 年净收入；E_k 为第 k 年净支出。

从式（5-8）可见，内部收益率的经济含义可以理解为：在项目的整个研究（寿命）期内按利率 IRR 计算，始终存在未能回收的投资，而在项目结束时，投资恰好被完全回收。所以内部收益率是项目方案内在的回收投资的能力，它反映了项目在整个寿命期内的平均资金盈利能力。利用内部收益率进行计算时，不必事先给出折现率，而其计算结果（内部收益率）对投资者来说，具有明确直观的意义。

5.6.2 内部收益率法

内部收益率法是工程经济分析中最常用的一种回报率计算方法。内部收益率法的原理是：令折算到基准年的总效益和总费用相等，然后求解方程的未知数——折算率 i，即内部收益率 IRR，并以 IRR 的大小来评价各方案的合理性。

使用内部收益率（IRR）指标来评价单一项目的经济可行性时，若已知基准折现率 MARR，项目求得的内部收益率为 IRR，则评价标准为

1) 当 IRR≥MARR 时，项目在经济上可行，可接受该项目。
2) 当 IRR<MARR 时，项目在经济上不可行，应予拒绝。

对于一个备选方案，从借款人的角度来看，内部收益率为正值必须满足以下两个条件：第一，收入和支出必须以现金流的形式体现；第二，收入总额要超过所有现金流出的总额。确认这两个条件有助于避免不必要的计算，防止得出负的内部收益率（通过审查现金流即可确定内部收益率为零或小于零）。

依据内部收益率定义，IRR 就是下述等式中的 i 的值：

$$PW(i) = \sum R_k(P/F, i', k) - \sum E_k(P/F, i', k) = 0$$

由此可知这是一个变量为 IRR 的高次方程，无法直接求解，通常的解法包括：

1) 试算法。假设折现率 IRR，计算项目的净现值。若 NPV>0，表示假设的 IRR 偏小，应另选一个较大的值；若 NPV<0，表示假设的 IRR 偏大，应另选一个较小的值。如此反复调整折现率，试算其 NPV，直至 NPV=0。可见，试算法过程比较繁复。

2) 使用线性插值法来求得近似解。线性内插法的原理如图 5-4 所示，在净现值函数曲线与横轴的交点处，NPV=0，该处的 i 即 IRR。用直线 AB 近似模拟净现值曲线，取 i 为 IRR 的近似值，即 $i \approx$ IRR。在实际计算时，需通过反复试算，求出 NPV_1 略大于零时的利率 i_1；再求出使 NPV_2 略小于零时的利率 i_2，同时应满足 i_1 与 i_2 的差值应不超过 2%~5%，这样通过线性内插法求得的 i 近似等于 IRR。

3) 使用 Excel 工具函数 IRR(values,[guess])。

参数说明如下：

① values。这是一个包含现金流的数组或范围，表示投资项目的现金流。数组中的现金流应包括初期投资（通常为负数，表示支出）以及未来年度的净现金流（通常为正数，表示收入）。现金流必须按时间顺序排列，从第一个周期的现金流开始。

例如，如果你投资 10 000 元并且预计未来 5 年每年获得 2 000 元的现金流，则 values 可以是：{-10 000,2 000,2 000,2 000,2 000,2 000}。

② guess。这是一个初步估计值，用于帮助 Excel 更快地找到 IRR 的值。guess 值是一个数字，通常在 0 到 1 之间（但也可以更高或更低）。这个值并不影响最终结果，但如果现金

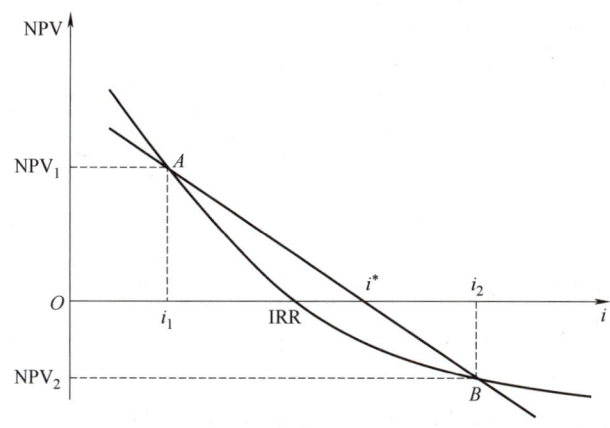

图 5-4　线性内插法求 IRR 图解

流很复杂或有多个 IRR 存在，guess 可以帮助 Excel 更准确地找到正确的 IRR，guess 默认值为 0.1（即 10%）。例如，可以尝试使用 0.1（10%）作为初始猜测值或者根据经验进行调整。

【例 5-6】

使用内部收益率法来判断项目的经济可行性

沿用例 5-1，通过内部收益率 IRR 判断项目的盈利性。

解：

令 i' 为待求 IRR，由收益率计算条件 $PW(i')=0$，列出 IRR 方程：

$$-50\,000+17\,500\times(P/A,i',5)+10\,000\times(P/F,i',5)=0$$

1）首先试算出 IRR 区间。

由 $PW(25\%)=339.75$ 元 >0，可知 $i'>25\%$。

由 $PW(30\%)=-4\,684.24$ 元 <0，可知 $i'<30\%$。

故而 IRR 区间初定为 $25\%<i'<30\%$。

2）利用线性插值法求 i'。

令 $i_1=25\%$，$i_2=30\%$，代入线性插值公式，则

$$i'=i_1+\frac{PW(i_1)}{PW(i_1)-PW(i_2)}(i_2-i_1)=25\%+\frac{339.75}{339.75-(-4\,684.24)}\times(30\%-25\%)=25.3\%$$

若是直接采用 Excel 函数 IRR( )，则利用 Excel 构建项目的数据表，如图 5-5 所示。

	A	B	C	D	E	F	G
1	年	0	1	2	3	4	5
2	净现金流量	-50,000	17500	17500	17500	17500	27500
3	IRR	25.31%					

B3 =IRR(B2:G2)

图 5-5　Excel 函数 IRR 求解例题项目的内部收益率

以 IRR=25.31% 收回全部投资的过程见表 5-3 所示。

表 5-3　以 IRR=25.31% 收回全部投资的过程　　　（单位：万元）

年数	净现金流量（年末）	年初未收回的投资	年初未收回的投资到年末的金额	年末尚未收回的投资
	(1)	(2)	(3)=(2)×(1+IRR)	(4)=(3)−(1)
0	−50 000			
1	17 500	50 000	62 655	45 155
2	17 500	45 155	56 584	39 084
3	17 500	39 084	48 976	31 476
4	17 500	31 476	39 442	21 942
5	27 500	21 942	27 500	0

从表 5-3 中可知，项目始终处于"偿付"未被收回投资的过程。到项目结束时，恰好全面回收投资。

5.6.3　内部收益率的拓展讨论

我们详细观察一下前面例子中的投资项目，可以发现项目投资都发生在工程建设初期，而后期只产生收益和年运行费。这属于典型的投资项目情况。在这种情况下，项目寿命初期净现金流量一般为负值（支出大于收入），进入正常生产期后，净现金流量逐渐变为正值（收入大于支出）。则在项目整个寿命期内，净现金流量的数值由负变正的情况只发生一次。从前面内部收益率的计算结果发现净现值现金流量曲线与横轴只有唯一的交点，这个交点对应的 i 即项目的内部收益率，即仅存在一个内部收益率。

> **问题思考**　若项目寿命后期追加投资，导致出现净现金流量由负变正又由正变负多次往复的情况。这时会有怎样的内部收益率呢？

设想如图 5-6 的净现金流量项目，我们发现净现金流量曲线与横轴 i 的交点会有四个：i_1，i_2，i_3，i_4。那么哪个才是项目的内部收益率呢？

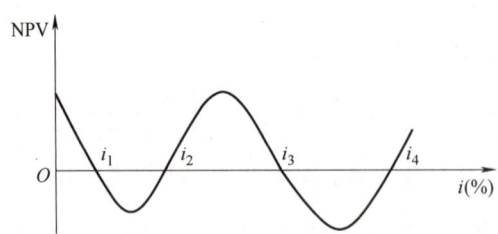

图 5-6　非典型投资项目的净现值 NPV 与折现率 i 的关系

这类投资项目属于非典型投资，非典型投资项目中存在项目寿命后期追加投资，导致多次出现净现金流量由负变正的情况。

我们具体探究一下非典型投资项目的 IRR 计算过程，由 IRR 计算条件出发：

$$\sum_{k=0}^{n}(R_k-E_k)(1+i^*)^{-k}=0 \quad \Rightarrow \quad \text{IRR}=i^*$$

定义 $a_k=R_k-E_k$，$x=(1+i^*)^{-1}$，则形成下面一个一元 n 阶方程：

$$a_0+a_1x+a_2x^2+\cdots+a_nx^n=0$$

从理论上讲，该方程应该有 n 个解。所以对于非典型投资情况，只要方程存在多个正解，则所有的解都不一定是真正的项目内部收益率。

> **拓展思考** 1. 如何验证哪个解是真正的内部收益率呢？（提示：参考内部收益率的定义）
> 2. 是否存在无解的情况？

我们总结一下内部收益率法的优缺点。

内部收益率法具有如下优点：

1）简单直观。内部收益率以百分比形式表示投资项目的回报率，容易理解和应用。相比于净现值法（NPV），IRR 作为一个无量纲的比率，更为直观，可直接与企业的要求回报率或资本成本进行比较。

2）不需要预先确定折现率。内部收益率法无需事先设定一个特定的折现率。它直接通过项目的现金流计算得出，使决策者可以根据项目本身的回报情况来做判断，避免了因折现率选择不当带来的误差。

3）考虑了时间价值。与净现值法相同，内部收益率法充分考虑了资金的时间价值，即未来的现金流按照一定的折现率折算成现值。因此，更具科学性和合理性。

4）适用于长期投资项目。IRR 能够反映整个项目生命周期内的回报率，尤其对于长周期的投资项目，IRR 可以有效地衡量项目的整体盈利水平，帮助企业更全面地进行投资评估。

内部收益率法具有如下缺点：

1）不适用于非典型现金流项目，可能会有多个或没有 IRR 的情况。

2）内部收益率计算比较麻烦。

3）不一定反映项目的绝对收益：IRR 高并不意味着项目的绝对收益高，尤其当项目的规模差异较大时，IRR 法可能会误导决策者。

4）使用内部收益率评价经济效果同时隐含了再投资假设，即在内部收益率计算时，省认定项目寿命期内回收的资金都是以内部收益率 IRR 进行再投资的。而实际上，再投资的收益率，尤其是临近寿命期（研究期）末的再投资很难达到内部收益率的水平，因为项目执行中回收的资金量会比初始资金少，且可使用回收资金的时间较短。

5）适用于独立方案的经济性评价。当存在多方案互斥方案比较时，不能直接利用内部收益率直接比较选优，需要考虑增量内部收益率分析（详见第 6 章）。

5.7 外部收益率及其评价方法

外部收益率（External Rate of Return，ERR）是经济性评价中的一种方法，用于分析项目的经济效益。外部收益率（ERR）是一种比内部收益率（IRR）更贴近实际的项目评价方法，它考虑了再投资收益率和外部融资成本，能够更加真实地反映项目的经济效益。ERR 假设项目产生的回收资金（即正现金流）以某一外部利率（通常为基准收益率 MARR）再投资，而负现金流按照融资成本进行折现。与 IRR 假设所有中间回收现金流再投资于项目本身不同，ERR 更注重实际的再投资环境，是对内部收益率不合理假定条件的修正，因此它特别适用于那些中期现金流不均衡或频繁再投资的项目。

外部收益率的计算步骤较为复杂，但主要可以概括为 3 个步骤：

1) 回收资金（正现金流）的终值计算（按照可接受的外部再投资收益率 ε，即 MARR）。
2) 项目支出（负现金流）的现值计算（按照可接受的外部再投资收益率 ε，即 MARR）。
3) 最终求出使正现金流终值与负现金流现值相等的折现率 i'，即外部收益率 ERR。

即

$$\sum_{k=0}^{n} E_k(P/F,\varepsilon,k)(F/P,i,n) = \sum_{k=0}^{n} R_k(F/P,\varepsilon,n-k) \quad (5.9)$$

式中，E_k 为第 k 年支出部分；R_k 为第 k 年收入部分；ε 为每期外部再投资收益率，一般为基准收益率 MARR；n 为项目研究期数。

分析上式发现，不会存在多解的情况，且可以直接用代数方法求解。所以 ERR 很好地解决了 IRR 计算烦琐及多解、无解的可能性。

ERR 的决策规则如下：

1) 当 ERR 大于或等于再投资利率（基准收益率 MARR）时，项目可行。
2) 当 ERR 小于再投资利率（基准收益率 MARR）时，项目不可行。

【例 5-7】

用外部收益率评价项目盈利性

继续分析前述例 5-1 中项目，由外部收益率的计算公式可得：

$$50\ 000 \times (F/P,i',5) = 17\ 500 \times (F/A,20\%,5) + 10\ 000 \times (F/P,i',5)$$
$$= (17\ 500 \times 7.441\ 6 + 10\ 000)/50\ 000$$
$$= 2.804\ 56$$
$$(1+i')^5 = 2.804\ 56$$
$$i' = 22.906\% > \text{MARR}$$

求得项目的外部收益率为 22.906%，大于基准收益率 MARR，所以能判断该项目值得投资。计算出的外部收益率 ERR 比之前计算得到的内部收益率 IRR(25.3%)小，更贴近实际。

5.8 回收期及其评价方法

投资回收期（Payback Period）又称返本期，是评估项目清偿能力的重要指标。它指的是从项目开始投资之日（或开始建设之日）起，项目通过产生的净收益来偿还原始投资所需的时间，一般以年为单位。投资回收期考察的是项目在财务上的投资回收能力，可以用来衡量项目的流动性，而非盈利性，因为流动性主要反映一项投资回收的速度，所以也可以一定程度上衡量项目的风险。通常情况下，投资回收期越短，项目的流动性越好，风险越小。投资回收期法使用回收期作为项目评价的标准，其原理是计算各年累计折算的净效益（R_k-E_k）和累计折算的投资 I_t 相等时所需的年限。

投资回收期可以分为两种：静态投资回收期（θ）（不考虑资金时间价值）；动态投资回收期（θ'）（考虑资金时间价值）。

1. 静态投资回收期

静态投资回收期（θ）是指在不考虑资金时间价值的情况下，以项目每年的净收入回收全部投资所需要的时间年限。具体计算公式如下：

$$\sum_{k=1}^{\theta}(R_k-E_k)-I\geqslant 0 \qquad (5.10)$$

式中，E_k 为第 k 年支出；R_k 为第 k 年收入；I 为总投资。

可见，静态回收期就是最小的 $\theta(\theta\leqslant n)$。

2. 动态投资回收期

动态投资回收期（θ'）概念与静态投资回收期基本相同，只是在计算时考虑了资金时间价值，需要将每个时间节点的净现金流经过等值转换累加成净现值，计算其能回收全部投资所需的时间年限。具体计算公式如下：

$$\sum_{k=1}^{\theta'}(R_k-E_k)(P/F,i,k)-I\geqslant 0 \qquad (5.11)$$

式中，I 为总投资现值；E_k，R_k 分别为第 k 年支出和收入。

> **问题思考** 项目的静态投资回收期与动态投资回收期比较，哪个时间更长？

需要注意，投资回收期一般自项目建设开始算，也可以自项目建成投产年开始算。

图 5-7 为某投资项目现金流示意图，项目前期为建设期，建成后投产，开始正常运行。该项目的动态投资回收期的计算示意见图 5-8，由图可见，动态投资回收期自建设开始，至两条曲线交点对应年限为止。

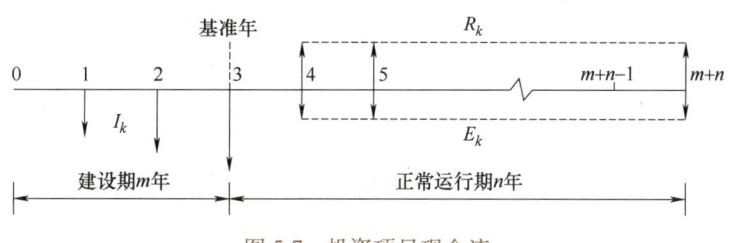

图 5-7 投资项目现金流

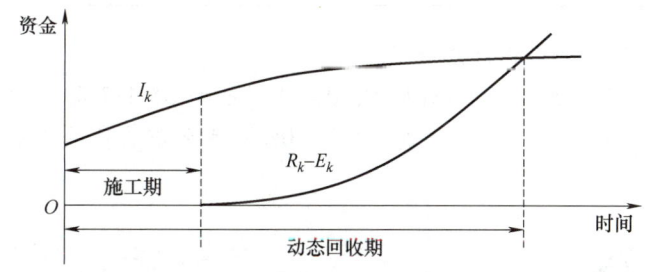

图 5-8 动态投资回收期

使用投资回收期法的主要优点如下：

1）**简单直观**。投资回收期是考察项目在财务上的投资回收能力的综合性指标，它的概念清楚明确，且计算过程简单，易于理解，适合非专业人员使用。它明确告知投资者在多长时间内能够收回全部投资，之后的净现金流量则是投资的盈利部分。

2）**降低风险**。投资回收期不仅在一定程度上反映项目的流动性，还能反映项目的风险大小，是项目初步评价时最常见的评价指标。由于未来净现金流量具有不确定性，投资回收期较短的投资面临的风险较小。相对而言，投资回收期较长的项目面临的风险较大。

3) **减少流动性影响**。长期投资可能会减少企业的流动资金，影响流动比率，导致流动性问题。如果资金能够较快回收，则能迅速补充营运资金，改善企业的流动比率。

4) **规避技术过时风险**。技术进步和市场变化可能导致投资时确定的技术、设备或产品迅速过时。投资回收期短的项目能够更快回收资金，从而降低因技术过时带来的不利影响。

尽管投资回收期法具有以上优点，它的缺点也比较明显：

第一，投资回收期指标最大的缺陷在于未考虑投资项目的寿命期，没有反映投资回收期以后的运行期产生的效益，无法全面反映项目的整体盈利性。因此，投资回收期法更适用于早期效益高的项目。

第二，单独使用投资回收期法可能导致忽视具有长期战略意义的投资项目，产生短视行为。因此，投资回收期法应作为辅助决策工具，与其他评价方法结合使用，而不是作为唯一的决策依据。

【例 5-8】

投资回收期应用

继续考虑例 5-1 中项目，按照式（5.10）和式（5.11）分别计算静态回收期和动态回收期，计算结果见表 5-4。

表 5-4 项目回收期计算

第 k 期期末	静态回收期 PW($i=0$)(元)	动态回收期 PW($i=$MARR$=20\%$)(元)
0	-50 000	-50 000
1	-32 500	-35 417
2	-15 000	-23 264
3	2 500	-13 137
4	20 000	-4 697
5	47 500	6 354.5
计算结果	$\theta=3$ 年	$\theta'=5$ 年

其中动态回收期列中的数据计算如下：

令 $k=1$，PW$=[-50\,000+17\,500\times(P/F,20\%,1)]$ 元 $=-35\,417$ 元

令 $k=2,3,4,\cdots,\theta'$，当第 5 年时，PW(20%) 由之前的负值开始变为正值，所以动态回收期 $\theta'=5$ 年。

5.9 投资收益率

投资收益率是一种衡量投资回报的指标，表示投资的盈利能力或效率。它通过比较投资获得的收益与投资成本之间的关系来评估某项投资是否值得进行。投资收益率是一个常用的财务指标，适用于各类投资项目、公司财务分析和资本投资决策。

投资收益率的计算公式如下：

$$投资收益率=(投资收益/投资总额)\times 100\% \quad (5.12)$$

式中，投资收益是指投资项目产生的净收益，通常通过总收益减去总成本来计算；投资总额

是指最初的投资金额。

【例 5-9】

计算投资收益率

假设你投资了一项设备，总投资额为 10 万元，在 1 年内该设备的收入为 15 万元，运营成本为 3 万元。我们来计算这项投资的投资收益率。

解：

投资收益＝收入−成本＝15−10（投资总额）−3（运营成本）万元＝2 万元

投资总额＝10 万元

使用投资收益率的计算公式计算：

$$投资收益率 = (投资收益/投资总额) \times 100\% = 20\%$$

即该项目的投资收益率为 20%，投资者从这项投资中获得了 20% 的回报。

小结

1）本章介绍了 5 种基本方法用于评估单个项目的财务盈利性，包括现值法、年度等值法、将来值法、内部收益率法和外部收益率法。

2）总结了现值法、年度等值法、将来值法在项目经济评价中的决策规则：按 MARR 计算，如果 PV、AW、FV 大于零，那么该项目可行，否则相反。

3）总结了内部收益率法和外部收益率法在项目经济评价中的决策规则：计算未知利率 i'，如果 i' 大于 MARR，那么该项目可行，否则相反。

4）净现值/年值/将来值都是以绝对值作为评价方案的依据，内部收益率/外部收益率则是以相对值作为评价方案的依据。只有在净现值大于等于零的情况下，才能使得内部/外部收益率大于等于最低希望收益率。同一项目用五种盈利性评价方法中的任何一种来评价时，得出的结论是一致的。

5）介绍了用于衡量项目流动性的辅助方法，如静态回收期法和动态回收期法，前者不考虑资金时间价值，后者考虑资金的时间价值。

6）采用现值法与投资回收期法，评价或决策结果可能一致，也可能相反。因为回收期法不考虑回收期以后产生的效益，所以仅应作为辅助决策工具，不能单独用于评价决策项目经济性。

测试及问题

一、判断题

1. 现值法（PW）适用于考虑项目时间价值的经济性评价方法。   （   ）
2. 投资回收期越短，项目的经济性越好，因此投资回收期法总是最优选择。   （   ）
3. 内部收益率（IRR）无法反映项目的资金时间价值。   （   ）
4. 现值法的结果大于 0 时，说明项目能够带来正的经济效益。   （   ）
5. 在同一个项目中，现值法和内部收益率法总能得出相同的结论。   （   ）

6. 当现值等于零时，项目的内部收益率等于折现率。　　　　　　　　（　　）
7. 内部收益率高于折现率时，项目才是可行的。　　　　　　　　　　（　　）
8. 增量分析适用于多个项目的比较，并可以帮助选择最优项目。　　　（　　）
9. 基准收益率越高，项目被接受的可能性也越高。　　　　　　　　　（　　）

二、简答题

1. 简述现值法的基本原理和优缺点。
2. 什么是内部收益率（IRR），其经济学意义是什么？
3. 在什么情况下，投资回收期法可能产生误导性的结论？
4. 年值法与现值法相比，有什么特点？

三、计算题

1. 某项目初始投资为 50 000 元，未来五年预计每年产生 10 000 元的净现金流，折现率为 10%。请计算该项目的现值、将来值和年值，判断项目的经济可行性。（第 5.3~5.5 节）

2. 某项目初始投资为 60 000 元，未来三年的现金流分别为 25 000 元、25 000 元和 30 000 元。请估算该项目的内部收益率（IRR）。（第 5.6 节）

3. 某公司员工提议用一个新机器来提高手工操作的效率，该机器的投资成本是 25 000 美元，该产品的预期寿命期 5 年，残值为 5 000 美元，而采用新设备带来的产量增加所增加的每年净收益为 8 000 美元。假设 ε = MARR = 20%，求解该项目的外部收益率并判断项目方案是否可行。（第 5.7 节）

4. 某项目的初始投资为 40 000 元，第一年、第二年和第三年的现金流分别为 15 000 元、13 000 元和 12 000 元。请计算该项目的投资回收期。（第 5.8 节）

5. 现有一个投资项目，总投资数额是 640 000 元。预测未来 8 年的投资期内，每年费用是 42 000 元，每年年末收入是 180 000 元。但是从第 4 年年末开始费用以每年 4 000 元的数额减少直到第 8 年。假设第 8 年的市场残值是 20 000 元，每年基准收益率为 12%，请用现值法分析该投资项目的盈利性。（第 5.3 节）

6. 当每年基准收益率是 12% 时，用费用现值方法来评价机器 XYZ。相关数据如表 5-5 所示。（第 5.3 节）

表 5-5　费用现值方法评价机器 XYZ 相关数据

项目	数据
投资成本（元）	13 000
有效使用寿命/年	15
市场残值（元）	3 000
年运行费用（元）	100
检修费用——第 5 年年末（元）	200
检修费用——第 10 年年末（元）	550

7. 你面临一项为期 6 年的投资项目，初始投资额为 8 000 元。第一年年末开始进账 1 800 元，以后每年可以增加 100 元。所需费用每年大概 500 元，6 年后项目转让可得 12 000 元。MARR 为每年 15%。请评价该投资方案的盈利性并画出现金流量图。（第 5.3 节）

8. 某公司打算投资新建仓库，初始投资（涵盖仓库和设备投入）合计要花费 1 250 000

元，估计每年收入是 750 000 元，研究期 10 年。研究期期末仓库转让可得 750 000 元，设备能卖 50 000 元。每年用于人工、材料和所有其他项目的费用总数估计为 475 000 元。如果公司在相应的风险情况下要求每年的基准收益率为 15%，请判断是否应该投资建设新仓库？（第 5.3 节）

9. 某回收公司考虑是否投资购买一种新型的自动垃圾收集卡车。购买新卡车要花费 125 000 元，使用寿命是 10 年，第 10 年年末这种车的市场价值是 40 000 元。维修费用预计为 1 000 元的均匀梯度系列。当 MARR 每年是 8% 时，用年度等值方法来评价这个投资计划。（第 5.5 节）

10. 某电商库房因外墙热量流失而造成的损失明年大概为 4 000 元。店主想找装修商铺装一种绝缘材料，能够降低热量流失的 80%，安装需要花费 17 000 元。这个库房租期为 10 年。如果从后年开始热量损失成本每年增加 300 元，那么内部收益率是多少？（第 5.6 节）

校园创业项目经济可行性

相关情况见表 5-6。

表 5-6　PBL 情境问题类型基本信息

PBL 情境对象	领域	复杂度	参考知识	项目要求
校园创业项目经济可行性	生活	三级	盈利性评价方法；流动性评价方法	团队

情境项目（3~4 人一组）：

校园生活中蕴含许多创业项目机会，你可以考虑开设一家小型的打印店、花店、礼品店、二手店、洗鞋店等，为学生提供便捷的学习生活服务。这些生意虽然看似简单，实则蕴含着巨大的商机。但是若没有进行细致的数据调研、经济可行性分析就贸然进场，必将面临巨大的风险。

请从以下若干校园创业项目中选择一个作为投资备选项目（或者自行创意）：

1) **云打印**：基于互联网云技术，手机、平板电脑等多个终端下单，实现远程打印。
2) **校园文化创意产品**：设计/生产/销售具有学校特色的文化创意产品。
3) **洗鞋店**：承接学生们各类鞋品的清洗、养护、维修的需求。

请细致地开展如下市场调研及经济性分析工作：

1) **客户市场行情分析**：包括校园服务的需求分析；服务差异化需求分析；竞争对手的服务内容和顾客评价；选址-用户需求分析。
2) **技术创新需求分析**：技术需求；场地需求；设备需要；品牌加盟需求。
3) **创业项目建设期的投资成本**：范围涵盖了从筹备到开业的所有费用，包括场地租赁、装修、设备购置、人工、水电、管理、营销及宣传等各个方面。
4) **创业项目经营期的运营成本估算**：大致包括店面租金、设备购置、物料采购、人员工资及日常运营费用等几个方面的成本费用。

5）**经营收入估算**：服务-定价如何分类规划？如何增加服务附加值？销售策略如何规划以吸引顾客和提高复购率？如何设置会员制度和优惠券？如何进行基本服务与增值服务的收入预估？

6）**经济性评价决策**：选择适合的经济性评价指标及方法，对该创业项目的盈利性、流动性、风险考虑等进行评价。

请基于上述完整项目过程分析及决策结果，撰写校园创业项目可行性报告。

> **思政导引**　校园创业项目中不仅要关注创新精神和创业能力，还应强调职业道德素养的重要性。高尚的思想道德品质和正确的价值观是创新创业成功的关键组成部分。

双语术语

- Minimum Acceptable Rate of Return（MARR）　　基准收益率
- Net Present Value（NPV）　　净现值
- Present Cost（PC）　　费用现值
- Future Worth（FW）　　将来值
- Annual Worth（AW）　　年值
- Capitalized Worth（CW）　　资本化值
- Internal Rate of Return（IRR）　　内部收益率
- External Rate of Return（ERR）　　外部收益率
- Simple Payback Period　　静态投资回收期
- Discounted Payback Period　　动态投资回收期
- Return of Investment（ROI）　　投资收益率

拓展阅读文献

[1] 田思源，项华伟，周清平，等. 抽水蓄能和电化学储能电站的经济效益研究［J］. 建筑经济，2024，45（S1）：577-580.

[2] 马闯，张春伟，刘海波，等. 某风电清洁供暖项目投资分析［J］. 电站系统工程，2022，38（04）：65-68.

[3] 刘畅，徐玉杰，胡珊，等. 压缩空气储能电站技术经济性分析［J］. 储能科学与技术，2015，4（02）：158-168.

[4] 陈佳明，陈晓宇，范江鹏，等. 移动储能车应用场景及经济效益分析［J］. 现代工业经济和信息化，2023，13（06）：142-145.

[5] 张倩茵. 基于资源占用回报率视角下房地产企业绩效评价［J］. 中国管理信息化，2023，26（07）：41-44.

习题答案

实 践 篇

善理财者,不加赋而国用足。——(宋)王安石
管理就是决策。——[美]赫伯特·西蒙

第6章 项目经济性决策
第7章 税后经济性决策
第8章 资产更新决策
第9章 生产中静态经济性决策
第10章 不确定性的决策
第11章 生产工程中的项目管理实践

第 6 章　项目经济性决策

 本章目标

知识目标	能力目标
◇ 了解项目备选方案的类别。 ◇ 掌握独立方案的经济性决策方法。 ◇ 掌握互斥方案比较的基础。 ◇ 掌握寿命期相同的互斥方案经济性比较方法（等值法和内部收益率法）。 ◇ 掌握寿命期不同时在可重复假设和共同截止期假设下的互斥方案经济性比较方法。	◇ 能够根据具体情境问题，识别备选方案的类型，提炼选择适合的经济性评价方法。 ◇ 能够运用独立方案的比较方法进行决策。 ◇ 能够运用互斥方案的比较方法进行决策。

本章问题-方法-知识图谱

本章问题-方法-知识图谱见图 6-1。

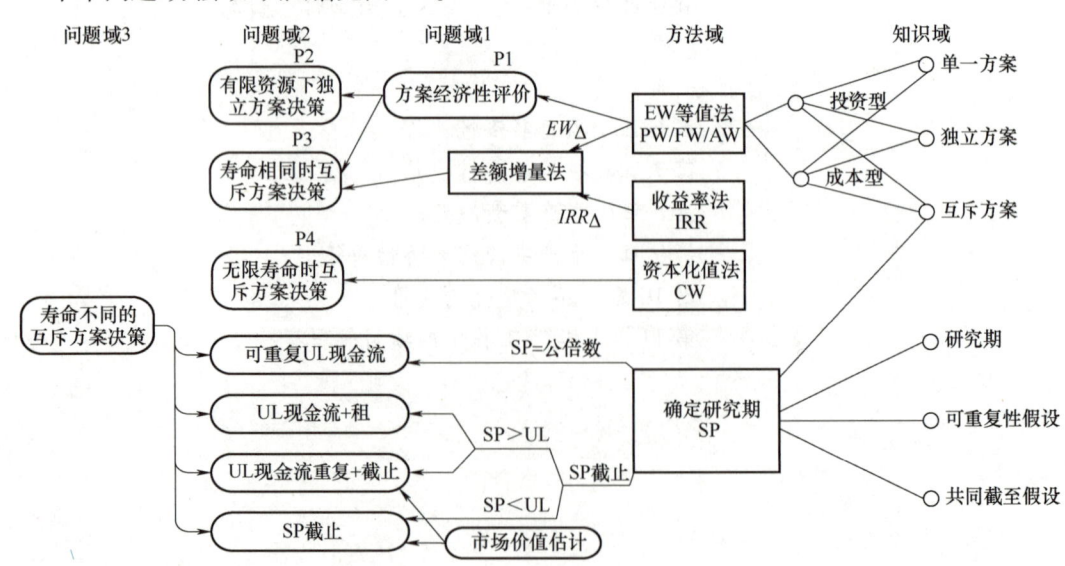

图 6-1　本章问题-方法-知识图谱

第6章 项目经济性决策

案例导入

物料搬运设备选购项目方案的经济性评价决策

作为设备科主管,你参与一项物料搬运设备的方案选择项目,包括移动机器人设备的选型,该移动机器人将用于成品仓库物料的拣选和搬运服务作业。公司目前使用的经济决策标准为每年10%的基准收益率。现在备选的两个移动机器人设备方案的基本信息如表6-1所示。

表6-1 移动机器人设备方案的基本信息

项目	方案 A	方案 B
资本投资(元)	272 000	346 000
年支出(元)	28 800	19 300
有用寿命/年	6	9
市场残值(寿命期末)(元)	25 000	40 000

问题思考 备选移动机器人应用于物料拣选和搬运作业,即服务于非增值生产作业(隶属于成本型),不同方案需要不同的投资金额,具有不同的运作维护支出,你会如何决策?两个备选方案有不同的使用寿命,对决策分析会带来什么影响?需要考虑哪些因素或假设?

拓展思考 若面临的是技术改造项目的决策选择,不同的项目需要不同的投资金额,会给企业带来不同的生产效益或收入,也会产生不同的支出成本,你会如何决策?在决策分析中,会考虑哪些因素?

思政导引 从经济性指标来说,备选方案的经济性决策是指选择盈利性更高的方案,是否意味着只要项目实施无法达成期望收益率,就必须放弃该方案呢?

请带着这些问题思考,在本章学习中找寻答案。这需要研究不同情境下多个备选方案的评价及比较。

6.1 项目、方案的分类

从工程项目的性质出发,可分为投资型项目和成本型项目。投资型项目的目标在于获取满意的经济回报(利润),而成本型项目则追求以尽可能低的成本投入达成目的。从前述章节中我们已经了解，二者的现金流会存在不同的特征，对两类项目的经济性评价标准及适用的经济性评价方法都会有所差异。

> **问题思考** 投资型项目与成本型项目的现金流有什么差异？其经济性评价方法的适用性有什么不同？

无论是投资型项目，还是成本型项目，工程项目经济性决策的核心在于对项目的方案进行经济性评价，通常有两种情况：其一是单一项目方案评价，即项目仅有一个方案需要评价；其二是多方案评价，即项目存在几种备选方案，多个备选方案间存在不同的关系。汇总两种情况下的方案特征，可以分成4种类型：单一方案、互斥方案、独立方案、混合方案。

1）单一方案：仅有一个备选方案，其决策（接受或放弃）取决于方案自身的经济性指标。

2）互斥方案：所有备选方案中仅能选择一个，其余方案均必须放弃，即备选方案间是互相排斥的关系。

3）独立方案：各个方案间是独立的，可以兼容，选择某一方案，不会影响其他方案的选择，即原则上只要条件允许，可以任意选择备选方案中的一个。单一方案可以视为是独立方案的特例。

4）混合方案：备选方案群内的方案既有独立关系，又有互斥关系。

一般而言，工程技术人员遇到的决策问题多为单一方案或互斥方案的决策，中高层管理者则会面临独立方案或混合方案的决策问题，需要同时兼顾资源限制下的组合决策。无论哪类方案类型，对其经济性的决策都是期望能充分高效地利用有限的资金配置，获取最佳的经济效益。本章后续小节将针对不同情境条件下、不同项目类型、方案类型的经济性决策问题分别进行讨论。

6.2 单一方案的经济性决策（P1）

单一方案的经济性决策仅取决于方案自身的盈利性，即通过第五章的盈利性评价方法，如等值法（现值法、年值法、将来值法）或收益率法（内部收益率和外部收益率）对方案的盈利性指标进行评价，然后根据各指标的判别准则进行决策。该情境问题只针对投资型方案，决策的结果为接受（值得投资）或者拒绝（无法达成期望收益）。

> **问题思考** 对成本型方案的经济性决策有意义吗？原因是什么？

【例6-1】

投资型方案的决策

某公司准备投资一个技术改造项目，期初投资为10 000元，今后5年里每年将产生5 311元的收益，且在第5年年末投资设备的市场价值为2 000元。项目正常实施后，每年的支出费用为3 000元。公司期望的最低收益率为10%。试着用不同的方法决策。

解：

该投资方案的现金流图见图6-2。

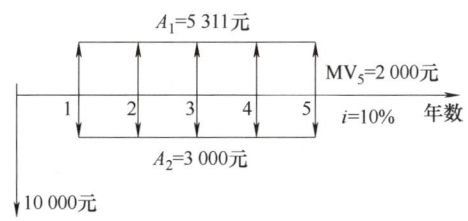

图 6-2　投资方案的现金流图

分别采用等值法和收益率法进行经济性决策：

1. 等值法

（1）现值法（PW）。

$PW(10\%)=[-10\ 000+2\ 000\times(P/F,i,5)+(5\ 311-3\ 000)\times(P/A,i,5)]$ 元 $=2.33$ 元

（2）将来值法（FW）。

$FW(10\%)=[-10\ 000\times(F/P,i,5)+2\ 000+(5\ 311-3\ 000)\times(F/A,i,5)]$ 元 $=3.8$ 元

（3）年值法（AW）。

$AW(10\%)=[-10\ 000\times(A/P,i,5)+2\ 000\times(A/F,i,5)+(5\ 311-3\ 000)]$ 元 $=0.6$ 元

由于计算出的 PW、FW 和 AW 均大于 0，所以该技术改造项目值得投资。

2. 收益率法

（1）内部收益率法（IRR）。利用 Excel 求解：该投资方案的现金流电子表格及 IRR 函数表达见图 6-3，计算得到 IRR = 10.008 4%。

A10　=IRR(B2:B7,D2)

	A	B	C	D	E
1	年份	净现金流量			
2	0	-10000		10%	
3	1	2311			
4	2	2311			
5	3	2311			
6	4	2311			
7	5	4311			
8					
9	内部收益率				
10	10.0084%				

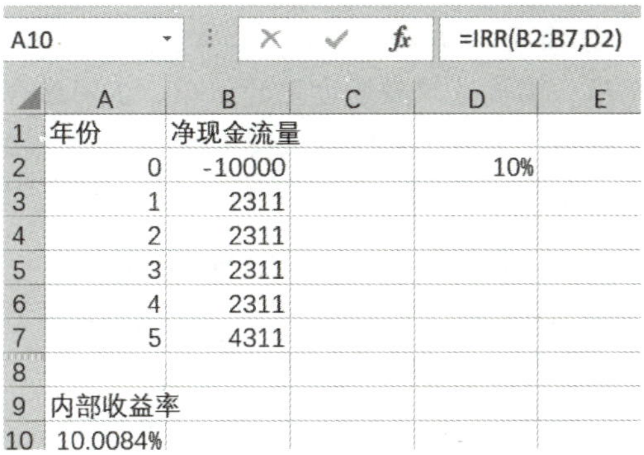

图 6-3　投资方案的现金流电子表格及 IRR 函数表达

（2）外部收益率法（ERR）。根据外部收益率计算表达公式（式 5-9）可得：

$$10\ 000\times(F/P,\varepsilon,5)=[2\ 000+(5\ 311-3\ 000)]\times(F/A,10\%,5)$$

求解得出，$\varepsilon=10.005\%$。

根据上述收益率法求得的该方案的内部收益率和外部收益率均大于公司的基准收益率 MARR，所以，该技术改造项目值得投资。

在辅助决策某单一方案是否值得投资时，选择采用等值法还是收益率法取决于想要关注投资方案的哪一个经济性指标，但无论采用哪个方法，对某一投资方案的经济性决策会得出同样的决策结果。

6.3 独立方案的经济性决策（P2）

与单一方案经济性决策类似，独立方案的决策也取决于方案自身的经济性，不影响其他方案的选择。所以原则上，在没有资金限制的情况下，对于投资型独立方案，只要方案自身具有盈利性，则可选择接受该方案，即与前一小节中单一方案的决策思路和方法一致。但实际生产中，基本都是资金有限的情形，所以就要在不超出资金限制的条件下，在若干经济性可行的独立方案中选择最佳的方案组合。

【例 6-2】

资金有限时独立方案的经济性决策

现有 4 个独立方案，各方案具体的初始投资、年末净现金流及计算的收益率和现值数据信息见表 6-2。企业基准收益率 MARR＝10%。假设企业的投资资金额度为 2 300 万元。

表 6-2　4 个独立方案的基本信息

方案	初始投资（万元）	年末净现金流（万元）			IRR(%)	PW(10%)（万元）
		第 1 年	第 2 年	第 3 年		
1	300	130	130	130	14.4	23.29
2	500	210	210	210	12.5	22.24
3	600	250	250	250	12.0	21.71
4	1 500	628	628	628	12.3	61.74

单独看每个方案的 IRR 均大于 MARR，意味着每个方案都是可行的备选方案。原则上，若无资金限制，每个独立方案均可以接受。

由于可投资资金额度所限，需要选择投资方案的组合。不同组合可能会带来不同的收益。

1) 按照初始投资金额排序：方案 1、2、4 将被选择投资（恰好等于 2 300 万元）。

2) 按照 IRR 排序（见表 6-3）：方案 1、2、4 将被选择投资。

表 6-3　按 IRR 排序的独立方案

方案	IRR(%)	初始投资（万元）	累计投资（万元）
1	14.4	300	300
2	12.5	500	800
4	12.3	1 500	2 300
3	12.0	600	2 900

3) 按照 PW 排序（见表 6-4）：方案 1、2、4 将被选择投资。这里与前面利用 IRR 排序进行选择结果一致（仅是巧合，多数情况下会得到不同的结果）。

表 6-4　按 PW 排序的独立方案

方案	PW(10%)（万元）	初始投资（万元）	累计投资（万元）
4	61.74	1 500	1 500
1	23.29	300	1 800
2	22.24	500	2 300
3	21.74	600	2 900

4）考虑收益投资比排序（见表6-5）：收益投资比=PW(MARR)/初始投资。

这里与前面利用 IRR、PW 排序进行选择结果一致（仅是巧合，多数情况下会得到不同的结果）。

表 6-5　按收益投资比排序的独立方案

方案	PW(10%)（万元）	初始投资（万元）	累计投资（万元）
1	23.29	300	300
2	22.24	500	800
4	61.74	1 500	2 300
3	21.74	600	2 900

本例子中，采用不同的排序策略，得到的方案组合结果都恰好一致，这仅仅是个巧合。多数情况会得到不一致的组合。

按照最后选择的组合方案，可以计算出最终选择的组合方案的现值：

$$PW_1+PW_2+PW_4=(23.29+22.24+61.74)\text{万元}=107.27\text{万元}$$

6.4　互斥方案比较的基础和决策问题

大多数工程项目可以有一个以上的可行方案，采纳其中一个方案，就摈弃了其他方案，即这些方案为互斥方案。本节将讨论这类互斥方案的决策。

6.4.1　互斥方案比较的基础

第一章工程经济分析中的七大原则强调工程经济分析过程要关注差异，实际工程项目中的互斥方案的差异体现在许多方面：

1）运作效率的差异：包括生产率、产能、速度、可靠性、稳定性、准备调试时间等。
2）质量因素的差异：废品率、合格品率。
3）投入资金：投资金额、初始安装调试资金等。
4）运作支出的差异：运作实施过程中的年度费用支出，包括能耗、耗材、维护保养、保险等。
5）其他因素：诸如设备使用寿命、可能涉及的租金、折旧费和税。

上述这些差异在备选互斥方案的现金流描述中都能体现出来，比如运作效率的差异往往导致年收入产生差异，质量因素的差异会影响合格品率，带来收入差异，或者会因废品率高，造成返工或浪费，导致成本支出增加，这些都会在现金流中表现出来。应基于现金流，进一步进行备选方案的比较。

互斥备选方案的比较必须保证可比的基础，即在**共同的时间期限内**对不同备选方案的经济性指标进行评价比较。经济性指标依据方案的类型不同，评价准则不同：针对投资型方案，最大化总盈利；针对成本型方案，最小化总成本。

6.4.2　研究期的确定思路

因为共同的时间期限是互斥方案可以比较的基础，所以互斥方案在比较时，应该保证具有相同的研究期。首先明确两个时间概念：

1. 研究期

研究期（Study Period，SP）的定义为对方案经济性分析的时间范围（期限）。研究期的确定一般与项目服务期限、有用寿命期限及情境问题假设有关。

2. 有用寿命

有用寿命（Useful Life，UL）通常是指项目中核心设备能够保持生产运作状态的期限。

虽然研究期和有用寿命都是与时间期限有关的概念，但两者出发点不同：有用寿命是从方案自身出发，仅考虑内部设备使用寿命的时间期限；而研究期则是综合内部的有用寿命及外部其他互斥方案的有用寿命及项目需求的服务期限，甚至决策相关政策等考虑而确定的。

研究期的确定一般有两种情形：

情形1：互斥方案的有用寿命相同，则研究期就等同于有用寿命，SP = UL。

情形2：互斥方案的有用寿命不等，为了保证互斥方案有可比的基础，则需进一步明确一个共同的研究期期限，此时至少有一个方案的 SP ≠ UL。

在确定共同的研究期时，根据实际情境，采用两个假设：

假设1：可重复性假设（Repeatability Assumption），此时研究期（SP）等于备选互斥方案的有用寿命的最小公倍数，或者等于无限长，即 SP = 最小公倍数 $\{UL_k\} | \infty$。

该假设适用的前提条件是备选方案的初始有用寿命内的现金流可重复复制到后续循环有用寿命中（见图6-4）。

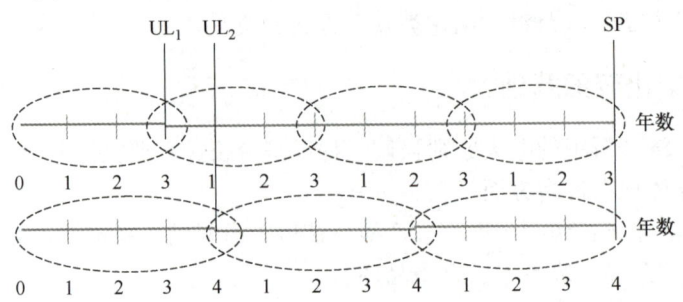

图6-4 可重复性假设下互斥方案研究期的确定

假设2：共同截止假设（Co-terminated Assumption），此时研究期（SP）设定为某一共同的时间期限，常见为研究期等于其中某个备选方案的有用寿命，即 $SP = UL_k$。

在该假设前提下，有用寿命等于研究期的备选方案的现金流无须调整，其他方案（有用寿命不同于研究期，即 $UL_j \neq SP$，$j \neq k$）在其初始有用寿命内的现金流需要进行调整，或者延长（即 SP>UL，见图6-5a），或者截短（SP<UL，见图6-5b）。

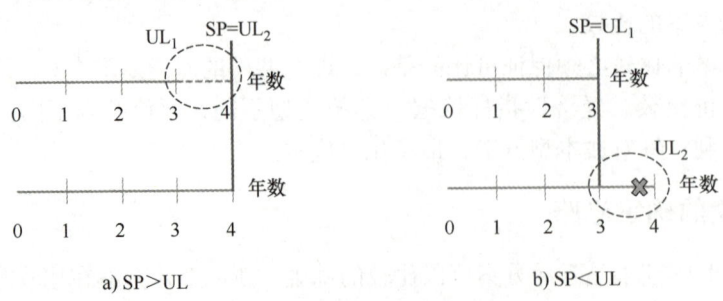

a) SP>UL b) SP<UL

图6-5 共同截止假设下互斥方案研究期的确定

6.4.3 互斥方案决策问题汇总

前面小节已经介绍了互斥方案比较的基础（时间上可比性）和可用的假设，根据实际问题中可能出现的互斥方案情况（如有用寿命和研究期的关系），表6-6进行了相应的汇总。

表6-6 互斥方案决策问题汇总

有用寿命 UL	研究期 SP	假设类型	问题类型
相同	研究期 SP = 有用寿命 UL	无	P3
不同	研究期为互斥方案有用寿命的最小公倍数	可重复性假设	P4.1
不同	研究期为无穷大	可重复性假设	P4.2
不同	研究期<有用寿命 研究期>有用寿命	共同截止假设	P4.3

后续小节中将讨论表中不同的互斥方案决策问题的解决思路。

6.5 有用寿命相同时的互斥方案决策（P3）

当互斥方案的有用寿命相同时，研究期就等于有用寿命，每个互斥方案的现金流无须做任何改变调整。本节将讨论如何解决该类互斥方案的决策问题。

6.5.1 等值法应用

第5章中介绍过利用等值法（现值法 PW、终值法 FW、年值法 AW）评价盈利性指标，前面第6.2节中讨论过等值法在单一方案经济性决策中的应用，同样，在有用寿命相同时的互斥方案经济性决策中也适用。

根据各互斥方案的现金流，以 MARR 为利率，计算研究期内所有现金流入及流出的等值；对投资型方案，选择有最大等值的方案；对于成本型互斥方案，选择有最小等值负值的方案。

【例6-3】某企业有4个技术改造项目方案可供选择，其相关数据如表6-7所示，基准收益率 MARR 为10%，4个技术改造项目的有用寿命周期均为10年。如何选择最优的技术改造项目？

表6-7 4个技术改造项目方案的基本数据 （单位：元）

项目	方案 A	方案 B	方案 C	方案 D
初始投资	170 000	260 000	300 000	330 000
年度收入	114 000	120 000	130 000	147 000
年度支出	70 000	71 000	64 000	79 000

思路一：等值排序

分别计算每个方案的 EW（MARR），排序选择 EW 最大的方案，见表6-8。

表6-8　4个互斥方案的PW、FW和AW　　　　　　　　　　　（单位：元）

方案	PW	FW	AW
A	100 361	260 310	16 334
B	41 084	106 561	6 686
C	105 541	273 746	17 177
D	87 831	227 811	14 295

解：

以方案A的EW计算为例：

$$PW_A(10\%) = [-170\,000 + (114\,000 - 70\,000) \times (P/A, 10\%, 10)] \text{元} = 100\,361 \text{元}$$

$$FW_A(10\%) = [-170\,000 \times (F/P, 10\%, 10) + (114\,000 - 70\,000) \times (F/A, 10\%, 10)] \text{元} = 260\,310 \text{元}$$

$$AW_A(10\%) = [-170\,000 \times (A/P, 10\%, 10) + (114\,000 - 70\,000)] \text{元} = 16\,334 \text{元}$$

比较4个方案的EW值大小，可以确定方案C具有最大的EW值，即最优的技改方案。

思路二：差额等值

在运用等值法进行互斥方案经济性决策时，也可以从差异层面出发，利用不同方案的差额现金流量来直接获得比较结果。

通常，按照表6-7互斥方案基本数据中投资金额递增排序，将相邻互斥方案进行差额现金流计算，例如：A→B，其净收入差额为[(120 000−71 000)−(114 000−70 000)]元=5 000元。形成互斥方案间的差额现金流，见表6-9。

表6-9　互斥方案间差额现金流　　　　　　　　　　　　　（单位：元）

项目	A→B	A→C	C→D
投资差额	−90 000	−130 000	−30 000
净收入差额	5 000	22 000	2 000

根据表6-9中A→B的差额现金流，计算$PW_{A \to B}$：

$$PW_{A \to B}(10\%) = [-90\,000 + 5\,000 \times (P/A, 10\%, 10)] \text{元} = -59\,277 \text{元} < 0$$

说明，B−A方案不值得投资，即放弃B。以此类推，继续依据表6-8中A→C的差额现金流，计算$PW_{A \to C}$：

$$PW_{A \to C}(10\%) = [-130\,000 + 22\,000 \times (P/A, 10\%, 10)] \text{元} = 5\,181.2 \text{元} > 0$$

则C−A方案值得投资，即方案C优于方案A，成为当前最佳方案。

继续依据表6-9中C→D的差额现金流，计算$PW_{C \to D}$：

$$PW_{C \to D}(10\%) = [-30\,000 + 2\,000 \times (P/A, 10\%, 10)] \text{元} = -17\,710.8 \text{元} < 0$$

说明，D−C方案不值得投资，即放弃D，最终确定4个互斥方案中，方案C为最优选择。

6.5.2　收益率法的应用

> **问题思考**　互斥方案中EW（MARR）最大的方案就是最优方案，那么内部收益率最大的是否就是最优方案？

【例6-4】 收益率法也可以用于进行互斥方案的决策分析。

上述例子中的4个技改项目，分别计算其内部收益率IRR，见表6-10。

表 6-10　互斥方案的内部收益率 IRR 及差额收益率 IRR$_\Delta$

方案	初始投资（元）	年度净收入（元）	内部收益率 IRR(%)	差额收益率 IRR$_\Delta$(%)
A	170 000	44 000	22.5	IRR$_{B-A}$<0
B	260 000	49 000	13.5	
C	300 000	66 000	17.7	IRR$_{C-A}$ = 10.9%
D	330 000	68 000	15.9	IRR$_{D-C}$<0

从表中结果可见，按照内部收益率排序大小，IRR$_A$>IRR$_C$>IRR$_D$>IRR$_B$。若按照方案的内部收益率最大进行选择，会选择具有最大的 IRR 的方案 A。但是从前面第 6.5.1 小节的等值法（无论是等值排序，还是差额等值）结果知道，在基准率 MARR 下方案 C 的等值 EW 最大，即最优决策。很明显，这里存在不一致的决策结果。

互斥方案的内部收益率大小不能作为互斥方案经济性决策的标准，即内部收益率大的方案不一定是最优方案。必须运用**差额增量内部收益率法**，即针对两个方案间的差额现金流计算其增量内部收益率，判断增量投资的收益是否高于基准收益率 MARR。

与差额等值法类似，差额增量内部收益率法需要按照差额现金流分别计算每笔额外增量的投资的内部收益率，将之与基准收益率 MARR 比较，以检验增量投资的盈利性。差额增量内部收益率法的具体步骤如下（见图 6-6）：

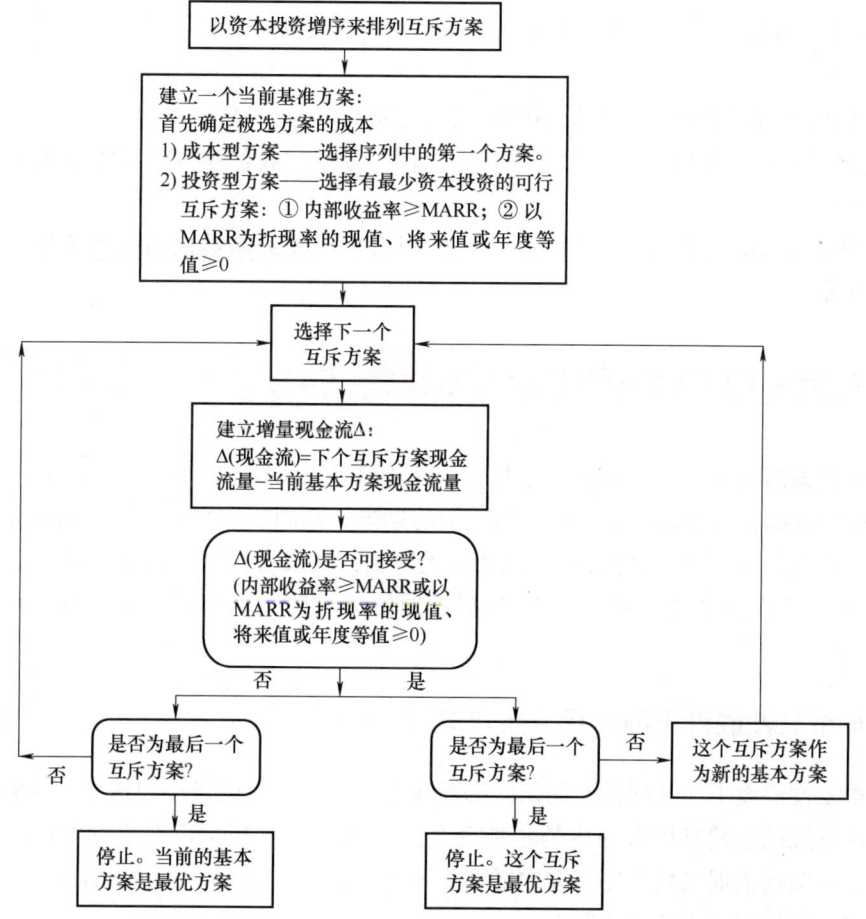

图 6-6　差额增量内部收益率法的步骤

1）根据投资金额递增排序所有互斥方案。

2）首先确定基准方案。

① 投资型方案：计算第一个最小投资方案的 IRR，根据 IRR>MARR 判断其盈利性，确定为基准方案；否则，跳过该方案，继续验证下一个递增投资的方案的盈利性，直至获得一个盈利方案确定为基准方案；若所有互斥方案均无盈利性，则选择不投资。

② 成本型方案：第一个最小投资的方案即基准方案。

3）反复评价每两个方案间的差额（即下一个递增投资方案与当前基准方案的增量现金流）Δ，根据 $IRR_\Delta \geq MARR$ 验证下一个递增投资方案的盈利性，以替换成当前基准方案。否则，维持当前基准方案不变。重复该过程，直至验证完所有方案。

【例 6-5】 以上述例 6-3 为例，采用增量收益率计算过程如下：

根据表 6-10 中 A→B 的差额现金流，计算 $IRR_{A \to B}$：

依据 $PW_{A \to B}(i) = [-90\,000 + 5\,000 \times (P/A, i, 10)]$ 元 $= 0$，求得 $IRR_{B-A} < 0$，说明 B-A 方案不值得投资，即放弃 B。

以此类推，继续依据表 6-9 中 A→C 的差额现金流，计算 $IRR_{C-A} = 10.9\% > MARR$，则 C-A 方案值得投资，即方案 C 优于方案 A，成为当前最佳方案。

继续，依据表 6-10 中 C→D 的差额现金流，计算 $IRR_{D-C} < 0$，说明，D-C 方案不值得投资，即放弃 D。最终确定 4 个互斥方案中，方案 C 为最优选择。

总结一下：

1）等值法在互斥方案决策分析中的应用较为简便。

2）不要将互斥方案间的内部收益率互相比较，方案的收益率只能与基准收益率 MARR 比较才有意义。

3）应用收益率法进行互斥方案决策分析时只有运用**差额增量内部收益率法**，才能确保得到最优决策。

6.6 有用寿命不同时的互斥方案决策（P4）

当互斥方案的有用寿命不同时，根据前面第 6.4.1、6.4.2 小节中介绍，为了保证互斥方案有可比的基础，需明确一个共同的研究期的期限，共同研究期可以是不同互斥方案有用寿命的最小公倍数（可重复性假设），或者是无限长，又或者是某一给定的时间期限（需要服务年限/某一互斥方案的有用寿命）。根据不同的共同研究期情形，决策问题可以细分为下述几个类型。

6.6.1 可重复性假设下的互斥方案决策（P4.1）

在可重复性假设下，共同的时间期限为互斥方案有用寿命的最小公倍数，该假设应用的前提是互斥方案的初始有用寿命内的各项现金流入流出预测都可以在后续的循环周期中重复。将每个方案都依据初始有用寿命内的现金流重复拓展到最小公倍数的研究期，就转变成有用寿命相同时的互斥方案决策问题。

【例 6-6】

本章的案例导入问题的基本信息见表 6-1

搬运机器人的选型方案中两个设备方案 A 和 B 的初始现金流图见图 6-7。

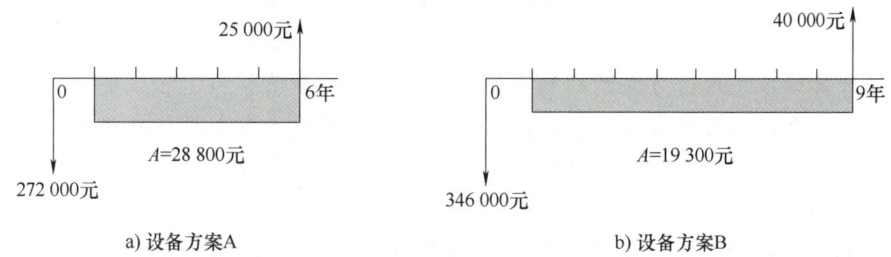

图 6-7 设备方案 A 和 B 的初始现金流图

由于两个搬运机器人寿命分别为 6 年和 9 年,在可重复性假设前提下,比较决策的研究期为其最小公倍数,即 18 年。依据可重复性假设,分别将两个备选方案的初始现金流拓展到 18 年研究期,见图 6-8。

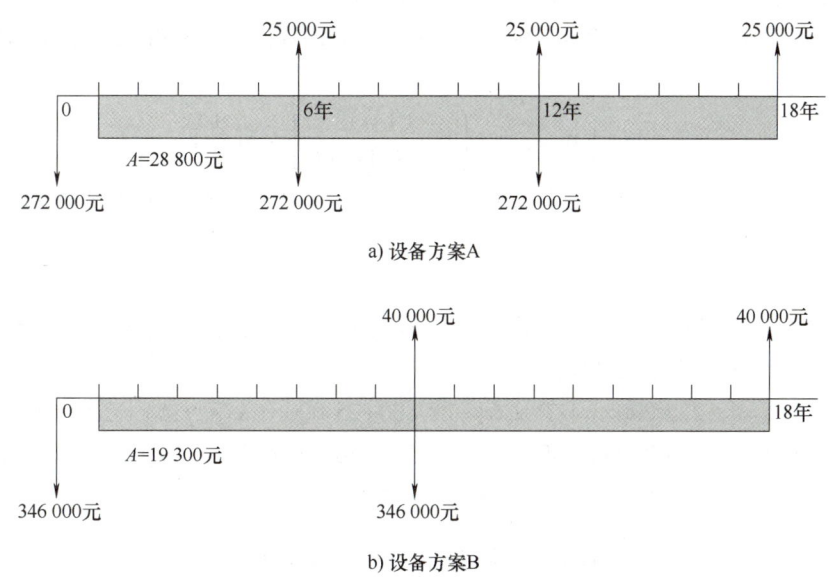

图 6-8 可重复性假设下互斥方案 A 和 B 的拓展现金流图

由图 6-8,分别计算 PW,FW 和 AW:

$PW_A(10\%) = [-272\,000 - 28\,800 \times (P/A, i, 18) + (25\,000 - 272\,000) \times (P/F, i, 6) +$
$(25\,000 - 272\,000) \times (P/F, i, 12) + 25\,000 \times (P/F, i, 18)]元 = -721\,993\,元$

$FW_A(10\%) = PW_A(10\%)(F/P, i, 18) = -4\,014\,211\,元$

$AW_A(10\%) = PW_A(10\%)(A/P, i, 18) = -88\,011\,元$

$PW_B(10\%) = [-346\,000 - 19\,300 \times (P/A, i, 18) + (40\,000 - 346\,000) \times (P/F, i, 9) +$
$40\,000 \times (P/F, i, 18)]元 = -626\,915\,元$

$FW_B(10\%) = PW_B(10\%) \times (F/P, i, 18) = -3\,385\,587\,元$

$$AW_B(10\%) = PW_B(10\%)(A/P,i,18) = -76\ 421\ 元$$

根据计算结果，可见，方案 B 为最优选择。

若仅仅关注方案的初始现金流图（见图 6-7），计算 AW，可得：

$$AW_A(10\%) = [-272\ 000\times(A/P,i,6)-28\ 800+25\ 000\times(A/F,i,6)]元 = -88\ 011\ 元$$

$$AW_B(10\%) = [-346\ 000\times(A/P,i,9)-19\ 300+40\ 000\times(A/F,i,9)]元 = -76\ 421\ 元$$

从上述计算结果发现：方案的初始有用寿命内的年度等值等同于它在整个研究期内的年度等值。因此，在应用可重复性假设时，只要比较每个互斥方案在其自身初始有用寿命内的年度等值，并选择具有最大年度等值的方案就是最经济的决策方法。

可重复性假设前提下：

1) 采用年度等值法（AW）时，仅需关注自身初始寿命期内的现金流。
2) 采用现值法（PW）和将来值法（FW）时，必须考虑整个研究期内的现金流。

所以，年度等值法是最佳决策方法，计算效率最高。

6.6.2 无限寿命/研究期的互斥方案决策（P4.2）

当需求服务期限无限长，且方案现金流可以重复复制情境下，比较互斥方案的经济性决策可以采用资本化值（CW）方法。资本化值法是现值法下现金流发生在无限长时间内特例。

$$CW = PW_{N\to\infty} = A\left[\lim_{N\to\infty}\frac{(1+i)^N-1}{i(1+i)^N}\right] = A\left(\frac{1}{i}\right)$$

【例 6-7】 沿用前述移动机器人选择案例，若该移动机器人的需求服务期无限长，请做出选择。

解：

搬运机器人的选型方案中两个备选方案 A 和 B 的初始现金流图见图 6-7，计算在每个方案的有用寿命期内的年度等值 AW：

$$AW_A(10\%) = [-272\ 000\times(A/P,i,6)-28\ 800+25\ 000\times(A/F,i,6)]元 = -88\ 011\ 元$$

$$AW_B(10\%) = [-346\ 000\times(A/P,i,9)-19\ 300+40\ 000\times(A/F,i,9)]元 = -76\ 421\ 元$$

则由式（6.1），可得两个互斥方案的资本化值如下：

$$CW_A = AW_A\left(\frac{1}{i}\right) = -880\ 110\ 元$$

$$CW_B = AW_B\left(\frac{1}{i}\right) = -764\ 210\ 元$$

根据资本化值，选择方案 B，因为它具有更小的负值。

6.6.3 共同截止期假设下的互斥方案决策（P4.3）

现实中许多情境下某一个方案的未来后续年限里，其现金流无法与初始寿命周期内的现金流遵从可重复假设进行复制，这时可重复性假设就不适用了，共同研究期的确定必须基于共同截止期假设。在前面第 6.4.2 小节介绍过，这时工程实践中普遍采用的方法是将研究期（SP）设定为等于其中某一备选方案的有用寿命，比如选择其中最长的寿命或者最短的寿命，这时就会存在两种情况：①有用寿命>研究期；②有用寿命<研究期。本节将分别就

两种情况的互斥决策进行讨论。

6.6.3.1 有用寿命>研究期

当互斥方案的有用寿命大于研究期，互斥方案的现金流需要进行截短处理。

> **问题思考** 发生在研究期后的不同现金流（市场残值、销售收入和运营支出）要如何截短处理？是直接忽略还是保留？有何差异？为什么？

采用截短处理将对研究期期末的资产市场价值进行重新估算，即需要假设资产将可以在研究期期末以该价值出售。

资产市场价值的估算方法：（计算第 T 年年末资产的市场价值，$T<$有用寿命）

$MV_T=$剩余资本恢复费用在第 T 年年末的现值 PW_{CR}+有用寿命期期末原始市场价值在第 T 年年末的现值 PW_{MV}

【例 6-8】 沿用前述移动机器人选择案例，若研究期选择移动机器人 A 的有用寿命，即 6 年，则移动机器人 A 的现金流无须调整，而移动机器人 B 的有用寿命大于研究期。需要对 B 方案进行截短处理，见图 6-9。

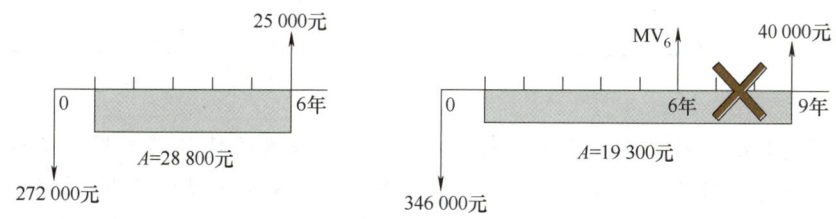

图 6-9　移动机器人 A 现金流和截短处理后的移动机器人 B 现金流图

已知案例中基本信息：初始投资=346 000 元，有用寿命=9 年，有用寿命期期末的市场价值=40 000 元。

1) 首先计算第 6 年年末（$T=6$）时的估计市场价值。

计算剩余资本恢复费用在第 6 年年末的现值：

$PW_{CR}(10\%) = \{[346\,000\times(A/P,10\%,9)-40\,000\times(A/F,10\%,9)]\times(P/A,i,3)\}$ 元 $= 142\,055$ 元

计算有用寿命期期末（9 年）原始市场价值在第 6 年年末的现值：

$PW_{MV}(10\%) = [40\,000\times(P/F,10\%,3)]$ 元 $= 30\,052$ 元

则第 6 年年末（$T=6$）时的估计市场价值为：

$MV_6 = PW_{CR}+PW_{MV} = 172\,107$ 元

2) 根据移动机器人 A 的现金流和截短处理后的移动机器人 B 的现金流，计算 PW。

$PW_A(10\%) = [-272\,000-28\,800\times(P/A,10\%,6)+25\,000\times(P/F,10\%,6)]$ 元 $= -383\,320$ 元

$PW_B(10\%) = [-346\,000-19\,300\times(P/A,10\%,6)+172\,107\times(P/F,10\%,6)]$ 元 $= -332\,902$ 元

方案 B 的现值负的最小，即成本最低，所以选择方案 B。

6.6.3.2 有用寿命<研究期

当互斥方案的有用寿命小于研究期，而比较分析要覆盖完整研究期时，需要对超出有用寿命的时间段进行拓展，一般需要针对互斥方案的类型分别采用不同的拓展思路：

1. 投资型互斥方案

投资型互斥方案可以通过假设在有用寿命期内回收的所有现金流可以再投资到其他机会（通常可以获取 MARR 的收益）中，以实现完整研究期内的拓展。

2. 成本型互斥方案

成本型互斥方案则需要实现在完整研究期内都要保证提供相同水平的服务，在超出有用寿命后续的年限中可以通过外包服务或租赁设备的形式实现拓展。还有另一种可行思路是重新购置设备，仅在剩余年限使用新设备，到期后截止，采用估计截止期时市场价值的方式处理（同第 6.6.3.1 小节）。

【例 6-9】

投资型互斥方案决策

某公司计划未来 6 年里拟投资某个技改项目，现有两个可行的技改项目可供选择，具体投资成本数据见表 6-11，该公司的基准收益率 MARR 为 10%。请选择投资哪个技改项目。

表 6-11 互斥技改项目基本数据

技改项目	初始投资（万元）	每年净收入（万元）	有用寿命/年
A	10	4	4
B	20	5.3	6

解：

当此次投资技改项目决策设定的研究期为 6 年时，技改项目 B 的有用寿命等于研究期，无需调整；而技改项目 A 仅有 4 年有用寿命，4 年后将假设所有现金流都以 MARR 的收益进行投资直至研究期期末。图 6-10 为技改项目 A 和 B 的现金流图，这里利用将来值法 FW 进行比较决策。

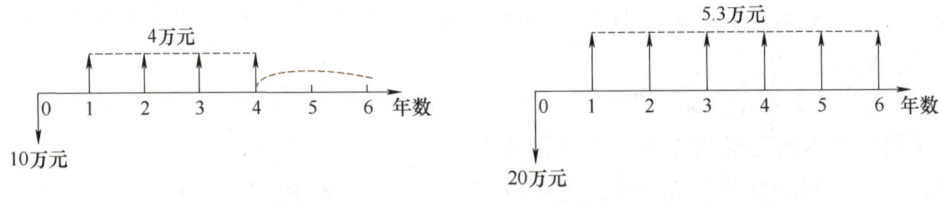

图 6-10 技改项目 A 和 B 的现金流

$FW_A(10\%) = \{[-100\,000 \times (F/P, 10\%, 4) + 40\,000 \times (F/A, 10\%, 4)](F/P, 10\%, 2)\}$ 元 = 47 468 元

$FW_B(10\%) = [-200\,000 \times (F/P, 10\%, 6) + 53\,000 \times (F/A, 10\%, 6)]$ 元 = 54 606 元

根据每个技改项目在 6 年研究期期末将来值的大小，技改项目 B 是决策结果。

【例 6-10】

成本型互斥方案决策

沿用本章情境案例中移动机器人选型问题，这两个互斥方案为成本型，若研究期选择移动机器人 B 的有用寿命，即 9 年，则移动机器人 B 的现金流无需调整，而移动机器人 A 的有用寿命小于研究期。在完整研究期内，每个移动机器人都需要提供相同水平的物流搬运服务，所以在 6 年后，需要考虑如何将移动机器人 A 的方案拓展到 9 年研究期期末。

若考虑 6 年后租赁设备,每年租金为 50 000 元,年度支出费用不变,仍为 28 800 元。则拓展后的移动机器人 A 和租赁方案的现金流见图 6-11。

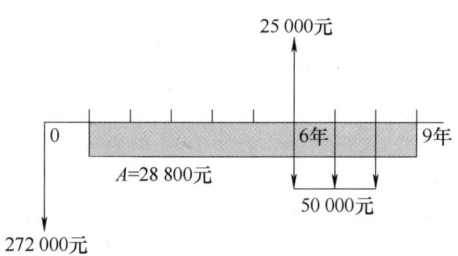

图 6-11 研究期拓展到 9 年的移动机器人 A 和租赁方案的现金流

计算上述拓展现金流的 PW 现值:

$$PW_A(10\%) = [-272\,000 - 28\,800 \times (P/A, 10\%, 9) + 25\,000 \times (P/F, 10\%, 6) - 50\,000 \times (P/A, 10\%, 3)(P/F, 10\%, 5)] \text{元} = -500\,952\ \text{元}$$

$$PW_B(10\%) = [-346\,000 - 19\,300 \times (P/A, 10\%, 9) + 40\,000 \times (P/F, 10\%, 9)] \text{元} = -440\,185\ \text{元}$$

对比两个互斥方案的 PW,选择 B。

> **思政导引** 本章主要关注的是互斥方案的经济性评价和决策,现实中许多互斥方案的决策还需要考虑效益和成本以外的诸多因素,如环境、可持续性、安全以及风险管理等方面,从而做出更全面的决策。

小结

总体而言,对工程项目方案的经济性评价包括单一方案评价和多方案评价决策。对于多方案的备选方案经济性决策,需要关注以下关键点:

1) 独立方案经济性决策与单一方案经济性决策类似,可视为项目盈利性评价的应用。但是若资金有限,就需要考虑资金约束,这时独立方案的决策还需进行组合优化的决策,即选择最佳的独立方案组合,以期获取最大的盈利性。

2) 多方案比较的基础:具有相同的研究期,选取相同的评价方法(指标)。

3) 互斥方案使用寿命相同时,可以采用等值法和差额投资内部收益率法,其中等值法在计算上比较简单,可以直接比较各方案的等值大小;收益率法必须基于差额投资分析,逐一利用 $IRR_\Delta \geq MARR$ 来确认增量投资的盈利性。

4) 互斥方案使用寿命不同时,需要根据实际情境问题及项目方案类型(投资型/成本型)来确定共同的研究期,选取适合的假设(可重复性假设/共同截止期假设)及恰当的方法(等值法)。

> **高阶学习导引** 当方案组合中既包含独立方案,也包含互斥方案时,建议自主学习"混合方案的经济性决策",详见以下参考书:
> 王付宇,汪和平,夏明长,等,工程经济与项目管理,机械工业出版社,2021. 第 96 页

一、判断题

1. 互斥方案的有用寿命不同时可以直接以各自有用寿命期内的现金流进行比较分析。（ ）
2. 独立方案的选择仅需考虑方案自身的盈利性。（ ）
3. 按照互斥方案的内部收益率递增排序，选择内部收益率最大的方案为最优决策。（ ）
4. 在可重复性假设前提下，采用年度等值法 AW 进行互斥方案决策最简便。（ ）
5. 当方案内现有寿命期内的现金流不能重复复制到后续未来时段内时，不能采用共同截止假设确定研究期。（ ）
6. 只要互斥方案的服务期限为无穷大，就可以采用可重复性假设。（ ）
7. 应用内部收益率法进行互斥方案比较，是指按照投资递增的排序，计算两两差额现金流的内部收益率，验证其盈利性。（ ）
8. 在共同截止假设下，当研究期小于有用寿命，分析时无须考虑超出研究期内的年度净收入。（ ）
9. 在共同截止假设下，当研究期小于有用寿命时，需要估算研究期期末的市场价值。（ ）
10. 在可重复性假设前提下，互斥方案的研究期为无限长或者为有用寿命的最小公倍数。（ ）

二、计算题

1. 有 4 个独立的投资型方案，它们的支出和收入信息见表 6-12，若基准收益率 MARR 为 15%，请评估这些方案并做出决策。若企业资金有限（总额为 200 000 元）如何决策？为什么？（第 6.3 节）

表 6-12　4 个独立投资型方案的支出和收入信息

项目	方案 1	方案 2	方案 3	方案 4
资本投资（元）	100 000	152 000	174 000	220 000
年收入减支出（元）	15 200	31 900	36 000	41 500
市场价值（寿命末期）(元)	10 000	0	15 000	20 000
有用寿命/年	10	10	10	10

2. 考虑基准收益率 MARR 为 12%，两个互斥投资方案的估计现金流量如下。

表 6-13　两个互斥投资方案的估计现金流量　　　　　　　　　　（单位：元）

年末	方案 1	方案 2
0	−2 500	−4 000
1	750	1 200

(续)

年末	方案 1	方案 2
2	750	1 200
3	750	1 200
4	750	1 200
5	2 750	3 200

请利用 AW 法进行决策评估。(第 6.4 节)

3. 根据表 6-14 中设计方案相关信息，使用将来值法、现值法和年度等值法进行决策评估，应该选择哪个设计方案？考虑研究期为 10 年，基准收益率 MARR 为 10%。(第 6.5 节)

表 6-14 设计方案相关信息 （单位：元）

项目	设计方案 A	设计方案 B	设计方案 C
初始投资	170 000	330 000	300 000
年收入	114 000	147 000	130 000
年支出	70 000	79 000	64 000

4. 某农机厂考虑进行 A、B 两个脱壳机的选型决策，企业基准收益率 MARR 为 5%。A、B 脱壳机相关数据见表 6-15。(第 6.6 节)

表 6-15 A、B 脱壳机相关数据

项目	脱壳机 A	脱壳机 B
初始投资（元）	6 000	14 000
年支出（元）	2 500	2 400
有用寿命/年	12	18
寿命末期的市场价值（元）	0	2 800

1) 若应用可重复性假设将选择哪个方案？

2) 若分析期为 18 年，不应用可重复性假设，每个脱壳机在寿命期以后可以每年 8 000 元租用，应选择哪个方案？

5. 考虑为驱动离心泵的电动机进行选型决策。每个电动机都可以传输 60 马力来驱动泵运行。每个电动机每年的工作使用需求为 800h。其他运作数据如表 6-16 所示。(第 6.6 节)

表 6-16 电动机运作数据

项目	电动机 A	电动机 B
初始投资（元）	1 200	1 000
电动机效率	0.9	0.8
年维护费（元）	160	100
有用寿命/年	3	5

1) 若每度电 0.07 美元，年 MARR 为 8%，将选择哪个电动机？1 马力 = 0.746kW。假设可重复性。

2) 在这个问题上将做出怎样的基本权衡？

6. 某车间需要决策选型两个备选钻孔机（D1 和 D2）用于生产 A 和 B 两种产品，每种产品在生产过程中都需要钻孔。两个产品每年的需求相同，两个备选钻孔机的年工作时间和年运行费用等信息如表 6-17 所示。若基准收益率 MARR 为 15%，将选择哪台钻孔机？（第 6.6 节）

假设：设备每年运行 2 000h。机器 D1 的可用率为 80%，D2 的可用率为 75%，D1 的产量为 90%，D2 为 80%。年运行费用是根据假设的年运行时间 2 000h 来计算的。列出其他解决问题需要的假设。

表 6-17 备选钻孔机的年工作时间和年运行费用等信息

项目	机器 D1	机器 D2
A 产品/h	1 200	800
B 产品/h	2 250	1 550
总和/h	3 450	2 350
资本投资/(元·台)	16 000	24 000
有用寿命/年	6	8
年支出/(元·台)	5 000	7 500
市场残值/(元·台)	3 000	4 000

7. 为炼油厂的环保设备考虑两个互斥方案，必须选择其中一个。每个方案的估计现金流量等信息如表 6-18。（第 6.6 节）

表 6-18 两个互斥方案的估计现金流量等信息

项目	方案 A	方案 B
资本投资（元）	20 000	38 000
年支出（元）	5 500	4 000
寿命末期的市场价值（元）	1 000	4 200
有用寿命/年	5	10

1）将选择哪个环保设备方案？公司的年基准收益率 MARR 为 20%。假设设备可以无限期使用。

2）假设研究期减少到 5 年。方案 B 在 5 年后的市场残值估计为 15 000 元。你建议选择哪个方案？

8. 你正在参与一项设备选型工作。所选的设备只需要在未来 6 年内使用。公司目前使用的经济决策标准是年基准收益率为 15%。现在你面临两个方案（E1 或 E2，相关信息如表 6-19 所示）。用现值法分析，应该选择哪个方案？（第 6.6 节）

表 6-19 两个方案相关信息

方案	E1	E2
资本投资（元）	210 000	264 000
寿命期/年	6	10
年支出（元）	第一年 31 000 元，以后每年增加 2 000	第一年 19 000 元，以后每年增加 5.7%
市场残值（寿命期期末）	21 000	38 000

9. 考虑三个互斥投资方案。每个方案的估计现金流量相关信息如表 6-20 所示。研究期

为 30 年，公司的年基准收益率 MARR 为 20%。

表 6-20 三个互斥投资方案估计现金流量相关信息

项目	方案 1	方案 2	方案 3
资本投资（元）	30 000	60 000	40 000
年花费（元）	16 000	30 000	25 000
年收入（元）	28 000	53 500	38 000
寿命期期末的市场残值（元）	10 000	10 000	10 000
有用寿命/年	5	5	6
内部收益率（%）	33.00	29.90	26.00

有人建议依据内部收益率排序做出决定选择方案 1，你是否认同？请说明原因。（第 6.5、6.6 节）

 情境问题实践

珍惜生命，远离校园贷

相关情况见表 6-21。

表 6-21 PBL 情境问题类型基本信息

PBL 情境对象	领域	复杂度	参考知识	项目要求
珍惜生命，远离校园贷	社会热点	二级	内部收益率，名义利率和实际利率	团队

情境项目（3~4 人一组）：

你了解"校园贷"吗？你知道校园贷如何收取利息吗？为什么近期多个高校出现校园贷的不幸案例？校园贷号称低息便捷，真的如此吗？下面为某校园贷的广告，信息如下：

以××贷官网费率为例：号称月息低至0.99%

□ 申请借款10 000元，扣除20%咨询费，借款实际到账8 000元，分12个月偿还，每月偿还本息932.33元，还款无逾期则咨询费可退还。

利息总额　1 187.9元=(932.33×12−10 000)元
每月利息额　98.99=(1 187.9/12)元
月 利 率　0.99%≈98.99/10 000

你认同上述校园贷的广告费率信息吗？其真实费率是多少呢？

实际调研至少其他两种贷款渠道（比如支付宝的蚂蚁借呗、商业银行的各类小额贷款、京东白条分期还款计划等），充分了解其贷款信息，分析如果你借款 10 000 元，借期一年，按月还款，这些贷款方式的按月还贷是如何计算的？对比分析并得出你的结论。

思政导引 如何避免陷入诸如校园贷之类的高利贷陷阱中？一旦发现自己陷入非法贷款，有何解决思路？应如何寻求法律保护？

双语术语

- Independent Alternative　　　　　　独立方案
- Mutually Exclusive Alternative　　　互斥方案
- Investment Alternative　　　　　　投资型方案
- Cost Alternative　　　　　　　　　成本型方案
- Study Period　　　　　　　　　　研究期
- Useful Life　　　　　　　　　　　有用寿命
- Repeatability Assumption　　　　　可重复性假设
- Co-teminated Assumption　　　　　共同截止期假设
- Incremental Investment Analysis　　差额增量分析
- Imputed Market Value Technique　　市场价值估算法

拓展阅读文献

［1］孙萍. 投资项目经济评价中的互斥方案分析［J］. 现代商业，2018（12）：119-120.

［2］刘鹏. 工业企业设备投资分析［J］. 现代工业经济和信息化，2023，13（5）：234-236，239.

［3］杨洋，李丽娟. 投资项目净现值法与内含报酬率法比较研究［J］. 商业会计，2018（8）：24-26.

［4］韩正民. 互斥项目投资决策综合指标研究——年均净现值率的指标设计与应用［J］. 企业科技与发展，2018（6）：30-31.

［5］李绚丽，徐元玲，李和聪. NPV 和 IRR 指标在项目投资决策中的应用比较［J］. 现代商贸工业，2019，40（36）：93-94.

［6］吴强. 多项投资组合优化决策的 EXCEL 模型设计［J］. 环球市场，2019（22）：29-30.

习题答案

第 7 章 税后经济性决策

导

 本章目标

知识目标	能力目标
◇ 掌握资产价值、折旧、所得税的概念及其关联。 ◇ 掌握固定资产折旧的各种方法。 ◇ 掌握各类税的概念及所得税的计算。 ◇ 了解合法合规的纳税筹划措施。	◇ 能够为企业合理选择固定资产的折旧方法、制订折旧计划，以减少企业税负，提升经济效益。 ◇ 能够准确计算税后现金流，并基于此实现项目税后经济性评价和决策。

 本章问题-方法-知识图谱

本章问题-方法-知识图谱见图 7-1。

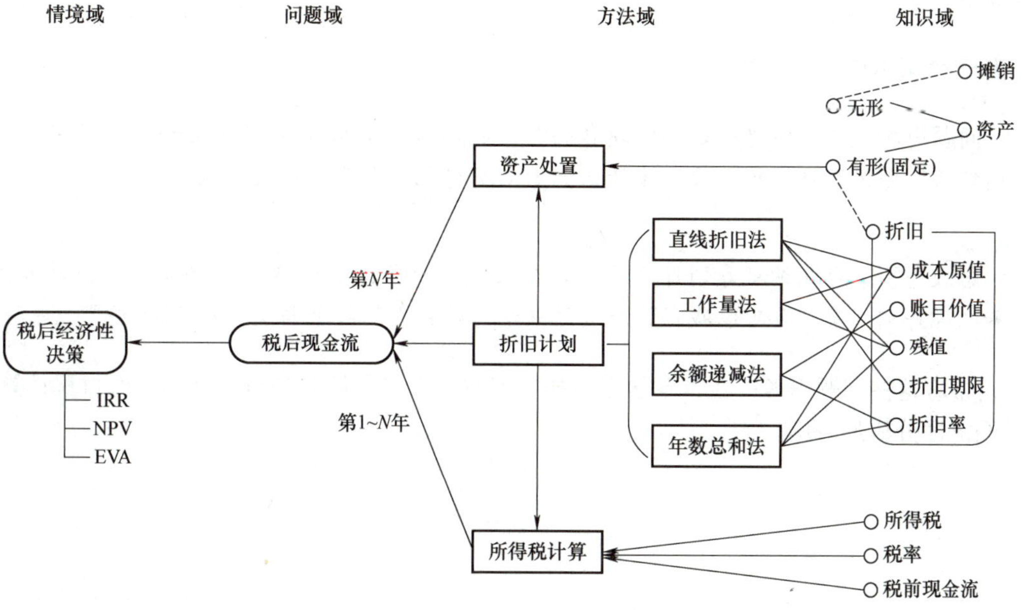

图 7-1 本章问题-方法-知识图谱

 案例导入

所得税影响了什么？

A公司主要从事新型公路养护机械的技术开发和制造，公司经营范围包括：公路筑路养护设备、除雪设备、市政环卫设备、港口、铁路、机场养护设备、特种设备的开发、制造及销售；公路养护施工；设备租赁等。A公司2011年度的财务状况及涉税情况如下：

收入及利润：2011年度实现营业收入202 890 132.77元，在营业外收入方面共盈利10 004 544.57元（主要为政府补助）。2011年全年实现利润76 927 135.78元。

费用水平：A公司2011年发生销售成本99 812 049.59元，销售费用18 388 472.57元，管理费用17 198 476.76元，财务费用3 148 719.35元。2011年列支工资薪金3 802 905.23元，列支工会经费14 185.92元，职工福利费68 679.64元，职工教育经费10 355.00元；列支业务招待费2 104 552.57元，折旧摊销支出875 848.44元。

涉税情况：A公司虽属于国家需要重点扶持的高新技术企业，按税法规定应按15%税率计提企业所得税，但由于A公司未及时申报高新技术企业认定，因此A公司2011年错过了按15%税率计提所得税的优惠，实际按照25%税率计提所得税。A公司固定资产从达到预定可使用状态的次月起按直线计提折旧，按固定资产的类别、估计的经济使用年限和预计的净残值分别确定折旧年限和年折旧率等。

A公司分析了当年的税负情况，期望通过若干纳税筹划以减少企业税负，包括：各类经费、福利费的筹划，固定资产计提折旧筹划，税率优惠的利用，延期纳税等。例如，将折旧计划定为加速折旧和减少折旧年限，当年计提的折旧将增加400万元，影响A公司所得税（400×25%）万元=100万元。通过一系列纳税筹划方案的应用，A公司最终可实现节税金额共计2 819.6万元。通过节税措施，大大提升了企业的经济效益。

从这个案例中，请思考：

问题思考 企业所得税是如何计算的？可税前扣除的成本费用包括哪些？税率是如何确定的？固定资产的折旧计划为什么会影响所得税？企业所得税影响什么？

思政导引 企业纳税筹划目的是帮助企业减少税负，实现税后利益最大化，是否意味着纳税筹划方案只要可以减税，就应该采纳？纳税人的权利与义务相互矛盾吗？

请带着这些问题思考，在本章学习中找寻答案。需要了解有关折旧计划、所得税计算和税后经济性分析的应用。

第7章 税后经济性决策

7.1 引言

所得税在工程经济分析中占据重要地位，它直接影响项目的财务可行性和经济效益。曾经有过一个形象的比喻：如果"商业"是一款竞技游戏，那么分数是用货币资金来保存的，规则是由政府制定的，记分员是会计师，裁判是税务员，而工程经济分析师则充当教练或计划员。

所得税的计算和处理是项目财务分析的关键环节，直接关系项目的净现值、内部收益率等关键经济指标的计算。所得税在工程项目的财务成果中通常表现为一项金额较大的现金流出，因此在决策过程中不容忽视。因此，准确理解和应用所得税相关政策，对于项目的成功实施具有重要意义。由于折旧对项目的所得税及税后现金流都会产生影响，因此本章首先讨论折旧概念及其相关折旧方法。所选取的折旧计划将影响所得税缴纳的时间及金额，从而进一步影响项目税后经济性的评价。

7.2 折旧基础

7.2.1 资产的类别

前面第2章中介绍过投资的概念，项目投资的结果形成资产，当项目投入运营时，固定资产投资中建设费用和建设期利息形成固定资产、无形资产和递延资产。而流动资金投资则形成流动资产。

1）固定资产是指企业为生产产品、提供劳务、出租或者经营管理而持有的，使用时间超过一个会计年度的有形资产，包括房屋、建筑物、机器、机械、运输工具以及其他与生产经营活动有关的设备、器具、工具等。

2）无形资产是指没有实物形态，由企业拥有或控制的、可辨认非货币性资产，主要包括专有技术、专利权、商标权、著作权、土地使用权、经营特许权、商誉权等。

3）递延资产是指不能全部计入当年损益，应当在以后年度内分期摊销的各项费用。它包括开办费、固定资产改良支出、租入固定资产的改良支出以及摊销期限在1年以上的其他待摊费用等。

4）流动资产是指可以1年内或者超过1年的一个营业周期内变现或者耗用的资产，包括现金、各种存款、短期投资、应收及预付款项、存货（如材料、燃料、低值易耗品、在产品、半成品、产成品、协作件和商品等）等。

不是所有资产都可以进行折旧。递延资产本身没有交换价值，不可转让，一经发生就已消耗，但能为企业创造未来收益，并能从未来收益的会计期间抵补的各项支出。无形资产不能进行折旧，而是进行摊销。流动资产的价值通常会在短期内实现，且其价值变动主要与市场供需、价格波动等因素有关，不像固定资产那样因长期使用而逐渐减少，所以流动资产也不能进行折旧。

7.2.2 折旧及折旧年限

折旧（Depreciation） 是指对固定资产按照其使用年限每年分摊购置成本的会计处理办法。

折旧是仅仅针对固定资产而言的，固定资产是企业长期使用的资产，其取得成本通常较高。如果将这些资产的取得成本一次性计入当期费用，会导致当期费用过高，利润减少，不符合会计的配比原则。另外随着时间流逝及使用消耗，固定资产会产生价值上的减少，折旧目的是将固定资产的成本分摊到其使用年限内，从而使资产价值影响反映在公司的财务报告中。

不是所有的资产都能够提取折旧，资产提取折旧需要满足下列条件：
1）必须用于商业用途或产生收入。
2）必须有一个确定的使用寿命，且长于一年。
3）必须会随着时间流逝及使用发生消耗，如因磨损、过时而造成价值的减少。
4）不属于存货、现货或投资型资产。

当企业所拥有的资产达到可使用状态并可以产生收入时，就可以对其计提折旧。达到可以使用状态的资产，即使实际并未真正使用，仅作为后备资产也要提取折旧，直至该项资产提足折旧总额。已提足折旧仍继续使用的固定资产不能继续计提折旧。

> **问题思考** 土地属于可折旧资产吗？建于土地上的厂房属于可折旧资产吗？租入的固定资产可以计提折旧吗？

折旧年限（Recovery Period） 是指通过会计处理回收资产价值所需的时间年限。

年度折旧扣除应尽量在资产实际经济寿命年限之内完成。由于折旧会影响所得税，而税是由政府部门征收的，因此可折旧资产的折旧年限不是由企业任意选择的。

根据《中华人民共和国企业所得税法实施条例》（中华人民共和国国务院令第512号）第六十条规定："除国务院财政、税务主管部门另有规定外，固定资产折旧年限如下：
1）房屋、建筑物，为20年。
2）飞机、火车、轮船、机器、机械和其他生产设备，为10年。
3）与生产经营活动有关的器具、工具、家具等，为5年。
4）飞机、火车、轮船以外的运输工具，为4年。
5）电子设备，为3年。

根据《国家税务总局关于企业固定资产加速折旧所得税处理有关问题的通知》（国税发〔2009〕81号）规定："企业采取缩短折旧年限方法的，对其购置的新固定资产，最低折旧年限不得低于《实施条例》第六十条规定的折旧年限的60%；若为购置已使用过的固定资产，其最低折旧年限不得低于《实施条例》规定的最低折旧年限减去已使用年限后剩余年限的60%。最低折旧年限一经确定，一般不得变更。"

> **高阶学习导引** 企业的项目投资中除了固定资产投资，还包括其他可以长期使用的经营性资产，如软件、技术、专利、土地使用权等等这类无形资产投资。如何考虑无形资产的成本在受益期内的合理分摊？建议自主学习摊销的相关概念、法规和方法。
> 1. 倪蓉，陈光，工程经济学，北京：化学工业出版社，2021. 单元二：摊销
> 2. 《中华人民共和国企业所得税法实施条例》第六十七条的相关规定

7.3 折旧方法

企业在使用折旧方法时，不同的折旧方法会产生不同的影响，造成企业财务状况的差异。常见的计算固定资产折旧的方法包括直线折旧法、工作量法、余额递减法和年数总和法。

介绍具体折旧方法前，先给出计算中常见的符号和意义。

折旧（Depreciation）：折旧计划中每年分摊的购置成本，d_k 表示第 k 年折旧额，d_k^* 表示累计到第 k 年的折旧总额。

成本基值（Cost Basis）：又称资产原值，是指购买或建造资产时的总成本，包括购买价、安装费、运输费等，折旧计算中表示为 B。

账面价值（Book Value）：记录在企业内部财务系统中可折旧资产的价值，即资产成本基值（资产原值）减去允许的累计折旧扣除。折旧计算中，BV_k 表示第 k 年年末的账面价值。

残值（Salvage Value）：一项资产在其有用寿命期期末的估计价值，通常为该资产清理时的市场价值。折旧计算中，SV_N 表示第 N 年年末（寿命期期末）的残值。

折旧率（Recovery Rate）：用于计算年折旧扣除额的百分比率，r_k 表示第 k 年的折旧率。

年折旧率 $(r_k) = \dfrac{\text{资产年折旧额}(d_k)}{\text{资产原值}(B)}$。

7.3.1 直线折旧法

直线折旧法（Straight Line Method），又称平均年限法，是指按固定资产的使用年限平均计提折旧的方法，按此方法所计算的每年折旧额是相同，因此，在各年使用资产情况相同时，采用直线折旧法比较恰当。

直线折旧法中，固定资产 d_k 在一定时间计提折旧额的大小主要取决于下列因素：固定资产的原值（成本基值 B）、预计使用年限（N）、固定资产报废清理时所取得的残值价值（SV_N）。其计算公式为

$$d_k^{\ominus} = (B - SV_N)/N \tag{7.1}$$

$$d_k^* = kd_k \quad (1 \leq k \leq N) \tag{7.2}$$

$$BV_k = B - d_k^* \tag{7.3}$$

⊖ d_k 为常量。

【例 7-1】
直线折旧法应用

A 企业 2012 年 12 月 25 日投入一台机器设备用于生产,该设备原始价值 40 万元,预计使用年限为 5 年,预计净残值率为 5%,按直线法计算年折旧率、年折旧额,给出该机器的 5 年折旧计划。

解:

计算年折旧额:
$$d_k = (B - SV_N)/N = [(40 - 40 \times 0.05)/5] 万元 = 7.6 万元$$

计算年折旧率:
$$r_k = \frac{d_k}{B} = \frac{7.6 万元}{40 万元} = 19\%$$

计算资产的年度账面价值:

由公式 $BV_k = B - d_k^*$,计算 5 年里的年折旧额和年末账面价值,形成该设备 5 年的折旧计划,见表 7-1。

表 7-1 采用直线折旧下设备的折旧计划 (单位:元)

第 k 年年末	年折旧额 d_k	年末账面价值 BV_k
0		400 000
1	76 000	324 000
2	76 000	248 000
3	76 000	172 000
4	76 000	96 000
5	76 000	20 000

7.3.2 工作量法

工作量法(Work Unit Method)是指以固定资产能提供的工作量为单位来计算折旧额的方法。该方法根据资产实际工作情况来定期进行折旧计提,因此每年的折旧额会随着资产工作量的变动而发生改变。当固定资产在各个年度的工作状况差异较大,提供的经济效益很不均衡时,通常适用此方法。工作量可以是汽车的总行驶里程,也可以是机器设备的总工作台班、总工作小时等。实质上讲,工作量法是直线折旧法的补充和延伸。

工作量法的计算如下:

$$单位工作量折旧额 = (成本基值 - 第 N 年残值)/总工作量 \tag{7.4}$$

1)按照行驶里程计算折旧,其计算公式如下:

$$单位里程折旧额 = (成本基值 - 第 N 年残值)/总行驶进程$$

2)按工作小时计算折旧,其计算公式如下:

$$每工作小时折旧额 = (成本基值 - 第 N 年残值)/工作总小时$$

3)按台班计算折旧的公式,其计算公式如下:

$$每台班折旧额 = (成本基值 - 第 N 年残值)/工作总台班数$$

【例 7-2】

工作量法计算

安踏公司一台机器原值 800 000 元，预计残值率为 2%，预计工作总量为 200 000h，本月工作 500h，计算月折旧额。

解：

单位工作量折旧额 = (800 000 - 16 000)元/200 000h = 3.92 元/h

月折旧额 = 500h × 3.92 元/h = 1 960 元

7.3.3 余额递减法

余额递减法（Declining Balance Method）是一种加速折旧法，它是指将每期固定资产的期初账面净值（原值减累计折旧）乘以一个固定不变的百分率计算该期折旧额的方法，适用于在国民经济中具有重要地位、技术进步较快的行业，如电子生产企业等。这种方法的特点是每年的折旧率是固定的，折旧额随着固定资产账面价值的减少而逐渐降低，是一种前期折旧费用较高、后期递减的折旧计划。

余额递减法的折旧率计算公式：

$$折旧率\ R^{\ominus} = 2/N \tag{7.5}$$

$$d_1 = BR \tag{7.6}$$

$$d_k = BV_{k-1}R = B(1-R)^{k-1}R \tag{7.7}$$

$$d_k^* = B[1-(1-R)^k] \tag{7.8}$$

$$BV_k = B(1-R)^k \tag{7.9}$$

从余额递减法的计算公式可见，该折旧方法无须估计资产的期末残值。

【例 7-3】

余额递减法计算

参考例 7-1，该设备原始价值 40 万元，预计使用年限为 5 年，预计净残值率为 5%，若采用双倍余额递减法进行资产折旧计划，则

折旧率 $R = 2/5 = 0.4$

则第一年折旧额 $d_1 = B(R) = 40\ 万元 × 0.4 = 16\ 万元$

第 1 年年末账面价值 $BV_1 = B(1-R)^1 = 40\ 万元 × 0.6 = 24\ 万元$

同理，依次按照上面式（7.7）~（7.9）计算第 2 年至第 5 年年折旧额，得到余额递减法下的 5 年折旧计划，见表 7-2。

表 7-2　余额递减法下的 5 年折旧计划

第 k 年年末	年折旧额 d_k	年末账面价值 BV_k
0		400 000
1	160 000	240 000
2	96 000	144 000

⊖ 折旧率 R 为常数。

(续)

第 k 年年末	年折旧额 d_k	年末账面价值 BV_k
3	57 600	86 400
4	34 560	28 800
5	11 520	17 280

通过比较表 7-1 和表 7-2，可见余额递减法下的年折旧额在前期折旧比直线折旧法多（图 7-2），但其在折旧期满时账面价值会与资产残值有差异，如本例中 BV_5 = 17 280 元，已经低于预估残值 20 000 元。

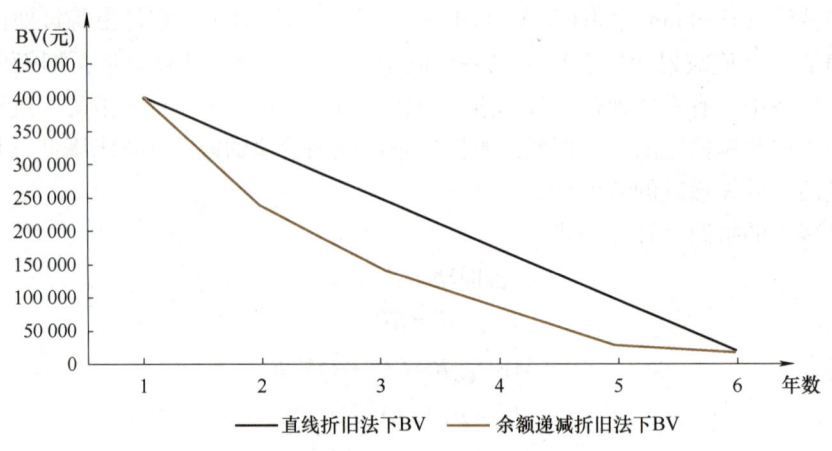

图 7-2 直线折旧法与余额递减法比较

问题思考 对于盈利性好的企业而言，直线折旧法与余额递减法相比，哪种折旧方法更有吸引力？

拓展思考 传统的余额递减法计算中没有考虑残值，所以无法保证折旧期满后账面价值与残值的一致性，请思考如何解决这一不足？

7.3.4 年数总和法

年数总和法是指用固定资产原值减去预计残值后的余额，乘以逐年递减的分数（称为折旧率）计算折旧额的一种加速折旧的方法。年数总和法主要用于由于技术进步产品更新换代较快的和常年处于强震动、高腐蚀状态的固定资产。

年数总和法计提折旧计算公式如下：

$$\text{应计折旧总额} = \text{固定资产原值} - \text{预计净残值} = B - SV_N = \text{常量} \tag{7.10}$$

$$\text{折旧率 } R_k = \frac{N-k+1}{1+2+\cdots+N} \quad (1 \leqslant k \leqslant N) \tag{7.11}$$

$$d_k = (B - SV_N) R_k \tag{7.12}$$

$$d_k^* = (B-SV_N) \sum_{k=1}^{N} R_k \qquad (7.13)$$

$$BV_k = B - d_k^* \qquad (7.14)$$

【例 7-4】

年数总和法折旧计算

参考例 7-1，该设备原始价值 40 万元，预计使用年限为 5 年，预计净残值率为 5%，请采用年数总和法进行资产折旧计划。

解：

应提折旧总额 = 原值 - 预计净残值 = （40-40×5%）万元 = 38 万元

根据式（7.10）计算第 k 年的折旧率 R_k 见表 7-3：

表 7-3 计算第 k 年折旧率 R_k

R_k	R_1	R_2	R_3	R_4	R_5
计算过程	$\frac{5}{1+2+\cdots+5}=0.333$	$\frac{4}{1+2+\cdots+5}=0.267$	$\frac{3}{1+2+\cdots+5}=0.2$	$\frac{2}{1+2+\cdots+5}=0.133$	$\frac{1}{1+2+\cdots+5}=0.067$

则第一年折旧额 $d_1 = (B-SV_N)R_1 = (38 \times 0.333)$ 万元 = 12.654 万元

第 1 年年末账面价值 $BV_1 = B - d_1 = (40-12.654)$ 万元 = 27.346 万元

同理，依次按照上面式（7.11）~式（7.13）计算第 2 年至第 5 年的年折旧额和年末账面价值，得到年数总和法下的 5 年折旧计划，见表 7-4。

表 7-4 年数总和法下的 5 年折旧计划

第 k 年年末	年折旧额 d_k	年末账面价值 BV_k
0		400 000
1	126 540	273 460
2	101 460	172 000
3	76 000	96 000
4	50 540	45 460
5	25 460	20 000

从计算结果可见，年数总和法是一种前期折旧费用较高，后期递减的折旧计划，对于盈利性好的企业更有吸引力。由于折旧计算中考虑了残值，折旧期满后资产的账面价值与预估残值相符。

7.4 所得税概述

税金是国家依据法律对有纳税义务的单位或个人征收的财政资金，国家采用的这种筹集财政资金的手段叫税收。税收是国家凭借政治权力参与国民收入分配和再分配的一种方式，具有强制性、无偿性和固定性的特点。税收不仅是国家取得财政收入的主要渠道，也是国家对各项经济活动进行宏观调控的重要杠杆。

7.4.1 税种简介

税种是指一个国家税收体系中的具体税收种类,是基本的税收单元。经过多年的演变,按征税对象分类,可将全部征收税收划分为商品和劳务税类、所得税类、财产和行为税类、资源税和环境保护税类及特定目的税类五种类型18税种,如表7-5所示。这些税种中,目前我国税收收入的主税税种是增值税、企业所得税、个人所得税。

表7-5 我国目前税收的5类税类18税种

税类	商品和劳务税类			所得税类			财产和行为税类				资源税和环境保护税类			特定目的税类				
税种	增值税	消费税	关税	土地增值税	企业所得税	个人所得税	房产税	契税	印花税	车船税	资源税	城镇土地使用税	环境保护税	烟叶税	车辆购置税	耕地占用税	城市维护建设税	船舶吨税

1)商品(货物)和劳务税类:包括增值税、消费税和关税,主要在生产、流通或者服务业中发挥调节作用。

2)所得税类:包括企业所得税、个人所得税、土地增值税,主要是在国民收入形成后,对生产经营者的利润和个人的纯收入发挥调节作用。

3)财产和行为税类:包括房产税、车船税、印花税、契税,主要对某些财产和行为发挥调节作用。

4)资源税和环境保护税类:包括资源税、环境保护税和城镇土地使用税,主要对因开发和利用自然资源差异而形成的级差收入发挥调节作用。

5)特定目的税类:包括城市维护建设税、车辆购置税、耕地占用税、船舶吨税和烟叶税,主要为了达到特定目的,对特定对象和特定行为发挥调节作用。

由于工程经济学主要研究工程项目的盈利性,本章后续内容重点关注企业所得税及考虑所得税后对项目经济性决策的影响。

7.4.2 所得税税率

所得税税率分为企业所得税税率和个人所得税税率。

企业所得税税率是根据企业的类型和应纳税所得额来确定的。一般企业适用25%的所得税率,即利润总额中的25%要作为税收上交国家财政;另外非居民企业适用税率20%;符合条件的小型微利企业减按20%税率征收企业所得税;国家需要重点扶持的高新技术企业减按15%税率征收企业所得税。

当企业的经营条件相当时,所得税率较低的企业的经营效益要好一些。但同时需要额外注意的是企业所得税的税率可能会随着国家税收政策的调整而发生变化。因此,企业在计算应缴纳的企业所得税时,应关注最新的税收政策文件,确保按照最新的税率进行计算。

个人所得税税率表用于根据个人的收入计算税额的比例。2018年,《中华人民共和国个人所得税法》进行了修改,将每月的免征额从3 500元提高到5 000元,并于2019年1月1日实施。最新的个人所得税税率范围为3%~45%,具体税率取决于个人收入处于哪个阶段等级,感兴趣的同学可自行查阅。

> **思政导引**　无论企业还是个人，依法纳税是每个公民的基本义务。在享受税收优惠时，应确保符合相关政策文件规定的条件，避免因不符合条件而面临税务风险。

7.5　所得税计算

所得税的计算需要考虑折旧计划、利息支付扣除以及适用的投资抵免等特殊税收规定的差异。

所得税的计算主要分为企业所得税和个人所得税两大类。本节重点关注企业所得税的计算及其对工程项目经济性评价的影响，个人所得税的计算及政策不在本节介绍，学生可在课后通过情境项目实践获取相关知识和能力。

计算所得税首先需要计算应纳税所得额（Taxable Income，TI），其计算方式如下：

应纳税所得额＝收入总额－不征税收入－免税收入－成本费用－各项扣除－允许弥补的以前年度亏损

一般在工程经济分析中，简化计算第 k 年应纳税所得公式表达为

$$TI_k = (R_k - E_k - d_k) \tag{7.15}$$

1）收入总额 R_k 包括生产、经营收入，财产转让收入，利息收入以及其他收入等。

2）成本费用项目 E_k 包括：

① 生产成本：生产支出费用。

② 利息支出：向金融机构借款的利息支出按实际发生数扣除，向非金融机构借款的利息支出按不高于金融机构同类、同期贷款利率计算的部分准予扣除。

③ 计税工资：纳税人支付给职工的工资，按照计税工资扣除。

④ 职工福利费、工会经费、教育费：分别按照工资薪金总额的14%、2%、8%计算扣除。

⑤ 捐赠：用于公益、救济性的捐赠，在年度应纳税所得额12%以内的部分准予扣除。

⑥ 其他费用：如业务招待费、保险费用、租赁费等，在符合税法规定的情况下准予扣除。

3）允许扣除项目：工程经济分析中典型的允许扣除项目为固定资产的折旧 d_k，还有其他政策法规规定的可扣除项目。

企业所得税是指企业取得应税所得后应缴纳的税款。企业所得税应纳所得税额计算公式为

应纳所得税额＝应纳税所得额×税率－减免税额－抵免税额

一般工程经济分析中，考虑企业所得税税率为 t，简化计算第 k 年所得税 T_k，公式表达为

$$T_k = t(R_k - E_k - d_k) \tag{7.16}$$

【例 7-5】

所得税计算

某纺织制造公司 2021 年实现税前收入总额 2 000 万元（其中包括产品销售收入 1 800 万元、购买国库券利息收入 100 万元），发生各项成本费用共计 1 000 万元，其中包括：合理

的工资、薪金总额200万元、业务招待费100万元、职工福利费50万元、职工教育经费2万元、工会经费10万元（已拨款）、税收滞纳金10万元。所得税税率25%。另外，企业当年固定资产折旧为10万元。问：该企业当年的营业利润是多少？应纳税所得额是多少？应纳企业所得税税额是多少？

解：

1) 该企业年度利润总额=(2 000-1 000)万元=1 000万元。

2) 应纳税所得额=收入-允许支出成本-折扣，其中：

① 国库券利息收入100万元，属于不纳税收入，应调减。

② 业务招待费扣除规定不超标准按实际的60%扣除，但最高不得超过销售收入的5‰，由于(1 800×5‰)万元=9万元<(100×60%)万元=60万元，因此，业务招待费只能扣除9万元，应调增(100-9)万元=91万元。

③ 职工福利费、工会经费、教育经费的扣除不超标准的，按实际扣除，超过标准的，则职工福利费不超过工资、薪金总额14%部分，工会经费支出不超过工资、薪金总额2%部分，教育经费不超过工资、薪金总额8%部分，予以扣除。所以，职工福利费扣除限额为(200×14%)万元=28万元，应调增(50-28)万元=22万元。职工教育经费扣除限额为(200×8%)万元=16万元，实际发生2万元，故按实际扣除。工会经费扣除限额为(200×2%)万元=4万元，应调增(10-4)万元=6万元。

④ 税收滞纳金10万元不能税前扣除。

⑤ 固定资产折旧10万元，可以税前扣除。

最终，应纳税所得额=(1 000-100+91+22+6+10-10)万元=1 019万元。

3) 应纳所得税额=(1 019×25%)万元=254.75万元。

7.6 税后经济性分析

前面章节中所有的工程经济分析都是基于税前的现金流计算的。许多情况下，税前经济性评估可以提供准确的决策结果。但是毕竟大多数税是以现金流支出形式出现在每年的项目现金流中的，忽略税的影响，某些情况下可能会导致税前和税后决策倾向的反转。

税后经济性分析是指在进行经济分析时，考虑税收因素对经济活动的影响，特别是税后利润或收益的变化。税后经济性分析中的主要关注点在于税后净现金流，即实际可用的资金，是指以该现金流为分析对象，对项目经济性指标进行评价。这种分析方法有助于评估投资项目的真实经济效果，确保决策的合理性和有效性。本节内容将关注税后经济性分析中关键的几个环节，包括税后基准收益率、资产处置损益、税后现金流的计算及经济增加值。

7.6.1 税后基准收益率

税后基准收益率（After-tax Minimum Attractive Rate of Return）是指企业在考虑所得税影响后，投资项目应达到的最低期望收益率。这个指标更贴近实际情况，反映了企业在支付所得税后的真实盈利能力。

所得税后基准收益率的计算需要考虑企业所得税的税率、税收优惠政策等因素。在《中华人民共和国企业所得税法》中，规定了不同类型企业的所得税税率，如一般企业所得税税率为25%，小型微利企业减按20%征收，高新技术企业减按15%征收等（第二十七条、第二十八条）。这些税率将直接影响所得税后基准收益率的计算。例如，对于享受税收优惠的高新技术企业，其所得税后基准收益率会相应提高，因为税收优惠降低了企业的税负，增加了企业的净收益；反之，对于税率较高的企业，其所得税后基准收益率会相应降低。

税前基准收益率与税后基准收益率之间的关系如下式：

$$税前基准收益率 \approx \frac{税后基准收益率}{1-税率} \tag{7.17}$$

注意公式中的约等号在某些情况下可替换成等号，前提是资产是不可折旧的，且不存在其他免税及减税扣除项的情形时（即除了营业利润没有其他影响所得税的税额及缴税时间的因素），税前基准收益率精确等于上式右边的分数式。

【例 7-6】

税前基准收益率的确定

如果某企业的税后基准收益率为15%，该企业的实际所得税税率为25%，则企业税前基准收益率为

$$税前基准收益率 \approx \frac{15\%}{1-25\%} = 20\%$$

7.6.2 资产处置损益

在项目执行期或结束期会发生资产处置的需求，即需要出售某个可折旧资产。通常，在资产处置当下，其市场价值很少会等同于账面价值。市场价值从外部视角衡量资产的价值，账面价值从企业内部视角衡量资产的价值。资产处置损益被定义为某资产当前市场价值减去系统内部该资产的账面价值，即

$$资产处置损益 = MV_N - BV_N \tag{7.18}$$

从公式分析：

若 $MV_N > BV_N$，则处置资产获得收益，针对该收益产生相应的税负。
若 $MV_N < BV_N$，则处置资产带来损失，针对该损失产生相应的税抵。

问题思考 为什么要对资产处置损益进行所得税的补交或税抵？

【例 7-7】

资产处置损益的计算

某高新技术公司今年以50 000元出售了一台设备，该设备5年前原始购入价为100 000元，其他配套及安装调试达到可使用状态时投入为20 000元，5年里累计折旧为80 000元。请根据条件计算：①公司在设备资产处置时所产生的税负或税抵是多少；②若5年里累计折旧为60 000元，产生的税负或税抵是多少？

解：

如前所述，在《中华人民共和国企业所得税法》中，规定高新技术企业所得税税率按15%征收（第二十七条、第二十八条），故税率 $t=15\%$。

出售价格50 000元为设备的市场价值：

$$MV = 50\ 000\ 元$$

成本基值为设备购入价格及所有其他配套安装调试费用的总和,即 $B = (100\ 000 + 20\ 000)$ 元 = 120 000 元。

账面价格为设备成本基值扣除累计折旧后的剩余价值,则 BV = 成本基值 B - 累计折旧。

(1) 当累计折旧为 80 000 元时:
$$账面价值\ BV = (120\ 000 - 80\ 000)\ 元 = 40\ 000\ 元$$

资产处置损益 = MV - BV = (50 000 - 40 000) 元 = 10 000 元,意味着在处置中获利,则因为处置收益而产生的税负 = $-t\times$ 资产处置损益 = ($-0.15\times 10\ 000$) 元 = $-1\ 500$ 元。

(2) 当累计折旧为 60 000 元时:
$$账面价值\ BV = (120\ 000 - 60\ 000)\ 元 = 60\ 000\ 元$$

资产处置损益 = MV - BV = (50 000 - 60 000) 元 = $-10\ 000$ 元,意味着在处置中产生损失,则因为处置损失而产生的税抵 = $-t\times$ 资产处置损益 = [$-0.15\times (-10\ 000)$] 元 = 1 500 元。

7.6.3 税后现金流

所得税后净现金流量(After-Tax Cash Flow,ATCF)通常是指在考虑企业所得税因素后,企业实际可获得的净现金流量。

由于第 k 年应纳税所得为 $(R_k - E_k - d_k)$,因此第 k 年所得税为
$$T_k = t(R_k - E_k - d_k)$$

因此,当 $(R_k - E_k - d_k) > 0$ 时,就会增加税额,即产生了税负;而当 $(R_k - E_k - d_k) < 0$ 时,就会减少税额,即产生税抵。

前面小节已经明确,第 k 年的税后现金流量为税前现金流量与所交所得税之差,即
$$ATCF_k = BTCF_k - T_k = (R_k - E_k) - t(R_k - E_k - d_k)$$
$$= (1-t)(R_k - E_k) + td_k \tag{7.19}$$

采用表格形式可以方便描述税后现金流计算中各项因素的构成,见表 7-6。其中,A 列为税前现金流(BTCF),其值为当年(第 k 年)收入 R_k 减去支出 E_k;B 列为按计划允许提取的折旧 d_k;C 列为应纳税所得,即扣除折旧后的当年净收入,其值为 A 列与 B 列数值之差;D 列为应缴(节省)所得税额,其值为税率 t 与 C 列数值之积,因为其为支出,加上负号;E 列为计算出的税后现金流(ATCF),其值为 A 列与 D 列数值之和。

表 7-6 税后现金流计算中各项因素的构成

年份	(A) 税前现金流 (BTCF)	(B) 折旧	(C)=(A)-(B) 应纳税所得 (TI)	(D)=-t(C) 应缴(节省) 所得税额	(E)=(A)+(D) 税后现金流 (ATCF)
k	$R_k - E_k$	d_k	$R_k - E_k - d_k$	$-t(R_k - E_k - d_k)$	$(1-t)(R_k - E_k) + td_k$

税后现金流的计算则依据项目的研究期,按照表中各列内容和公式进行逐年计算,注意正负号(+/-)分别代表现金流入/流出。其中,$k=0$ 代表项目初始,仅仅考虑项目初始投资。后续从第 1 年至第 N 年,每年依据当年各项数据进行税后现金流的计算,特别注意最后一行,还要额外考虑项目结束时(第 N 年年末)的资产处置的影响,可能会对处置资产带来不同的损益,乃至额外的税负或税抵。完整的税后现金流计算过程见表 7-7。

表 7-7 税后现金流计算过程

第 k 年年末	(A) 税前现金流 (BTCF) R_k-E_k	(B) 折旧 d_k	(C)=(A)-(B) 应纳税所得 (TI) $R_k-E_k-d_k$	(D)=$-t$(C) 所得税 $-t(R_k-E_k-d_k)$	(E)=(A)+(D) 税后现金流 (ATCF) $(1-t)(R_k-E_k)+td_k$
0	初始投资（$-I$）				初始投资（$-I$）
1 2 ⋮ N （收入费用）	年净收入（+/-）	折旧（+）	TI（+/-）	应缴（节省）所得税额（符号与 TI 相反）	税后年净收入
N （资产处置损益）			MV_N-BV_N	$-t(MV_N-BV_N)$	$MV_N-t(MV_N-BV_N)$

【例 7-8】

税后现金流计算

某工程项目在当年度获取的销售收入为 500 000 元，现金支出为 200 000 元，允许的扣税额为 20 000 元，企业所得税税率为 25%，则其税后现金流是多少？

解：

由式（7.19）得：

ATCF=$(1-t)(R_k-E_k)+td_k$=[$(1-0.25)\times(500\,000-200\,000)+0.25\times20\,000$]元=23 000 元

该工程项目税后现金流为 23 000 元。

7.6.4 税后经济性分析

税后经济性分析通常采用与税前经济性分析相同的盈利性评价和流动性评价，唯一的区别在于前者考虑税后基准收益率，针对项目税后现金流计算其各项盈利性指标（如净现值、内部收益率等），而税前经济性分析则基于税前基准收益率计算税前现金流。

【例 7-9】

资产的税后现金流分析

公司准备投资 45 000 元用于购买设备维护部门要求的新测试设备，考虑税后基准收益率为 15%。该测试设备使用后预计在后续 10 年中每年可以节省 23 000 元的维护费用，年度运营成本为 7 300 元。设备将使用余额递减法进行折旧，10 年后设备残值为 0。公司实际所得税税率为 25%。请分析是否应该投资该测试设备？

解：

我们可以根据题目信息，绘制该项目的税前现金流图，如图 7-3 所示，其中每年节省的维护费可被认为是现金流入。

若进行税前现金流分析，由于要进行税前经济性分析，需要以税前基准收益率来进行复利计算。由式（7.17）可得：

$$MARR_{BT}=MARR_{AT}/(1-t)=15\%/(1-25\%)=20\%$$

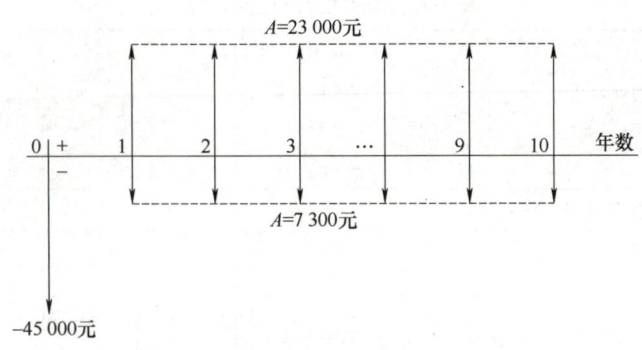

图 7-3 现金流图

$$NPV = [-45\,000+(23\,000-7\,300)\times(P/A,15\%,10)]\,元 = 20822.25\,元$$

可见,税前经济性分析结果显示,该测试设备值得投资。

若考虑税后,我们根据表 7-7,形成例 7-9 的税后现金流表,如表 7-8 所示。

表7-8 折旧10年的设备投资税后现金流 （单位：元）

第 k 年年末	(A) 税前现金流	(B) 折旧	(C)=(A)-(B) 应税收入	(D)=-t(C) 所得税	(E)=(A)+(D) 税后现金流
0	-45 000				-45 000
1	15 700	9 000	6 700	-1 675	14 025
2	15 700	7 200	8 500	-2 125	13 575
3	15 700	5 760	9 940	-2 485	13 215
4	15 700	4 608	11 092	-2 773	12 927
5	15 700	3 686.4	12 013.6	-3 003.4	12 696.6
6	15 700	2 949.12	12 750.88	-3 187.72	12 512.28
7	15 700	2 359.296	13 340.7	-3 335.18	12 364.82
8	15 700	1 887.44	13 812.56	-3 453.14	12 246.86
9	15 700	1 509.95	14 190.05	-3 547.51	12 152.49
10（收入费用）	15 700	1 207.96	14 492.04	-3 623.01	12 076.99
10（资产处置损益）	0		-4 831.84	1 207.96	1 207.96
			NPV = 20 755.3		

注：第10年年末资产处置损益应税收入的计算不遵循表头的计算公式。

表7-8中,折旧计划为双倍余额递减法,折旧期为10年（从第1年至第10年）,B列计算如下：

$$d_k = BV_{k-1}\frac{2}{N} = BV_{k-1}\times 0.2$$

第10年年末的资产处置损益计算如下：

$$资产处置损益 = MV_N - BV_N = MV_N - \left(B - \sum_{k=1}^{N} d_k\right) = [0-(45\,000-48\,168.16)]\,元 = -4\,831.84\,元$$

由结果可见,在资产处置过程中存在损失,故会获得税抵,见表7.7中D列10行（税后现金流为1 207.96元）。

最后获得第 E 列的数据即税后现金流。

按照第 E 列税后现金流计算净现值 NPV：

$$\text{NPV} = \left[-45\,000 + \sum_{k=1}^{N} \text{ATCF}_k(P/F, i, k)\right] 元 = 20\,755.3\,元$$

问题思考 若企业选择减少折旧期的加速折旧计划，会有什么影响？

假设选择 5 年折旧计划，则折旧率 = $2/N = 2/5 = 0.4$，重新计算相应的折旧 d_k，TI_k，ATCF_k，见表 7-9。

表 7-9　项目税后现金流计算　　　　　　　　　　　　　　（单位：元）

第 k 年年末	(A) 税前现金流	(B) 折旧费用	(C)=(A)−(B) 应纳税收入	(D)=−t(C) 所得税	(E)=(A)+(D) 税后现金流
0	−45 000				−45 000
1	15 700	18 000	−2 300	575	16 275
2	15 700	10 800	4 900	−1 225	14 475
3	15 700	6 480	9 220	−2 305	13 395
4	15 700	3 888	11 812	−2 953	12 747
5	15 700	2 332.8	13 367.2	−3 341.8	12 358.2
6	15 700	0	15 700	−3 925	11 775
7	15 700	0	15 700	−3 925	11 775
8	15 700	0	15 700	−3 925	11 775
9	15 700	0	15 700	−3 925	11 775
10（收入费用）	15 700	0	15 700	−3 925	11 775
10（资产处置损益）	0		−3 499.2	874.80	874.8
	NPV = 22 177.74				

注：第 10 年年末资产处置损益应税收入的计算不遵循表头的计算公式。

同样，计算其 NPV = 22 177.74 元，可见加速折旧会比延迟折旧产生税收节省的净现值更大。

7.6.5　经济增加值

在了解了税后现金流的基础上，我们还可以分析企业的一个重要财务指标——经济增加值。**经济增加值（EVA）** 是指税后净营业利润扣除全部投入资本后的剩余收益。经济增加值可以用来估计工程项目投资的潜在盈利能力，它不仅是一个财务指标，还是评价经营者有效利用资本和为企业创造价值的重要工具。

问题思考 我们知道利润指标可以反映评价项目的盈利能力，经济增加值与利润指标（如净利润）有何不同？

从经济增加值的定义及公式中可知，经济增加值的概念强调了资本的使用效率，即企业不仅要考虑利润，还要考虑所使用资本的成本。经济增加值的核心假设是资本投入是有机会成本的，企业盈利只有高于资本的机会成本才能为股东创造价值，如果企业创造的利润不足以弥补其资本成本，那么即使会计利润为正数，经济增加值也可能是负数。

比如投资 10 万元开一个商店，年底利润所得是 1 万元，利润率是 10%，听起来利润率不算低，但是计算经济增加值需要知道这 10 万元的机会成本。假设把这 10 万元投入其他项目到年底能赚 1.2 万元，即这 10 万元的机会成本是 12%，所以此时经济增加值是负数，本质上亏钱了。

因此经济增加值能够更准确地反映企业的经济利润。与传统利润指标相比，经济增加值考虑了股东资本的机会成本，有利于减少传统会计指标对经济效益的扭曲，更能体现企业的真实经营状况和价值创造能力。

1. 经济增加值的计算

经济增加值是指企业在某特定年度税后净营业利润与当年税后资本成本间的差额，即资本回报与资本成本之间的差额，用公式表示为

$$\begin{aligned} \text{EVA}_k &= (\text{税后净营业利润})_k - (\text{税后资本成本})_k \\ &= \text{NOPAT}_k - i\text{BV}_{k-1} \end{aligned} \quad (7.20)$$

继续推导该公式，可得：

$$\begin{aligned} \text{EVA}_k &= (1-t)(R_k - E_k - d_k) - i\text{BV}_{k-1} \\ &= (1-t)(R_k - E_k) + td_k - d_k - i\text{BV}_{k-1} \\ &= \text{ATCF}_k - d_k - i\text{BV}_{k-1} \end{aligned}$$

可以推出经济增加值与税后现金流的关系如下：

$$\text{ATCF}_k = \text{EVA}_k + d_k + i\text{BV}_{k-1} \quad (7.21)$$

【例 7-10】

EVA 的计算

沿用例 7-9，参考新测试设备（按 5 年期计提双倍余额递减折旧）的项目税后现金流计算见表 7-9，我们计算该设备投资的经济增加值，分别先计算净营业利润、账面价值 [式 (7.3)] 和经济增加值 [式 (7.20)]，形成相应的数据表（见表 7-10）。表中相关项目计算如下：

1) 净营业利润为应纳税收入扣除所得税，即表 7-9 中第 C 列与第 D 列之和。

2) 账面价值为成本基值（45 000 元）扣除累计到第 k 年的折旧和（第 B 列的前 k 个数据和），第 k 年的账面价值为 $\left[45\,000 - \sum_{i=1}^{k}(B(i))\right]$ 元。

3) 经济增加值为税后净营业利润与当年税后资本成本的差额，第 k 年的经济增加值为 $\text{NOPAT}_k - i\text{BV}_{k-1}$。

表 7-10 EVA 计算 （单位：元）

第 k 年年末 k	净营业利润 NOPAT_k	账面价值 BV_k	经济增加值 EVA_k
0	0	45 000.00	—
1	-1 725.00	27 000.00	-8 475.00
2	3 675.00	16 200.00	-375.00

(续)

第k年年末 k	净营业利润 $NOPAT_k$	账面价值 BV_k	经济增加值 EVA_k
3	6 915.00	9 720.00	4 485.00
4	8 859.00	5 832.00	7 401.00
5	10 025.40	3 499.20	9 150.60
6	11 775.00	3 499.20	11 250.12
7	11 775.00	3 499.20	11 250.12
8	11 775.00	3 499.20	11 250.12
9	11 775.00	3 499.20	11 250.12
10	9 150.60	3 499.20	8 625.72
NPV = 22 177.74			

根据第1年至第10年的经济增加值列的所有数据，计算其净现值NPV=22 177.74元，发现与表7-9中按照税后现金流所计算的净现值NPV相同。

拓展思考 经济增加值指标的价值是什么？对于企业经营决策有什么帮助？

2. 应用场景

经济增加值广泛应用于企业绩效评价、投资决策、资本预算等方面。它帮助企业更好地评估项目的经济可行性，优化资本配置，提高整体经济效益。

3. 典型应用案例

可口可乐公司从1987年开始引入经济增加值（EVA）指标，通过将资本集中于盈利能力较高的软饮料部门，逐步摒弃回报低于资本成本的业务，并适度增加负债规模以降低资本成本，成功使平均资本成本由16%下降至12%，EVA连续6年以平均每年27%的速度增长，股票价格也上升了300%。

小结

本章主要介绍了工程经济分析中必须考虑的折旧和所得税的相关概念、方法和应用。

1）折旧是针对固定资产而言的，其目的是将固定资产的成本分摊到其使用年限内。

2）典型折旧方法包括：直线折旧法、工作量法、余额递减法、年数总和法。我国现行财会制度规定允许的加速折旧法主要有两种：年数总和法和双倍余额递减法。

3）依据表7-9项目税后现金流计算表，逐一进行税前现金流、折旧费用、应纳税收入、所得税等列计算，形成税后现金流。

4）税后经济性分析考虑税后基准收益率，针对项目税后现金流计算其各项盈利性指标（如净现值、内部收益率等），而税前经济性分析基于税前基准收益率对税前现金流进行计算。

5）经济增加值的概念强调了资本的使用效率，即企业不仅要考虑利润，还要考虑所使用资本的成本。

测试及问题

一、判断题

1. 固定资产净值等于固定资产原值减去折旧额。　　　　　　　　　　（　　）
2. 项目生产经营期的年净现金流量包括年折旧费。　　　　　　　　　（　　）
3. 固定资产原值随着时间的流逝而变得越来越小。　　　　　　　　　（　　）
4. 增值税以商品生产、流通和劳务服务各个环节的增值额为征税对象。（　　）
5. 折旧费是成本项目，因而属于现金流出量。　　　　　　　　　　　（　　）
6. 年数总和法是一种折旧率不变，折旧基数递减的加速折旧方法。　　（　　）
7. 计提固定资产折旧只需考虑固定资产的有形损耗，无须考虑其他因素。（　　）
8. 固定资产一般按月提取折旧，当月增加的固定资产当月照提折旧，当月减少的固定资产当月不应计提折旧。　　　　　　　　　　　　　　　　　　　　（　　）
9. 固定资产的净残值在固定资产报废前是未知的，只能靠人为判断和估计，因而不受折旧政策的约束。　　　　　　　　　　　　　　　　　　　　　　　（　　）

二、简答题

1. 可计提折旧的资产应满足什么样的条件？（第 7.2 节）
2. 一项资产的初始成本为 35 000 元，其有用寿命为 7 年，第 7 年年末估计市场价值为 7 000 元，运用下列方法计算第 2 年的折旧扣除额：①双倍余额递减法；②直线折旧法。（第 7.3 节）
3. 某企业购买了一部全新的大型机车，其成本为 180 000 元，其余辅件及调试费用为 15 000 元。第 5 年年末估计市场价值为 40 000 元。折旧期为 5 年，使用直线折旧计划计算并回答下列问题。（第 7.3 节）

   1）第 3 年年末累计折旧为多少？
   2）第 4 年年折旧额为多少？

4. 某企业以 15 000 元购买了一台设备，设备附件费用为 1 000 元，一次性安装费用为 1 200 元。第 3 年年末，企业进行设备处置，旧设备以 1 500 元出售，另外拆卸费用为 500 元。（第 7.3 节）

   1）该设备成本基值为多少？
   2）公司使用直线折旧法计提折旧，估计有用寿命为 5 年，残值 1 000 元，折旧扣除额不能补偿资产真实折旧的差额为多少？
   3）第 2 年年末资产的账面价值为多少？

5. 某企业正在考虑是否购买一台大型压印机，该压印机成本为 180 000 元，此外，运输、安装费用分别为 5 000 元和 10 000 元。第 5 年年末其市场价值估计为 40 000 元。企业采用双倍余额递减折旧计划，采用 4 年折旧期。（第 7.3 节）

   求：1）第 4 年折旧额为多少？

2）第 2 年年末资产账面价值为多少？

6. 一家大型铝厂进行设备改造决策，工程师们正考虑是否用一台价格比较贵、不过寿命更长的铜管装置替换原有塑管装置，表 7-11 是两个互斥方案的数据比较，包括了投资额、有用寿命、残值等。

表 7-11　两个互斥方案的数据比较

项目	塑管	铜管
投资额	5 000 元	10 000 元
有用寿命	5 年	10 年
用于折旧的残值	1 000 元（=SV_5）	5 000 元（=SV_{10}）
每年费用	300 元	100 元
有用寿命期末市场价值	0	0

使用直线折旧法计算折旧，假设所得税率为 25%，每年税后基准收益率为 12%，应该选择哪种方案，为什么？仔细列出分析中做出的所有假设。（第 7.4、7.5、7.6 节）

7. 一家木材生产企业决定入手一台全新的原木加工设备，新设备价格为 100 000 元，预计寿命期期末残值 5 000 元，使用上面提供的信息回答以下问题。（第 7.4、7.5、7.6 节）

1）根据我国税法规定，该资产允许的最低折旧期为多少？

2）使用直线折旧法，若设备持续使用到最低折旧期满，设备在其折旧期内折旧总额为多少？折旧期满后的账面价值为多少？

3）若设备预计使用 8 年，8 年后处置出售，市场残值为 20 000 元，请计算第 8 年的处置损益。

8. 与第 8 题信息一致，使用该设备后每年可节约人工费 30 000 元和材料费 10 000 元，每年税前基准收益率为 20%，所得税实际税率为 25%。（第 7.4、7.5、7.6 节）

1）请计算第 8 年的税务情况。

2）请计算设备的税后现金流，并根据该税后现金流，进行税后经济性分析决策。

9. 某项目投入设备资本 90 000 万元，4 年后忽略设备残值。每年收入 70 000 元，每年支出费用 30 000 元，采用直线折旧法，企业所得税税率 25%。企业的税后基准收益率为 15%。计算：（第 7.6 节）

1）设备使用 4 年的税后现金流。

2）每年的经济增加值，及经济增加值的年度等值。

 情境问题实践

个人所得税的认识——你会缴多少税？

相关情况见表 7-12。

表 7-12　PBL 情境问题类型基本信息

PBL 情境对象	领域	复杂度	参考知识	项目要求
个人所得税的认识	个人财务	一级	税的种类，个人所得税	个人

情境任务：

本实践项目为个人项目，要求学生独立完成调研，查阅、收集我国个人所得税的相关信息，尝试了解毕业后可能面临的个人所得税的缴交情境，从税的概念、计算、政策法规、缴税渠道及思政若干层面细致整理汇总资源，撰写递交报告。

思考如下问题：

1. 工作后的你有可能需要缴纳哪些税？缴多少税取决于哪些因素？税率是多少？
2. 如何报税？有什么免税政策？
3. 个人所得税可以怎样缴交？有什么区别？缴税时需要关注哪些事情？
4. 避税是否合理合规？

思政导引　按时报税、准确报税、及时缴税是每个公民应尽的义务

双语术语

- Depreciation　　　　　　　　　　　　　折旧
- Cost Basis　　　　　　　　　　　　　　成本基值
- Recovery Rate　　　　　　　　　　　　折旧率
- Recovery Period　　　　　　　　　　　折旧期限
- Straight-Line Method（SL）　　　　　直线折旧法
- Declining Balance Method（DB）　　　余额递减法
- Sum-of-Years-Digit（SYD）　　　　　年数总和法
- Units-of-Production Method（UP）　　工作量法
- Income Taxes　　　　　　　　　　　　所得税
- Before-Tax Cash Flow（BTCF）　　　　税前现金流
- After-Tax Cash Flow（ATCF）　　　　 税后现金流
- Taxable Income　　　　　　　　　　　应纳税所得
- Gain/Loss of Disposal　　　　　　　　资产处置损益
- EVA　　　　　　　　　　　　　　　　经济增长值

拓展阅读文献

[1] 赵玉,王小磊,罗晓波. 基于资金时间价值条件下双倍余额递减法的改进研究［J］. 中国农业会计, 2022（12）: 23-24.

［2］孙玉甫，孙丽娟，闫羽静. 固定资产折旧方法的改进研究［J］. 会计之友，2012（01）：13-14.

［3］赵明荣. 资金时间价值与固定资产折旧探析［J］. 财会通讯，2011（16）：82.

［4］朱郑. 固定资产折旧方法选择及其对企业财务的影响［J］. 天津经济，2024（05）：91-93.

［5］刘琼霞. 固定资产折旧方法的比较［J］. 中国市场，2021（35）：166-167.

［6］刘石头. 固定资产折旧方法的税收筹划［J］. 纳税，2021，15（20）：39-40.

［7］孙小翠. 加速折旧政策对运输设备制造业固定资产投资的影响研究［D］. 大连：东北财经大学，2022. DOI：10.27006/d.cnki.gdbcu.2022.000642.

［8］王天奇. 经济增加值在国有企业经营业绩考核中的运用探讨［J］. 现代商业，2024（14）：74-77. DOI：10.14097/j.cnki.5392/2024.14.019.

习题答案

第 8 章　资产更新决策

 本章目标

知识目标	能力目标
◇ 理解设备更新决策的动因及形式。 ◇ 掌握设备更新决策的经济分析方法。 ◇ 掌握设备更新相关寿命的概念及经济寿命计算方法。	◇ 能够对各种资产设备评估其经济寿命，制订更新计划及更新方案。 ◇ 能够对不同情境下的设备更新决策进行方案经济评价比较及方案选择决策。

📖 **本章问题-方法-知识图谱**

本章问题-方法-知识图谱见图 8-1。

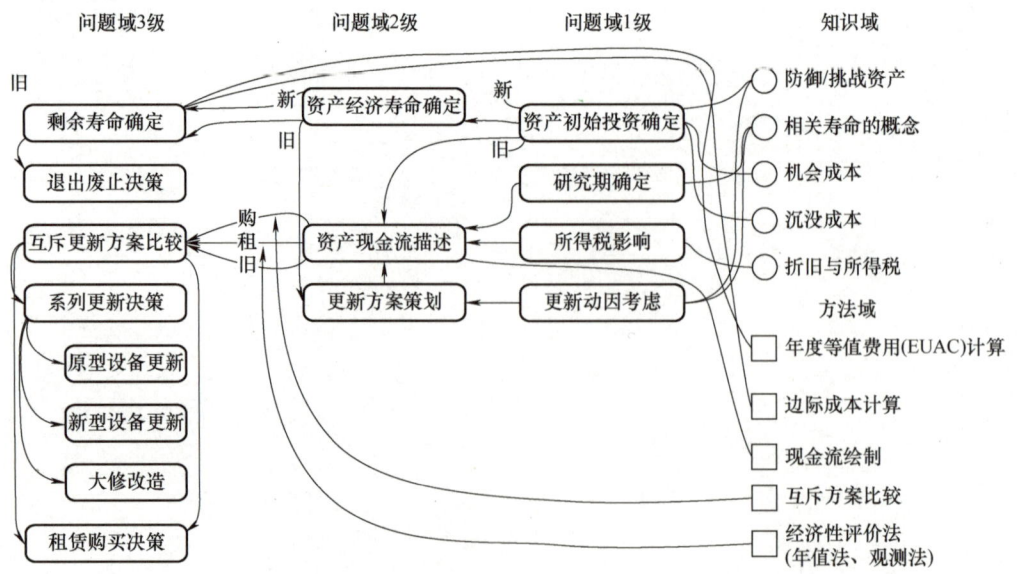

图 8-1　本章问题-方法-知识图谱

 **案例导入**

塑机企业金工车间卧式加工中心的设备更新

某塑机企业对其阀板车间的卧式加工中心开展设备管理,其中一台设备的信息见表8-1。

表8-1 卧式加工中心的信息数据

设备类型	购置年份	购置金额	残余价值	年维修费用	月均停机维修时间	效率	精度	新购价格
MA-60HB-R	2015年	39万元	0	4 500元	2天	与新机床相比效率下降30%以上	能加工阀板,前后板等精加工均不能加工	28.5万元

问题思考 若你是设备经理,你会如何进行这台加工中心的更新决策?是继续使用?还是替换?决策的依据是什么?车间里还有一些使用超过20年的机床设备,需要如何考虑更新策略?还有几台新购入的设备,对新设备是否无须做任何更新分析?

思政导引 "在设备更新时,直到设备坏了无法维修时才考虑更新,否则能修就修,才能为企业节约资金,节省成本。"这种"节俭观"对吗?

请带着这些问题思考,在本章学习中找寻答案。

8.1 引言

资产设备使用了一定年限后,都会面临着更新的需求,案例导入中给出的是制造业情境中的设备更新,其他不同情境下的更新问题可能有不同的形式。

1. 日常学习生活情境

1)情境1。你在大学入学时购入了一台笔记本电脑,随着使用年限增加,笔记本电脑的性能逐年降低,经常出现死机、黑屏、开机困难、卡顿等问题,你会如何进行笔记本电脑的更新决策?

2)情境2。毕业工作后,你购买了一辆汽车,汽车在使用过程中除必需的油费、轮胎、洗车、保险等日常费用,还需要定期到4S店保养、维护。随着使用年限的增加,汽车在二手市场上的残值也会逐年降低。那么何时需要考虑汽车的置换呢?你会如何考虑汽车的更新决策?

2. 服务业情境

某航空公司国内航线飞机为波音737型机队,机龄不同,每架飞机维修保养费用每年高达 500 万~1 000 万元，油费高达 3 000 多万元，一些飞机临近 D 级大修，航空公司考虑更新扩充机队，新飞机购置价格约 5.7 亿元。那么应该如何考虑机队中飞机的更新及扩充运营能力呢？是租？是买？是大修前卖？还是保留？

从上述情境案例中可以发现，更新问题的决策会以不同形式出现，有时考虑的是更新报废旧资产（如情境 1），有时可能考虑以旧换新（如情境 2），有时需要增加产能或升级改造（如案例导入情境），有时需要决定是否持续使用资产直至废弃，有时需要决定是否通过租赁或购置方式补充服务能力（如服务业情境）。这些决策问题都将是本章将要解决的典型工程经济学问题——更新决策，其中涉及的动因、概念、影响因素、方法、典型问题应用都将在本章后续小节中详细介绍。

8.2 更新分析的动因

我们从前面情境案例中发现在不同更新决策问题中，更新需求的来源并不相同，以下总结了 4 种可能的主要动因：

1. 设备磨损

设备是企业生产的重要资源条件，用于生产（提供）产品（服务）。设备购置后，无论使用或闲置备用，都会发生磨损，通常称为物理磨损（有形磨损）。这类磨损会导致资产设备性能、精度和运行效率的降低，产品（服务）质量的不稳定，运行费用、例行保养的维修费用的增加，能源耗用的增加，操作工时的延长等等。

2. 需求变化

由于资产设备主要用于满足社会需求的产品或服务，因此这些产品或服务的需求的变化，无论是量的增加、减少还是设计功能的改变都会影响相应设备的使用经济性。通常这种情形下，更新决策主要体现在设备的完全替换更新中。

3. 技术进步

科学技术的进步对资产设备的影响不能忽视，有时甚至是颠覆性的，特别对于生产制造领域内的自动化设备等，创新技术往往带来革新性的设备，使得产出和质量都有巨大提升，从而引起更加频繁的更新需求。因为技术进步的结果使得原有设备相对贬值，也称为无形磨损，即使原有设备本身物理磨损可能尚不严重，但是相比创新技术带来的新设备，继续使用在经济上是否合算需要分析论证。

4. 经济财务因素

在使用资产设备进行生产的过程中，外部经济机会的考虑也是资产设备更新中可能的一个原因。比如某些政策倾斜用于鼓励企业高新技术设备更新配套设施；考虑情形所得税下，租赁资产设备比购置更新资产更具优势等。

上述 4 个更新动因会带来不同的更新决策形式或决策问题，比如：市场需求变化通常直接导致设备的弃置问题；设备的物理磨损往往可能产生设备局部维修补偿，或者升级改造的决策问题。外部经济因素则可能不是单纯的设备更新，而是新设备引入或者新设备使用模式引入（租赁）的决策问题。反过来讲，现实中任何一个更新问题可能至少包括上述原因中的一种。

8.3 更新中的若干概念

为了更好地理解资产更新决策问题，首先对其中涉及的基本术语和若干概念进行解释说明。

8.3.1 资产更新的相关术语概念

（1）**更新**。设备更新是指用新设备替换由于各种原因不宜继续使用的旧设备。

（2）**设备大修**。设备在使用中存在物理磨损，另外，设备中的零件和部件的材质、使用条件和使用情况均不相同，使得设备的主要零部件会存在不同的使用期限。修理是指恢复设备所丧失的使用功能的过程和方式。通常，根据修理的程度，分为例行维护和设备大修，例行维护是指通过调整或更换易耗件，保持设备正常使用的能力；设备大修则是指通过调整、修复或更新关键零部件的方式恢复设备正常使用的能力。

（3）**废弃**。废弃是指不对现有资产设备进行任何形式的替换，在更新决策问题中特指立刻放弃使用或者继续使用该设备，直至完全弃置不用为止。废弃决策问题的核心是决定何时停用的节点。

（4）**升级改造**。在继续使用现有旧资产设备方案中，通常为了保证旧设备与新替换设备在生产效率上的同等竞争力，需要对旧设备进行性能提升，采取诸如技术改造、零部件替换、软件加装等升级改造措施。

（5）**以旧换新**。这是指在设备更新替换时，将现有旧资产设备以一定市场价值进行置换的一类更新。在更新决策中应考虑市场价值的影响。注意：不能重复叠加。

（6）**防御资产**与**挑战资产**。为了清晰比较，在更新决策互斥方案中，定义现有资产设备（即旧资产方案）为防御资产，新的更新替换资产（即潜在替换设备方案）为挑战资产，更新决策就是在这两个互斥方案中进行比较评价。特别说明，防御资产设备仅有一个，但潜在可替换设备可以是多个，通常为了简化，将挑战资产特别定义为在众多可行备选设备中的"最佳"替换设备。更新决策就是在防御资产和挑战资产中进行二选一的互斥方案决策。

8.3.2 更新中的寿命

更新决策中有两个核心决策：是否更新和确定寿命，前者决定设备是否需要更新，后者则决定设备何时更新。更新中涉及4种类型的寿命。

（1）**经济寿命（Economic Life）**。这是指在拥有和使用资产设备过程中等值年度费用（EUAC）最低的时间期限（年数），即设备从投入使用开始，到继续使用开始不经济所经历的时间。随着设备使用年限的增加，一方面设备操作成本、维护成本及能耗费用增加而使得年度运行成本（AW）会逐年增加，另一方面所分摊的等额年度资本回收额（CR）会逐年降低。所以，年度资本恢复成本的降低会被年度运行成本的增加所抵销，在整个使用年限中存在某一个年份，使得设备的等值年度费用（EUAC）最低，如图8-2所示。所以，设备的经济寿命原则上是从经济观点上确定设备更新的最佳时刻。从资产设备管理角度而言，当新购置设备达到经济寿命时，应该开始进行更新决策分析。

（2）**有用寿命（Useful Life）**。这是指资产设备保持可生产/服务状态（无论作为正常使用或者备用）的时间年限，即在生产经营中预计可以产生收入的总年限。

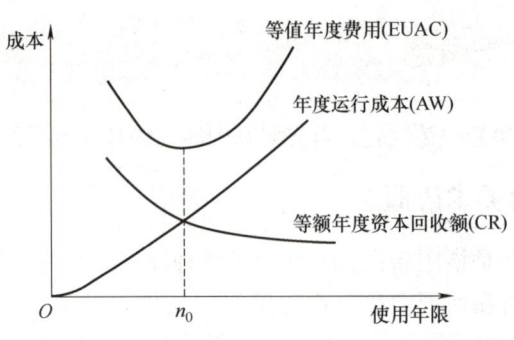

图 8-2 资产设备的等值年度费用曲线

（3）**物理寿命**（Physical Life）。这是指资产设备从最初购置到最终废弃处置经历的存续年限。物理寿命又称自然寿命，由设备的物理磨损决定，而物理磨损与设备使用过程中维护保养有关，所以设备最终因无法修复而废弃的时限难以预知。因此，在更新分析中，物理寿命不能成为分析评估的考虑因素。

（4）**剩余寿命**（Remaining Life）。这是指旧资产设备在已经达到自身经济寿命，但由于与更新替换设备相比较仍然在使用上有经济性优势而被选择继续使用的年限。

从上述几个寿命概念中可知，有用寿命和物理寿命难以进行合理的估计，而更新分析是在明确的研究期内对各更新方案进行的比较评价，若没有给出明确研究期，就需要将可估算的经济寿命作为研究期，所以更新决策中主要关注的是资产设备的经济寿命及剩余寿命。另外，好的资产设备管理中，更新决策一方面需要估算新购置资产设备的经济寿命，以决定最佳更新周期（第 8.6 节）；另一方面对于已经达到经济寿命的资产设备需要根据当前挑战资产设备的情况估算剩余寿命（第 8.7 节）。

8.4 更新分析中考虑的因素

更新方案的比较分析首先需要对防御资产方案和最佳挑战资产方案进行现金流图描述。在绘制现金流图过程中，需要考虑若干因素。

1. 更新方案中过去决策的影响

首先必须明确在更新研究中，只有现在和未来的现金流才应该被纳入到考虑的范畴中。所以对于防御资产而言，任何发生在过去的决策所带来的影响（比如初始购置资本、折旧方式的选择、账面价值等）都不应该体现在对方案未来描述的现金流中。这里需要特别明确的是，沉没成本即资产账面价值高于市场价值的差异也应该与更新资产的决策无关，除非更新决策中考虑存在资产处置时的所得税影响，那么沉没成本的影响就需要纳入分析中。

2. 资产价值分析中的外部视角

在绘制更新分析互斥方案的现金流图时，需要确定挑战资产和防御资产的初始投资成本。评估资产设备的初始投资价值需要客观的"外部"视角。对于挑战资产而言，是指新资产设备可购买的市场价格（市场价值 MV）。而对于防御资产而言，尽管从内部视角来看，选择继续使用现有防御资产没有额外付出任何购置成本，但是从外部视角来看，必须考虑机会成本的概念，继续使用旧资产意味着放弃售卖旧资产可能获得的价值。这个价值体现为市场价值,而非账面价值。因为前者是从外部视角评估的资产价值,后者则是从内部视角评估的资产价值。另外,若为了保证防御资产设备具备与新资产设备同样的竞争力,需要额外的升级投入,升级改造的投入成本需要一并考虑在防御资产方案的初始投资价值中。

> 防御资产的初始投资成本体现为目前该资产的市场价值加上升级现有资产使之与挑战资产方案具有同等竞争力的费用之和。

【例 8-1】 设备 A 是 4 年前花 2 200 元购置的,预计其有用寿命为 10 年,10 年后剩余价值为 200 元。目前设备 A 在公司内部账面价值为 800 元,二手市场售价为 600 元,每年的运作成本是 700 元。若继续使用设备 A,为了提升其效率,还需要花费 200 元对其关键部件进行升级改造。如何描述更新决策方案中继续使用设备 A 的现金流?

从外部视角看,继续使用设备 A 的初始投资成本应该是其机会成本,即目前二手市场的市场价值 600 元与升级改造费用 200 元之和,即 800 元。4 年前的购置成本 2 200 元及公司目前账面价值 800 元都是属于过去决策的结果,都不应该体现在方案的现金流图(图 8-3)中。而在该例题中设备 A 的沉没成本为(800-600)元 = 200 元,在不考虑所得税的前提下与更新资产的决策无关。

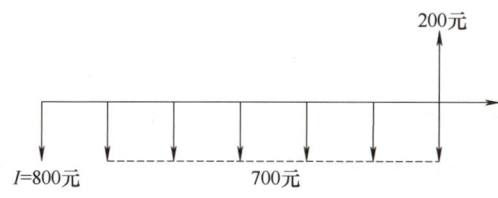

图 8-3 继续使用设备 A 现金流

3. 更新方案中研究期(寿命)的考虑

更新方案比较时必须保证互斥方案比较基础的一致性,即各互斥方案应该有共同一致的研究期。针对现实中不同的更新决策情境,需要做出不同的假设和考虑。

通常而言,挑战资产一般为当前时期最佳的可替换新资产设备,而防御资产是旧设备,其有用寿命一般比新设备的有用寿命短,不同有用寿命的两个方案进行比较时共同研究期的确定需要根据实际情境决策,同时参考第 6 章中不同寿命下互斥方案研究期的确定假设(共同截止假设,详见第 8.8.2、8.9.4 小节)。

有些情形下,若做好维护保养,防御资产和挑战资产均会无限使用下去,当两个更新资产方案的有用寿命均无法确定时,确定研究期需要估算出经济寿命,在各自的经济寿命下采用年值法 AW 进行互斥更新方案的比较(可重复性假设,详见第 8.8.2、8.9.4 小节)。

4. 更新方案中防御资产的剩余寿命考虑

前面小节中我们提到了资产设备的经济寿命是使用该资产过程中拥有最低 EUAC 的年限,达到经济寿命时就是考虑更新决策的最佳时间点。需要进行更新决策时,通常防御资产已经达到其原有的经济寿命,也就是说,从自身经济性考虑,继续使用防御资产将开始变得不经济了,在更新互斥方案中选择继续使用防御资产不等于要一直使用旧资产,更为可行的防御资产方案是估算出防御资产的剩余寿命,在剩余寿命期内继续使用旧资产,超过后再更新至最佳的挑战资产(详见第 8.8.4 小节)。

5. 所得税的考虑

资产更新过程中一般会涉及可折旧资产的出售，会产生资产损益的可能性，影响所得税，进而影响防御资产的初始投资成本（详见拓展资源）；另外，若更新决策中涉及租赁方案，设备的租金允许计入成本，从而减少所得税，则所得税的影响必须考虑到决策分析中（详见第 8.10 节）。所以完整、全面的更新决策应该建立在税后经济性分析的基础上。

8.5 资产更新决策的典型问题导览

由于更新需求存在差异，具体更新问题中的时间节点存在差异，乃至生产及服务领域存在差异，所涉及的更新决策问题也会有差异。资产设备更新决策问题导览图见图 8-4。

企业新购置的资产设备无须进行更新决策，但是为了保障企业运营有合理量化的设备管理，需要对重要资产设备进行最佳更换周期（即经济寿命）的确定，即 **P1：新资产（挑战资产）经济寿命估算问题**。同样，对于已经使用一定年限的现有旧资产，也需要确定其经济寿命（或剩余寿命），即 **P2：旧资产（防御资产）剩余寿命估算问题**。这样，当设备使用到经济寿命年限时，可以开始进行更新决策的考虑。

更新决策的核心是更新方案的规划及更新方案的比较分析。更新方案中的资产设备依据是否需要更换而被细分为两类：

1) 若更换。则方案隶属于新资产的范畴，新资产可以有众多可行备选方案，按照其获取形式，可以分为：**租赁新设备（方案①）** 与购买新设备两类互斥方案，对应于新购设备方案，可细分为与防御资产同样的 **原型设备购置（方案②）**，或为了适应科技进步及升级考虑的 **新型设备购置（方案③）**。

2) 若不更换。则方案隶属于旧资产的范畴，意味着考虑保留原有旧资产的方案。保留旧资产的形式有多种，可以单纯保留继续使用 **现有旧资产（方案④）**、现有旧资产先保留几年再换成新资产［即"旧+新"(方案⑤)］、考虑旧资产升级/大修的方案［"旧+改造"(方案⑥)］，以及仅考虑退出的旧资产（方案⑦）］。

这 7 类可能的更新方案中可以组合出多个典型的更新决策，包括：互斥方案①②③对应的决策（**P5：租赁购买决策问题**）；互斥方案②③④⑤⑥间的决策（**P3：更新决策问题**）；以及方案⑦关联的（**P4：资产退出（废止）决策问题**）。更新决策中的问题类型汇总，见表 8-2。

表 8-2 更新决策中的问题类型汇总

问题类型		对应章节
P1：新资产（挑战资产）经济寿命估算问题		（第 8.6 节）
P2：现有资产（防御资产）剩余寿命估算问题		（第 8.7 节）
P3：更新决策问题	P3-1 原型设备更新决策	（第 8.9.1 小节）
	P3-2 新型设备购置决策	（第 8.9.2 小节）
	P3-3 大修/升级更新决策	（第 8.9.3 小节）
	P3-4 延迟更新决策	（第 8.9.4 小节）
P4：资产退出（废止）决策问题		（第 8.10 节）
P5：租赁购买决策问题		（第 8.11 节）

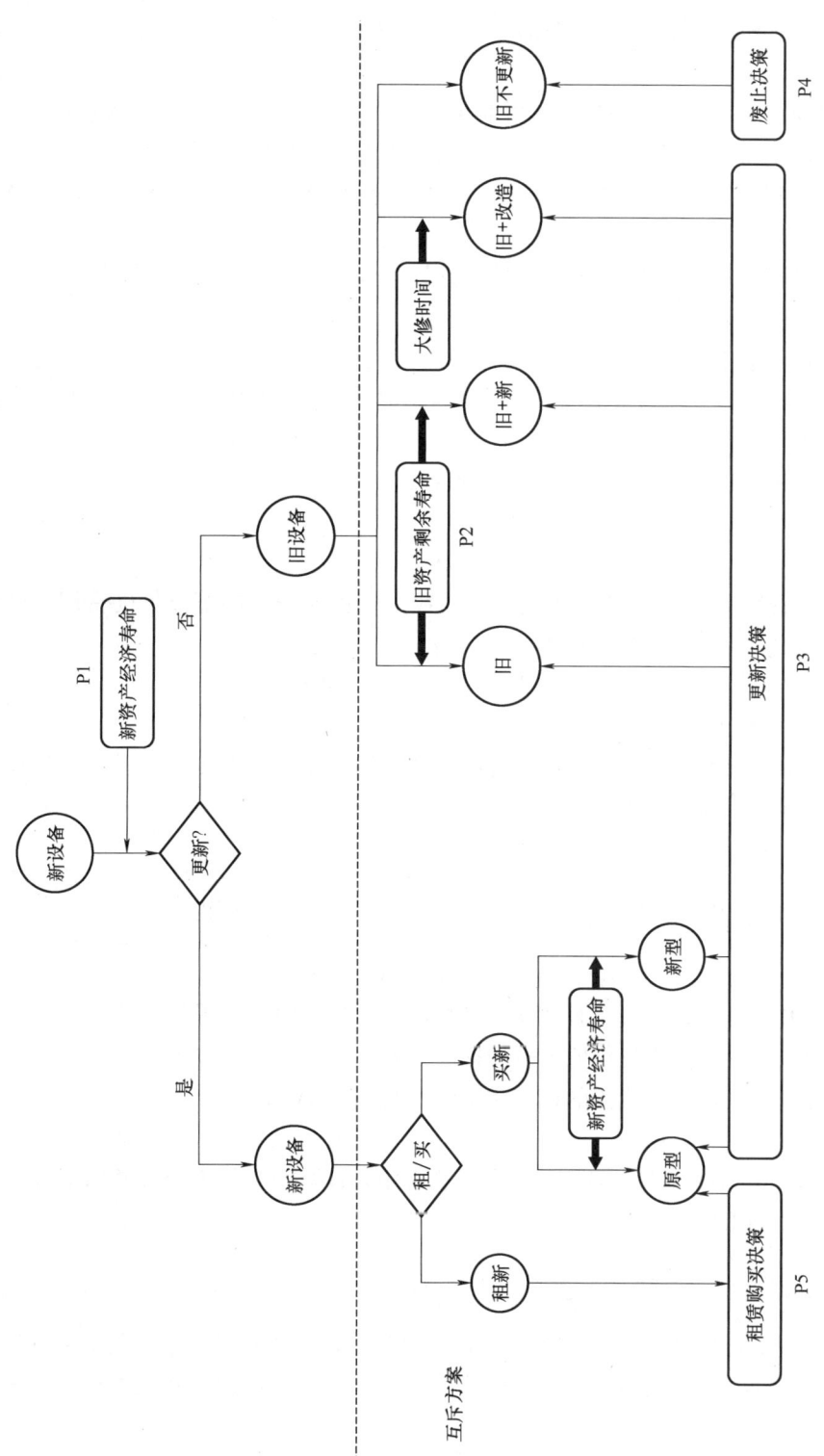

图 8-4 资产设备更新决策问题导览图

8.6 新资产（挑战资产）的经济寿命（P1）

设备的经济寿命在第 8.2 节中定义为在拥有并运营资产设备过程中有最低等值年度费用（EUAC）的年限，所以经济寿命也被称为最低成本寿命或最佳更新年限。

1）从设备管理角度，对于新购置资产而言，准确估算其经济寿命就意味着可以确定设备的最优更新决策节点。

2）从更新决策分析角度，对最佳挑战资产计算其经济寿命，可以在其经济寿命和最低成本基础上对挑战资产和防御资产进行比较。

经济寿命的估算本质上是计算不同年限下资产设备的等值年度费用（EUAC），对于新资产来说，若其资本投资、年度使用费以及使用过程中各年的市场价值已知或可以估算出来，那么它的等值年度费用就可以计算得到，其具体计算有两种方法：

方法 1：根据等额年费用与等值资本恢复额计算

第 5 章中曾经给出 EUAC 的计算方法：

$$EUAC = E + CR$$

式中，E 为等额年费用；CR 为等额年度资本回收额，即投入资本的等值年度费用，可以表达为原始投入资本的年度等值减去残值的年度等值：

$$CR = I(A/P, i, N) - S(A/F, i, N)$$

方法 2：根据边际成本计算

边际成本（Marginal Cost，MC）是指设备每多使用一年而增加的成本，具体可表达为从 $k-1$ 年到 k 年的 PW 增加额，再折算到第 k 年年末的等值，即

$$MC_k = (PW_k - PW_{k-1})(F/P, i, k) \tag{8.1}$$

其中，$PW_k(i) = I - MV_k(P/F, i, k) + \sum_{j=1}^{k} E_j(P/F, i, j)$，代入上式，化简得：

$$MC_k(i) = MV_{k-1} - MV_k + iMV_{k-1} + E_k \tag{8.2}$$

从式（8.2）中可以看出，每多使用 1 年产生的边际成本由 3 个部分组成：

1）第 k 年继续使用资产市场价值下跌的损失：$MV_{k-1} - MV_k$。
2）第 k 年年初该资产资本投资的机会成本（利息）：iMV_{k-1}。
3）第 k 年的年度花费：E_k。

根据式（8.2）可以计算出全部边际成本，然后用来计算得到第 k 年及其以前各年的等值，即等值年度费用 EUAC：

$$EUAC_k = \left[\sum_{j=1}^{k} MC_j(P/F, i, j)\right](A/P, i, k)$$

上述两种方法都可以计算 EUAC，方法 1 相对简单，方法 2 的优势是可以得到每年的边际成本，在后续估算防御资产的剩余寿命时就可以使用，另外利用 Excel 工具也可以方便按照数据表形式计算。

从计算出的所有使用年限下的 EUAC 值中，找到最小的 EUAC 值对应的年数即该新资产（挑战资产）的经济寿命。

【例 8-2】

挑战资产（新资产）的经济寿命

购买一个新服务器的价格为 10 000 元，能用 5 年，每年市场价值均损失 1 600 元，5 年后市场残值是 2 000 元，新资产经济寿命 N_C^* 的确定见表 8-3，表中第 2 列和第 5 列分别显示了该服务器每年年末拥有的市场价值以及年度使用费。在每年税前 MARR 为 10% 的情况下，该服务器应当使用多少年最佳？

表 8-3 新资产经济寿命 N_C^* 的确定 （单位：元）

(1)	(2)	(3)	(4)	(5)	(6)	(7)
第 k 年年末	市场价值（第 k 年年末）	第 k 年年初市场价值损失	资本成本 = 年初市场价值的 10%	等额年费用 (E_k)	[=(3)+(4)+(5)] 年度全部（边际）成本（MC_k）	第 k 年的 EUAC
0	10 000	—	—	—	—	—
1	8 400	1 600	1 000	1 000	3 600	3 600
2	6 800	1 600	840	1 100	3 540	3 571
3	5 200	1 600	680	1 200	3 480	3 544
4	3 600	1 600	520	1 500	3 620	3 560
5	2 000	1 600	360	2 000	3 960	3 625

方法 1：根据 $\text{EUAC}_k = E_k + \text{CR}_k$ 计算

$$\text{CR}_k = I(A/P, i, k) - S(A/F, i, k)$$

$$E_k = \left[\sum_{j=1}^{k} E_j(P/F, i, j) \right] (A/P, i, k)$$

按照上述公式分别计算每年（$k = 1, 2, \cdots, 5$）的 EUAC，这里以计算第 2 年（$k = 2$）EUAC 为例：

$$\text{EUAC}_2 = [10\,000 \times (A/P, 10\%, 2) - 6\,800 \times (A/F, 10\%, 2) + [1\,000 \times (P/F, 10\%, 1) + 1\,100 \times (P/F, 10\%, 2)](A/P, 10\%, 2)] \text{元} = 3\,571 \text{元}$$

方法 2：根据边际成本组成，分别计算市场价值损失（第 3 列）、资本成本（第 4 列）及等额年费用（第 5 列），加（3）（4）（5）得到年度边际成本（第 6 列），然后利用式（8.2）得到相应的 EUAC（第 7 列），具体计算数据见表 8-3，最小的 EUAC 值对应的年数即该服务器的经济寿命 N_C^*。

从计算结果可见，该服务器使用 3 年最佳。

8.7 现有资产（防御资产）的剩余寿命（P2）

前一小节讲述了新资产的经济寿命的估算，我们明确新购置资产的经济寿命是其未来考虑更新决策的最佳时间点，新资产一旦开始使用，就变成现有资产。对于现有资产（防御资产），我们同样需要确定防御资产的最佳经济寿命（N_D^*）。

由经济寿命的定义可知，资产的经济寿命是指拥有使用该资产过程中具有最低 EUAC 值的年限，对防御资产亦是如此。根据现有资产的具体情况，对其经济寿命的计算有不同的策略。

1) 情形1：当现有资产后续预计需要进行较大改装或进行大修时。因为届时会产生一笔大幅增加的支出费用，所以最低等值年度费用对应的经济寿命会是下次改装或大修之前的年限。

2) 情形2：当现有资产现在的市场价值已经为0，且后续无改装升级需求时。由于每年的运营费用将逐年增加，其最低等值年度费用对应的经济寿命为1年。

3) 情形3：若防御资产的市场价值大于0，并且预计其市场价值逐年降低，无升级大修需求时。该类情形下需要计算其经济寿命。运用外部视角的观点，可以利用现有资产设备的当前可实现的资本投资（考虑机会成本）、年度使用费用以及后续使用过程中各年的市场价值计算使用相应年限的 EUAC，找到最小的 EUAC 值对应的年限即现有资产的经济寿命。

> **拓展思考** 当现有（防御）资产达到经济寿命年限时，继续使用该资产开始变得不经济，但是否意味着一定要更换呢？

在第 8.3.2 小节中我们提到了剩余寿命的概念，对防御资产而言，到达经济寿命时开始不经济只是与自身经济性相比的结果，但与外部其他可替换资产比较，若经济性仍具有优越性，则会选择继续保留。实际上，只要继续使用防御资产的边际成本（再使用一年的总成本）低于挑战资产的最低等值年度费用，我们就继续使用防御资产，这时使用防御资产的期限要大于其经济寿命期。

> 确定防御资产的剩余寿命需要同时考虑自身内部经济性与外部经济性，在达到估算出的经济寿命基础上，继续比较使用防御资产的边际成本与挑战资产的最低 EUAC，防御资产的剩余寿命为计算出的防御资产的边际成本即将超过挑战资产的最低 EUAC 时的年限。

【例 8-3】
防御资产（现有资产）的经济寿命

在下面的服务器更新决策问题中，新资产的相关数据见第 8.6 节中例 8-2 和表 8-3。现有服务器两年前的购置价格为 13 000 元，现在的市场价值为 5 000 元。如果继续使用，它预计的市场价值及每年费用见表 8-4。求保留该设备的最经济的剩余使用期限。MARR 为 10%。

表 8-4　防御资产市场价值及每年费用数据　　　　　　　　（单位：元）

第 k 年年末	第 k 年年末的市场价值	年度使用费 E_k
1	4 000	1 500
2	3 000	1 800
3	2 000	2 400
4	1 000	3 200

解：

表 8-5 运用与表 8-3 相同的格式计算出了防御资产各年的总成本（该年度的边际成本）和各年年末的等值年度费用。从表中可以看出其最低等值年度费用为 3 000 元，即其经济寿命为 1 年。

表 8-5 防御资产经济寿命的确定

(1) 第 k 年末	(2) 市场价值（第 k 年末）	(3) 第 k 年年初市场价值损失	(4) 资本成本=年初市场价值的 10%	(5) 等额年费用 (E_k)	(6) [=(3)+(4)+(5)] 年度全部（边际）成本（MC_k）	(7) 第 k 年的 EUAC	
0	5 000	—	—	—	—	—	
1	4 000	1 000	500	1 500	3 000	3 000	($N_D^* = 1$)
2	3 000	1 000	400	1 800	3 200	3 278	
3	2 000	1 000	300	2 400	3 700	3 248	
4	1 000	1 000	200	3 200	4 400	3 520	

为了更清楚地比较，图 8-5 绘制了逐年递增的防御资产年度边际成本与相应的挑战资产最低 EUAC 的对比情况。从图中可见，虽然从自身经济性来看，现有资产的经济寿命仅为 1 年，但将其与挑战资产相比较，发现继续多使用 2 年，额外产生的边际成本（3 200 元）仍然会低于挑战资产在最低经济寿命期（3 年）时的最低 EUAC（3 544 元），而保留防御资产从第 3 年开始，其边际成本开始高于挑战资产经济寿命的最低 EUAC，并且成本的差距会越来越大，表明进行资产更新的必要性越来越紧迫。图 8-5 交叉点的右侧反映了这种情形。

因此基于以上数据，防御资产的剩余寿命应该为 2 年，即继续使用现有服务器的最经济的年限为 2 年，然后更新为挑战资产。

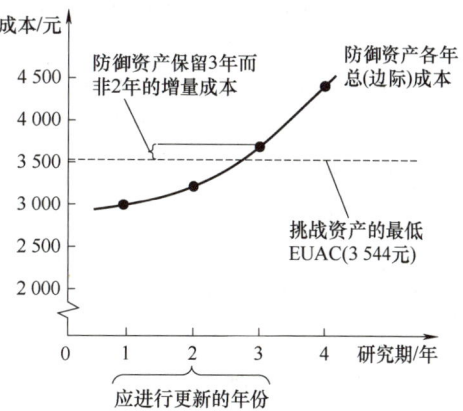

图 8-5 防御资产与挑战资产的对比

拓展思考 现有防御资产的剩余寿命为 2 年，但是在这两年内，科技进步是否会带来更具性价比的挑战资产呢？或者更优质的资产将出现在第 3 年，继续延迟更新可能会带来更好的利益以补偿额外付出的成本，这些都增加了更新决策的复杂度。

8.8 更新分析中互斥方案的比较

无论哪一类更新决策情境，其本质均涉及挑战资产与防御资产互斥方案的比较选择问题，在第 6 章的互斥方案比较选择中我们知道互斥方案的比较必须基于可比性原则，本小节中将针对更新决策问题中的不同前提条件介绍相应的比较方法。

8.8.1 方案中有用寿命相同情形下的更新分析

1）情形 1。当更新决策的各方案中资产设备的有用寿命已知且相同时，可以将资产设备的有用寿命设定成研究期。

2）情形 2。当更新决策问题有明确的研究期限时，可直接在该指定研究期内分析各更新决策方案。

这时的更新决策可直接视为经典的互斥方案的选择，运用前面章节中现值法、将来值法及年值法进行比较分析。例题可以参考后面典型更新决策中的实例（见第 8.9.1 小节）。

8.8.2　各方案有用寿命不同情形下的更新分析

当更新决策的各方案中资产设备的有用寿命不相同时，从第 6 章我们知道比较分析时必须要保证各互斥方案应该有共同一致的研究期，可以通过两种假设（可重复性假设和共同截止期假设）来实现。

1. 可重复性假设

可重复性假设有两个前提：①各互斥方案所需服务期无限长或者各方案的有用寿命期存在共同的公倍数；②对于任何一个方案，在初始有用寿命时间跨度中的现金流可复制于后续的各个时间跨度。

对于更新分析来说，在有些情形下，若做好维护保养，防御资产和挑战资产均会无限使用下去，这时的更新决策分析可以采用可重复性假设处理防御资产和挑战资产的方案比较。具体的比较分析方法如下：

1）可以设定研究期为防御资产和挑战资产经济寿命的最小公倍数，复制初始经济寿命内现金流到后续的研究期内，计算整个研究期内的现值 PW（或将来值 FW）；还有一个捷径，即仅关注防御资产和挑战资产各自的经济寿命期，计算比较年值 AW（参考第 6.3 节）。

2）对于服务期无限长情形下，可以计算比较资本化值 CW（参考第 5.2 节）。

2. 共同截止期假设

当无法应用可重复性假设来进行分析时，可以运用共同截止假设，共同截止假设对所有备选方案限定了一个研究期。如第 6 章所述，共同截止假设需要对各个方案细化未来发生现金流的具体时间、数额，然后运用所学的任何正确的经济等值分析方法得出最佳方案。当更新分析考虑价格变动和税收影响时，建议采用共同截至假设。这时，更新决策互斥方案的研究期可以有两个选择：

1）当研究期等于防御资产经济寿命。这个方案中共同截止期可以选择挑战资产与防御资产的经济寿命中的较短年限（即防御资产的经济寿命）。

2）当研究期等于挑战资产的经济寿命。这个方案中共同截止期可以选择挑战资产与防御资产的经济寿命中的较长年限（即防御资产的经济寿命）。

在这两个研究期情况下，更新互斥方案的规划有许多可行备选形式，比如，可以在研究期内一直保留使用防御资产；也可以立即更新挑战资产；或者在两个极端间任意时间更新组合方案，然后对这些互斥方案的经济性进行对比分析（参考第 8.9.4 小节）。

8.9　各类典型更新决策问题（P3）

典型的更新决策是指在"保留继续使用防御资产"与"购置挑战资产以替换防御资产"这两类互斥方案中进行选择，从前面第 8.5 节中可知根据企业面临的具体情境，比如，原型更新、新型更新、设备大修/升级、延迟更新等，会因此产生不同的互斥方案，则相应的更新决策问题的假设前提以及解决重点都有差异,这里有针对性地分门别类逐一介绍。

8.9.1 原型设备更新决策

若生产/服务型企业的产品/服务类型相对稳定,在设备使用期间技术没有过时,没有出现效率更高、成本更低的新型替代设备,则其资产设备一旦确定,均会采用原型设备或相同功能的设备重复更新。原型设备的更新通常由设备的经济寿命决定,即当设备使用到达经济寿命时,开始考虑更新决策。

设备原型更新情境下的更新决策可直接视为互斥方案的选择比较,分别绘制挑战资产和防御资产的现金流图,运用前面章节中现值法、将来值法及年值法进行比较分析。由于功能(型号)相同,生产率基本一致,可视为收益相同,仅需比较年度费用。

【例8-4】 某企业现有的泵是7年前花11万元购入,目前市场价值为3万元,每年运行成本为6万元,预计还能继续使用5年,届时残值为0。若购买同一系列全新的泵需要12万元,5年后残值预估为5万元,每年的运行成本为3万元。假设企业MARR为15%,原有的泵目前是否应该更新?

题中两个方案的研究期均是5年,以外部视角来分析,现有泵(防御资产)的初始投资成本为其目前的市场价值,根据已知信息将更新决策的两个互斥方案绘制成现金流图(见图8-6),然后分别计算两个方案的现值PW以及等值年度费用EUAC。

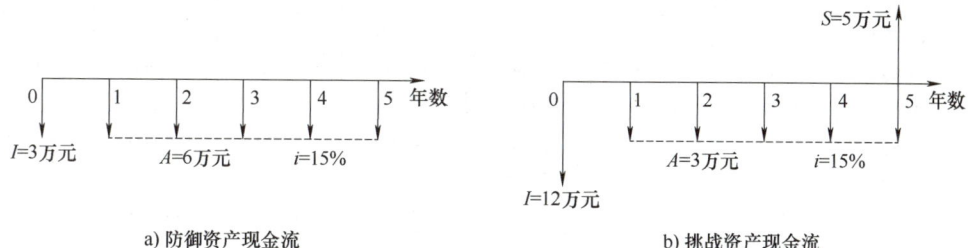

图8-6 防御资产与挑战资产的现金流

防御资产:
$$PW_D = [-30\,000 - 60\,000 \times (P/A, 15\%, 5)]元 = -231\,132\,元$$
$$EUAC_D = [60\,000 + 30\,000 \times (A/P, 15\%, 5)]元 = 68\,949\,元$$

挑战资产:
$$PW_C = [-120\,000 - 30\,000 \times (P/A, 15\%, 5) + 50\,000 \times (P/F, 15\%, 5)]元 = -195\,706\,元$$
$$EUAC_C = [30\,000 + 120\,000 \times (A/P, 15\%, 5) - 50\,000 \times (A/F, 15\%, 5)]元 = 58\,381\,元$$

从结果可见,挑战资产的现值大于防御资产,其等值年度费用EUAC(58 381元)小于防御资产的EUAC(68 949元),故而旧泵应该立即更新。

8.9.2 新型设备更新决策

由于科技进步,创新的技术往往带来更优质的设备,具备更高的生产率和性价比。新型设备更新一般以结构更先进、技术更完善、效率更高、性能更好、能源消耗更少的新型设备来替换现有旧设备。通常企业设备管理中涉及的适应技术发展需求的更新决策大多属于这类更新。

与原型设备更新决策类同,其涉及的具体决策问题,包括最佳挑战资产的确定、挑战资产和防御资产经济寿命的确定、更新方案的规划、互斥更新方案的比较分析决策等等。但是新型设备更新决策相对复杂一些，比如新技术带来的可行挑战资产的选择范围更广，不同寿命期决策分析时更多情形下适合运用共同截止假设，新型设备方案中效率、质量、收益的考虑，更新方案规划中未来潜在新技术设备的影响等等，都需要根据实际问题情境进行具体问题具体分析。

以考虑新型设备的效率为例，新型挑战设备的生产效率会比现有防御资产的生产效率要高许多，意味着同样时间内新资产会生产更多产品，即产生更多收入，这时就要在互斥方案的比较分析中考虑收入因素，或者以单位产量的费用年值来比较。

【例 8-5】 本章案例导入中塑机企业车间现有旧机床已经使用了 10 余年，还能使用 4 年，当前生产效率为每年生产 5 万件，市面上更高效率的新型机床每年可生产 7.5 万件。新旧设备的详细数据见表 8-6，其中的第 1、2、3、6、7 列为原始信息，若企业 MARR 为 10%，该旧设备是否应该更新？

表 8-6　新旧设备更新决策分析表　　　　　　　　　（单位：元）

(1)	(2)	(3)	(4)	(5)	(6)	(7)	(8)	(9)
	现有设备（防御资产）				新型设备（挑战资产）			
第 n 年	第 n 年年末残值	第 n 年运行成本	等值年度费用	单位产量等值年度费用	第 n 年年末残值	第 n 年运行成本	等值年度费用	单位产量等值年度费用
0	14 000				37 500			
1	9 800	3 300	8 900	1 780	30 500	2 650	13 400	1 787
2	8 600	5 500	**8 319**	1 664	22 500	2 950	13 686	1 825
3	6 500	6 050	8 528	1 706	18 000	3 350	12 602	1 680
4	5 400	8 800	8 963	1 793	12 000	3 850	12 397	1 653
5					6 000	4 500	**12 283**	1 638
6					500	6 600	12 337	1 645

首先计算防御资产与挑战资产的经济寿命，参考经济寿命确定中 EUAC 的计算公式，计算出两个更新方案的等值年度费用 EUAC，具体数据见表 8-6 中第 4 列和第 8 列。可见，防御资产的经济寿命为 2 年，挑战资产经济寿命为 5 年。若仅比较传统意义的等值年度费用，防御资产优于挑战资产。但是两种资产设备的生产效率相差很大，新型设备的产量大，相应的获得的收益也大，所以应该将收益考虑进去。

这里考虑单位产量的等值年度费用，即等值年度费用与年产量的比值。通过计算并比较单位产量的等值年度费用（第 5 列和第 9 列），发现自第 3 年开始挑战资产优于防御资产，所以防御资产应该继续使用 2 年。

本例题也可以通过计算防御资产的边际成本和剩余寿命（具体方法参考第 8.7 节的内容）来确定更新年限。

8.9.3　大修/升级更新决策

设备在使用过程中不可避免地会产生磨损，会逐渐影响设备的工作性能，为了维持设备的正常运行，定期的维护保养不可或缺。根据维修间隔及维修程度，设备维修一般分为小修（保养）、中修和大修，成本差异巨大。设备大修/升级改造一般可以恢复设备的精度及生产效率，达成与新设备同样竞争力，延长设备的物理寿命。相比于新购置设备，大修能利用保留的零部件，一定程度上会节约投入资金。

考虑大修/升级更新决策时有若干因素：

1) 一般首次大修/升级更新费用不高于设备初始价值的30%，随着大修次数增多，费用会不断升级，若大修费用超出同类新设备的投入，则无须考虑大修更新决策。

2) 大修的周期一般有固定的时限，通常与设备关键零部件的使用性能和寿命相关，设备大修的周期会随设备使用年限延长而越来越短。由于大修会产生较高的费用支出，考虑大修/升级更新决策时，一般直接**以大修年限为其经济寿命及研究期，无须额外估算经济寿命**。

例如：航空公司飞机的维修体系分为A、B、C、D四级，不同机型的维修周期有明确的规定，国内波音737机型规定A检间隔为200飞行小时，C检间隔为3 200飞行小时，D检间隔为24 000飞行小时（约6年），分别对应不同维修内容及维修成本。D检相当于大修，需要对机身系统拆解、检验再组装，D检后恢复归零飞行小时。所以对飞机而言，其经济寿命一般就是其大修年限。

3) 与新型设备更新决策类似，设备大修/升级后，生产效率提升，方案比较分析时需要考虑产量提升带来的收入，计算比较现值，或者以单位产量的等值年度费用进行比较。

【例8-6】 某塑机制造企业的加工中心已经使用10年，目前残值为4万元，已达到首次大修年限，报价大修费用6万元，大修后年产量可达2 000件，年运行费用2.5万元，到达下次大修时间为5年，5年后残值2万元；同型号加工中心价值25万元，年产量2 800件，年运行费用2万元，5年后残值10万元，企业MARR为10%，判断是否应该大修。

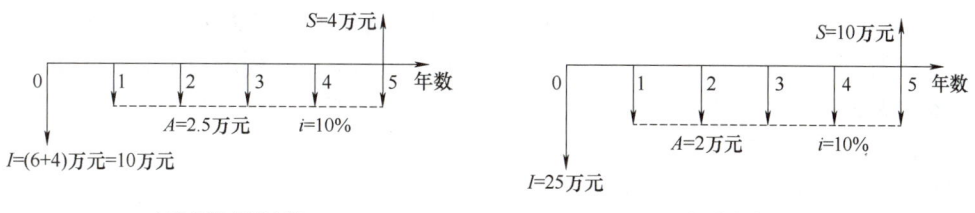

图8-7 防御资产与挑战资产的现金流

解：

题中防御资产大修方案的大修年限是5年，以外部视角来分析，防御资产的初始投资成本为其大修需要投入的费用外加设备目前的市场价值，即 $I=(6+4)$ 万元 $=10$ 万元，根据已知信息将更新决策的两个互斥方案绘制现金流图（见图8-7），然后分别计算两个方案的等值年度费用EUAC。

防御资产：
$$EUAC_D = [2.5 + 10 \times (A/P, 10\%, 5) - 4 \times (A/F, 10\%, 5)] 万元 = 4.5 万元$$

挑战资产：
$$EUAC_C = [2 + 25 \times (A/P, 10\%, 5) - 10 \times (A/F, 10\%, 5)] 万元 = 6.96 万元$$

考虑生产率不同，计算单位产量的 $EUAC_D = 4.5$ 万元/0.2万件 $= 22.5$ 元/件；$EUAC_C = 6.96$ 万元/0.28万件 $= 24.8$ 元/件。

从结果可见，挑战资产的单位产量等值年度费用 $EUAC_C$（24.8元/件）高于防御资产大

修方案的 $EUAC_D$（22.5 元/件），故而该旧设备应该选择大修方案。

> **拓展思考** 若例题中挑战资产的经济寿命估算为 4 年或者 6 年（比防御资产的大修年限短或长），应该如何考虑更新分析？需要注意什么？

8.9.4 延迟更新决策（旧+新）

在更新决策中，对于继续保留使用旧资产这个选项有许多种备选方案，即旧资产继续使用 n 年，然后替换成新资产的方案（"旧+新"）。由于挑战资产的替换是在 n 年后发生的，通常无法预知最佳的挑战资产信息，所以本节考虑的情境多面向服务性业或制造服务领域内，假设资产设备需求、类型、产品及技术都相对成熟稳定，价格及成本变化不大，即**假设最佳挑战资产不变或原型设备更新的拓展情形**。否则更新防御资产的时机，不管是在现在还是在未来的某个时点，都取决于市场上最佳可行的挑战资产的情况。

延迟更新决策的关键问题在于确定防御资产（旧设备）的保留年限，以及更新方案的规划。前面第 8.7 节中介绍了防御资产的经济寿命及剩余寿命的确定，防御资产的保留年限可以通过剩余寿命的计算确定。更新方案的规划及其分析方法则应根据具体问题情境及设备的服务期不同而不同。由于"旧+新"方案与立即换新方案的可估算寿命不同，因此互斥方案分析需要考虑适合的假设（可重复性假设或共同截止期假设，参考第 8.8.2 小节）。

1) 情形 1：假设更新分析中所需的服务期是无限长的，这时的"旧+新"更新方案一般采取将旧资产保留到估算出的防御资产剩余寿命年限，然后循环替换最佳挑战资产。其更新分析方法则一般引入可重复性假设，简化比较。

2) 情形 2：假设更新分析中所需的服务期有限，则运用共同截止假设，将研究期设定为服务期年限，分别规划不同的更新方案：保留使用防御资产到剩余寿命期；也可以立即更新挑战资产方案；或者在两个极端间任意时间更新的组合方案，然后对这些互斥方案的经济性进行对比分析。

【例 8-7】 对应于例 8-2 和例 8-3 的挑战资产和防御资产。

1) 情形 1：假设更新分析中所需的服务期是无限长的（引入可重复性假设）。

从例 8-2、例 8-3 求解中知道该挑战资产的经济寿命为 3 年，其最低 EUAC 为 3 544 元，防御资产的剩余寿命为 2 年，每年的边际成本依次为 3 000 元、3 200 元。则更新决策中的方案描述如下：

互斥方案一：采用"旧+新"的方案，可以表述为"继续使用防御资产 2 年后更新为挑战资产，然后一直按挑战资产经济寿命更新"（现金流图见图 8-8a）。

互斥方案二：立刻更新为挑战资产，然后循环持续（现金流图见图 8-8b）。

互斥方案一

$$PW_A(10\%) = \left[-3\,000 \times (P/F, 10\%, 1) - 3\,200 \times (P/F, 10\%, 2) - \frac{3\,544}{0.10} \times (P/F, 10\%, 2)\right] 元$$

$$= -34\,659 \text{ 元}$$

互斥方案二

$$PW_B(10\%) = -\frac{3\,544}{0.10} 元 = -35\,440 \text{ 元}$$

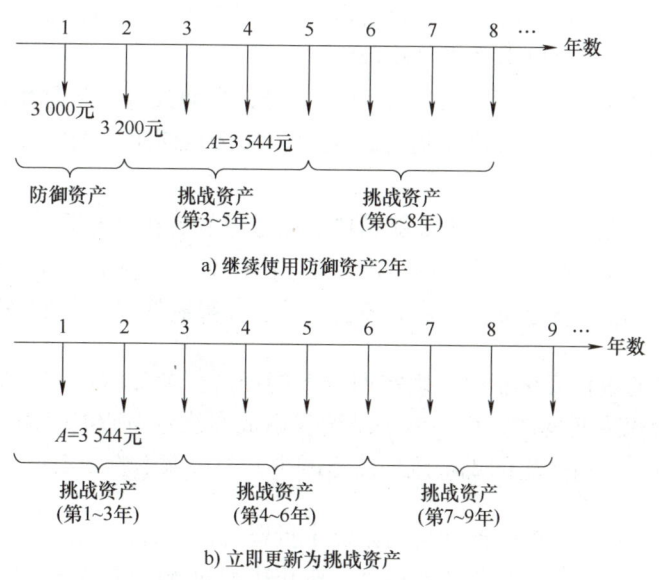

图 8-8 两个更新方案的现金流（可重复性假设）

上述计算结果说明继续使用防御资产 2 年后再进行资产更新是最佳选择。

2）情形 2：假设更新分析中所需的服务期是 4 年（引入共同截止期假设）。

在限定服务期为 4 年的情况下，把所有可行的更新方案每年的成本以及等值年度费用列于表 8-7。其中第一行数据为立刻更新为挑战资产（新）的方案，年度（边际）成本数据来自表 8-3 中的第 6 列；最后一行数据为一直保留防御（旧）资产的方案，年度全部（边际）成本数据来自表 8-5 中的第 6 列。从计算分析结果可见，最经济的方案是保留旧设备继续使用 2 年后再更新为新设备。

表 8-7 服务期为 4 年情况下的更新方案（共同截止期假设）

使用旧资产/年	使用新资产/年	年度（边际）成本（元）				4 年的 EUAC（元）	
		第 1 年	第 2 年	第 3 年	第 4 年		
0	4	3 600	3 540	3 480	3 620	3 560	
1	3	3 000	3 600	3 540	3 480	3 388	
2	2	3 000	3 200	3 600	3 540	**3 311**	←成本最低的选择
3	1	3 000	3 200	3 700	3 600	3 348	
4	0	3 000	3 200	3 700	4 400	3 520	

8.10 资产退出(废止)决策(P4)

企业的设备管理会面临一类不需要考虑设备更新的情境，即没有设备置换需求。有些情况下，虽然资产设备还具有生产力，但是由于种种其他原因，企业需要决定是继续使用该设备进行生产加工任务，还是停产。比如：

1）情形 1：某类特种工艺加工机床设备使用年限已经远超经济寿命，偶尔被用于加工某些产品，多数时间处于备用状态，同时面临着生产率降低、精度降低、质量稳定性降低等问题，保留使用需每年额外付出维修保养费用。

2）情形2：企业某类产品的市场需求已经下滑，当初某些设备是生产这类产品的专有设备，是否要运行该项目？假设决定运行该项目，那么在使用后的第几年将其放弃是最佳选择？

上述情形下所涉及的设备更新决策就是典型的考虑非更新情况下的退出决策问题，又称为废止决策。废止决策问题仅涉及防御资产（旧），其本质上的工程经济学分析是确定旧资产设备的最佳废止年限。最佳废止年限应该基于能够保障利润最大化的情形。

> 确定旧资产的最佳废止年限与确定旧资产的经济寿命类似，但是前者的研究必须包含效益（现金流入）问题，而后者的结论仅由成本决定。所以考虑资产废止的依据应该是：只要资产今后产生的现金流现值不减少，公司就不应做出退出决策。

解决退出决策问题的前提是保证自初始资本投资后仍然有正的现金流量，在项目使用期内的每个保留年末都有设备报废价值的估算。废止决策问题的可选方案是设备在一个确定的服务使用期限内，不同退出年限时的方案，即立即退出、使用1年后、使用2年后……使用 n 年后等，通过分别对每种方案采用现值法进行方案比较而最终做出最佳退出年限的决策。

【例 8-8】

何时进行资产弃用（没有资产置换发生）

某公司正考虑对一台旧设备进行退出决策，该设备初始购置成本为 5 000 元，目前的市场价值为 1 200 元，若继续保留使用，每年的净现金流入、运作成本以及每年末该设备的废弃（或市场）价值估计列于表 8-8，该公司每年的 MARR 为 15%。如果该公司已决定使用期限不超过 5 年，那么何时废弃该设备是最佳方案？

表 8-8 旧设备基本数据

项目	年数				
	1	2	3	4	5
每年净现金流入（元）	1 000	1 000	1 000	1 000	1 000
每年运作成本（元）	300	900	500	550	800
废弃价值（元）	900	600	800	500	300

解：

该问题的可选方案包括：立即退出以及决定保留设备1年、2年、3年、4年、5年共6个方案，各方案的现值计算如下。

（方案1）立即退出：由于立即退出，该方案的现值应该是从机会成本角度考虑能在外部市场中获得的当前资产设备的市场价值，即 PW = 1 200 元。

（方案2）保留使用1年：

$$PW(15\%) = (-300 + 900 + 1\,000) \times (P/F, 15\%, 1) 元$$
$$= 1\,391 元$$

（方案 3）保留使用 2 年：
$$PW(15\%)=[-300\times(P/F,15\%,1)+(-900+600)\times(P/F,15\%,2)+1\,000\times(P/A,15\%,2)]元$$
$$=1\,138\,元$$

依此类推，保留使用 3~7 年的现值计算结果如下。
（方案 4）保留使用 3 年：$PW(15\%)=1\,538$ 元。
（方案 5）保留使用 4 年：$PW(15\%)=1\,556$ 元。
（方案 6）保留使用 5 年：$PW(15\%)=1\,519$ 元。

对比 6 种方案的 PW 现值计算结果，方案 5，即保留使用旧资产 4 年将获得最大的现值（1 556 元），因此，最佳弃置时间是 4 年后。

8.11 租赁购买决策(P5)

设备需要更新时，可以选择购买或者租赁的方式以获得新资产设备。购买是指通过一次性支付或分期付款方式获得设备的所有权和使用权；而租赁则是指资产所有权与使用权分离而产生的新设备使用形式。

8.11.1 设备租赁的概念

设备租赁是指设备使用者（承租人）在约定期限内向设备所有者（出租人）支付一定费用而取得设备使用权。设备租赁者对设备只有使用权没有所有权，所以不能随意对设备进行处置、改造或抵押贷款等。对出租人而言，设备租赁的方式包括经营性租赁和融资性租赁。前者一般租赁期较短，租金较高，出租人承担维修保养费用；后者租赁期较长，出租人通常不承担设备维保，租金计算及合同较复杂。

设备租赁方式有许多优势：①可以节省设备投资，用较少的初始资金获得急需的生产设备；②在技术快速更迭情况下，通过租赁最新技术的设备可以加快技术装备更新；③设备租赁费用可以计入生产成本，减少企业所得税。

在开展更新决策中的购买租赁决策时需要针对设备技术风险、使用维修特点及企业财务资金能力等具体情况来规划决策方案。对于技术过时风险小，使用时间长的大型专用设备，融资租赁方案或购置方案是可行的方案；对技术过时风险大、维护复杂、使用时间短的设备可以考虑经营性租赁方案。互斥方案确定后，进行经济性比较分析。

8.11.2 设备购买租赁经济性决策

设备购买租赁决策也是互斥方案的选择，即对新设备采用购买方式还是租赁方式进行经济性分析比较和选择。与一般互斥方案的决策方法相同，在决策分析时需要注意以下几点：

1. 互斥方案的现金流

1）租赁方案的现金流。租赁设备租金允许计入成本，可减少所得税。
$$年净现金流=(收入-经营成本-租金)\times(1-所得税税率) \tag{8.3}$$

2）购买方案的现金流：购买设备每年计提的折旧允许计入成本，如果用借款购买设备，每年支付的利息也可以计入成本，可以减少所得税。
$$年净现金流=(收入-经营成本-设备购置费-贷款利息)-所得税税率\times$$
$$(收入-经营成本-折旧费-贷款利息) \tag{8.4}$$

> 注意：在租赁及购买方案中企业所得税的差异很大，必须考虑所得税对更新方案现金流的影响，更新决策分析也应该是税后经济性分析。

2. 互斥方案的比较分析

购买租赁方案的比较与一般互斥方案比较分析方法一样，绘制互斥方案的现金流图，根据方案寿命差异情况选择适合的方法及假设，以收益最大或成本最低的方案为决策结果。

1) 在寿命相同时直接采用现值法 PW、将来值法 FW 或年值法 AW 均可。

2) 在寿命不同时，由于购买或租赁方案的现金流原则上可以一直在后续的使用过程中复制，因此采用可重复性假设确定共同的研究期可以简化计算，这样互斥方案可以直接针对购买和租赁方案的原始经济寿命采用年值法 AW 进行比较。若可重复性假设在问题情境中不适用，则采用共同截止期假设确定相同的研究期，再针对研究期期末的残值进行处理，采用现值法 PW、将来值法 FW，或年值法 AW 均可。

【例 8-9】 某物流公司需要更新其叉车，叉车购置费为 20 万元，使用寿命为 5 年，预估到期残值 5 000 元。若贷款方式购置该叉车，可贷款 10 万元分 3 年等额偿还本息，贷款利率 8%；若租赁该叉车，年租金 5.6 万元。所得税税率 25%，直线折旧法提折旧，企业 MARR 为 10%。该物流公司应如何进行更新决策？

解：

由于是同一叉车，无论购置还是租赁，寿命期相同，因此研究期与设备寿命一致，均为 5 年。

1) 更新方案 1：贷款购置。

折旧费用计算如下：

$$d = \frac{I-S}{N} = \left(\frac{20-0.5}{5}\right) 万元 = 3.9 \ 万元$$

贷款按等额本息方式还款，则年还款额与每年还款利息计算如下：

年还款额 $A = [10 \times (A/P, 8\%, 3)]$ 万元 $= 3.880\ 3$ 万元，其中每年还款利息 I_k 分别为 0.8 万元、0.553 6 万元、0.287 4 万元。

由式 (8.4) 可知：

$\text{NPV}_{(B)k} = (R_k - C_k - P_k - I_k) - t_k (R_k - C_k - d_k - I_k)$，其中，$R_k$ 为年收入，C_k 为年经营成本，P_k 为设备购置费，I_k 为贷款利息，d_k 为折旧费，t_k 为税率。

2) 更新方案 2：租赁。

由式 (8.3) 可知：

$\text{NPV}_{(R)k} = (R_k - C_k - r_k) \times (1 - t_k)$。

考虑到两个方案设备均为同一新叉车设备，故两个方案中年收入 R_k、年经营成本 R_k 均相同，经济性分析中仅对比现金流的差异，所以最终的年度净现金流表达为

$$\text{NPV}_{(B)k} = (-P_k - I_k) - t_k (-d_k - I_k)$$

$$\text{NPV}_{(R)k} = (-r_k) \times (1 - t_k)$$

式中两个方案的年度信息数据 (I_k)，(d_k)，(R_k) 对应表8-9内的第4列、第5列、第7列数据，可得表中 $\text{NPV}_{(B)k}$（第6列）、$\text{NPV}_{(R)k}$（第8列）的年度净现金流数据。

表8-9 例8-9 新叉车购置与租赁方案基本数据

(1)	资产设备	购置方案				租赁方案	
	(2)	(3)	(4)	(5)	(6)	(7)	(8)
第k年	第k年年末残值	第k年还款额	第k年支付利息 (I_k)	第k年折旧 (d_k)	第k年净现金流 $\text{NPV}_{(B)k}$	第k年租金 (R_k)	第k年净现金流 $\text{NPV}_{(R)k}$
0	200 000				-200 000		0
1		38 803	8 000	39 000	3 570	56 000	-37 520
2		38 803	5 536	39 000	5 598	56 000	-37 520
3		38 803	2 874	39 000	7 595	56 000	-37 520
4				39 000	9 750	56 000	-37 520
5	5 000			39 000	14 750	56 000	-37 520

依据 $\text{NPV}_{(B)k}$，$\text{NPV}_{(R)k}$ 的现金流数据绘制购置方案和租赁方案的税后现金流图见图8-9。

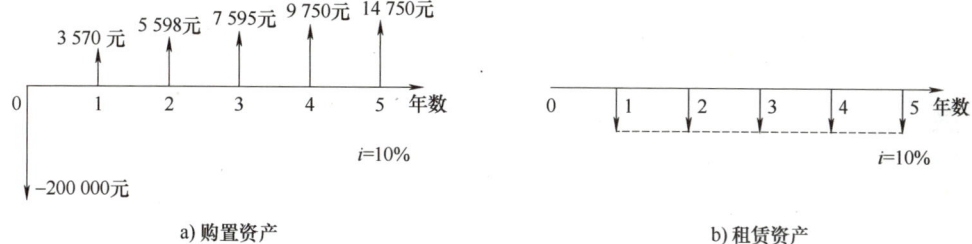

a) 购置资产　　　　　　　　　　　　b) 租赁资产

图8-9 叉车购置方案与租赁方案税后现金流

分别计算 PW 值：

$$\text{PW}_{(B)}(10\%) = [-200\,000 + 3\,570\times(P/F,10\%,1) + 5\,598\times(P/F,10\%,2) +$$
$$7\,595\times(P/F,10\%,3) + 9\,750\times(P/F,10\%,4) + 14\,750\times(P/F,10\%,5)] \text{ 万元}$$
$$= -170\,441 \text{ 万元}$$

$$\text{PW}_{(R)}(10\%) = [-37\,520\times(P/A,10\%,5)] \text{ 万元} = -142\,231 \text{ 万元}$$

从结果可见，$\text{PW}_{(R)} > \text{PW}_{(B)}$，故而应该选择租赁新叉车。

小结

总体而言，在资产设备更新决策中，需要关注以下关键点：

1) 互斥更新方案的规划要结合实际情境问题，考虑不同行业领域资产设备更新的需求动因，合理确定最佳的挑战资产及防御资产形式，否则更新分析将没有意义。

2) 运用外部视角原则描述防御资产及挑战资产现金流时，要注意沉没成本及过去的任何决策结果均不应该体现在现金流图中，防御资产的初始投资成本要从机会成本角度考虑，体现资产的市场价值，而非账面价值。挑战资产的初始投资成本不能扣除防御资产的市场价值。

3) 资产的经济寿命计算从自身经济性分析得到的拥有最低 EUAC 年限，防御资产的剩余寿命则还要从外部经济性考虑"再保留使用多一年"的边际成本与挑战资产的最低 EUAC

比较，是否更经济。

4）进行互斥更新方案比较时，要关注寿命期不同时的研究期，根据实际情境合理采用可重复性假设或共同截止期假设，以简化分析。

5）挑战资产可能带来额外的生产率、质量、安全、可靠性等，如果可以以货币衡量，也需要体现在现金流的"收入"中。

> **高阶学习导引** 本章内容中讨论的资产设备更新决策问题都属于税前更新分析，如第7章所述，所得税是每年不应忽视的一笔现金支出，很可能会导致项目盈利性结果的反转。所以资产更新决策应该是基于税后的更新分析。那么请思考：所得税的影响体现在挑战资产/防御资产方案现金流上的哪些环节？如何计算？（建议自主学习：William G. Sullivan, Elin M. Wicks, James T. Luxhoj, 工程经济学, 清华大学出版社, 2007. 第9.9节：税后更新分析）
>
> 现实中企业资产设备的更新决策除了可以以货币为衡量指标进行经济性分析，如何考虑其他非经济性因素的影响？（建议自主学习：William G. Sullivan, Elin M. Wicks, James T. Luxhoj, 工程经济学, 清华大学出版社, 2007. 第14章：多属性决策问题）

测试及问题

一、判断题

1. 资产设备的经济寿命是使用中拥有的最低 EUAC 年限。（第 8.3 节） （ ）
2. 更新分析时，如果继续使用旧设备，那么初始投入成本为 0，因为没有涉及任何额外资本。 （ ）
3. 在评估继续使用旧资产的资产投入时，应该考虑旧资产的账面价值。 （ ）
4. 防御资产的剩余寿命就是该资产的经济寿命。 （ ）
5. 租赁设备每年可以计提折旧，允许计入成本，以获得减税。 （ ）
6. 设备运行老化属于物理磨损，应该考虑更新；技术进步属于无形磨损，不必考虑更新。 （ ）
7. 更新分析中的防御资产一般是指新的替换设备。 （ ）
8. 一旦防御资产已经达到其经济寿命，就必须进行设备更新。 （ ）
9. 采用贷款方式购买设备，每年支付的利息可以计入成本，从而减少所得税。 （ ）
10. 挑战资产的初始投资成本为资产购置价格减去防御资产的市场价值。 （ ）

二、简答题

1. 企业目前使用的普通车床是 3 年前购入的，当时的购入价 2 万元，现在的市场价值 1 万元，账面价值 1.2 万元，为了让其与目前新车床有同样竞争力，还需要投入 4 000 元升级费用。请问：保留现在的车床的成本投入是多少？在更新分析中的沉没成本是什么？

（第 8.4 节）

2. 某物流公司考虑对现有的货车进行更新决策，汽车经销商给出的新车售卖价 8 万元，也可以"以旧换新"，价格 6 万元。现有货车目前市场价 1.9 万元，年维护费 600 元，后续的维护保养费用预计每年递增 150 元；若购置新车，新车的年维护费首年为赠送的免费维保，1 年后每年 400 元。无论新车还是旧车，年使用费用均为 2 万元。公司打算使用货车 4 年，请对该货车的更新方案进行现金流图描述，并进行更新决策分析。（第 8.4 节，第 8.9.1 小节）

3. 假设你刚花 5 万元买了一辆尚能使用 4 年的二手车，二手车行销售人员给了你一份这个型号的汽车未来几年的市场估价以及这辆车的年度费用（见表 8-10），假设利率 12%，你估计这辆二手车的经济寿命是几年？（第 8.6 节）

表 8-10　某型号二手车年末市场价及年度费用数据　　　　　　（单位：万元）

项目	第 1 年	第 2 年	第 3 年	第 4 年
年末市场价	4	3	2	0.8
年度费用	0.5	0.55	0.6	0.68

4. 你要对现在使用的一台工作站进行更新分析，工作站现在的市场价值（MV）为 12 000 元，后续两年里的运行数据估计见表 8-11。已知目前市场上新的工作站的最低年度等值费用（EUAC）为 41 105 元，考虑 MARR10% 情况下，该工作站还应继续使用几年？（第 8.7 节）

表 8-11　工作站后续两年运行数据　　　　　　（单位：元）

第 n 年年末	市场价值	年度维修费用	年度使用费用
1	8 000	5 000	28 000
2	3 000	6 500	32 000

5. 某企业目前考虑其工业烘干机的更新，现有烘干机 4 年前花费 3 万元购入，目前市场价值 8 000 元，若继续使用 3 年，每年市场价值贬值 2 000 元，年使用成本从 2 万元开始，每年递增 2 000 元。当前新型的烘干机售价 4 万元，年运行成本固定为 1.8 万元，5 年后残值 1 万元。若基准利率 12%，问旧烘干机是否应该更换？何时更换最佳？（第 8.7、8.9 节）

6. 某企业 5 年前投资 2 万元引进了一台专用设备，该设备还可以使用 5 年，年使用费用估算第 1 年 1.2 万元，以后每年递增 300 元。现在市面上出现某种新型设备，售价 1 万元，年使用费用 8 000 元，以后每年递增 400 元，新设备使用年限估计为 12 年，因为是专用设备，设备残值在任何年限均为 0。考虑基准收益率 12%，该企业要如何更新决策？（第 8.9.2 小节）

7. 某企业生产线上有一台机器人用于处理产品在加工设备间的抓取传送任务，由于加工任务需求的改变，目前要对其进行升级更新。产线对该机器人的需求是一直持续的，企业期望收益率 15%。企业开发了两个方案，请考虑：分析决策合理的更新方案。（第 8.8 节，第 8.9.3、8.9.4 小节）

方案 1：旧设备改造，升级费用为 2 000 元，年度运行费用第一年 1 400 元，且以后每年递增 8%，有用寿命 6 年，6 年后残值为 0。

方案 2：新购一个更先进的新型机器人，购置价格 51 000 元，安装费用 5 500 元，年度运行费用第一年 1 000 元，以后每年递增 150 元，有用寿命 10 年。

8. 某家具厂现有的打磨机是 3 年前花 4 万元购入的，现在使用时精度、质量都还满足要求。但是目前市场上有个新型号打磨机可以大大降低运行及检验费用，售价为 3.5 万元。两个设备的具体更新数据见表 8-12。若家具厂的期望收益率 MARR 为 15%，打磨机设备的使用需求为 4 年，请根据上述信息对该设备的更新方案给出决策。（第 8.9 节）

表 8-12　某家具厂两个设备

年数	现有设备		新设备	
	运行费用（元）	市场价值（元）	运行费用（元）	市场价值（元）
0		12 000		35 000
1	3 400	7 000	200	30 000
2	3 900	4 000	1 000	27 000
3	4 600	2 500	1 200	24 000
4	5 600	1 000	1 500	20 000
5			2 000	17 000
6			2 500	15 000

9. 某台离心机的年净现金流和处置价值见表 8-13，该公司 MARR 为 10%，使用寿命 5 年，若公司以 7 500 元价格购入这台离心机，请分析它的废弃时机。（第 8.10 节）

表 8-13　某台离心机年净现金流和处置价值　　　　　　　　　　（单位：元）

项目	第 1 年	第 2 年	第 3 年	第 4 年	第 5 年
年净现金流	2 000	2 000	2 000	2 000	2 000
处置价值	6 200	5 200	4 000	2 200	0

10. 某企业需要扩充产能，提出两个方案：其一以自有资金 20 万元一次性购入，其二选择融资租赁，年租金 1.6 万元（其中包括利息 0.2 万元），设备可以使用 20 年，期末残值为 0。每年年收入 8 万元，年经营成本 2.2 万元，销售税金 1.6 万元，设备采用直线折旧计提折旧费，所得税税率 25%，企业基准收益率 10%。请进行购买租赁决策分析。（第 8.11 节）

 情境问题实践

Taxi Replacement 滴滴车的更新

相关情况见表 8-14。

表 8-14　PBL 情境问题类型基本信息

PBL 情境对象	领域	复杂度	参考知识	项目要求
滴滴车的更新	服务业运营管理	三级	折旧方法；更新决策分析；所得税分析	团队

情境任务（某出租车公司运营管理中的更新决策）：

本实践项目要求小组完成相关公司调研工作，收集所需更新分析数据，并应用所学更新决策分析知识完成项目，递交报告。

思考如下问题：

1. 需要收集哪些数据？如何获取？服务商及市场需求有哪些？
2. 现有出租车公司的运营管理是怎样的？（例如出租车的折旧应如何计提？涵盖哪些运营成本？与直接成本、间接成本、管理成本、增量成本、机会成本、人力成本、材料成本、固定成本、可变成本有何关联？）
3. 设备更新的动因是什么？更新决策的依据是什么？该情境下的核心更新问题是什么？更新分析应怎么做？如何确定挑战资产、防御资产的更新方案？都有什么方案？
4. 若采取延迟更新，方案如何？结果如何？有何建议？

（思政导引）对应服务业领域内资产设备更新，可持续的更新策略是什么？

双语术语

- Replacement Analysis   更新分析
- Deterioration   物理磨损（退化）
- Defender/Challenger   防御资产、挑战资产
- Abandonment   废止
- Opportunity cost   机会成本
- Sunk cost   沉没成本
- Economic Life   经济寿命
- Useful Life   有用寿命
- Physical Life   物理寿命
- Remaining Life   剩余寿命
- Equivalent Uniform Annual Cost（EUAC）   等值年度费用
- Marginal cost   边际成本

拓展阅读文献

[1] 吴翼虎. 基于设备更新决策的经济性分析 [J]. 价值工程, 2016, 35 (15)：73-74.
[2] 白冰. 设备更新最佳时期决策方法探析 [J]. 现代经济信息, 2019 (2)：414.
[3] 王璇, 刘斌, 汤铃. 租赁设备在线更新问题及其竞争策略 [J]. 中国管理科学, 2023, 31 (9)：170-176.
[4] 沈凌, 周涛. 大数据在水务企业设备采购策略中的应用 [J]. 价值工程, 2023, 42 (15)：62-64.
[5] 王颖辉. 企业设备更新改造论证的经济性研究 [J]. 2017, 20 (9)：101-102, 92.
[6] 周海松, 代忠杰. 机械设备改造更新的经济性探究 [J]. 中国设备工程, 2019 (7)：75-76.

［7］冯素萍. 设备大修理及其技术经济分析［J］. 装备制造技术，2008（3）：115-118.
［8］杨莉，王国玮. 项目经济评价方法在大型医疗设备投资决策中的应用优化［J］. 中国医学装备，2019，16（12）：114-117.
［9］汪翔，吴国东，孟卫东. 有限期和无限期条件下设备再更新的经济分析［J］. 现代管理科学，2015（6）：18-20.

习题答案

第 9 章 生产中静态经济性决策

 本章目标

知识目标	能力目标
◇ 了解静态经济性决策的范畴。 ◇ 掌握静态经济性决策的原则及在若干典型决策中的应用。 ◇ 了解生产服务及经济环境的分类。 ◇ 掌握竞争环境和垄断环境下生产决策的量化依据。 ◇ 掌握价值工程的概念及应用。	◇ 能够根据具体情境问题，准确选择经济性评价原则，解决生产中典型静态经济性决策问题。 ◇ 能够根据生产服务企业的经济环境特点，量化分析适合企业实现降本增效的生产管理决策。 ◇ 能够在产品设计决策中应用价值工程理念和方法。

本章问题-方法-知识图谱

本章问题-方法-知识图谱见图 9-1。

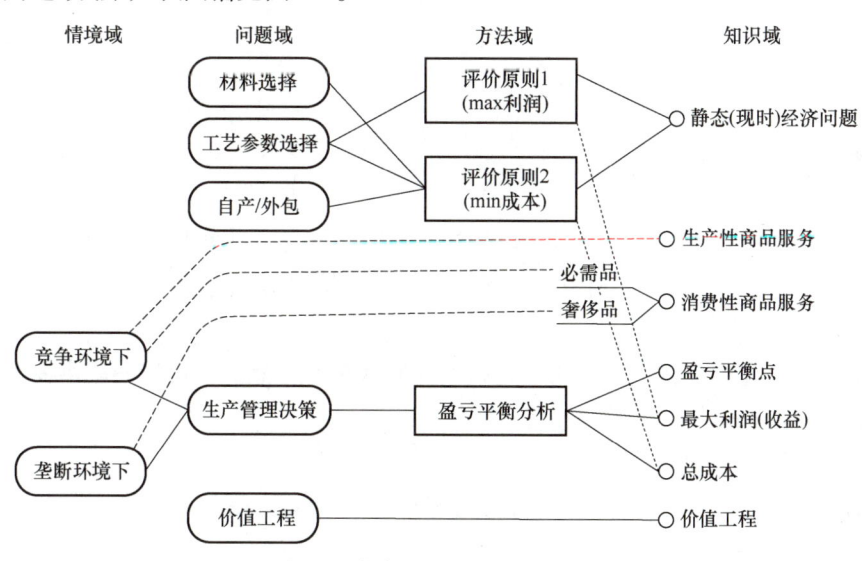

图 9-1 本章问题-方法-知识图谱

案例导入

自产还是外包的决策

某大型电池生产企业生产包括碱性电池、锂电池、特殊电池等多种类型的系列电池,有多个生产车间(包括多条全自动电池生产线),多个包装车间(包括多条全自动、半自动、手工包装线),原料车间、配料车间、立体仓库、自动化质检线等。订单任务量大时,公司会面临自产或外包的决策。

某小型外贸打火机生产企业专门接单生产多种外贸订单,车间内产线都是混单生产,即可以生产不同客户订单的打火机产品。现公司面临承接一个新型打火机产品的订单任务,属于自产或外包的决策。

问题思考 自产时需要考虑哪些成本?外包需要考虑哪些成本?需要考虑哪些因素或假设?你会如何决策?上述两个案例企业的决策会有什么不同吗?

拓展思考 若持续面临自产和外包决策,说明企业订单需求旺盛,而产能不足。在决策中,除了外包、加班,是否有其他备选方案?

思政导引 每次只要运用工程经济分析,认真比较分析外包与加班自产的成本,选择成本最小的方案可以解决订单交付的"燃眉之急",就是"最经济"的决策。"经济观"是否是企业科学管理的决策观?

请带着这些问题思考,在本章学习中找寻答案。

9.1 静态经济研究基础

许多工程项目从规划到实施完成历时较短,不超过一年,也可以称为短期项目。对于短期项目而言,这时的工程经济分析中资金货币的时间价值可以忽略不计,即视为静态经济研究。

在静态经济研究中,首先需要明确比较的原则或标准,然后才可以明确需要评价的指标是什么,进而根据具体情境计算该指标。

典型的决策原则/标准有两个:

1)原则/标准1:当不同项目/方案的收入和其他经济收益存在,且不同时,则选择具有最大利润的项目/方案。

2）原则/标准2：当不同项目/方案的收入和其他经济收益不存在，或者不同项目/方案的收入都是相同的，则选择具有最小成本的项目/方案。

9.2 生产过程中成本相关决策

9.2.1 原材料选择决策

在生产过程中，原材料的选择对于成本管理和产品质量起着关键作用。原材料是生产的基础要素，直接影响生产成本、产品质量和市场竞争力。选择适当的原材料能够优化资源配置、降低浪费，同时支持企业实现以下目标：

1）**成本控制**：对材料采购、加工及后续维护全面管理，实现单位成本最小化。

2）**质量稳定性**：确保产品性能满足用户需求，减少因材料不当引起的生产问题。

3）**响应市场变化**：快速适应市场需求变化，如绿色环保趋势或新技术材料的应用。

4）**企业长期战略**：选择材料时考虑可持续性、品牌价值提升及未来业务拓展的可能性。

原材料的选择需要考虑技术和经济可行性分析，其中技术可行性主要包括：材料性能测试（在实验室或试生产中验证目标材料是否满足设计要求）和加工难度评估（确定新材料是否会增加加工工序的复杂性或影响设备运行）。在这一小节讨论的材料选择决策中，我们重点关注经济可行性，即考虑材料选择带来的成本问题。若在材料选择决策中主要考虑产品的生产加工过程的影响，则该决策可以视为短期决策，符合静态工程经济学分析要素的基本条件，隶属于决策原则2的问题，选择具有最小成本的方案。

在许多情况下原材料的选择不能仅仅考虑原材料的材料成本，不同原材料的选择会影响设计成本和加工成本，乃至运费和质量成本等，具体包括：

1）**直接成本**：包括材料单价、运输成本、关税和保险费用。

2）**间接成本**：存储、加工处理和可能的废料处理费用。不同的材料在加工、处理和存储过程中的消耗和工艺复杂度不同，如机械加工、热处理、表面处理等费用就会有很大差异。

3）**潜在隐性成本**：材料不稳定或质量波动引起的返工或延误造成的质量成本。

【例 9-1】

零件选材的决策

某螺栓生产可采用两种原材料：碳钢与铜合金。若采用碳钢，每个螺栓需要的钢材重量 0.022kg，其材料成本为 1.8 元/kg；若采用铜合金，每个螺栓需要的材料重量 0.019kg，其材料成本为 7 元/kg。另外，生产碳钢螺栓的合格品率为 60 个/小时，铜合金螺栓的合格品率为 100 个/小时。工人的工资为 15 元/小时，其他可变加工成本为 10 元/小时。请选择适合的螺栓原材料。

解：

根据两种原材料相关材料及加工成本信息，计算相应成本，汇总见表9-1。

表 9-1 成本分析表

成本类型	碳钢	铜合金
材料成本（元/件）	1.8×0.022=0.0396	7×0.019=0.133
人工成本（元/件）	15/60=0.25	15/100=0.15
可变加工成本（元/件）	10/60=0.167	10/100=0.1
总成本（元/件）	0.456	0.383

若单独看原材料成本，从表 9-1 中可见碳钢螺栓的材料成本（0.0396 元/件）小于铜合金螺栓的材料成本（0.133 元/件）。但是综合考虑人工成本、可变加工成本后，铜合金螺栓的总成本更少。所以在原材料选择决策中，需要进行综合分析，考虑多项因素，不能单纯考虑材料的价格，而应综合考虑所有相关成本。

拓展思考 若从产品全生命周期角度考虑，需要分析材料在整个生命周期内成本，此外还应该补充哪些成本？（参考第 2.2.6 小节全生命周期成本）

思政导引 产品材料选择决策中，除了上述成本因素的考虑，还应该考虑供应链因素（供应链稳定性、仓储），环境与社会责任（环保合规、绿色循环、社会责任）及质量风险与品牌价值。

【行业案例分析讨论】

电子行业中的原材料选择——智能手机屏幕玻璃材质的选择

某知名智能手机制造商计划推出一款高端机型，目标市场为追求性能和耐用性的中高端消费者。作为手机核心部件之一，屏幕玻璃的选择直接影响产品的抗冲击性能、视觉效果和整体体验。当前候选材料包括：普通玻璃（价格低，易加工，抗摔性能一般）和强化玻璃（价格高，加工复杂，但抗摔性能显著提升）。该企业的选择需综合考虑以下因素：

（1）产品定位。高端机型需体现优越的质量和用户体验。
（2）用户痛点。智能手机用户关注屏幕的易碎问题，抗摔性强的屏幕更具吸引力。
（3）成本平衡。尽量控制成本，但不牺牲质量，以达到利润最大化。
手机屏材料比较见表 9-2。

表 9-2 手机屏材料比较

比较维度	普通玻璃	强化玻璃
单价	低（单位成本约为 30 元）	高（单位成本约为 50 元）
抗摔性能	抗摔性一般，跌落时易碎裂	抗摔性强，抗冲击能力提高 3 倍
加工难度	加工简单，普通设备即可满足	加工需特殊设备，时间较长
厚度和重量	较厚，影响整体手机轻薄设计	较薄，更适合轻薄机型
市场认可度	性能基础，但用户满意度低	高端市场认可，用户偏好度高
售后维修影响	碎屏概率高，维修成本增加	碎屏概率低，售后投诉减少

下面从不同角度对手机屏材料进行评估。

(1) 技术可行性评估。

1) 普通玻璃：加工技术成熟，加工成本低，产能稳定。然而，其抗冲击性能较差，不适合定位高端耐用产品。

2) 强化玻璃：采用化学强化工艺（如离子交换法），玻璃表面形成压应力层，提升耐冲击性和耐刮擦性能。加工技术较复杂，需要专用设备和严格的工艺控制。

(2) 经济可行性评估。

1) 初始采购成本：强化玻璃比普通玻璃高出约66%，但对单部手机而言，成本增加较小。

2) 生命周期成本：强化玻璃由于耐用性强，能够降低消费者的碎屏维修率，间接减少企业售后服务成本。

(3) 用户体验与市场预期。

强化玻璃带来的抗摔性提升显著改善用户体验，能直接吸引注重手机耐用性的消费者。通过对竞争对手产品（例如 iPhone、三星高端机型）的调研发现，这些品牌普遍采用强化玻璃，并成功提升了市场口碑。

(4) 品牌与市场战略匹配性。

强化玻璃作为高端材料，更符合该企业在智能手机市场中的高端化定位战略，同时支持企业提升品牌溢价能力。普通玻璃则可能削弱用户对产品质量的认同感。

综合考虑成本、性能、用户体验和市场定位，该公司决定采用强化玻璃。

拓展思考 此案例表明，原材料选择是生产成本管理和产品竞争力的核心环节。企业在做出决策时，应从技术、经济、市场和法规等多维度综合考虑，结合先进工具进行系统化分析。高成本材料的选择在适当条件下可以通过产品性能和品牌价值的提升带来更高的长期回报，是典型的"用质量换取市场"的成功策略。

9.2.2 加工工艺选择决策

加工工艺的选择是生产过程中影响成本的关键环节之一。合适的加工工艺能够优化生产效率、提升产品质量，同时有效降低直接成本和间接成本。然而，错误的选择可能导致资源浪费、质量问题和生产延误。因此，加工工艺选择需综合考虑经济性、技术可行性和战略匹配性。

工艺对生产过程的影响体现在诸多方面：

(1) 加工工艺对成本的直接影响。

1) 材料利用率：如激光切割能显著减少材料浪费，而传统冲压可能导致材料浪费率较高。

2) 加工时间：高速数控加工可能节省加工时间，但初期设备投资较高。

3) 废品率：复杂工艺可能带来更高的废品率，需要考虑修复和报废成本。

(2) 对质量的影响。

1) 精密加工（如数控铣削）能提供高质量产品，但对设备和操作技能要求较高。
2) 表面处理工艺（如电镀、阳极氧化）直接影响产品的外观和防护性能。
(3) 生产规模与工艺匹配。
1) 小批量生产：推荐灵活性强的工艺，如手工加工或 3D 打印。
2) 大批量生产：推荐自动化程度高的工艺，如注塑、连续冲压。
(4) 技术与设备升级的可行性。
1) 选择的工艺是否支持未来的技术升级。
2) 模块化设备是否可扩展新的功能。
3) 是否支持智能化制造（如物联网和数据分析的整合）。
(5) 环境与法规要求。
1) 能耗：高能耗工艺可能带来长期运行成本的增加，同时面临环保压力。
2) 废物排放：例如，化学处理工艺可能产生大量废液，需要特殊处理。

加工工艺选择决策的目标包括：
1) 成本最小化：在保证产品质量的前提下，选择成本效益最优的工艺。
2) 质量保障：确保加工工艺符合产品技术规格和用户需求。
3) 效率提升：提高生产效率，减少加工时间和资源浪费。
4) 灵活性：满足不同批量需求，适应产品生命周期的变化。
5) 长期竞争力：通过创新工艺实现独特产品性能，增强市场优势。

类似前面小节中原材料的选择决策，若仅仅从生产加工阶段考虑其成本收益，可以将加工工艺选择决策视为静态经济性决策。

1) 若工艺不同产生生产效率的差异，导致产量（销售量）的差异，则该决策问题可视为选择具有最大利润的方案。
2) 若假设市场对该产品价格需求基本稳定，则该决策问题也可视为选择具有最小成本的方案。

通过定量分析和定性分析，对每种工艺的成本收益构成进行详细评估：
(1) 直接成本。
1) 材料消耗：加工过程中废料比例的差异。
2) 工艺耗材：刀具、模具、润滑剂、电能等消耗。
3) 工时成本：每种工艺的单件加工时间与人工费用。
(2) 间接成本。
1) 设备折旧：新技术工艺可能需要高额设备投入（长期层面考虑的成本）。
2) 维护成本：不同设备和工艺的维护频率与费用。
3) 工艺调整成本：包括调试时间与废品率。
(3) 收益。主要体现在销售收入方面。

【例 9-2】

加工工艺选择决策

为生产某产品，现有两种加工工艺可以选择。假设两种工艺设备的投资成本相同，仅关注不同工艺带来的生产效率和材料消耗的差异，详见表 9-3。

表 9-3 不同工艺差异数据

项目	工艺 1	工艺 2
生产效率/(件/h)	100	120
有效生产时间/(h/天)	7	6
废料率（%）	3	5

假设每个零件原材料成本 6 元，售价 12 元。请分别针对下述两种情况，分析决策加工工艺的选择。

1) 假设该产品市场需求量大，所有生产的产品均可销售获利。
2) 假设企业订单数量固定。

解：

情况 1)：因为所有生产的产品均可销售获利，不同工艺造成生产率不同，产量（销量）不同，获得的销售收入不同，所以该情况下，应该应用：最大化利润方案。

$$日销售收入 = 生产率 \times 有效生产时间 \times 售价$$

$$日生产成本 = 材料成本 + 废料成本 = 生产率 \times 有效生产时间 \times 材料单价 \times (1 + 废料率)$$

$$日利润 = 日销售收入 - 日生产成本$$

按照上述计算公式，分别计算两种工艺下的日利润：

工艺 1 的日利润 = (100×7×12 − 100×7×6 − 100×7×6×0.03) 元 = 4 074 元

工艺 2 的日利润 = (120×6×12 − 120×6×6 − 120×6×6×0.05) 元 = 4 104 元

比较可知，工艺 2 的日利润高于工艺 1 的日利润，所以在此情况下，应该选择工艺 2。

情况 2)：因为市场需求恒定，故无论采用哪种工艺，最终能够销售的产品数量是一样的，即收入相同，可以忽略，仅关注生产成本即可。该情况下，应该应用最小化成本方案。

只要比较两种工艺下的日生产成本，由于工艺 2 的废料率 5% 高于工艺 1 的废料率 3%，因此其成本更高，故此情况下应该选择工艺 1。

从上述例题中可以发现，在加工工艺选择决策中，需要结合实际情况分析适用的决策评价规则，规则不同，会导致最终决策选择差异。

拓展思考 加工工艺的差异通常会直接影响加工设备的投资，设备投资往往涉及较多投资成本，使得该决策问题演变成长期决策，需要更全面分析在较长投资研究期内的成本收益。

思政导引 除了成本收益分析，该类决策中应该考虑环境与社会责任（环保合规、绿色循环、社会责任），可持续发展这些长期因素。

【行业案例分析讨论】

航空制造中的铝合金零件加工工艺选择

某航空制造企业需要加工高强度铝合金零件用于飞机框架结构。备选工艺包括：

1) 传统数控铣削：材料去除率高，但废料浪费较多。
2) 3D 打印（增材制造）：材料利用率高，可一次成型复杂结构，但设备投资大。

从材料利用率、加工时间、设备成本等维度展开分析，见表 9-4。

表 9-4　铝合金零件工艺比较

维度	数控铣削	3D 打印
材料利用率	约 50%，废料可回收	超过 90%，废料极少
加工时间	单件加工需 2 小时	单件加工需 6 小时
设备成本	低（现有设备即可满足）	高（需新增设备，投资约 500 万元）
适配复杂设计	需分段加工并组装	一次成型，适应复杂结构
质量一致性	高，但连接部位可能存在隐患	高，整体性好，无需连接

考虑到航空零件需要复杂结构和整体强度，该企业选择了 3D 打印作为核心加工工艺。尽管设备成本较高，但其长远效益（材料节省、质量优化）可覆盖初始投资。

> **拓展思考**　加工工艺选择是生产成本管理的核心环节，企业应根据产品特性、市场需求和资源条件，综合考量成本、效率、质量和环境等因素。
> **短期目标**　通过成本效益分析优化当前工艺选择。
> **长期目标**　投资先进工艺，为未来技术升级和竞争力提升奠定基础。

9.2.3　自产与外包决策

自产和外包决策的核心问题。当公司收到订单时，通常会根据自身的产能情况、订单的紧急性（即交单期的紧迫性）及订单完成的经济性来判断，该笔订单是否需要外包生产（交由供应商生产）？还是由企业自主生产？在外包决策的时候主要考虑因素如下：一是时间（交货期）问题，二是成本问题。在这一小节讨论的自产与外包决策中，我们重点关注成本问题。

由于订单的交货期一般比较紧，因此自产外包决策可以视为短期决策，符合静态工程经济学分析要素的基本条件。

> **问题思考**　回顾第 9.1 节，订单的自产外包决策分析适用于静态工程经济分析中的哪个原则/标准呢？

由于订单需求是明确的，通常包括需求产品种类、数量、质量要求、交货期及价格等，因此每一单企业能够获取的收入也是明确的。也就是说，无论选择自产还是外包，企业在这两个决策方案中所能获得的收入是相同的，故而依据成本进行计算，应该选择具有最小成本的项目/方案。也就是说，应从自产的成本考虑，计算生产的基本成本；从外包的成本考虑，计算外包订单的价格，选取其较小值为最终的决策方案。

> **问题思考**　这里引出了另一层思考的问题：自产决策中需要计算的自产成本到底应该包括哪些因素？

之前在第 2 章中介绍过成本的分类和概念，生产成本主要包括直接成本和间接成本，直接成本分为直接材料成本和直接人力成本；间接成本主要是一些管理成本。那么在这个问题当中,自产生产成本是否就是标准的生产成本?这个需要具体问题具体来探讨。下面以本章开篇中的案例导入为研究对象,分析自产外包决策中需要注意的若干因素。

【例 9-3】

自产外购决策

某小型外贸打火机生产企业专门接单生产多种外贸订单,其生产车间内有 3 条产线,支持混单生产,即在同一车间内可以生产不同客户订单的打火机产品。现公司面临承接一个新型打火机产品订单任务,订单需求为日产量 600 件。若外包该订单,供应商为打火机定价为每件 4.5 元。若自产该打火机,相关的生产费用数据见表 9-5。

表 9-5　企业自产打火机的生产费用数据

成本类别	成本项目	合计
直接劳动力成本	产线工人日工资（计件制）(720 元/天) 车间主管月工资 8 400 元（即 280 元/天）	1 000 元/天
直接原材料成本	所有原材料及辅料	900 元/天
管理成本	车间占地 100 m²,10 元/(m²·天)	1 000 元/天
	总成本	2 900 元/天

请决策这笔订单应该自主生产还是选择外包。

解:

前面讨论中已经明确该企业的自产外包决策属于决策规则 2 的应用问题,即应该选择具有最小成本的方案,需要分别计算比较自产的成本及外包的成本。这里我们考虑每日的生产成本和外包成本。

1) 外包成本:为供应商每日供货的价格总数,即

$$外包成本 = 订单量 \times 产品售价 = (600 \times 4.5) 元/天 = 2\ 700\ 元/天$$

2) 生产成本:企业选择在车间内自己加工装配该打火机,则

$$生产成本 = 直接劳动力成本 + 直接原材料成本 + 管理成本 = 2\ 900\ 元/天$$

比较外包成本与生产成本,可知外包成本(2 700 元/天)小于自产成本(2 900 元/天),应该选择外包该订单。

但是进一步思考一下,这里自产成本应该是当企业选择自己生产这个产品所带来的额外成本,即增量成本(边际成本)。由于企业生产的产品种类非常多,产线支持多类产品的生产,即使选择外包(不在车间内生产该打火机产品订单),车间内产线、设备、人力、水电之类的也会存在损耗或占用,这些因素不应该计入边际成本中。

所以本例题中,必须在增量成本当中考虑两类情形:管理成本的均摊问题以及一些资源、人工、设备所耗用成本的细分考虑。

1) 管理成本的均摊问题。由于表 9-5 中管理成本是按照整个车间占地面积统计的,该车间内不仅仅生产一个产品,而是有多条产线,因此应该进行一定的分摊。这里初步按产线数量均摊,即均摊后的管理成本为 (1 000 元/天)×1/3 ≈ 333 元/天。

2) 资源、人工、设备所耗用成本的细分考虑。例题中直接人工成本中有两类:一类是直接生产该产品的产线工人计件工资,另一类是车间主管工资。前者 720 元/天直接归属于直接人工成本,但是后者 280 元/天的工资并不是由于选择自产而产生的,故而不应该计入

边际成本中。这样边际成本中的直接人工成本应该仅为720元/天。

自产的边际成本=直接人工成本(720元/天)+直接原材料成本(900元/天)+
均摊的管理成本(333元/天)
=1 953元/天,比较于外包成本的2 700元/天,自产更为经济。

需要特别关注的是,当企业车间产线是多产品生产时,那么所接订单的不同将导致占用产能的不同,那么自产成本中还应该额外导入**机会成本**,也就是当企业选择自产占据了一定的产能,将会丧失获取其他订单收益的机会。另外,如果企业在自产决策中选择加班,那么工人的加班成本也应该考虑。

> **拓展思考** 若企业频繁面临订单的外包决策,侧面说明市场需求旺盛,而企业目前的生产任务很紧迫,存在产能不足的问题。这种情况下,企业应该考虑扩充产能的决策。当考虑扩充产能的时候,自产外包决策将不再是一个短期决策,不能用静态经济分析。因为需要投入新的产能,涉及的项目周期将超过1年以上,进行经济性分析时则必须考虑现金的时间价值的影响,该决策问题就不再是静态经济分析的决策问题了。

9.3 不同经济环境中的生产决策

市场对某类产品或服务有需求,就会带动制造企业或服务企业去生产或提供相关产品及服务,也会带动衍生供应链上系列产品及服务的需求,各类企业在参与生产服务过程中会产生相应的成本花费,生产出的产品经销售或提供的服务会给企业带来收入。这是一个完整的需求-生产-获利的生产运作环境,企业在生产运作过程中会期望采用科学的管理决策达成获取利润的目标。科学的管理决策需要基于量化的工程经济分析,本小节内容将关注基于工程经济分析的科学生产决策。

9.3.1 生产/服务及经济环境的分类特点

生产/服务通常分为两类:消费性产品/服务和生产性产品/服务(见表9-6)。

表9-6 生产服务类型及特点

项目		消费性产品/服务	生产性产品/服务
示例		食品、服装、汽车、家电、医疗服务、金融服务等	机床、刀具、标准件等
需求		直接面向消费者,需求明确; 随着人们需求变化而变化	间接满足消费者需求; 可能会大大提前或滞后于消费性产品/服务需求变化; 通用性、间接性及行业分散性相对均衡了需求的波动性
价格	必需品	随市场需求变化而变化 (竞争环境)	相对稳定*
	奢侈品	基本保持不变 (垄断性)	

注:*特指价格与市场需求变化相对稳定,若整体经济出现显著变化,价格也会呈现行业性整体变动。

消费性产品/服务是指直接满足人们生活需求的商品和服务，例如日常生活中必需的衣食住行类产品及服务。这些消费性产品的制造商及服务的提供商会直接面对市场消费者，特别关注和服从消费者需求的变化，生产决策与消费需求的关联影响更加直接。

生产性产品/服务是被用来制造消费性产品/服务的，或其他生产性产品和服务的，即间接满足人们的生活需求。当人们的消费性产品/服务需求发生变化时，对相关生产性产品/服务的需求及生产可能会大大提前或滞后。由于这类产品/服务的通用性较广，客户可能会分散在不同行业领域，一定程度上会均衡消费市场的波动性。

消费性产品/服务根据其生活必需性可以区分为必需品（日用品）和奢侈品。一般而言，必需品因其对日常生活较重要而市场需求旺盛，供应商竞争较激烈，在竞争环境中这类产品/服务的价格与需求关系一般呈现如图9-2所示的线性关系，即单位价格（P）增加时，商品的需求（D）将会减少；当价格降低时，需求将会增加。即

$$P = a - bD \tag{9.1}$$

而对于奢侈品而言，通常其需求定位决定了这类产品/服务的供应商相对较少，与普通必需品供应商所处的竞争环境不同，基本属于垄断性环境。奢侈品商品/服务的价格与需求关系一般基本保持不变，见图9-3。

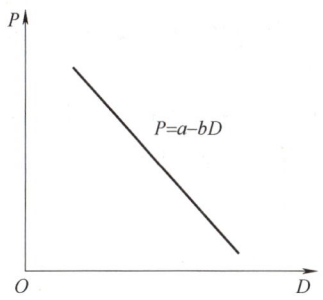
图9-2 价格-需求线性关系

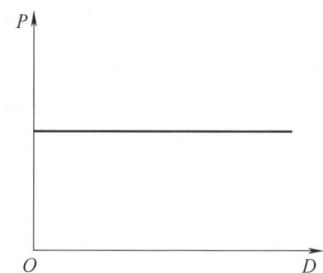
图9-3 价格独立于需求（P=常量）

从表9-6可见，生产性产品/服务的制造企业/服务企业的经营过程中，其产品/服务的价格与生产奢侈品类消费性产品制造企业的产品价格类似，基本相对稳定，这是由于生产性产品/服务类似于处于垄断性环境，这类商品/服务的需求波动相对较小。

9.3.2 竞争环境下的生产决策

本小节主要考虑需求是价格的函数关系情形下的生产决策。日常消费品市场需求大时，会引入大量供应商，从而形成竞争环境。竞争环境下，价格增加时，需求会降低；反之，当价格降低时，需求会增加。

> **问题思考** 在竞争环境下，必需品类生产企业在生产决策中应该关注什么？如何保证企业的可持续发展？

这里以价格与需求呈现线性关系时（图9-2）为例，分析企业的利润。假设企业生产的产品均能销售到市场中，产量等同于销售量，即需求量（D）。

企业的收入TR由单位产品售价P和产量D决定，即

$$总收入 \ TR = 售价 \times 产量 = PD \tag{9.2}$$

将式（9.1）中价格与需求的关系代入上式，可得：

$$TR = (a-bD)D = aD - bD^2 \tag{9.3}$$

总收入与产量的关系可表示为图9-4所示的抛物线。由图9-4可知，在 TR^* 可处企业可获得最大收入，最大收入 TR^* 可通过下述计算获得：

$$\frac{dTR}{dD} = a - 2bD = 0$$

求得：

$$D^* = \frac{a}{2b} \tag{9.4}$$

$$TR^* = aD^* - bD^{*2} = a^2/4b$$

$$\frac{d^2 TR}{dD^2} = -2b < 0$$

由于二阶导数为负，所以确认 D^* 为可获得最大收入时的产量，TR^* 为企业可获得的最大收入。

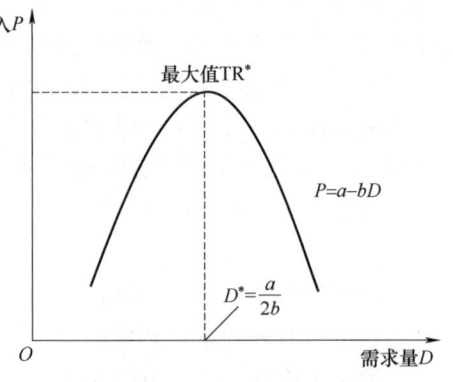

图9-4 总收入-产量关系

必须强调，企业获得的最大收入不代表最大利润，企业经营管理者在生产决策中更为关注获得利润的情况，利润需要进一步结合生产成本来分析。

由前面章节中知道，成本可以分为固定成本和可变成本。固定成本在一定时期内保持不变，与产量无关；可变成本则随着产量变化而变化。则在一定产量 D 下，其总成本计算如下：

$$TC = C_F + C_V \tag{9.5}$$

式中，C_F 为固定成本；C_V 为可变成本。

假设可变成本与产量 D 存在线性关系：

$$C_V = c_v D$$

c_v 为单位可变成本，代入式（9.5）中，则

$$TC = C_F + c_v D \tag{9.6}$$

根据总收入及总成本表达式，可以对利润进行分析（见图9-5），由利润=总收入-总成本，可得：

$$TP = TR - TC = (aD - bD^2) - (C_F + c_v D) = -bD^2 + (a - c_v)D - C_F \tag{9.7}$$

保证企业可以获取利润，必须满足的条件为 $a - c_v > 0$，基于此可以对企业管理者所关注的生产决策进行工程经济分析，具体包括：盈利空间及最大盈利的分析。

1. 盈利空间

企业从事生产经营活动都是以期望获取利润为目标的，所以生产决策中会关注盈利空间。从图9-5中可见，企业的可获利润区间为 $[D_1, D_2]$。产量低于 D_1 或产量高于 D_2 时，企业的生产均无法获利。这里的 D_1 和 D_2 分别为盈亏平衡点。在盈亏平衡点上，总收入等于总成本，即 $TR(D_1) = TC(D_1)$，$TR(D_2) = TC(D_2)$。

依据盈亏平衡点特征，总收入=总成本，将式（9.6）代入，求得：

$$aD - bD^2 = C_F + c_v D - bD^2 + (a - c_v)D - C_F = 0 \tag{9.8}$$

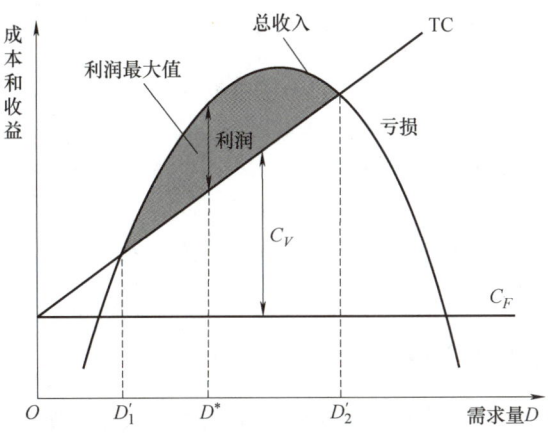

图9-5 总成本收入-产量关系

式（9.8）是个一元二次方程式，其两个根即盈亏平衡点 D_1、D_2，满足：

$$D = \frac{-(a-c_v) \pm [(a-c_v)^2 - 4(-b)(-C_F)]^{1/2}}{2(-b)} \tag{9.9}$$

2. 最大盈利

在满足盈利情况下，决策者期望获知最大盈利（TP^*）及对应的产量（D^*），由式（9.6）对 D 求一阶导数，令其为零：

$$\frac{dTP}{dD} = a - c_v - 2bD = 0$$

求得：

$$D^* = \frac{a-c_v}{2b} \tag{9.10}$$

$$TP^* = aD^* - bD^{*2} - (C_F + c_v D^*) \tag{9.11}$$

$$\frac{d^2 TP}{dD^2} = -2b < 0$$

由于二阶导数为负，所以确认 D^* 可为获得最大利润时的产量，TP^* 为企业可获得最大利润。

【例9-4】 某公司生产集成电路板。每月固定成本为 295 000 元，单位电路板的变动成本为 380 元，每单位的销售价格 $p = 1\,000 - 0.02D$（D 为生产量）。请确定该产品的最优需求量是多少？每月的最大利润为多少？盈亏平衡点是多少？该公司能盈利的需求范围是多少？

解：

总成本：$TC = C_F + c_v D = (295\,000 + 380D)$ 元

总收益：$profit = pD - TC = [(1\,000 - 0.02D)D - 295\,000 - 380D]$ 元

$= [-0.02D^2 + 620D - 295\,000]$ 元

最优需求量 $D^* = \dfrac{a-c_v}{2b} = \dfrac{1\,000-380}{2\times 0.02}$ 单位 $= 15\,500$ 单位

最大利润 $\text{profit}_{\max} = (-0.02\times 15\,500^2 + 620\times 15\,500 - 295\,000)$ 元 $= 4\,510\,000$ 元

盈亏平衡点 $\text{profit} = (-0.02D^2 + 620D - 295\,000)$ 元 $= 0$

$$D = \dfrac{-620\pm[620^2 - 4\times(-0.02)\times(-295\,000)]^{1/2}}{2\times(-0.02)} \text{ 单位}$$

两个盈亏平衡点 $D_1 = 483$ 单位，$D_2 = 30\,517$ 单位，所以该公司能盈利的需求范围为 $483 \leqslant D \leqslant 30\,517$。

9.3.3 垄断环境下的生产决策

本小节主要考虑价格与需求是独立关系情形下的生产决策。典型的垄断环境下，价格基本保持不变，这时企业所关注的生产决策与竞争环境中的有所差异。

问题思考 在垄断环境下，这类企业在生产决策中应该关注什么？与前面小节中竞争环境下的差异体现在哪里？

当产品/服务的价格不变（为常量），且大于单位可变成本时，企业的总成本收入与产量的关系可以描述为两种线性关系（见图9-6）。

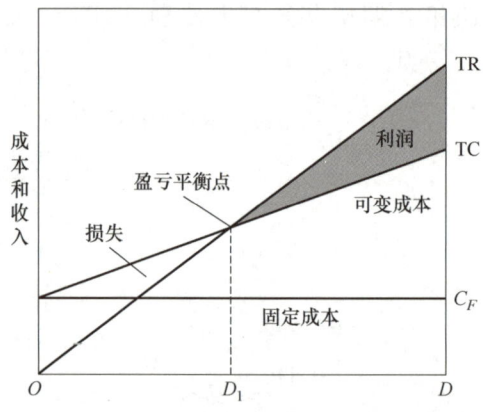

图 9-6 价格不变时总成本收入-产量关系

根据总收入 $TR = pD$，其中 p 为产品单价，则收入描述为经过原点的斜率为 p 的直线。

根据总成本 $TC = C_F + c_v D$，总成本可描述为经过 (O, C_F) 的斜率为 c_v 的直线。

总利润：
$$TP = TR - TC = pD - (C_F + c_v D) \tag{9.12}$$

根据上述几个公式，同时对比图9-5及图9-6，可以发现两类情形下生产决策的差异。下面我们可以从盈利空间及最大盈利的分析层面讨论这些差异。

1. 盈利空间

从图9-6可见，企业的可获利润区间为 $[D_1, \infty)$。与竞争环境下利润区间为封闭区间不同，此时利润区间为开放区间，利润上界为无穷大，仅存在一个盈亏平衡点 D_1，从产量大于 D_1 开始，企业就进入盈利区间，且销售量（产量）越高，盈利越高。

依据盈亏平衡点特征，总收入=总成本，将式（9.2）、式（9.6）代入，求得：
$$pD = C_F + c_v D$$
$$D = \frac{C_F}{p - c_v} \tag{9.13}$$

2. 最大盈利

在满足盈利情况下（即生产量进入利润区间 $[D_1, \infty)$ 内），此类企业的利润直接取决于产量 D，最大盈利理论上可以无穷大，在实际情形中，是指企业最大产能对应的利润。

【例9-5】 某公司生产便携收音机，每月产出为1.5万件，可变成本是62元/件，销售价格是90元/件。公司生产固定成本为每月17万元。对这家公司来说，其盈利区间是多少？

$$D = \frac{C_F}{p - c_v} = \left(\frac{170\,000}{90 - 62}\right) \text{件} = 6\,071 \text{ 件}$$

所以，盈亏平衡点为 6 071 件，盈利区间为 $[6\,071, \infty)$。

9.3.4 基于盈亏分析拓展生产决策讨论

项目的风险评估中，盈亏平衡点是一个关键指标，它揭示了在产量、定价和成本等因素影响下，项目达到盈利与亏损的临界点。

> **问题思考** 从不确定性角度考虑，项目盈亏平衡点的高低意味着什么？若存在盈亏区间，那么上下界的高低意味着什么？

第 9.3.2 小节和第 9.3.3 小节分别对两类典型环境中的企业生产决策进行了分析，从定量分析层面帮助两类企业经营管理者进行生产决策：一方面，管理者了解获利区间和最大盈利，保证生产安排在该获利区间内，或尽量接近最大盈利情形，可以保证企业生产效益；另一方面，管理者会期望能提升企业盈利，扩大利润区间，特别是降低盈亏平衡点。因为盈亏平衡点越低，意味着企业会越早开始盈利，一个较低的盈亏平衡点显示了项目对市场变动的适应性和风险承受能力。同时，在价格不变情形下，降低的盈亏平衡点将会使企业获取更大的利润。

从利润公式（9.7）、（9.12）可知，可以从三个方面通过降低盈亏点来增加利润：①提高价格；②降低固定成本；③降低可变成本。这 3 个措施的有效性可以通过敏感性分析进行比较。

【例9-6】 以前述垄断环境下例子为基础，我们探讨以下 4 个措施中利润的变化。

1) 提高价格：价格（p）增加 10%。

$$D = \frac{C_F}{1.1p - c_v} = \left(\frac{170\,000}{1.1 \times 90 - 62}\right) \text{件} = 4\,595 \text{ 件}$$

$$\Delta D = \left(\frac{6\,071 - 4\,595}{6\,071}\right) \times 100\% = 24.3\%$$

即盈亏平衡点减少程度为 24.3%。

2) 降低固定成本：固定成本（C_F）减少 10%。

$$D = \frac{0.9 C_F}{p - c_v} = \left(\frac{0.9 \times 170\,000}{90 - 62}\right) \text{件} = 5\,464 \text{ 件}$$

$$\Delta D = \left(\frac{6\ 071 - 5\ 464}{6\ 071}\right) \times 100\% = 10\%$$

即盈亏平衡点减少程度为 10%。

3) 降低可变成本：可变成本（c_v）减少 10%。

$$D = \frac{C_F}{p - 0.9c_v} = \left(\frac{170\ 000}{90 - 0.9 \times 62}\right) 件 = 4\ 971 件$$

$$\Delta D = \left(\frac{6\ 071 - 4\ 971}{6\ 071}\right) \times 100\% = 18.1\%$$

即盈亏平衡点减少程度为 18.1%。

4) 同时减少可变成本（c_v）10%，固定成本（C_F）10%。

$$D = \frac{0.9C_F}{p - 0.9c_v} = \left(\frac{0.9 \times 170\ 000}{90 - 0.9 \times 62}\right) 件 = 4\ 474 件$$

$$\Delta D = \left(\frac{6\ 071 - 4\ 474}{6\ 071}\right) \times 100\% = 26.3\%$$

即盈亏平衡点减少程度为 26.3%。

4 种情形的计算结果见表 9-7。

表 9-7　不同因素改变的敏感性分析

因素的改变	盈亏平衡点的降幅
价格（p）增加 10%	24.3%
固定成本（C_F）减少 10%	10%
可变成本（c_v）减少 10%	18.1%
固定成本（C_F）和可变成本（c_v）都减少 10%	26.3%

单纯从敏感性分析结果可以发现：盈亏平衡点对价格最敏感，提升价格是降低盈亏平衡点最有效的措施，其次为减少可变成本，然后是减少固定成本。

但是在现实生产环境中，价格往往并非企业单方面可以随意提升的，尤其在竞争环境中的定价通常是由外部市场主导的。即便是在垄断环境中，亦或整体经济环境很好的情形下，企业通常也不会随意提价，更不必说当整体经济大环境不好时，企业更加不会通过提升价格来获取更大的利润。所以虽然理论上提升价格是最行之有效的措施，但是并不可行。

从企业生产经营可持续发展的层面来看，选择降低成本才是企业可控、可实施的有效措施，而考虑降低可变成本较固定成本的降低更为有效。

高阶学习导引　利用 Excel 电子表格可以方便快速地开展生产决策中的盈亏平衡分析及敏感性分析，建议自主学习 Excel，参考教材：William G. Sullivan，工程经济学（第 13 版），清华大学出版社，2007.

9.4　价值工程

价值工程（Value Engineering，VE）是一种通过系统化分析提高产品或项目价值的科学管理技术，旨在项目设计决策中通过分析产品或服务的功能，寻找以更低的成本提供所需功能，从而降低成本并提升经济效益。价值工程起源于 20 世纪 40 年代的美国，美国通用电气公司的劳伦斯·戴尔·迈尔斯（L. D. Miles）在处理原材料短缺问题时发现有些材料可以用其他较为充裕的材料代替，可实现同样的功能且成本更低，从而提出价值工程概念，后续发展起来并推广到产品研发、设计、生产和经营的其他领域。

> **问题思考** 价值工程可以应用于设计、生产、经营等多类领域的决策中，在哪类决策中应用可以带来更大的价值？

9.4.1 基本概念

价值工程是一种系统的、结构化的方法，其核心概念包括价值、功能和寿命周期成本，以下是对这三个概念的详细介绍：

1. 价值

价值是功能与成本的比值，公式表示为

$$V = \frac{F}{C} \tag{9.14}$$

式中，V 为价值；F 为功能；C 为成本。

在成本不变的情况下，价值与功能成正比，即功能越大，价值就越大，反之亦然。在功能不变的情况下，价值与成本成反比，即成本越低，价值就越大；成本越高，价值就越低。

2. 功能

功能是指对象满足某种需求的效用或属性。

功能分类是为了更好地理解和分析产品或服务的功能，通过分类来明确各个功能的重要程度、用户需求、性质和水平。按功能重要程度可以分为基本功能和辅助功能；按用户需求可将功能分为必要功能和不必要功能；按功能性质可将功能分为使用功能和美学功能；按功能水平可将功能分为不足功能和过剩功能。

功能分析的目的是在满足用户基本使用功能的基础上，尽可能地增加产品的必要功能，删除不必要功能，尽可能弥补不足功能，削减过剩功能。

3. 寿命周期成本

寿命周期成本（Life Cycle Cost，LCC）是指产品或系统从需求识别、设计、生产、使用、维护直至报废的整个生命周期内所发生的所有成本总和。它不仅包括生产成本（包括研发、设计制造、运输施工、安装调试等过程中的成本），还包括在整个生命周期中的使用成本（产品使用过程中发生的包括维护、保养、管理、能耗等费用）。生产成本通常随着产品功能水平的提高而上升。这是因为高功能水平的产品需要更多的研发、设计和制造资源。例如，增加产品的复杂性、使用更高质量的材料或更先进的生产技术都会增加生产成本。使用成本通常随着产品功能水平的提高而下降。功能水平较高的产品通常更加耐用、维护需求更低、能效更高，这些因素都会降低使用成本。

> **问题思考** 价值工程为什么要强调工程项目寿命周期和寿命周期成本？

随着产品功能水平的变化,寿命周期成本呈开口向上的抛物线形变化。在功能水平较低时,虽然生产成本较低,但使用成本较高,因此总成本较高。随着功能水平提高,生产成本增加,但使用成本减少,总成本下降(见图9-7)。完整的寿命周期成本构成及分析见第2章。

通过价值工程,可以优化产品的功能水平,使其在保证必要功能的前提下,尽量降低寿命周期成本,从而提升整体价值。这需要在设计和制造阶段就考虑到各个成本因素,并通过功能分析找到最佳的成本功能匹配点,做到使用户买得经济,用得划算。

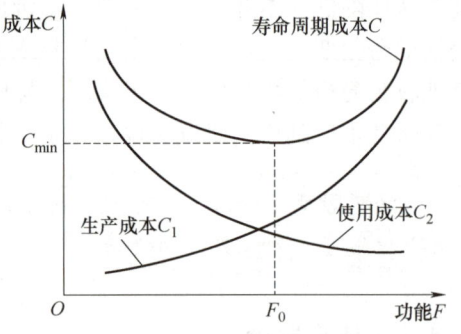

图 9-7 全寿命周期成本与功能的关系

9.4.2 价值工程工作流程

价值工程的一般程序包括 4 个阶段:准备阶段、分析阶段、创造阶段和实施阶段。在准备阶段,建立研究小组并制订工作计划,明确目标和研究对象,并进行信息搜集。在分析阶段,通过功能分析和功能评价,确定对象的功能定义、整理和成本分析,评估对象的成本和价值。在创造阶段,进行初步设计和方案评价,通过方案创造、初步评价、详细评价和提出建议,寻找实现相同功能的替代方案,评估新方案的成本、价值和实现可能性。在实施阶段,检查实施情况,评估活动效果,通过审核和检查,确保新方案的实施效果。详细见表9-8。

表 9-8 价值工程工作流程

阶段	程序	工作步骤		价值工程对应问题
		基本步骤	详细步骤	
准备阶段	成立研究小组 制订工作计划	确定目标	对象选择 信息搜集	价值工程对象是什么 需要哪些准备工作
分析阶段	功能系统分析	功能分析	功能定义 功能整理 功能成本分析 功能评价	对象的功能是什么 对象的成本是多少 对象的价值是多少
创造阶段	初步设计 方案评价 制订方案 详细评价	制定方案	方案创意 概略评价 方案具体化 详细评价 提出建议	有其他方案实现这个功能吗 新方案成本多少 新方案的影响如何 新方案的可实施性如何
实施阶段	检查实施情况 实施评价改进	实施评价成果	检查实施情况 实施评价改进	价值工程活动的效果如何

9.4.3 功能分析与评价

1. 功能分析

功能分析是指通过对产品或系统的各项功能进行系统化的分析,以确保这些功能能够最有效地满足用户需求,同时优化资源使用,降低成本,提升产品的整体价值。功能系统图是一种用于表示功能之间相互关系的图示工具,用于整理和分析功能。其基本方法是按照"目的"和"手段"的顺序排列产品的各项功能。将产品最基本的目的功能称为上位功能,放在左侧。将上位功能的直接手段功能称为下位功能,放在右侧。如图9-8所示。

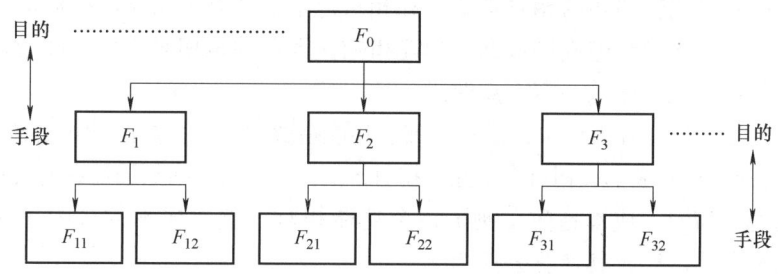

图9-8 功能系统图

例如,在一个空调遥控器中:上位功能提供空调开关控制(F_0)。手段功能控制按键结构(F_1),其子功能包括开关控制(F_{11})和模式控制(F_{12});提供温度风速控制(F_2),其子功能包括温度升降(F_{21})和风速升降(F_{22});提供其他辅助控制(F_3),其子功能包括风向控制(F_{31})和定时控制(F_{32})。通过这样的功能系统图,可以清晰地看出每个功能的目的和手段,便于在设计和建设过程中进行优化和调整。

2. 功能评价

功能评价是指对组织对象的零部件在功能系统中的重要性进行定量评估,目的是筛选出价值较低、改善潜力较高的功能,作为价值工程的重点改进对象。常用的功能评价方法包括功能成本法和功能指数法。

(1)功能成本法。

功能成本法又称绝对值法,旨在通过定量分析产品或系统中各功能的成本与其重要性来识别改进的机会。这种方法直接比较各功能的实际成本和目标成本,以找出高成本、低价值的功能,作为改进和优化的重点。具体通过计算实现功能所需的最低成本(目标成本)与现实成本的比值,评定功能的价值(Function Value,FV),从而确定需要改进的功能,如式(9.15)所示:

$$\text{FV} = \frac{C_T}{C_C} \quad (9.15)$$

式中,FV为功能价值;C_T为实现该功能所需的最低成本(目标成本);C_C为实现该功能的现实成本。

由式(9.15)可知,当FV=1时,表明功能的现实成本与目标成本相符,成本是合理的;当FV<1时,功能价值低,现实成本超过了目标成本,表明功能存在不经济之处,需要进行优化改进;当FV>1时,说明功能价值高,现实成本低于目标成本,功能实现较为经济。式（9.16）给出了成本改进期望值 ΔC 的计算方式：

$$\Delta C = C_C - C_T \tag{9.16}$$

式（9.16）可以评估当前功能的现实成本与目标成本之间的差距。当 $\Delta C > 0$ 时，现实成本高于目标成本，存在成本改进的空间，是重点改进对象；当 $\Delta C = 0$ 时，现实成本与目标成本相等，成本已经达到合理水平；当 $\Delta C < 0$ 时，现实成本低于目标成本，功能实现较为经济。

（2）功能指数法。

功能指数法又称相对值法，是用于评估产品或系统各功能的重要性与成本效益的一种分析方法。该方法通过比较功能的相对重要性和相对成本，计算出功能的指数值，从而评估功能的相对价值，为优化和改进提供依据。功能指数法强调的是相对概念，即通过功能的相对比较来确定哪些功能性价比低，需重点改进。

在功能指数法（相对值法）中，成本指数、功能指数和价值指数的计算是核心步骤，它们分别反映了各功能的相对成本、相对重要性和相对价值。以下是各指数的计算公式及其解释。

1）成本指数（I_C）。成本指数反映了每个功能相对于整体成本的分配比例，用于衡量各功能在总成本中的占比。其计算公式为

$$I_{C_i} = \frac{C_i}{\sum C_i} \tag{9.17}$$

式中，I_{C_i} 为第 i 个功能的成本指数；C_i 第 i 个功能的实际成本；$\sum C_i$ 为所有功能的总成本。

2）功能指数（I_F）。功能指数表示某功能在整体功能体系中的相对重要性，是功能重要性与整体功能重要性的比例。其计算公式为

$$I_{F_i} = \frac{F_i}{\sum F_i} \tag{9.18}$$

式中，I_{F_i} 为第 i 个功能的功能指数；F_i 第 i 个功能的重要性得分；$\sum F_i$ 为所有功能的重要性得分之和。

3）价值指数（V_i）。价值指数反映了功能的重要性与其成本之间的关系，用于评估功能的性价比。其计算公式为

$$V_i = \frac{I_{F_i}}{I_{C_i}} \tag{9.19}$$

式中，V_i 为第 i 个功能的价值指数；I_{C_i} 为第 i 个功能的成本指数；I_{F_i} 为第 i 个功能的功能指数。

当 $V_i = 1$ 时，功能的成本与其重要性相匹配，处于合理状态；当 $V_i > 1$ 时，功能的相对价值较高，成本较低，功能实现较为经济；当 $V_i < 1$ 时，功能的相对价值较低，成本高于其重要性，是重点改进对象。

通过计算每个功能的价值指数，能够有效地识别出在功能和成本之间存在不平衡的部分，从而找到需要改进的具体对象，并对其进行优化以提高整体价值。例如，在制造业中，功能评价可以帮助企业发现生产过程中哪些部件的成本过高而其功能贡献较低，从而在保持产品质量的前提下，通过替代材料或优化设计来降低成本。同时，功能评价能指导企业在新产品开发时，更加合理地分配资源，提升产品的市场竞争力。

9.4.4 方案创新与评价决策

方案创新是指在工程项目或系统的设计、开发、实施和管理过程中,通过创造性思维和系统化方法,提出并应用新的解决方案,以实现项目效益最大化、成本最小化、性能提升和可持续发展。方案创造是方案创新的核心步骤,它依托建立的功能系统图、功能特性以及功能的目标成本,通过创造性的思维和活动,提出各种不同的实现功能要求的方案。

1. 方案创造的过程

(1) 创造方案设想。

1) 定义目标。明确需要解决的问题和目标,结合情报资料的研究与前一阶段功能系统分析和评价结果,紧扣必要功能要求。

2) 创意产生。价值工程小组通过集体讨论和头脑风暴,提出尽可能多的创意方案,发挥集体智慧,激发创造力。

(2) 明确创新方案。

1) 系统整理。对提出的所有创意进行系统整理,进行完整意义上的分析,初步筛选和评价创意的可行性。

2) 细化与实验。将初步筛选的创意进一步具体化,进行详细的细化和实验研究,形成若干有价值的具体、详细的改进方案,供进一步选择和优化。

(3) 调整与优化方案。

1) 概率评价。通过概率评价和审查,筛选出明显不可行的设想,对保留下来的设想进行粗略的概括和具体条件的考察。

2) 明确实施条件。明确每个方案的实施条件,形成具体的、可操作的实施方案,确保方案在实际操作中的可行性。

(4) 开展实验研究。

1) 验证与确认。制定的具体方案必须通过实验验证,确保其达到预定的功能和价值改善的要求。

2) 实验研究内容。其包括产品结构实验、零部件实验、新材料和新工艺实验,以及样机或样品性能实验等。实验可以分阶段进行,如总体设计、技术设计、工程样机或样品试制等。

3) 实验方式。可以采用模拟实验、样机试验、理论验证或实际使用等多种方式,确保方案的可靠性和可行性。

2. 方案评价

方案评价是指对已制定的方案进行系统性分析和评估,以确定其可行性、有效性和经济性,确保选择和实施最佳方案。方案评价通常涵盖多个维度,包括技术、经济、环境和社会等方面,以便全面了解方案的潜力和影响。方案评价一般分为概略评价和详细评价。概略评价是指从大量备选方案中筛选出价值较高的方案,涉及技术评价、经济评价和社会评价,评估方案的可行性、成本效益及社会影响。详细评价则是指对通过概略评价筛选出的方案进行深入分析和论证,进一步详细评估技术可行性、经济效益及社会效益,并进行综合评价,整合所有评价结果形成整体评价,最终确定最佳实施方案。

方案评价过程包括信息收集、构建评价模型、分析比较、综合评价和选择方案。优势在于系统性强、科学性高和全面性，能够全面系统地评估方案的各个方面，确保选择最优方案。然而，方案评价面临数据不足、存在主观偏见和复杂性高等挑战，需要通过加强数据收集、多方参与和使用标准化评价模型等方法加以解决。方案评价广泛应用于各类项目和决策过程中，如大型工程项目的可行性研究、企业战略规划、新产品开发和政策制定等，通过正确的应用和管理，方案评价能够有效支持组织实现其目标，提升决策质量和实施效果。方案评价过程如图9-9所示。

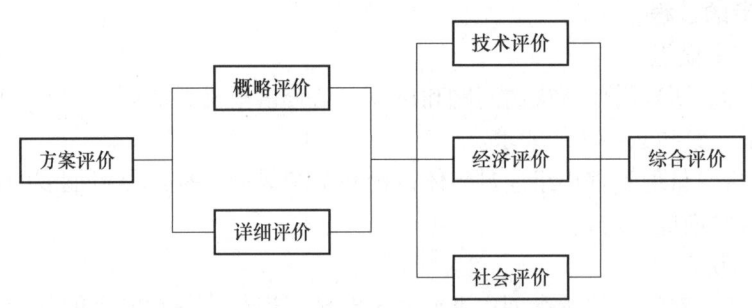

图 9-9 方案评价过程示意图

技术评价、经济评价和社会评价是方案评估的关键组成部分，各自从不同角度对方案进行全面分析。

1）技术评价主要关注方案的技术可行性，评估内容包括性能、质量、可靠性、安全性和系统兼容性等，通过收集技术资料、计算机模拟和实际模型试验来验证方案能否实现所要求的功能。

2）经济评价则重点评估方案的经济效益，内容涵盖投资成本、运行成本、预期收益、资金需求、投资回收期和经济风险，通常采用成本收益分析和盈亏平衡分析等方法进行详细计算，以确保方案在经济上是可行的。

3）社会评价考察方案对社会的影响，涉及社会整体利益、环境影响、法律法规遵循和社会接受度等，通过利益相关者分析和环境影响评估来确定方案的社会可行性。

在上述评价的基础上，综合评价将各项指标进行量化评分和优劣势对比，提出最优方案和改进建议。综合评价的系统性、科学性和全面性使其成为决策过程中不可或缺的一部分，确保选择的方案在技术、经济和社会效益上都具有优越性，从而有效支持组织实现目标，提升决策质量和实施效果。通过技术、经济和社会三个方面的全面评估，决策者能够更清晰地了解不同方案的综合表现，最终做出最优的决策，确保项目的成功实施。

> **思政导引** 价值工程对于企业发展新质生产力有何意义？

> **高阶学习导引** 我国价值工程的有关标准：
> ◇ 1987年，中国制定并颁布了第一个价值工程国家标准，即《价值工程 基本术语和一般工作程序》(GB 8223—87)。
> ◇ 2009年，国家质量监督检验检疫总局和国家标准化管理委员会联合发布了《价值工程 第1部分：基本术语》(GB/T 8223.1—2009)。

小结

1)明确了静态经济分析的两个核心规则及应用条件:原则 1(收益最大化原则)和原则 2(成本最小化原则)。

2)介绍了几个典型静态经济决策问题及其决策分析应用。

a. 自产外包决策:运用静态经济决策分析,比较自产成本与外包成本,决策属于原则 2(成本最小化原则)。重点关注自产成本,应该考虑企业的边际成本和机会成本。特别关注边际成本中的直接材料成本、直接劳动力成本以及分摊的管理成本等。

b. 材料选取的决策:决策属于原则 2(成本最小化原则)。材料的选取不仅涉及原材料成本,还涉及材料不同导致的包括工艺不同、设备不同、加工质量不同等对成本所带来的影响。

3)阐述了一些基本经济环境概念,讨论了不同生产环境的特点及生产决策中的盈亏分析。

a. 对价格-需求呈现线性关系的(竞争)生产环境,存在两个盈亏平衡点 D_1 和 D_2,构成盈利区间 $[D_1, D_2]$。

b. 对价格-需求独立的(垄断)生产环境,仅有一个盈亏平衡点,盈利区间为开放 $[D_1, \infty)$。

c. 提升价格、降低固定成本及降低可变成本,可以降低盈亏平衡点,是企业增加利润的有效措施。

4)价值工程通过系统化的功能分析、成本分析和方案优化,实现降本增效。其工作流程包括准备阶段、分析阶段、创造阶段和实施阶段。功能分析与功能评价通过明确功能定义和分类,评估各功能的成本和价值,找到需要优化的功能。方案创新与评价决策通过创造多种方案并进行系统评价,选择最优方案,确保实现价值最大化。

测试及问题

一、判断题

1. 当不同项目/方案的收入和其他经济收益存在且不同时,则选择具有最大利润的项目/方案。( )

2. 由于订单是已知的,无论自产还是外包,为企业带来的收入是相同的,因此做出该类静态决策时,应该选择成本较小的情形。( )

3. 对于价格与需求独立的情形,其最大利润获得的产量就是最大收入所对应的产量。( )

4. 在盈亏平衡点上,企业所获得的收入与成本支出相同。( )

5. 在材料选择决策问题中,原材料成本直接决定了最终的决策选择。( )

6. 在加工速度选择决策中,生产加工速度越高,生产率越高,产量越大,为企业带来

的收入越高，故而应该选加工速度高的方案。( )

7. 在自产外包决策中，自产决策的总成本就是产品自产的标准加工成本。( )

8. 企业增加利润的有效措施包括提高产品售价、增加产品销量、增加产品可变成本等。( )

9. 盈亏平衡点对价格最为敏感，所以提升价格是降低盈亏平衡点最有效、最实际的措施。( )

10. 降低盈亏平衡点，可以使企业更快地进入盈利区间，实现盈利。( )

二、简答题

1. 价值工程的核心理念是什么？
2. 寿命周期成本包括哪些方面？
3. 价值工程的工作流程包括哪些阶段？
4. 功能分析和功能评价的目的是什么？
5. 方案创新有哪些常用的方法？
6. 方案评价包括哪些方面？
7. 价值工程在实际应用中有哪些优势？

三、计算题

1. 一家公司通过生产电路板来更新过时的计算机装备。每月固定成本为 42 000 元，单位电路板的变动成本为 53 元，每单位的销售价格 $p=150-0.02D$（D 为生产量），该工厂每月的最大产出量为 4 000 单位。(第 9.3 节)

1）确定该产品的最优需求量。
2）每月的最大利润是多少？
3）盈亏平衡点是多少？
4）该公司能盈利的需求范围是多少？

2. 一家公司每月生产的某种产品的销售价格 p 和销售数量 D 存在这样的关系：$D=780-10p$。每月的固定成本为 800 元，单位产品的变动成本为 30 元。为使产品利润最大化，每月生产的产品数量 D 为多少？每月的最大利润为多少？(第 9.3 节)

3. 一家公司生产和销售一种消费产品并能通过改变销售价格来控制需求。价格 p 和需求 D 之间的关系为

$$p=38+2\,700/D-5\,000/D^2,\ D>1$$

公司以利润最大化进行决策。每月固定成本为 1 000 元，单位产品变动成本为 40 元。(第 9.3 节)

1）为使利润最大化，每月生产和销售的产品数量为多少？
2）最大化利润为多少？

4. 假设 ABC 公司每月的生产（销售）能力为 1 000 000 元。它的固定成本（在相当大产量范围内）每月为 350 000 元，单位销售额的变动成本为 0.50 元。(第 9.3 节)

1）每年的盈亏平衡点是多少？画出盈亏平衡图。
2）如果单位变动成本降低 25%，固定成本增加 10% 的话，对盈亏平衡点有什么影响？
3）如果固定成本降低 10%，单位变动成本增加相同的比例，对盈亏平衡点有什么影响？

5. 一个农场主预测如果他现在收割大豆，将获得 1 000kg，每 kg 可以以 3 元的价格出售。然而他预计每延迟一周收割，每周大豆的产量都将增加 1 200kg，但销售价格将以每周每 kg 0.5 元的速率下降。另外，每延迟一周收割有可能每周有 200kg 的损坏。那么什么时候收割大豆将获得最大净现金收益？在那时候收割将获得多少收入？（第 9.3 节）

6. 某种车床可以用合金钢或碳钢作为刀具，需要定期地磨快这些刀具。磨刀具相关数据见表 9-9。

表 9-9 磨刀具相关数据

项目	碳钢	合金钢
最佳速度下的产量	100 件/h	130 件/h
刀具打磨床时间间隔	3h	6h
更换刀具花费的时间	1h	1h
未磨快刀具的成本	400 元	1 200 元
刀具使用次数	10 次	5 次

车床操作工的成本是 14.00 元/h，包括变换刀具时该工人空闲的时间。在更换刀具期间，更换刀具工的成本是 20 元/h。车床的可变间接成本是 28 元/h，包括更换刀具的时间。为了使每件产品的总成本最小，应选用哪种钢作为该车床的刀具？（第 9.2 节）

7. 对于零件 R-193 的生产，可以采用两种方法，这两种方法的资本投资是相同的。每一个加工完的零件价值增加 0.40 元。

操作方法 1：每小时生产 2 000 个零件。每隔一小时需要由操作工调整一次刀具。每次调整需要 20 分钟，操作工的报酬为 20 元/h（包括额外的福利）。

操作方法 2：每小时生产 1 750 个零件，但每隔两个小时需调整一次刀具。每次调整需 30 分钟，操作工的报酬为 11 元/h（包括额外的福利）。

假设采用每天 8 小时工作日，另外假设所生产的零件全部能售出。（第 9.2 节）

1）对于操作方法 1 和方法 2，应该采用哪一种方法？说明你的理由。

2）在这个问题中，基本权衡是什么？

8. 一个自行车配件制造商为自行车车轮生产轮轴。制造轮轴可以采取两种工艺，每种工艺的参数见表 9-10。

表 9-10 两种工艺的参数

项目	工艺 1	工艺 2
生产率	35 个/h	15 个/h
每天生产时间	4h/天	7h/天
基于肉眼检查的废品率	20%	9%

假设每天生产的合格轮轴都能够售出。另外检测不合格的轮轴不能售出。若每个零件由价值 4 元的材料制成并能以 30 元出售，找出能使每天利润最大的工艺。这两种工艺完全是自动的，可变间接成本为 40 元/h。（第 9.2 节）

9. 通过分析以两种不同速度运行的专用机床的效率，可以得到数据见表 9-11。

表 9-11 两种专用机床的效率

速度	产出/(件·h)	磨刃刀具时间间隔/h
A	400	15
B	540	10

一套未开刃的刀具要花费 1 000 元，可以刃 20 次，每次刃的成本为 25 元。更换和重新安装刀具的时间为 1.5h，更换刀具是由刀具安装工完成的，报酬为 18 元/h。生产机床操作工的报酬为 15 元/h，其中包括由于打磨刀具机床停止运行的时间。可变间接成本为 25 元/h，包括更换刀具的时间。机床的生产规模是固定的（独立于机床速度）。（第 9.2 节）

1) 为了使每件产品的总成本最小，机床应以什么速度运行？请给出所有的假设。

2) 该问题基本的权衡是什么？

10. 一家公司正在对某个零件是制造还是购买的情况进行分析，这种零件可以用在几个不同的产品上。公司工程部门提出了一些数据：

方案 A：以每件 8.50 元的固定价格每年购买 10 000 个。根据现在的成本核算程序，发出订单的成本是忽略不计的。

方案 B：利用工厂可用的生产能力每年生产 10 000 个。成本估算为：直接原材料每件 5.00 元，直接人工每件 1.50 元。制造费用为直接劳动力的 200%（为每件 3.00 元）。

1) 基于这些数据，这个零件是购买还是制造呢？（第 9.2.3 小节）

2) 如果制造费用可以与这个零件直接联系起来（因而避免了 200% 的比例），为每件 2.15 元，这时候应该怎么选择？

情境问题实践

价值工程——性价比

相关情况见表 9-12。

表 9-12 PBL 情境问题类型基本信息

PBL 情境对象	领域	复杂度	参考知识	项目要求
价值工程-性价比	产品设计	一级	价值工程 成本驱动设计	个人

情境任务：

选取一个对象产品或设计（比如办公椅），尝试运用成本驱动设计的思想提升其性价比。

思考如下问题：

1) 识别产品的功能-成本关系。

2) 引入某产品会带来哪些额外成本？如何衡量？

3）引入某产品会带来哪些益处？如何衡量？
4）性价比如何评价？
5）扩展讨论不同客户群的产品性价比。

项目完成周期：1周。

思政导引 在新产品规划设计中，如何考虑可持续性和绿色产品？

双语术语

- Consumer Goods & Services　　　　　消费性产品/服务
- Producer Goods & Services　　　　　生产性产品/服务
- Break Even Analysis　　　　　　　　盈亏平衡分析
- Present Economy Study　　　　　　　静态经济分析
- Value Engineering　　　　　　　　　价值工程
- Function Analysis　　　　　　　　　功能分析
- Function Evaluation　　　　　　　　功能评价

拓展阅读文献

[1] 彭绪庶. 中国价值工程研究40年的回顾和展望[J]. 技术经济，2020，39（1）：1-9.
[2] 杨海斌. 价值工程在某项目管理中的应用[J]. 价值工程，2024，43（08）.
[3] 罗远根，魏菊英. 价值工程在汽车零部件成本优化中的应用[J]. 价值工程. 2023，42（01）.
[4] 张铁山，董晨溪. 价值工程在直营类快递公司的绿色物流应用研究[J]. 商业经济，2022（03）.
[5] 张福林，黄俊，杨欢，赵耀辉. 价值工程在某军用包装袋中的应用[J]. 包装工程，2020，41（17）.
[6] 刘木子云，周子哲. 价值工程方法在研发成本管控中的应用[J]. 财会通讯，2019（05）.
[7] 李晨. 价值工程在制造型企业管理中的有效应用[J]. 机械设计，2018，35（S1）.

习题答案

第10章　不确定性的决策

 本章目标

知识目标	能力目标
◇ 了解工程项目中不确定性与风险的定义、来源及其对决策的影响。 ◇ 掌握盈亏分析的基本原理，包括线性和非线性盈亏平衡分析的计算方法与应用场景。 ◇ 理解敏感性分析的概念及其在评估项目经济性中的作用。 ◇ 掌握期望值法、决策树法及其在风险分析中的应用。 ◇ 熟悉大数据分析在不确定性决策中的应用，尤其是在情景模拟、风险管理和实时反馈中的作用。	◇ 能够识别和分析工程项目中的不确定性来源，并运用合适的分析工具（如盈亏平衡分析、敏感性分析、风险概率分析）进行风险评估。 ◇ 具备在不确定条件下，通过情景模拟和大数据分析支持决策的能力，优化项目管理和决策质量。 ◇ 能够通过实际案例，应用所学知识制定合理的投资决策策略，减小不确定性对项目的影响。

本章问题-方法-知识图谱

本章问题-方法-知识图谱见图 10-1。

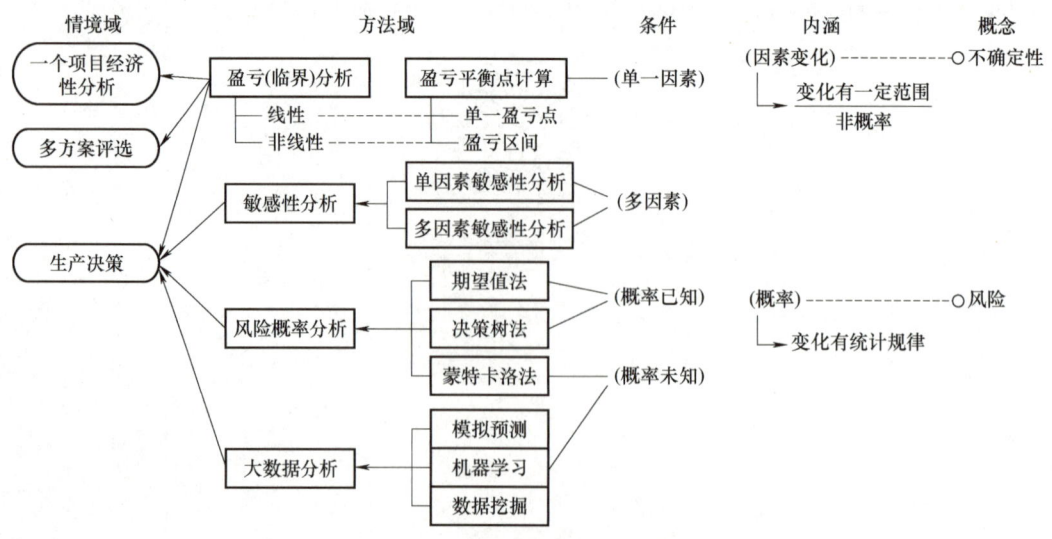

图 10-1　本章问题-方法-知识图谱

 **案例导入**

一个商业投资中的敏感性影响

光明新能源公司计划在我国北部地区投资建设一个大型风力发电项目。项目选址在一个风力资源丰富的地区,预计年发电量为 100 万 kW·h。公司对该项目寄予厚望,希望能够借此项目进一步拓展其在可再生能源领域的市场份额。

然而,项目的成功不仅依赖于充足的风力资源,还受到多个不确定性因素的影响。公司在投资决策前,特别关注以下几个关键因素:

1) 市场电价的波动:目前市场电价较为稳定,但未来几年可能会因为政策调整或市场供需变化而波动,这将直接影响项目的收入。

2) 政府补贴政策的不确定性:政府的可再生能源补贴政策在过去几年发生了多次调整,未来的政策走向尚不明确。如果补贴力度减弱,将显著影响项目的经济效益。

3) 初期建设成本的波动:由于项目规模庞大,初期建设成本较高,且容易受到材料价格波动和施工延误等因素的影响。

4) 融资成本的变化:公司计划部分资金通过银行贷款筹措,但利率的变化将直接影响项目的财务成本。

问题思考 这些不确定性因素的影响效果存在差异吗?为了确保投资的可行性,该公司要如何考虑上述不确定因素的影响?

思政导引 不确定性是世界的本质特征之一,应正视不确定性带来的两重性:复杂和机遇,并积极探索解决。

请带着这些问题思考,在本章学习中找寻答案。

10.1 引言

在进行工程项目的投资决策之前,决策者通常需要在充分的市场调查和数据收集的基础上,全面掌握工程项目的各项经济、技术及外部环境的基础信息。工程经济学分析人员通过深入分析各类数据和资料,对项目的投资效果及收益进行预测与评估,从而为投资决策提供依据。然而,在实际的工程项目中,外部环境(如政治、法律、社会、市场波动等)或内部条件的变化会受很多不确定性因素的影响,实施过程中的状态条件都可能发生变化,预测的数据不可避免会存在偏差,所以经济评价的结论也是具有不确定性的,这种不确定性给工程项目带来了极大的风险和挑战。

在现代工程经济学中，不确定性与风险分析是必不可少的环节。不确定性与风险分析的目的在于最大限度地减少不确定性对项目投资结果的影响，有利于制定更加稳健的投资策略，确保项目在预期经济效益范围内运行。前面章节中，我们介绍的工程经济分析假定投资、成本、产量、收入等是确定值，然后计算项目的经济评价指标，所以属于确定性的决策分析。为了避免决策失误，提高工程经济分析评价的可靠性和决策的准确性，有必要在确定性分析的基础上考虑各种外部条件、内部条件变化的可能性以及预测数据的误差等因素对经济效果评价的影响，这就是本章需要考虑的风险与不确定性分析。

在分析过程中，决策者通常会根据不同情景假设，选择适合的方法和工具对项目进行不同维度的评估，以预测项目在不确定条件下的表现。这不仅帮助项目规避了潜在的财务风险，还能使决策者更好地掌控项目的整体进展，从而提高决策的科学性与稳健性。本章涉及的风险与不确定性分析主要包括临界分析、敏感性分析以及概率风险分析。

10.2 不确定性界定及来源

在工程经济学中，不确定性是指在决策过程中，未来环境、市场条件、技术进步等因素的不可预测性导致决策者无法精确预见项目的收益、成本和其他经济指标。这种不确定性通常是由于外部和内部多种复杂因素的相互作用所产生的。在工程项目管理和经济分析中，理解和应对不确定性是确保项目成功的关键因素之一。

> **问题思考** 不确定性与风险的概念相同吗？两者有何差异？

不确定性在工程经济学中的定义相对广泛，通常涉及未来事件的不确定性及其对项目决策的影响。在决策过程中产生的风险和不确定性都是由于对未来项目进程过程缺乏精准的认识。风险决策是指分析者对决策问题建模，假设未来可能的结果或情形发生的可能性都是可以统计分析并以概率估计描述的。与风险不同，不确定性往往由于缺乏足够的信息或数据，使得未来可能发生的情境及其概率无法明确界定。在项目管理中，不确定性可能体现在多个方面，如项目的成本、时间进度、市场需求、技术可行性等。这些不确定性不仅增加了决策的复杂性，还可能导致项目目标无法实现。

根据不确定性的总体来源，可以将其分为外部不确定性和内部不确定性。

1）外部不确定性：主要是指来自项目外部环境的变化，包括市场需求的波动、宏观经济环境的变化、政策法规的调整、自然环境的影响等。这些因素通常不在项目决策者的控制范围内，但对项目的经济效益有直接而深远的影响。

2）内部不确定性：主要是指与项目内部管理和执行相关的变化，如项目团队的执行能力、组织结构的有效性、技术方案的可行性等。尽管内部不确定性相对可控，但由于项目本身的复杂性和人力资源的不确定性，这些因素依然可能对项目的成功构成威胁。

此外，还可以根据不确定性的表现形式，将其分为客观不确定性和主观不确定性。客观不确定性是由外部环境的随机性引发的，而主观不确定性则来自决策者对未来信息的掌握程度及其判断的差异。进一步细化展开项目不确定性的来源形式，可以发现其来源广泛且多样，主要包括以下几个方面：

1）国际与国内供求关系的变化：全球化进程中，国际市场与国内市场的供求关系日益紧密。国际经济形势的波动、贸易政策的变化以及全球供应链的调整，都可能影响项目的市场需求和资源获取，从而增加项目收益的不确定性。

2）政府政策和制度的变化：政府的经济政策、财政税收政策、环保法规等的变化，常常对项目的可行性和经济效益产生重大影响。在政策变动频繁的环境中，项目面临的政策风险和制度的不确定性尤其值得关注。

3）技术进步和创新：技术的迅速发展可能对项目的设计、实施和运营产生重要影响。一方面，新技术可能带来效率的提升和成本的降低；另一方面，技术的不确定性可能导致项目风险增加，如技术无法如期成熟或技术变革导致现有项目被淘汰。

4）项目资金筹措方式及来源：随着融资渠道的多样化，项目的资金筹措方式越来越复杂。不同的融资方式会影响项目的财务结构和现金流，从而增加项目的财务风险。此外，资金来源的不确定性可能导致项目在融资过程中面临困难。

5）项目组织内部的复杂性：项目的组织环境和结构设计对项目的成功与否有直接影响。组织内人员的执行力、沟通渠道的畅通性以及管理机制的合理性都会直接影响项目的进度、质量和成本控制。组织内部的管理不善、资源分配不合理等问题都是项目面临的不确定性来源。

6）自然和社会环境的影响：自然灾害、气候变化、社会经济环境的变化等外部因素虽然无法控制，但其对项目的潜在影响巨大。例如，突发的自然灾害可能延误工程进度，或导致成本超支；社会环境的变化如人口流动、城市化进程等也可能改变项目的预期收益。

所以在工程经济分析中，典型的不确定性来源将最终体现在项目方案未来实施中使用的现金流量的估计不准确。

不确定性分析是指分析可能的不确定因素对经济评价指标的影响，从而估计项目可能承担的风险，确定项目在经济上的可靠性。不确定性分析主要包括盈亏分析、敏感性分析和风险概率分析。

10.3 盈亏（临界）分析

各种不确定性因素（如投资、成本、销售量、价格、项目寿命期）的变化会影响投资方案的经济效果，当这些因素的变化达到某一临界值时，就会影响方案的取舍。**盈亏分析**（Breakeven Analysis），**又称临界分析**，是指找出这种临界值，判断投资方案对不确定性因素变化的承受能力，为决策提供依据，常用于产品决策、销售额决策、成本控制、价格决策、利润预测等方面。

盈亏分析是针对某单一不确定因素的分析，典型的应用情境包括两类：一个项目经济可行性盈亏分析和多方案盈亏平衡分析。

10.3.1 一个项目经济可行性盈亏分析

当一个项目的经济可行性取决于单一因素 y 时，项目经济性分析可以表达为具体经济性评价指标基于该因素变量的函数。例如，以项目净现值指标为例，$NPV=f(y)$。将项目的净现值函数设为 0，从而求出因素 y 的临界值。在临界值时，项目的收入、成本恰好相等，根

据因素 y 的实际值比临界值高或低,判定项目的经济可能性。

盈亏分析通常基于项目在正常运营期间的生产量或销售量、变动成本、固定成本、产品价格以及附加的销售税等数据来确定盈亏平衡点。分析的前提是销售收入与成本达到平衡,即产品的销售量直接影响收入和成本。在盈亏平衡图中,这一点表现为收入曲线与成本曲线的交叉点,标志着项目在特定产量下达到既不盈利也不亏损的状态。此外,它也体现了项目在一定生产水平上的收支平衡。一般根据销售收入及生产成本与产量(销售量)之间是否有线性关系,分为线性盈亏平衡分析和非线性盈亏平衡分析。

1. 线性盈亏平衡分析

线性盈亏平衡分析基于一些关键的前提条件:

(1) 固定成本不变。线性盈亏平衡分析假设在分析范围内,固定成本不随产量或销售量的变化而变化。固定成本包括租金、工资、折旧等,是指无论生产多少单位产品都必须支付的成本。

(2) 单位可变成本恒定。单位可变成本被假定为恒定的,即单位产品的边际成本不随产量变化。这意味着材料成本、直接劳动成本等每单位的成本是固定的,不会因规模经济或其他因素而发生变化。

(3) 单位销售价格固定。单位销售价格被假设为固定的,即每销售一个单位产品所获得的收入是恒定的,不受市场供求关系的影响。销售价格不会因销售数量的增加或减少而变化。

(4) 产量与销售量相等。假设生产的所有产品都能够被市场消化,即产量等于销售量,不考虑库存积压或市场需求不足的情况。这简化了分析,不需要考虑库存成本或滞销风险。

(5) 市场条件稳定。假设市场条件在短期内保持稳定,即没有重大市场波动、政策变动或其他外部环境的显著变化。这包括市场需求、竞争状况和经济环境等因素保持不变。

(6) 产品或服务单一。线性盈亏平衡分析通常针对单一产品或服务进行分析。假设公司只生产和销售一种产品或提供一种服务,这简化了成本和收入的计算。

(7) 生产效率恒定。假设生产效率是恒定的,即生产过程中不会出现效率的变化,生产过程中没有任何技术进步或效率下降的情况。

线性盈亏平衡分析的基本原理是通过分析企业的总成本和总收入随产量或销售量变化的关系,确定企业在某一特定产量或销售量下的BEP。在这个平衡点上,企业的总收入正好等于总成本,没有利润也没有亏损。通过分析,企业可以找出在既定的市场条件下所需的最低销售量或产量,以确保不发生亏损。线性盈亏平衡分析可以表示为以下几个公式:

销售收入函数 $F(x)$:

$$F(x) = px \tag{10.1}$$

销售成本函数 $C(x)$:

$$C(x) = vx + C_F \tag{10.2}$$

总利润函数 $E(x)$:

$$E(x) = F(x) - C(x) = (p-v)x - C_F \tag{10.3}$$

式中,p 为单位产品价格;x 为销售量;v 为单位产品可变成本;C_F 为固定成本。

根据盈亏分析原理,求解盈亏平衡点,使得 $E(x) = 0$,即 $F(x) = C(x)$,可得

$$x = \frac{C_F}{p-v} \tag{10.4}$$

可见，线性盈亏分析情形下，仅存在一个盈亏平衡点。

典型的线性盈亏分析我们在前面第9.3节生产决策中已经介绍过，这里就不重复介绍了。

2. 非线性盈亏平衡分析

非线性盈亏平衡分析是指在成本、收入或其他关键变量与产量之间存在非线性关系的情况下进行的盈亏平衡分析。这种分析更接近现实情况，因为在实际运营中，成本和收入往往并不是简单的线性函数。例如，随着产量增加可能会出现规模经济效应（单位成本下降），或市场需求饱和导致销售价格下降。

在非线性盈亏平衡分析中，销售收入和销售成本通常被表示为销售量 x 的二次函数或更复杂的非线性函数。常见的表达方式如下：

销售收入函数 $F(x)$：

$$F(x) = ax + bx^2 \tag{10.5}$$

销售成本函数 $C(x)$：

$$C(x) = C_F + cx + dx^2 \tag{10.6}$$

式中，a、b、c、d 均为常数；x 为销售量。

根据盈亏平衡的定义，$F(x) = C(x)$。

将上述销售收入函数和销售成本函数代入，可以得到如下方程：

$$ax + bx^2 = C_F + cx + dx^2$$

整理方程得到：

$$(b-d)x^2 + (a-c)x - C_F = 0$$

这是一个标准的二次方程，其解可以通过求解二次方程公式来获得：

$$x_1, x_2 = \frac{-(a-c) \pm \sqrt{(a-c)^2 + 4C_F(b-d)}}{2(b-d)} \tag{10.7}$$

式中，x_1 和 x_2 是方程的两个解，代表项目的两个盈亏平衡点。

最大利润点的解析：

$$E(x) = F(x) - C(x) = (b-d)x^2 + (a-c)x - C_F$$

要找到最大利润点，需要对 $E(x)$ 求导，并令导数等于零：

$$E'(x) = 2(b-d)x + (a-c) = 0$$

解得：

$$x = \frac{c-a}{2(b-d)} \tag{10.8}$$

这个 x 即最大利润对应的销售量。进一步分析 $E''(x)$，若小于0，则求得的产量就是利润最大时的产量，反之为亏损最大时的产量。

【例 10-1】

非线性盈亏平衡分析

某制造企业计划推出一款新产品，通过市场调研及对历史数据的分析，预测该产品的销售收入函数和销售成本函数分别为

$$F(x) = 80x - 0.004x^2$$

$$C(x) = 50\,000 + 35x + 0.002x^2$$

式中，x 是产品的销售量。

请确定该产品的盈亏平衡点及最大利润点。

解：

确定盈亏平衡点：根据盈亏平衡点的定义，盈亏平衡点是总收入等于总成本的点，即

$$F(x)=C(x)$$

将给定的函数代入，得到：

$$80x-0.004x^2=50\,000+35x+0.002x^2$$

解得：

$$x_1=\frac{-45+\sqrt{45^2+4\times0.006\times50\,000}}{2\times(-0.006)}\text{单位}\approx 6\,143.57\text{单位}$$

$$x_2=\frac{-45-\sqrt{45^2+4\times0.006\times50\,000}}{2\times(-0.006)}\text{单位}\approx 1\,356.43\text{单位}$$

因此，该产品的盈亏平衡点约为 1 356 单位和 6 144 单位。

确定最大利润点：最大利润点对应的是利润函数的极大值点。利润函数 $E(x)$：

$$E(x)=F(x)-C(x)$$

$$E(x)=-0.006x^2+45x-50\,000$$

$$E'(x)=-0.012x+45=0$$

$$E''(x)=-0.012<0$$

解得当销售量 x 为 3 750 单位时，利润达到最大值。

10.3.2 多方案盈亏平衡分析

多方案盈亏平衡分析是一种用于比较多个不同项目或投资方案的经济可行性的方法。当项目多方案评选中的决策选择很大程度上取决于一个单一因素 y 时，将每个方案的评价指标描述为基于该因素变量的函数，两两进行函数等值计算，求出两个方案的临界点。如果因素 y 的实际结果的最佳估计高于或低于临界点，企业可以识别出在不同市场条件下哪个方案在给定的销售量、价格和成本结构下最具优势。

图 10-2 描述的是多个不同方案的盈亏平衡图，其目的是通过比较这些方案在不同生产量（或生产能力）下的经济性，帮助企业确定在不同生产量水平下应选择哪个方案。具体解释如下：

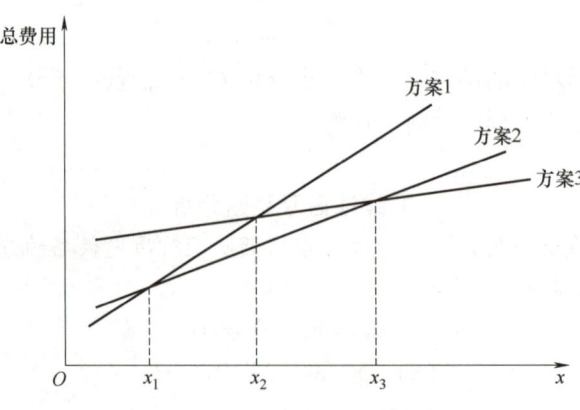

图 10-2 多方案盈亏平衡

采用方案 1：在生产量较低的区间（O 到 x_1）时，方案 1 是最优选择。这个方案在低生产量时具有相对较低的固定成本，因此可以在较小的生产量下实现盈亏平衡。

采用方案 2：当生产量处于中等区间（x_1 到 x_3）时，方案 2 是最优选择。这个方案在中等生产量时表现出更好的经济性，即在此区间内其总成本最低。

采用方案 3：在生产量较高的区间（大于 x_3）时，方案 3 是最优选择。这个方案可能具有较高的固定成本，但其单位可变成本较低，因此在高生产量下能实现更好的成本效益。

【例 10-2】

多方案盈亏平衡分析

某公司计划修建一栋面积在 400~1 500m² 之间的商业大楼，可以选择三种不同的结构方案（见表 10-1）。假设折现率 $i=6\%$，请计算并确定各方案的经济范围。

表 10-1 三种结构方案信息

结构方案	造价（元/m²）	使用寿命（年）	年维修费（元/m²）	年运营费（元/m²）	残值
钢筋混凝土结构	130	25	4 500	1 500	5%×造价
钢结构	160	25	3 800	1 200	2%×造价
轻质木结构	180	25	2 500	1 000	1%×造价

解：

假设 x 为建筑面积，由已知条件可得，初始投资 $I=130x$，残值 $S=5\%/2\%/1\%\times 130x$

根据公式 年度等值=$I(A/P,6\%,25)-S(A/F,6\%,25)$+年维修费+年运营费

将 $i=6\%$ 和 $n=25$ 代入公式计算得：

钢筋混凝土结构：

$$C(x)_1=130x(A/P,6\%,25)-5\%\times 130x(A/F,6\%,25)+4\ 500+1\ 500$$

$$C(x)_1=10.166x-0.118\ 3x+6\ 000=10.047\ 7x+6\ 000$$

钢结构：

$$C(x)_2=160x(A/P,6\%,25)-2\%\times 160x(A/F,6\%,25)+3\ 800+1\ 200$$

$$C(x)_2=12.512x-0.058\ 24x+5\ 000=12.453\ 76x+5\ 000$$

轻质木结构：

$$C(x)_3=180x(A/P,6\%,25)-1\%\times 180x(A/F,6\%,25)+2\ 500+1\ 000$$

$$C(x)_3=14.076x-0.032\ 76x+3\ 500=14.043\ 24x+3\ 500$$

确定各方案的经济范围：

令 $C(x)_1=C(x)_2$，得：

$$x_1=415.617\text{m}^2$$

令 $C(x)_1=C(x)_3$，得：

$$x_2=625.698\text{m}^2$$

令 $C(x)_2=C(x)_3$，得：

$$x_3=943.705\text{m}^2$$

因此，建筑面积在小于 415.617m² 区间时，钢筋混凝土结构是最优选择。建筑面积处于 415.617m²~943.705m² 之间时，钢结构是最优选择。建筑面积区间大于 943.705m² 时，轻质木结构是最优选择。

10.4 敏感性分析

敏感性分析是工程经济学中的一种重要方法，用于评估项目或投资决策对关键变量变化的反应程度。通过敏感性分析，决策者可以识别出哪些变量对项目的经济性最为敏感，从而更好地理解项目的风险和不确定性。

在工程经济学中，许多决策依赖于未来的不确定因素，例如项目的初始投资成本、运营成本、收益、项目寿命和折现率等。由于这些变量往往难以准确预测，因此敏感性分析通过系统地改变这些变量的值，并观察这些变化对项目评价指标（如净现值、内部收益率）的影响，帮助决策者评估项目的经济可行性和潜在风险。

敏感性分析的基本步骤包括：首先，确定影响项目经济性的关键变量，例如成本、收益和折现率。接下来，设定这些变量可能的变化范围，通常根据历史数据或专家意见，假设变量在一定范围内变化，如增加或减少10%。然后，逐一改变这些变量的值，保持其他变量不变，计算新的项目评价指标，如净现值（NPV）和内部收益率（IRR）。最后，通过比较不同变量变化对项目结果的影响，可以确定哪些变量对项目结果最敏感，从而指导决策者重点关注这些关键因素。

敏感性分析有多种形式，包括单因素敏感性分析和多因素敏感性分析。单因素敏感性分析是最简单的形式，只改变一个变量来观察其影响；而多因素敏感性分析则考虑多个变量的联合变化，更能反映现实中的复杂性。

总之，敏感性分析通过揭示关键变量的变化对项目经济性的重要影响，为工程项目的风险管理和决策提供了重要依据。这一方法不仅有助于识别潜在的风险点，还可以为制定应对策略提供方向，使得项目的经济分析更加稳健和全面。

敏感性分析的步骤可以帮助工程经济学中的决策者系统地评估项目对关键变量变化的敏感程度。下面详细介绍敏感性分析的步骤。

1）确定分析指标。在进行敏感性分析之前，首先必须明确需要分析的经济指标。这些指标是衡量项目经济性的重要标准，通常包括净现值（NPV）、内部收益率（IRR）、回收期等。确定分析指标时，必须确保这些指标能够准确反映项目的经济表现，并且与项目的决策目标保持一致。这一步骤为后续的敏感性分析奠定了基础，确保分析结果与项目的实际需求密切相关。

2）确定不确定变量及其变化范围。接下来，需要选择对这些经济指标影响最大的不确定变量。通常包括初始投资成本，运营成本，收益（如销售收入、市场需求），折现率，项目寿命等。在选择不确定变量时，应根据项目的具体情况、历史数据、市场分析和专家意见，确定哪些变量对项目结果影响最为显著。然后，为每个不确定变量设定合理的变化范围。设定变化范围时，通常基于历史数据、市场趋势预测或不确定性评估。例如，假设成本可能增加或减少10%~20%，折现率可能在某个区间内浮动。这一步骤至关重要，因为它决定了敏感性分析能够捕捉到的风险和机会的广度。

3）计算基础情境下的项目经济性指标。在进行敏感性分析之前，首先需要计算项目在基础情境下的经济性指标，如净现值（NPV）、内部收益率（IRR）和回收期等。基础情境通常使用项目原始假设的变量值，即在没有任何变化的情况下项目的经济表现。计算这些基础情境下的指标的目的是为后续的敏感性分析提供基准，以便对比变量变化所带来的影响。

4）逐一改变变量值并重新计算指标。在这一步骤中，逐一改变每个不确定变量的值，同时保持其他变量不变，重新计算项目的经济性指标。例如，如果分析成本的敏感性，可以先假设成本增加10%，计算净现值，然后假设成本减少10%，计算净现值。通过这种方法，可以观察单个变量的变化如何影响整个项目的经济性指标。对于每个变量反复进行类似计算，以确保全面理解该变量对项目经济性的潜在影响。

5）计算变量变动对分析指标影响的数值结果。逐一改变变量后，通过计算并记录每个变量变化对项目经济性指标的影响，得出数值结果。这些结果能帮助判断哪个变量的变化对经济指标的影响最大。通常，敏感性较高的变量对项目的最终经济结果有着显著影响，且对其小幅度的变化反应最强烈。这一步骤是将变量的变化量化为具体的经济指标变化，为后续的分析和决策提供实证数据。

6）分析和比较结果。在计算出不同情境下的经济性指标后，接下来分析和比较这些结果。通常，可以通过绘制图表（如蜘蛛图或龙卷风图）来直观地展示各个变量的敏感性。例如，龙卷风图显示出不同变量变化对净现值影响的大小，从而帮助决策者识别出最不确定的风险因素。这一过程使得敏感性分析的结果更易于理解和应用，为后续决策提供了有力支持。

7）确定敏感因素。通过分析不同变量变动对经济性指标的影响结果，可以识别出哪些变量对项目经济性最为敏感。通常，敏感性高的变量意味着该因素的轻微变化可能对项目的整体可行性产生重大影响。识别这些关键敏感因素是为了在项目管理中重点关注和控制这些变量，从而降低项目风险并提高决策质量。

8）制定应对策略。最后，根据敏感性分析的结果，决策者可以制定应对策略来管理和减轻项目风险。如果某个变量对项目的影响特别大，可以考虑采取措施，如增加保险、采取对冲措施、调整项目计划，甚至重新评估项目的可行性。此外，敏感性分析的结果还可以用于制订应急计划，以确保在实际操作中出现不利变化时能够及时应对，降低潜在的经济损失。

9）结合敏感性分析进行综合评价，选择可行的比选方案。在完成以上各步骤后，将敏感性分析的结果与其他项目评价因素结合起来，进行综合评价。这通常涉及多个指标的权衡和比较，以选择最优或最稳健的方案。综合评价时，决策者应考虑敏感性分析结果、项目的整体目标以及外部环境的潜在变化，最终选择出最具可行性和经济性的方案。

10.4.1 单因素敏感性分析

【例 10-3】

单因素敏感性分析

某企业计划投资建设一个新项目，项目的总投资为 1 000 万元，项目预计年产量为 8 万台，产品的市场价格为 40 元/台，年经营成本为 100 万元。项目的经济寿命为 8 年，预计设备在寿命末期的残值为 50 万元，基准折现率为 8%。请对投资方案的净现值进行计算，并进行敏感性分析。

解：

对投资额、产品价格及方案寿命期逐一按在基准基础上变化±10%、±15%、+20%取值。

以净现值作为经济评价指标，基准方案的净现值为

$$NPV_0 = [-1\,000 + (8 \times 40 - 100) \times (P/A, 8\%, 8) + 50 \times (P/F, 8\%, 8)] \text{万元} = 291.27 \text{万元}$$

设投资额变动的百分比为 x，分析投资额变动对方案净现值影响的计算公式为

$$NPV = -1\,000 \times (1-x) + (8 \times 40 - 100) \times (P/A, 8\%, 8) + 50 \times (P/F, 8\%, 8)$$

设产品价格变动的百分比为 y，分析产品价格变动对方案净现值影响的计算公式为

$$NPV = -1\,000 + [8 \times 40 \times (1+y) - 100] \times (P/A, 8\%, 8) + 50 \times (P/F, 8\%, 8)$$

设方案寿命周期变动的百分比为 z，分析方案寿命周期变动对方案净现值影响的计算公式为：

$$NPV = -1\,000 + (8 \times 40 - 100) \times (P/A, 8\%, 8(1+z)) + 50 \times (P/F, 8\%, 8(1+z))$$

单因素敏感性计算见表10-2。

表10-2　单因素敏感性计算

变化	投资额（万元）	产品价格（万元）	方案寿命（万元）
−20%	491.27	−76.51	100.12
−15%	441.27	15.44	150.14
−10%	391.27	107.38	198.64
0	291.27	291.27	291.27
10%	191.27	475.17	378.37
15%	141.27	567.11	419.96
20%	91.27	659.06	460.28

通过表10-2可见，产品价格是最敏感的因素。这是因为在变化幅度相同的情况下，产品价格的波动幅度最大。

10.4.2　多因素敏感性分析

在不确定性决策中，多因素敏感性分析是一种重要的工具，它可以帮助决策者了解不同因素同时变动对项目经济效益的影响。通过这种方法，可以识别哪些因素对项目的成功至关重要，以及这些因素的变动可能对项目结果产生多大的影响。

多因素敏感性分析通常在单因素敏感性分析的基础上进行，它考虑了两种或两种以上不确定性因素同时变动的情况。这种分析方法假设这些变动因素相互独立，并且各因素变化的概率相同。在实际应用中，如果不确定因素的数量不超过3个，并且经济效果指标的计算相对简单，可以结合解析法和作图法进行分析。在此不做具体介绍。

> **问题思考**　运用敏感性分析识别出项目经济评价最敏感的因素，是否意味着它一定会在未来给项目经济效益带来最大的风险呢？

10.5　风险概率分析

敏感性分析对不确定因素的变化对项目经济评价的影响进行了量化研究，可以帮助决策者识别敏感性因素。但是敏感性分析并没有考虑不确定因素在未来波动的概率，实际问题

中，不确定因素在未来发生某种浮动变化的概率是不一样的。有可能最敏感的因素在实施方案过程中发生变化的概率很小，甚至可以忽略不计，那么无须重点关注该不确定因素。相反，其他一些不敏感因素波动虽然对项目的经济效益影响不大，但是其发生的概率很大，可能会给项目带来一定的风险。所以对项目在未来实施过程中的波动变化风险有一定概率的预判时，则需要依据风险概率的分析方法进行项目决策。

风险概率分析是一种定量分析方法，用于预测和分析不确定因素和风险因素对项目经济效果的影响。这种方法通过研究和计算各种影响因素的变化范围及其出现的概率和期望值，来评估实际价值与估计价值或预期价值之间的差异，通常称为风险性。风险概率分析在项目评价中的应用，其分析结果的可靠性很大程度上取决于每个变量概率值判断的准确性。典型的风险概率分析方法包括期望值法，决策树法和蒙特卡洛法。

10.5.1 期望值法

期望值法是风险概率分析中常用的计算方法之一，该方法主要利用随机变量的期望值进行概率分析、决策和优化。由于投资项目的经济评价中有许多变量，诸如运营成本、销售量、产品价格、设备有用寿命等，都是随机变量，因此投资方案的现金流量序列也是一个随机变量，这些变量可以通过预测或统计分析获取其可能的概率分布，由此计算出来的经济评价指标也将是随机变量。期望值法是指通过计算项目经济评价指标（如等值和回报率）的期望值，或者盈利性大于等于 0 的累计概率来描述项目承担的风险。

常见的描述风险概率分布的指标有期望值、方差、标准差、离散系数等。

（1）**期望值 E**。期望值是风险变量的加权平均值。对于离散型风险变量，期望值 E 为

$$E(X) = \bar{x} = \sum_{i=1}^{n} x_i p_i \tag{10.9}$$

式中，n 是风险变量的状态数；x_i 为风险变量的第 i 种状态下变量的值；p_i 为风险变量的第 i 种状态出现的概率。

（2）**方差 S^2 和标准差 S**。方差和标准差都是描述风险变量偏离期望值程度的绝对指标，其大小与随机变量的数值和期望值大小有关。一般而言，随机变量的期望值越大，标准差和方差也越大。对于离散变量，方差 S^2 为

$$S(X)^2 = \sum_{i=1}^{n} (x_i - E(X))^2 p_i \tag{10.10}$$

方差的平方根为标准差 S，即

$$S(X) = \sqrt{\sum_{i=1}^{n} (x_i - E(X))^2 p_i} \tag{10.11}$$

（3）**离散系数 β**。离散系数是描述风险变量偏离期望值的离散程度的相对指标，具体定义为标准差除以期望值，见式（10.12），也称为变异系数。离散系数考虑了变量和期望值绝对值大小的影响，能更好地反映投资方案的风险程度。当多个方案比较，多方案的期望值和标准差都不同的情况下，离散系数较小的方案风险较低。其计算公式为

$$\beta(X) = \frac{S(X)}{E(X)} \tag{10.12}$$

【例 10-4】

不确定性下互斥方案的选择

某公司现有两个互斥方案，在不同市场情形（市场行情好、一般和差）下两个方案的现值见表 10-3，请根据两个互斥方案的现值情况进行决策。

表 10-3　两个互斥方案现值情况

市场情形	概率	现值 PW	
		方案 A（万元）	方案 B（万元）
市场行情好	0.2	300	380
市场行情一般	0.6	260	280
市场行情差	0.2	200	120

解：

计算方案 A 和 B 的现值期望值和标准差：

由式（10.9）和式（10.11）可得：

$$E_A(PW) = \sum_{i=1}^{3} PW_i p_i = (300 \times 0.2 + 260 \times 0.6 + 200 \times 0.2) 万元 = 256 万元$$

$$E_B(PW) = \sum_{i=1}^{3} PW_i p_i = (380 \times 0.2 + 280 \times 0.6 + 120 \times 0.2) 万元 = 268 万元$$

$$S_A(PW) = \sqrt{\sum_{i=1}^{n} (PW_i - E(X))^2 p_i} = \sqrt{(300-256)^2 \times 0.2 + (260-256)^2 \times 0.6 + (200-256)^2 \times 0.2} 万元$$
$$= 32 万元$$

同理：

$$S_B(PW) = \sqrt{(380-268)^2 \times 0.2 + (280-268)^2 \times 0.6 + (120-268)^2 \times 0.2} 万元 \approx 83.5 万元$$

根据离散系数的计算公式（10.12），分别计算方案 A 和 B 的离散系数：

$$\beta_A(PW) = \frac{S_A(PW)}{E_A(PW)} = \frac{32}{256} = 0.125$$

$$\beta_B(PW) = \frac{S_B(PW)}{E_B(PW)} = \frac{83.5}{268} = 0.312$$

根据上述现值期望值、标准差和离散系数的结果对比，方案 B 的现值期望值大于方案 A，盈利性占优，但是方案 B 的现值标准差大于方案 A，因而风险更大。进一步比较两者的离散系数，发现方案 B 的离散系数大于方案 A 的离散系数，离散系数越小，说明方案的风险更低。故而建议选取方案 A。

以下为期望值法的应用步骤：

1) 确定问题所涉及的随机变量，以及它们之间的关系和分布。
2) 计算每个随机变量的概率分布。
3) 计算随机变量的期望值，即随机变量的加权平均值。
4) 基于随机变量的分布和期望值，计算事件的发生概率、失效率、可靠度等指标。
5) 进行概率分析和决策。

【例 10-5】

期望值法应用

某个投资项目每年的净现金流量存在一定的不确定性,初始投资为 10 000 元,第 1 年年末的净现金流量在市场好的情况下(20%概率)为 5 800 元,在市场一般情况下(50%概率)为 5 000 元,在市场较差情况下(30%概率)为 4 600 元。第 2 年年末,若延续第 1 年情形,分别有 3 种可能性,具体概率及净现金流量见表 10-4。若基准利率 MARR 为 12%,请对该项目进行风险分析。

表 10-4 投资项目的净现金流量和概率

第 1 年年末净现金流量(元)	概率	第 2 年年末净现金流量(元)	概率
5 800	(好)20%	10 000	(好)30%
		9 600	(中)30%
		8 000	(差)40%
5 000	(一般)50%	7 700	(好)10%
		7 200	(中)80%
		6 800	(差)10%
4 600	(较差)30%	7 600	(好)30%
		6 500	(中)20%
		6 000	(差)50%

解:

该投资项目可能出现的现金流共有 9 个情形,分别按照下面公式计算每个情形下的现值 PW_i,列于表 10-5 中第 2 列:

$$PW_i = I + NPV_{i,1}(P/F, 12\%, 1) + NPV_{i,2}(P/F, 12\%, 2)$$

表 10-5 9 个方案的现值期望值计算

情形 i	现值(元) PW_i	概率 p_i	现值期望值(元) $E(PW_i)$
1	3 151	20%×30%=0.06	189
2	2 832	20%×30%=0.06	169.9
3	1 556	20%×40%=0.08	124.48
4	603	50%×10%=0.05	30.15
5	204	50%×80%=0.4	81.6
6	−115	50%×10%=0.05	−5.75
7	166	30%×30%=0.09	14.94
8	−711	30%×20%=0.06	−42.66
9	−1 109	30%×50%=0.15	−166.35
			$E(PW) = 395.3$ 元

按照下面公式计算每个情形的现值期望值 $E(PW)$ 和标准差 $S(PW)$。

$$E(\text{PW}_i) = \text{PW}_i \cdot p_i$$

$$E(\text{PW}) = \sum_{i}^{n} \text{PW}_i p_i$$

$$S(\text{PW}) = \sqrt{\sum_{i=1}^{n}(\text{PW}_i - E(\text{PW}))^2 p_i}$$

通过计算可得：

$$E(\text{PW}) = 395.3 \quad S(\text{PW}) = 1\,169$$

即期望值是 395.3 元，但是标准差却是 1 169 元，相当于期望值的 3 倍，说明该投资项目的盈利性指标 PW 具有很高的不确定性。

从表 10-5 中可知，PW<0 的情形包括情形 6、情形 8 和情形 9，所以

$$Pr\{\text{PW}<0\} = p_6 + p_8 + p_9 = 0.05 + 0.06 + 0.15 = 0.26$$

说明项目不能盈利的概率有 26%。

10.5.2 决策树法

决策树法是常用的风险分析决策方法，该方法是一种从结果到原因用有向树形图来描述各方案在未来收益的计算、比较以及选择的方法，其决策是以期望值为标准的。方案未来可能会遇到多种不同的情况，每种情况均可以根据以前的资料来推断各种自然状态出现的概率，经过对各种方案在各种结果条件下收益的计算比较，为决策者提供决策依据。

决策树法分析的要素包括决策点（决策的出发点，可以有多个层级的决策点）、方案枝（决策的若干备选方案）、节点（每个方案枝在各种自然状态下的收益结果）、概率枝（每种自然状态对应的发生概率）及结果点组成，见图 10-3。由决策点出发，从左到右根据需要决策的问题、可供选择的各种方案、各种方案的自然状态展现出决策树图。

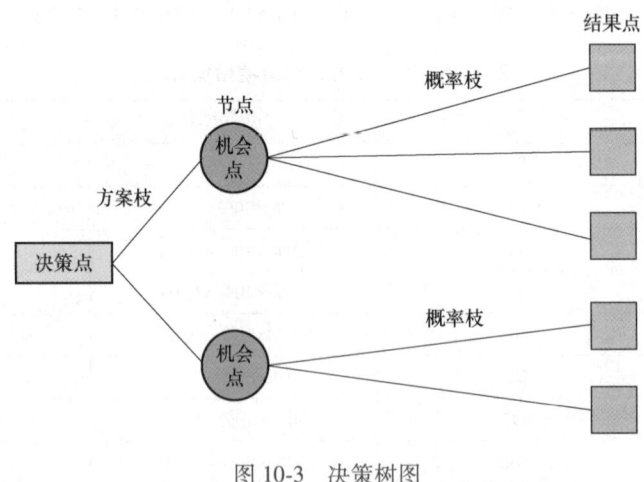

图 10-3 决策树图

决策树分析步骤：

1) 绘制决策树图。按从左到右的顺序画决策树，此过程本身就是对决策问题的再分析过程。

2) 按从右到左的顺序计算各方案的收益期望值，并将结果写在相应方案节点上方。期

望值的计算是从右到左沿着决策树的反方向进行的。

3) 对比各方案的期望值的大小,进行剪枝优选。在舍去的备选方案枝上,用"="隔断。

【例10-6】

决策树应用

某企业为增加某产品的产量而设计了3个可行的方案:一是投资100万元新建生产车间;二是投资50万元扩建老车间;三是转包给其他厂生产。设使用期为5年,自然状态各方案市场需求如表10-6所示。

表10-6 自然状态各方案市场需求 (单位:万元)

方案	市场需求	
	好(概率0.6)	差(概率0.4)
新建	70	−20
扩建	50	20
转包	30	10

根据题目信息绘制【例10-6】决策树,如图10-4所示。

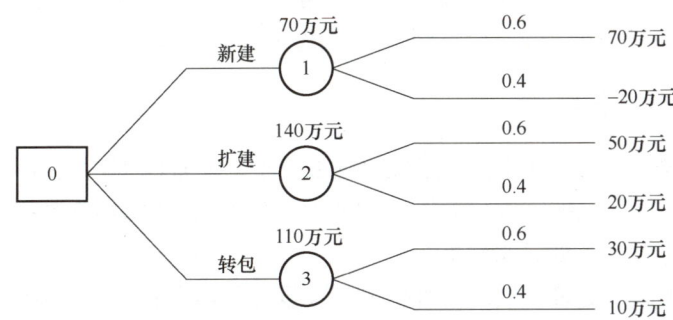

图10-4 【例10-6】决策树

计算每个方案的现值期望值。

$E_1(PW) = [(70\times0.6-20\times0.4)\times(P/A,10\%,5)-100]$万元 $= (34\times3.7908-100)$万元 $= 28.9$万元

$E_2(PW) = [(50\times0.6+20\times0.4)\times(P/A,10\%,5)-50]$万元 $= (38\times3.7908-50)$万元 $= 94.1$万元

$E_3(PW) = [(30\times0.6+10\times0.4)\times(P/A,10\%,5)]$万元 $= (22\times3.7908)$万元 $= 83.4$万元

从现值期望值结果可知,方案2扩建车间所能获得的收益最优,5年可获益94.1万元。

> **问题思考** 当风险估算问题中并未明确给出概率值时,或者当随机变量较多且概率分布是连续型时,期望值法和决策树法就无法适用于概率分析。如何解决复杂问题的风险分析呢?

10.5.3 蒙特卡洛法

项目风险管理中采用的蒙特卡洛模拟法是一种根据统计理论,利用计算机来研究风险发生概率或风险损失效值的计算方法,这是一种高层次的风险分析方法,其本质是统一实验方法，主要用于评估多个非确定性的风险因素对项目总体目标所造成的影响。

蒙特卡洛方法的基本原理是用一个数学模型模拟被试验的目标变量，这个数学模型又被称为模拟模型。模拟模型中的每个风险变量的分析结果及其相对应的多方概率值用具体概率分布来描述，然后使用随机数发生器产生随机数，再根据这一随机数在各风险变量的分布中取值。当各风险变量的取值确定后，风险总体效果就可根据所建立的模拟模型计算得出，在目前的工程项目风险分析中，这是一种应用广泛且相对精确的方法。

> **高阶学习导引** 对于复杂问题的风险评估，建议自主学习连续型随机变量的项目风险评估及应用蒙特卡洛模拟法进行项目不确定分析，详见参考教材：
> William G. Sullivan, Elin M. Wicks, James T. Luxhoj, 工程经济学，清华大学出版社，2007. 第 12 章

10.6 大数据分析

大数据分析利用大规模数据集和先进的分析技术，从海量数据中提取出有价值的信息和规律，用以支持复杂的、不确定性决策过程。大数据分析通过处理高维、海量、非结构化、多样化的数据，能够为不确定环境下的决策提供更加全面的依据。

10.6.1 大数据分析的特点

1) 数据规模大。大数据通常涵盖了庞大的数据量，通常以 TB 甚至以 PB 为单位。
2) 数据类型多样。包括结构化数据（如数据库数据），非结构化数据（如文本、图像、视频等），半结构化数据（如日志数据）。
3) 实时性要求高。随着数据的实时生成，决策过程需要快速响应和处理，这对计算和分析能力提出了高要求。
4) 数据复杂性高。大数据常常涉及多源、多维数据，数据之间存在复杂的关系和相互依赖，分析难度也随之增加。

10.6.2 大数据分析在不确定决策中的作用

1) 数据驱动的决策支持。通过对大量历史数据、实时数据和多种数据源的整合和分析，大数据可以为决策者提供多方面的洞察力。它能够识别出潜在的模式、趋势和因果关系，从而帮助决策者更好地预测未来的情景和结果。
2) 情景模拟与预测。在不确定决策中，大数据分析可以帮助进行情景模拟。例如，通过模拟各种可能的未来场景，分析在不同情况下的决策效果和影响，从而选择最佳的决策方案。
3) 风险管理与规避。大数据分析能够通过分析海量数据，识别和量化风险，帮助决策者在不确定环境中更好地应对和规避潜在的风险。例如，金融领域可以通过分析市场数据、经济指标等来预测风险因素，并提前采取应对措施。
4) 自适应学习与优化。通过机器学习和深度学习等技术，大数据分析能够优化决策过

程。在不确定的环境中,算法可以根据新的数据不断学习,调整策略,从而实现动态优化。

5)实时反馈与调整。在决策过程中,大数据分析能够提供实时反馈机制,监控决策的执行情况,并根据实时数据调整策略,确保决策的灵活和有效。

10.6.3 分析方法

1)机器学习:通过监督学习、无监督学习、深度学习等方法,基于数据构建模型,用以预测和优化决策。例如,基于大数据的分类、回归和聚类分析,可以识别数据中的模式,从而支持决策。

2)数据挖掘:从大量数据中提取隐藏的有价值信息,如关联规则、频繁模式等,用于支持不确定环境下的决策。

3)情景分析与模拟:使用大数据技术模拟不同的决策情景,帮助决策者评估不同条件下的决策效果,进而找到最优方案。

4)数据可视化:通过图表、地图等方式直观地展示复杂数据,帮助决策者更好地理解数据之间的关系、趋势和风险,从而辅助决策。

5)优化算法:应用线性规划、遗传算法、模拟退火算法等优化方法,在大数据分析基础上为复杂的、不确定性问题寻找最优解。

10.6.4 应用案例

1)金融决策。大数据分析可以用于股票市场预测、投资组合优化、风险控制等。通过分析历史市场数据、新闻、社交媒体情绪等,帮助投资者在不确定性市场环境中做出明智的投资决策。

2)供应链管理。大数据分析可以用于优化供应链中的库存管理、物流调度等。通过分析客户需求、生产数据、市场动态,帮助企业在不确定的市场环境中优化供应链的各个环节。

3)医疗健康决策。大数据在医疗健康领域被用于预测疾病暴发、优化医疗资源分配、个性化治疗等。在面对公共卫生事件和不确定性医疗需求时,大数据分析可以帮助卫生部门做出快速、准确的响应决策。

高阶学习导引 对于大数据分析的高阶学习资源,请参考:
1. Michael Minelli, Michelle Chambers, Ambiga Dhiraj, 大数据分析:决胜互联网金融时代, 人民邮电出版社, 2014.
2. Jake VanderPlas, Python 数据科学手册, 人民邮电出版社, 2020.

小结

本章深入探讨了在工程项目中如何应对各种不确定性和风险。

1)首先,我们明确了不确定性的定义及其来源,包括外部环境的变化、内部管理的复杂性以及市场需求的波动等。不确定性主要体现在因素变化存在一定范围,风险中因素变化有统计规律。

2）在不确定性分析工具方面，盈亏分析和敏感性分析是应对不确定性决策的核心方法，区别在于研究单因素或多因素的不确定性影响。通过盈亏分析，决策者可以确定项目在不同产量或销售水平下的盈亏平衡点，从而指导投资和运营决策。线性与非线性盈亏平衡分析提供了对项目在简单和复杂条件下的不同应对策略。敏感性分析则帮助决策者识别对项目经济性影响最大的变量，使得风险管理更加精准。

3）在风险评估决策方法工具方面，期望值法和决策树法通过调查分析对项目有影响的风险变量，确定可能发生的状态及相应概率，计算项目评价指标（如内部收益率、净现值）的概率分布，判定项目风险程度，为决策提供依据。

4）大数据分析的引入进一步增强了不确定性决策的科学性与数据支撑。通过处理海量数据，大数据分析为决策者提供了更丰富的背景信息和预测工具，尤其在情景模拟与预测、风险管理与规避、自适应学习与优化方面表现突出。

测试及问题

一、判断题

1. 在投资项目决策分析与评价中，用于描述风险变量偏离期望值程度的相对指标是期望值。（   ）
2. 风险概率分析中，互斥方案的离散系数越大，方案的风险越高。（   ）
3. 敏感性分析的主要目标是评估项目对不同变量变化的反应程度，以识别最关键的影响因素。（   ）
4. 盈亏平衡分析可以通过确定项目的盈亏平衡点，帮助企业判断在不同产量或销售水平下的盈利情况。（   ）
5. 风险概率分析不考虑未来可能发生的状态的概率，仅关注各状态下的经济效益。（   ）
6. 在期望值法中，期望值越大，说明项目的收益越高。（   ）
7. 决策树分析是一种从原因到结果，用有向树形图来描述各方案未来收益的分析方法。（   ）
8. 项目的内部不确定性通常包括市场需求波动和经济环境变化。（   ）
9. 在大数据分析中，机器学习方法用于从数据中提取出特征和模式，支持复杂决策。（   ）
10. 在盈亏平衡分析中，较低的盈亏平衡点表示项目对市场波动的适应性较差。（   ）
11. 蒙特卡洛法通过随机数模拟和概率分析，评估多个非确定性因素对项目的影响。（   ）

二、简答题

1. 什么是不确定性？请结合工程项目中的实例说明不确定性对决策的影响。
2. 内部不确定性和外部不确定性各有哪些主要来源？分别举例说明。

3. 风险分析和不确定性分析有何不同？在工程项目中，如何分别应用这两种分析方法？

4. 某项目的固定成本为 300 万元，单位产品销售价格为 120 元，单位变动成本为 80 元。求该项目的盈亏平衡点（销售量）和盈亏平衡点对应的销售收入。

5. 在非线性盈亏平衡分析中，如果销售收入函数为 $F(x)=500x-0.1x^2$，销售成本函数为 $C(x)=200+200x+0.05x^2$，请找出盈亏平衡点。

6. 如何利用盈亏平衡点帮助企业进行定价策略的决策？请结合一个实际案例进行说明。

7. 在敏感性分析中，为什么折现率往往是一个敏感性较高的变量？如何判断折现率对项目的影响？

8. 如果某项目的初始投资成本、销售价格和运营成本均可能波动 10%，请设计一个多因素敏感性分析的框架，并解释各变量对项目净现值的影响。

9. 通过敏感性分析，如何判断一个项目的可行性？在项目经济性不佳时，有哪些调整策略可以考虑？

10. 在供应链管理中，大数据分析如何帮助企业应对市场需求的波动？请举例说明。

11. 结合一个金融投资决策的案例，说明大数据分析在预测市场风险中的应用过程和效果。

12. 如何通过情景模拟与大数据分析结合，为一个新市场的进入策略提供支持？

13. 某投资方案净现值可能为 5 600 万元、4 300 万元和 2 680 万元，发生的概率分别为 0.2、0.3 和 0.5，则该投资方案净现值的期望值是多少？

14. 公司拟对现有产线进行技术改造，以期提升其安全性能，进而减少产线干预维护的成本。现有两个方案的基本信息，采用不同的方案会降低人为干预维护的发生概率，见表 10-7。当发生干预维护需求时，存在两种级别的可能：一级干预维护会带来额外的 1 万元的维护成本，发生的概率 75%；二级干预维护带来额外的维护成本达 4 万元，发生的概率为 25%。每年干预维护发生的概率和不同级别干预的概率是相互独立的。两个方案的有用寿命为 8 年，8 年后残值忽略不计。基准收益率 MARR 为 10%，每年的基本运营成本预计为资本投资额的 10%。

表 10-7 两个方案的基本信息

方案	资本投资额 I（万元）	人为干预维护发生概率
A	6	0.4
B	7.5	0.1

15. 某旅游胜地拟建一饭店，提出甲、乙两种方案，甲为建高档饭店，投资 25 000 万元，乙为建中档饭店，投资 13 000 万元，建成后饭店要求 15 年收回投资。根据预测，该地区饭店出租率较高的概率是 0.7，较低的概率是 0.3。若建高档饭店，当出租率较高时，每年可获利 3 000 万元，出租率不高时，将亏损 300 万元；若建中档饭店，出租率较高时，每年可获利 1 200 万元，出租率不高时，可获利 300 万元。另据预测，在 15 年中，情况会发生变化，必须将 15 年分成前 6 年和后 9 年两期进行考虑。如果在前 6 年，本地区旅游业发展较快，则后 9 年可发展得更好，饭店出租率高的概率可上升至 0.9；如前 6 年发展较慢，则后 9 年的情况相应较差，饭店出租率低的概率为 0.9。请决策应采用哪一

种方案。

16. 某饭店决定投资建饭店消耗品生产厂，提出 3 个方案：一是建大厂，投资 350 万元；二是建小厂，投资 170 万元；三是建小厂，如果经营得好再扩建，扩建再投资 150 万元。管理人员对未来 10 年中前 4 年、后 6 年的损益值和概率进行了预测，其数据如决策树如图 10-5 所示，请给出决策分析。

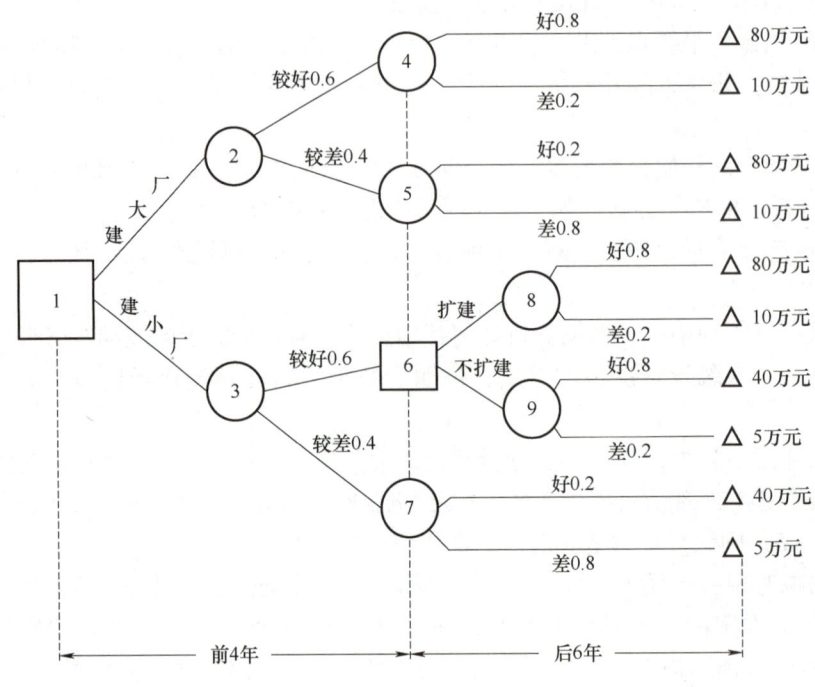

图 10-5　某饭店"多级决策树"分析

风力发电项目的决策

相关情况见表 10-8。

表 10-8　PBL 情境问题类型基本信息

PBL 情境对象	领域	复杂度	参考知识	项目要求
某企业风力发电项目	生产/服务业运营管理	一级	不确定性决策方法；敏感性分析及盈亏分析	个人

情境任务（风力发电项目的决策分析）：

回顾本章案例导入的项目。光明新能源公司计划投资建设一个风力发电项目，项目所在地风力资源丰富，但政策法规和市场电价波动存在不确定性。此外，项目的初期建设成本较高，且公司需要依赖外部融资。为了确保投资的可行性，该公司决定进行详细的不确定分析及盈亏平衡分析。分析的目标是评估市场电价、政府补贴、建设成本和融资成本等关键因素的变化对项目净现值（NPV）的影响。公司希望通过这项分析，识别出最敏感的因素，并制定应对策略，确保项目在不同情景下的稳健性和收益性。

本实践项目要求个人针对上述公司的情况，尝试思考该风力发电项目中可能影响投资决策的不确定因素，应该如何应用不确定性分析，递交报告。

思考如下问题：

1. 不确定性识别：请列出该风力发电项目中可能影响投资决策的外部和内部不确定性因素。特别要考虑政策变化、电价波动、融资成本等关键因素。

2. 盈亏平衡分析：假设该项目的固定成本为 2 000 万元，每年运行维护成本为 500 万元，单位发电成本为 0.5 元/(kW·h)，电价为 0.8 元/(kW·h)。请计算该项目的盈亏平衡点（即需要发电的最小数量）。

3. 敏感性分析：假设电价和融资成本可能波动±20%，请对电价和融资成本进行敏感性分析，评估其变化对项目净现值（NPV）的影响。

4. 决策建议：根据不确定性识别和分析结果，提出针对电价波动和融资成本不确定性的风险管理策略。你会建议公司如何应对这些不确定性以确保项目的顺利实施？

思政导引 正确看待不确定性分析的价值。

双语术语

- Uncertainty　　　　　　　　　　　不确定性
- Risk　　　　　　　　　　　　　　风险
- Sensitivity Analysis　　　　　　　敏感性分析
- Breakeven Analysis　　　　　　　临界分析
- Risk Analysis　　　　　　　　　　风险分析
- Expected Value Method　　　　　　期望值法
- DecisionTree analysis　　　　　　决策树法

拓展阅读文献

[1] 郝晶晶. 现代工程经济管理的风险防范策略探讨 [J]. 商业观察，2023，9（36）：89-92.

[2] 李腊生. 不确定性决策的经济学思考 [J]. 经济科学，2002（1）：109-115.

[3] 高宁，高秋菊，孙巍，等. 国际石化工程项目供应链总建设成本的敏感性分析 [J]. 化工进展，2015，34（04）：965-969.

[4] 毕正金，黄明. 国际工程EPC总承包项目经济效益敏感性分析 [J]. 云南水力发电，2019，35（z1）：121-123. DOI：10.3969/j.issn.1006-3951.2019.Z1.033.

[5] 郭丽丽. 基于大数据分析的建筑工程项目跟踪审计方法研究[J]. 山西建筑, 2024, 50, (12): 188-190. DOI: 10.13719/j.cnki.1009-6825.2024.12.046.

习题答案

第 11 章 生产工程中的项目管理实践

 本章目标

知识目标	能力目标
◇ 了解项目实施的基本流程。 ◇ 掌握项目选择的若干工具方法。 ◇ 掌握项目进程管理的若干工具方法。 ◇ 掌握项目质量管理的若干工具方法。 ◇ 了解人工智能在项目规划中的应用。	◇ 能够根据具体情境，选择适合的项目选择工具，确定项目对象。 ◇ 对于复杂项目，能够运用适合的项目管理工具开展项目管理实践。 ◇ 能够在项目质量管理实践中运用六西格玛和 PDCA 保证项目质量

本章问题-方法-知识图谱

本章问题-方法-知识图谱见图 11-1。

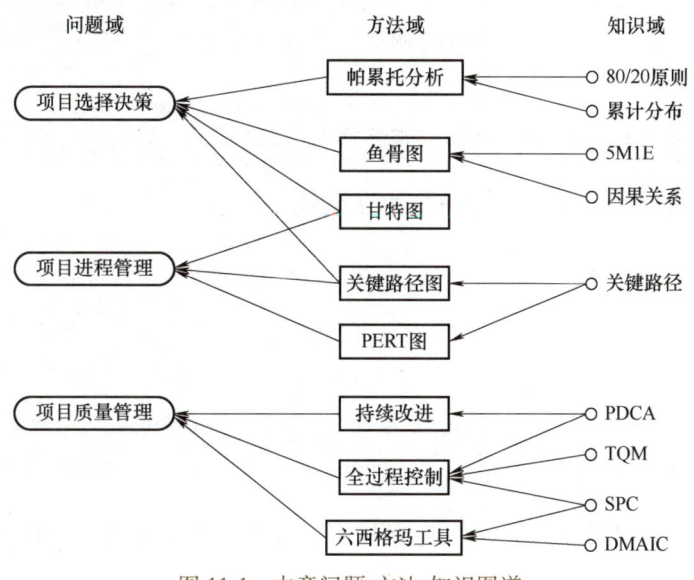

图 11-1　本章问题-方法-知识图谱

案例导入

企业上线精益生产——数字化工厂项目

对处于良好成长期的企业来说，拓展企业的规模的同时实现可持续发展势在必行。精益生产，作为一种追求高效低成本的生产方式，越来越受到企业的青睐。然而企业上线精益生产项目是个系统工程，需要对企业运作现状、目标、时间、预算、质量等有全面认识，对项目及其资源进行全过程、全方位的计划、组织、控制与协调，包括明确精益实施领域、确定精益六西格玛改进项目、组织机构和职责的设定，以及改善活动的计划和程序安排等。

某化妆品工厂精益生产-智能化生产导入规划，该企业目前的痛点如下：

1) 规模扩大了，但原有产线的布局不合理。
2) 无法满足高端客户系统能力的要求，自动化率较低。自动化物流数字化系统无法整合。
3) 规模扩大了，订单较多，无法达成交付的需求。
4) 管理相对混乱，流程周转复杂。
5) 物流仓库的规划不合理；物流周转距离远，半成品堆积仓储问题严重。

期望目标达成：自动化率提升50%，设备综合效率提升30%，生产周期从35天降到28天，库存天数减少50%。

解决的方案：精益导入、核心工艺的自动化（注塑、烫印、喷涂、组装）、智能仓储、物流自动化、实现工厂数字化等。

问题思考 企业的精益/数字化/智能化升级转型是个系统工程，如何保证项目的规划、执行能够顺利完成，且取得预期的满意效果？

拓展思考 项目从规划、建设、实施到完成历时可能较长，涉及的环节、任务、资源乃至管理决策可能会很复杂，会涉及哪些决策辅助工具？

思政导引 复杂的项目管理决策中需要面面俱到吗？

请带着这些问题思考，在本章学习中找寻答案。

11.1 引言

生产工程领域的项目管理是指在工程领域中，对项目进行规划、组织、协调和控制的一系列活动。它涉及从产品设计到生产交付的整个过程，并确保项目在预定的时间、预算和质量要求下顺利完成。制造业项目管理的目标是在确保项目能够满足客户需求的情况下，最大限度地提高生产效率、降低成本、提高产品质量。

项目管理对于生产企业的重要性体现在多个方面：

1）项目选择决策：通过科学的项目选择方法工具量化描述项目重要度价值，帮助企业选择最需要的项目，设定明确、具体、可实现、可衡量的项目目标。

2）项目进程管理决策：通过项目管理软件及工具实现项目计划与进度控制，包括工作分解结构、进程节点和关键路径等，为关键路径环节优化配置和管理人力、物力和财力资源，及时发现偏差并采取相应措施确保项目在规定时间内完成。

3）项目质量管理决策：通过项目质量管理工具，帮助企业制定质量标准和计划，执行质量控制和质量检查，确保产品符合严格的行业标准。

这些项目管理的决策方法工具在提高生产效率、控制成本、确保产品质量和增强竞争力等方面具有重要意义。通过明确项目目标、制订详细计划、合理配置资源、进行风险管理和有效沟通等关键要素的实施，可以确保项目的成功完成。

11.2 项目管理流程

项目管理是指按照一定的流程，规划、执行、监控和收尾项目的活动。生产中典型的项目管理流程包括以下几个阶段，分别是选择阶段、计划阶段、实施阶段、控制阶段和收尾阶段。每个阶段都有独特的任务和目标，旨在确保项目能够顺利进行并达到预期的成果。当中各个阶段的具体内容和任务如下：

1）**项目选择阶段**。这个阶段主要是指识别和开始一个新项目的过程，涉及项目的目标、战略、可行性、资源和风险评估。项目选择阶段的结果通常为一个可行且有价值的待开发项目。

2）**项目计划阶段**。在这个阶段，项目团队会详细制订项目计划，包括工作范围、进度计划、成本估算、人员配置和管理、质量和风险管理计划等。这个阶段是项目管理中非常重要的一个过程，通过对项目的范围任务分解、项目进度计划、评估资源需求、资源分配和优化、风险识别分析等制订一个科学的计划，能使项目团队工作有序展开。

3）**项目实施执行阶段**。在实施执行阶段，项目管理团队将实现项目计划中定义的目标和活动，并监控项目进展情况。这个阶段占用了大量的资源而且充满风险，因为实施过程中可能引发计划变更、基准重建等问题。

4）**项目控制阶段**。控制阶段旨在比较项目执行情况与计划要求，发现、分析和解决偏差，保证项目执行符合计划。这个阶段通过对执行过程的监控，建立持续改进的机制，定期评估和改进生产过程，及时发现和纠正偏差，确保项目按计划进行。

5）**项目收尾阶段**。在项目完成后，进行项目的收尾工作，包括项目评估、文档归档和项目总结。这个阶段确保项目的成果得到妥善处理，并为未来的项目提供经验和教训。

在上述 5 个阶段的项目管理中，涉及诸如项目时间进程管理、成本管理、质量管理、资源管理、风险管理等内容，其中成本管理、风险管理中涉及的工程经济分析概念、决策问题及相应的方法工具等在前面 10 章中已经分别展开讨论了，本章将简略介绍项目管理中涉及的一些其他典型管理决策，诸如项目选择决策、项目管理决策、项目质量管理决策及常见的项目管理工具方法。

11.3　项目选择决策

项目选择通常考虑三个因素：①人为因素，具体包括一些高度重复性的工作，由此引发的一些伤害或者事故类型的工作；②技术因素，通常包括需要改进的一些工艺，由故障缺陷引起的一些质量控制问题等；③经济因素，通常是最重要的因素，比如大量的废料返工、过多的物料搬运、过长的搬运距离，或者薄弱的生产环节及瓶颈环节等。

常见的项目管理工具可以帮助工程师快速高效地整理上述因素的影响，识别出关键问题，形成待研究开发的项目。本节将重点介绍3个典型的项目管理工具：帕累托图、鱼骨图、甘特图。

11.3.1　帕累托图（80/20原则）

1897年，由意大利的经济学家帕累托提出了"二八定律"，即80/20原则，又称帕累托原则，他在研究中发现，80%的社会财富由20%的人占据着。通过这一定律，人们认识到投入与产出、努力与收获、原因与结果之间普遍存在着不平衡的关系。抓住关键的小部分，就可以主宰整个组织的产出、收益与成败。之后，美国的朱兰博士提出了"关键少数，琐碎多数"法则。这些法则都强调了关键的20%的重要性，强调快速、准确地识别关键项目，并以有限的人力和时间来有效地解决问题。

帕累托原则告诉我们，对于企业及经营管理来说，需要对资源进行合理的评估，增加那些能够创造价值的资源，把每一项资源用在刀刃上，让它最充分、最有效地发挥作用。该定律一经提出，便在生产、工作及生活中得到广泛应用。

1) **质量管理**：以质量缺陷应用为例，80%的质量问题往往由20%的缺陷引起。收集所有质量缺陷数据，按照不良原因、不良状况、不良发生位置等进行区分，利用统计直方图进行排序，绘制相应累积曲线图，识别关键缺陷，通过深入分析和改进这些关键缺陷，可以提高产品和服务的质量水平。通过对这些关键问题进行彻底分析和改进，可以提高客户满意度和忠诚度。

2) **项目管理**：应用于项目分析和决策。通常情况下，80%的问题或风险是由20%的原因引起的。通过识别并解决这20%的问题或降低这20%的风险，项目管理者可以更好地控制整个项目的进展。

3) **生产管理**：帕累托原则可以用于确定主要的效率问题，并提高工作效率。通过识别这些主要问题，可以大大提高工作效率和生产效率。

4) **销售和市场营销**：根据帕累托原理，80%的销售额往往由20%的客户贡献。因此，企业应重点关注这20%的重要客户，提供个性化的服务和定制化的产品，以提高客户满意度和销售额。

5) **供应链管理**：80%的供应问题往往由20%的供应商引起。通过与这些关键供应商建立紧密的合作关系，可以确保供应链的稳定性和高效性。

6) **人力资源管理**：80%的员工绩效往往是由20%的员工贡献的。通过对这20%的优秀员工进行激励和培训，可以提高他们的工作能力和效率，从而影响整个团队的绩效。

这些应用实例展示了帕累托原则在企业管理中的广泛应用，通过集中资源和注意力在关键因素上，企业可以提高效率、优化资源配置，从而实现更好的业务绩效。

帕累托原则的应用核心就是利用统计方法去识别最关键的少数，即发现最关键的20%。在项目选择时，需要抓住最关键的20%。帕累托图是应用帕累托原则的高效工具。帕累托图（Pareto Chart）又称柏拉图、排列图，是指将所收集的数据，按细分类别进行区分，以寻求最大占比原因、状况或未知的一种图形方法。帕累托图是集中力量解决关键问题点的图形工具。帕累托图的制作流程如下：

1) 确定分组项目的类别。
2) 确定合适的度量：频率、数量、成本、时间等。
3) 收集数据。
4) 将数据根据原因及内容进行分类：
① 原因可按材料、机械、作业者及作业方法等分类。
② 内容可按不良项目、场所、时间等分类。
5) 将数据降序排列。
6) 在数据表中增加两列数据：影响度（%）、累计影响度分布（%）。
① 影响度＝不良类型数量/总不良类型数量。
② 累计影响度分布＝前一行累计影响度分布＋当前行影响度。
7) 将原始数据表转化为帕累托图，以80%为界作一条区分线，绘制于图中。

【例 11-1】

帕累托图应用

在工厂中，品质和制造部门经常需要处理不良品、故障、投诉等问题。为了快速、有效、准确地处理这些问题，品质和制造人员需要分析缺陷，提出整改对策。表11-1是某钣金工厂第41周产品不良类型统计表，请用帕累托图的方法对此进行分析。

表11-1 某钣金工厂第41周产品不良类型统计表 （单位：个）

不良类型	不良类型数量					合计	备注
	10月16日	10月17日	10月18日	10月19日	10月20日		
毛刺	—	—	—	—	—	50	
缺边	—	—	—	—	—	40	
磕碰	—	—	—	—	—	30	
起皱	—	—	—	—	—	20	
开裂	—	—	—	—	—	10	
划伤	—	—	—	—	—	5	
其他	—	—	—	—	—	2	

解：

1) 首先按缺陷不良项数量从高到低降序排列，见表11-2。

表 11-2 不良类型、数量及影响度数据

不良类型	不良数量/个	影响度	累计影响度
毛刺	50	31.8%	31.8%
缺边	40	25.5%	57.3%
磕碰	30	19.1%	76.4%
起皱	20	12.7%	89.2%
开裂	10	6.4%	95.5%
划伤	5	3.2%	98.7%
其他	2	1.3%	100.0%
合计	157	—	—

2）增加两列数据：影响度（%）和累计影响度（%），见表 11-2。其中：
① 影响度=不良类型数量/总不良类型数量。
② 累计影响度=前一行累计影响度+当前行影响度。

3）得出质量缺陷的帕累托图如图 11-2。

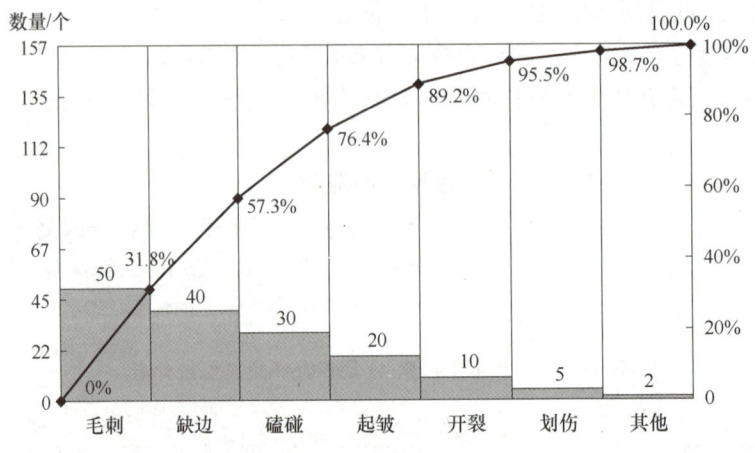

图 11-2　质量缺陷的帕累托图

根据上述帕累托图可知，该钣金的不良类型主要有毛刺、缺边、磕碰及起皱，这四种缺陷类型构成了 89.2% 的缺陷，故应着重对此四项进行重点分析与改善。

思政导引　帕累托图不仅在经济学、管理学领域应用广泛，它对我们的自身发展有重要的现实意义：学会避免将时间和精力花费在琐事上，抓主要矛盾。

拓展学习　帕累托图（80/20 原则）的拓展——ABC 分类法。
ABC 分类法是帕累托原则衍生出来的一个方法。1951 年管理学家戴克（H. F. Dickie）将帕累托原则应用于库存管理，产生了 ABC 分类法。后来，约瑟夫·朱兰又将 ABC 引

入质量管理，形成了排列图。1963年，彼得·德鲁克进一步将这个方法推广到了管理学的其他领域。

请自主学习并思考帕累托原则与ABC分类法的区别。

11.3.2 鱼骨图（因果关系图）

鱼骨图（又名因果关系图、石川图），是由日本管理大师石川馨先生所提出的，最初用于质量管理，是一种发现问题"根本原因"的方法。由于问题的特性总是受到一些因素的影响，将问题特性或结果定义为"果"，用鱼头表示，所有会产生这个结果的因素定义为"因"，将所有的"因"连接到形成"果"的鱼头上。通常我们通过头脑风暴找出这些因素，并将它们与特性值一起，按相互关联性整理而成层次分明、条理清楚，并标出重要因素的图形，因其形状如鱼骨，所以称为**鱼骨图**。它是一种透过现象看本质的分析方法，所以又叫**因果关系图**。鱼骨图与问题解决流程关系密切，它是一种简单呈现结果与成因的图形表示法，可以用于问题或机会的分解，从而追溯造成非预期结果的根本原因。

通常，构成鱼骨的典型因素从人（Man）、机器（Machine）、材料（Material）、方法（Method）、测量/管理（Measurement/Management）、环境（Environment）六大因素展开，由于这六个因素的英文名称的第一个字母是M和E，因此常简称为5M1E。

1）人（Man）：操作者对作业任务的认识、技术熟练程度、身体状况等。

2）机器（Machine）：机器设备、工夹具的精度和维护保养状况等。

3）材料（Material）：材料的成分、物理性能和化学性能等。

4）方法（Method）：这里包括加工工艺、工装选择、操作规程等。

5）测量/管理（Measurement/Management）：测量时采取的方法是否标准、正确；另有一些应用关注管理层面，如管理的标准化及规范化、体系合理等。

6）环境（Environment）：工作地的温度、湿度、照明和清洁条件等。

这六大因素构成六个主要的鱼骨分支，连接到导入鱼头的主脊骨上。每一个分支上又可以进一步的细化成细小的分支，详细拆解因素的成因，形成多层级的鱼骨，并连接到主脊骨中，最终形成一个完整的鱼骨图。通过这个鱼骨图，就可以系统、明确地以图形化的方式高效地协助识别产生结果的因素都有哪些，进而识别出关键的因素，从而明确将待研究开展的项目作为项目决策的结果。

常见的鱼骨图形式有三种类型：问题型鱼骨图、原因型鱼骨图和对策型鱼骨图。

1）问题型鱼骨图：各要素与特性值间不存在原因关系，而是构成结构关系，对问题进行结构化整理。

2）原因型鱼骨图（鱼头在右，特性值通常以"为什么……"来写）。

3）对策型鱼骨图（鱼头在左，特性值通常以"如何提高/改善……"来写）。

完整鱼骨图的制作一般包括以下步骤：

1）查找要解决的问题。

2）把问题写在鱼骨的头上。

3）召集同事共同讨论问题出现的可能原因，尽可能多地找出问题。

4）把相同的问题分组，在鱼骨上标出。

5）根据不同问题征求大家的意见，总结出正确的原因。

6）拿出任何一个问题，研究为什么会产生这样的问题。

7）针对问题的答案再问为什么？至少这样深入五个层次（连续问五个问题）。

8）当深入到第五个层次后，认为无法继续进行时，列出这些问题的原因，而后列出至少20个解决方法。

分析理顺了鱼骨图的构成因素关系后，具体鱼骨图的绘制可以利用一些鱼骨图绘制软件工具，包括知犀思维导图、MindNow、FreeMind 等。

【例 11-2】

鱼骨图应用

图 11-3 为某产品质量问题（间隙不稳）鱼骨图。鱼头为间隙不稳的质量问题，分别从可能造成这一质量问题的六大层面 5M1E（人员、机器设备、材料、方法、环境、测量）出发，细致列举出若干导致间隙不稳的具体原因，依附到相应六大分支，并最终连接入主骨中，形成完整的鱼骨图。从中找到最主要的原因，以此作为项目对象。

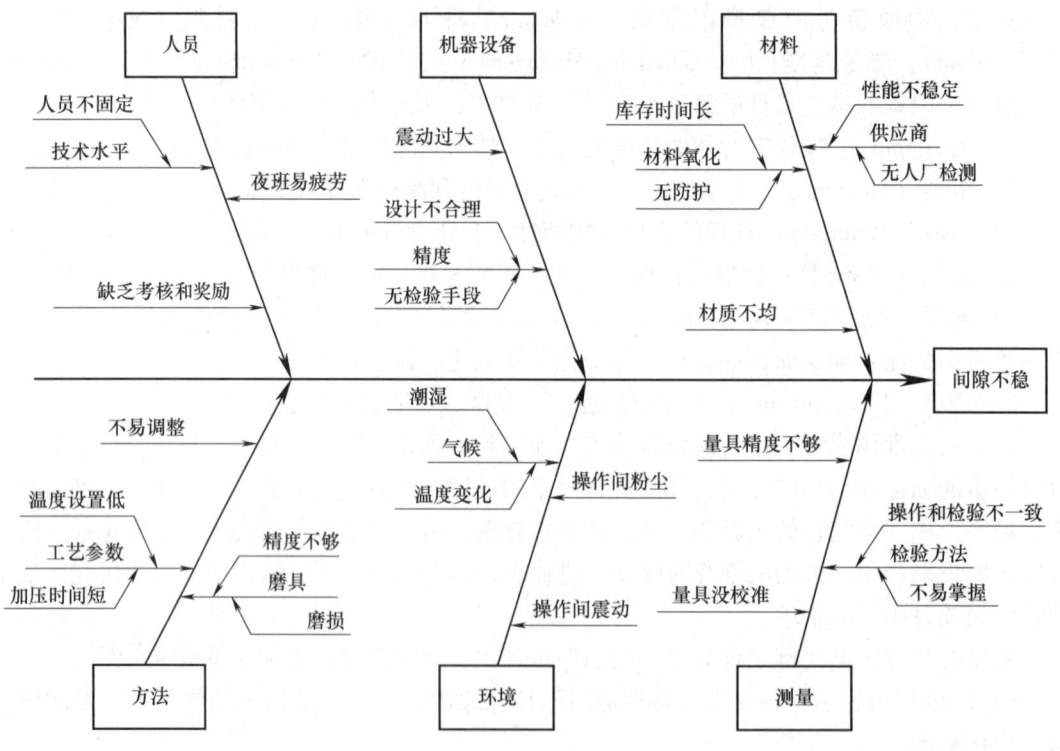

图 11-3 产品质量问题鱼骨图

11.3.3 甘特图

项目管理是一个看似复杂的过程，实则可以通过一种简单且高效的工具——甘特图来进行呈现和优化。甘特图（Gantt Chart）又称为条状图，是项目时间进程的一个描述工具，表现为一种条形图，以直观的方式呈现项目中任务环节、进度以及其时间安排，形象地表示出任何特定任务环节的活动顺序与持续时间。甘特图被誉为项目管理的灵魂工具，让我们能够一目了然地掌握整个项目的运行状态。

甘特图是由亨利·甘特（Henry Laurence Gantt）于1910年提出。甘特图中的横轴是时间轴，纵轴是项目的各种细分任务环节。在项目管理中，甘特图显示项目的各项任务的开始和结束，项目阶段（里程碑）或各项任务的依赖关系，通常将已完成的任务进程标注成阴影部分，未完成的为空心时间棒，所以管理者可通过甘特图，查看项目当前各任务的进度，通过对已完成进程与未完成时间棒的可视化描述，对比阴影条与预期完成时间的差异，容易确定项目的哪些活动在超前或者是滞后的状态。显而易见，未能按时完成，存在超时延误的环节将是项目重点关注的对象。

【例 11-3】

甘特图应用

作为车间主管，你之前制定了车间设备维护安排的周计划表（图 11-4），假设今天是周三，请评估该维护任务的进度。

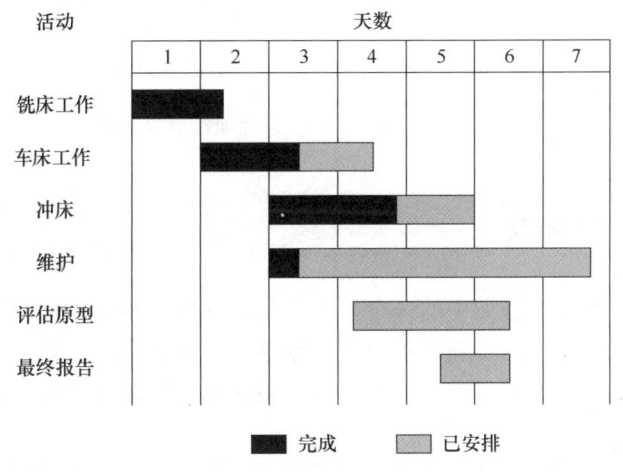

图 11-4 车间设备维护安排

图为某企业车间设备维护安排计划甘特图，图中描述出车间内不同设备维护作业任务的起止时间，可以及时检查任务的执行进度。从图中发现，车床工作和维护作业任务均落后于应有的进程安排，冲床作业任务则大大提前于计划安排。所以应该重点关注车床和维护任务，以此作为待研究项目对象。

甘特图的绘制可以选用软件实现，目前市面上可选择的甘特图软件比较多，有微软推出的 Microsoft Excel、Microsoft Project，也有新晋的绘图软件 BoardMix、Miro、Lucidchart、EdrawMax、Whimsical 等。在甘特图绘制中，除了任务进程、时间安排，也可以扩展描述出不同任务的执行资源分配。图 11-5 甘特图实例中，不同任务由多个部门交叉协助完成。甘特图的缺陷是当项目复杂时图将变得十分繁杂，尤其对不同任务环节间的相关关系较难清楚描述。

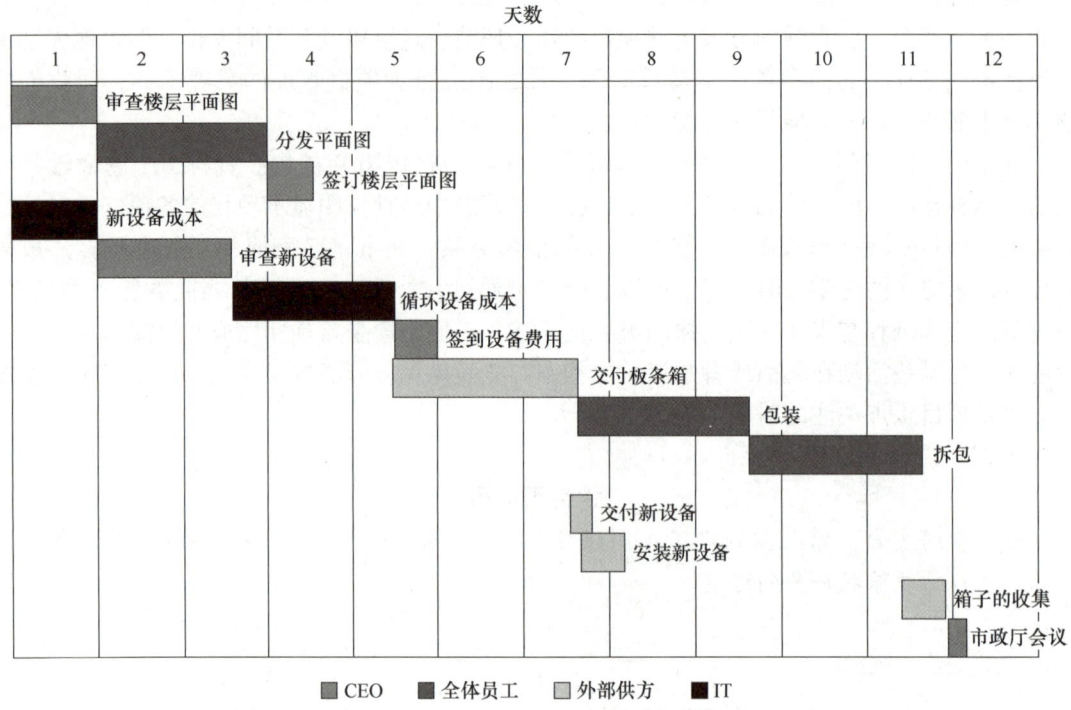

图 11-5 甘特图实例：搬迁项目进程安排

11.4 项目管理决策

项目进程管理是工程经济学中的一个核心部分，涉及对项目生命周期各阶段的规划、执行、监控和控制。其主要目的是确保项目按计划进行，及时完成，且在预算范围内实现预期的质量和目标。通过有效的项目进程管理，可以最大限度地减少项目的延误和成本超支，从而提高项目的成功率。

项目进度管理涵盖了项目从计划制订到最终交付的全过程，确保项目按时、按质完成。其主要过程包括：

1）制订计划阶段：采用工作分解结构（WBS）将整体项目目标分解为更小的可管理任务环节，明确其范围、所需资源和完成时间，确定任务的先后顺序和相互依赖性，确保项目进展有序。资源分配与时间估算，是指在此基础上对每项任务分配适当的资源（如人力、设备、资金等），并通过经验、历史数据或模拟分析准确估算完成时间。

2）进度计划的执行阶段：任务按计划启动，项目团队成员明确各自的职责和时间要求。资源调度则根据项目需求动态调整，确保关键任务得到足够的支持，避免资源闲置或冲突。

3）实际进度的跟踪与控制阶段：定期检查和报告，实时了解项目的实际进展情况，并与原计划进行对比，识别差异和偏差。根据这些反馈，适时调整进度计划，重新分配资源或调整任务优先级，以纠正进度偏差。

4）风险管理评估：在项目实施过程中，需不断识别和分析可能影响项目进度的潜在风险，评估其发生的可能性和影响程度，及时调整应急计划，确保项目能够顺利推进并按时交付。

11.4.1 关键路径图

关键路径图（CPM）是一种广泛应用于项目管理中的进度计划与控制工具。它通过分析项目任务的依赖关系和时间要求，确定项目中对总工期最为关键的任务路径。关键路径上的任务若发生延误，将直接导致整个项目的延期，因此，识别和管理关键路径对项目成功至关重要。

关键路径图是用在复杂项目管理当中的，项目当中涉及的因素较多，将项目中所有涉及的环节以网络图的形式描述出来，每一个节点视为项目当中的某一个环节，环节之间有箭头线相连，箭头表示环节之间的约束关系。该方法最早用在美国军方的一些复杂项目管理中，比如航天项目、地铁施工项目等这种长周期的大型项目的导入。关键路径图的核心思想是从项目中的所有关系复杂的环节中识别出最关键的环节。将每一个环节所需要的资源、所需要的时间进行统计分析，计算项目的最长完成时间，将在最长完成时间上所经历的这个环节列为最长路径。位于最长路径上所有的节点即关键路径环节。项目管理就是为了识别关键路径上的所有节点。

首先，**识别所有活动**是关键路径图的基础步骤，需要列出项目中所有必须完成的活动，并确定每个活动的预期持续时间。这一步有助于全面了解项目的组成部分。接下来，**确定依赖关系**，分析并确定各活动之间的依赖关系，明确哪些活动必须在其他活动之前或之后进行。这一步确保了项目计划的逻辑性和可行性。在确定活动和依赖关系后，**绘制网络图**，将所有活动及它们之间的依赖关系绘制成网络图。网络图中的节点表示活动的开始或结束，箭头则表示活动之间的依赖关系，这一步骤为进一步的时间计算奠定了可视化基础。最后，进入**计算最早时间和最晚时间**的步骤。

最早开始时间（ES）是指活动能够开始的最早时间。

最早结束时间（EF）是指活动能够结束的最早时间，计算公式为 $EF=ES+$ 持续时间。

最晚开始时间（LS）是指活动能够开始的最晚时间，不影响项目工期。

最晚结束时间（LF）是指活动能够结束的最晚时间，不影响项目工期，计算公式为 $LF=LS+$ 持续时间。

通过这些时间的计算，**确定关键路径**，即通过对网络图中各活动的开始和结束时间的分析，识别出那些没有浮动时间的活动路径。这些活动的最早时间和最晚时间是相同的，构成了项目的关键路径，关键路径上的任务对项目整体工期起决定性作用。最后，在项目执行过程中，持续监控关键路径，确保关键路径上的活动按计划完成。如果出现任何延误，项目经理需要立即采取纠正措施，以避免对项目总体工期的影响。

关键路径图可以帮助项目经理将资源和注意力集中在关键活动上，确保项目按时完成。通过定期更新关键路径图，可以及时发现潜在的进度问题，调整计划以避免项目延期。关键路径图还可以用于项目进度的风险分析，识别哪些任务最容易受到影响，进而制定有效的应对策略。

【例 11-4】

关键路径图应用

我们以简单的家庭装修项目作为例子，各环节任务的基本信息见表 11-3。

表 11-3　简单装修项目各环节任务的基本信息

任务	持续时间	前置任务	ES	EF
拆除旧墙面（A）	2 天	无	0	2 天
电工布线（B）	3 天	A	2 天	5 天
刷墙（C）	2 天	A	2 天	4 天
安装灯具（D）	1 天	B	5 天	6 天

(1) 识别所有活动。即上述表格中任务一栏。
(2) 任务依赖关系。拆除旧墙面（A）完成后，电工布线（B）和刷墙（C）才能开始。电工布线（B）完成后，安装灯具（D）才能开始。刷墙（C）完成后，项目结束。即 A→B，A→C，B→D。
(3) 绘制网络图。按照项目活动任务环节及依赖关系，绘制关键路径图，见图 11-6。
(4) 计算最早时间和最晚时间。
1) 计算最早开始时间和最早结束时间（ES 和 EF）。
A 的 ES=0，EF=ES+2 天=2 天。
B 的 ES=2 天（等待 A 完成），EF=ES+3 天=5 天。
C 的 ES=2 天（等待 A 完成），EF=ES+2 天=4 天。
D 的 ES=5 天（等待 B 完成），EF=ES+1 天=6 天。
2) 计算最晚开始时间和最晚结束时间（LS 和 LF）。
D 的 LF=6 天，LS=5 天。
B 的 LF=5 天，LS=2 天。
C 的 LF=6 天，LS=4 天。
A 的 LF=2 天，LS=0。
(5) 确定关键路径。关键路径是指那些没有浮动时间的任务序列，即 ES=LS 的任务。
A（拆除旧墙面）：ES=0，LS=0。
B（电工布线）：ES=2 天，LS=2 天。
D（安装灯具）：ES=5 天，LS=5 天。

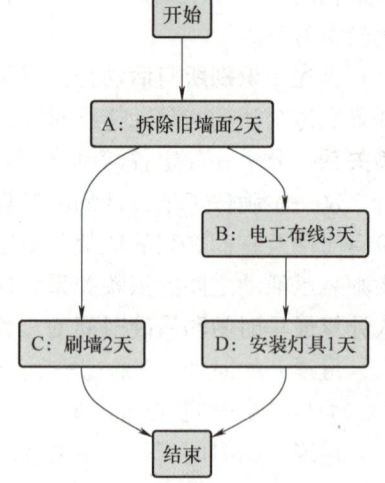

图 11-6　装修项目关键路径

关键路径为 A→B→D，这意味着这些任务的连续完成是项目按时完成的关键。

11.4.2　计划评审技术 PERT

计划评审技术（Program Evaluation and Review Technique，PERT）是一种用于项目进度管理的工具，特别适用于不确定性较高和复杂性较强的项目。PERT 通过对各项任务的不同时间估计，使用概率分析来预测项目的完成时间。与关键路径图（CPM）相比，PERT 更适合处理时间估算中的不确定性。

其中预期时间（Expected Time，T_e）的计算公式为

$$T_e = \frac{O+4M+P}{6} \tag{11.1}$$

标准差的计算公式为

$$\sigma = \frac{P-O}{6} \tag{11.2}$$

式中,乐观时间(Optimistic Time,O)是指在一切顺利的情况下,完成某项任务所需的最短时间;最可能时间(Most Likely Time,M)是指在正常情况下,完成某项任务的最有可能时间;悲观时间(Pessimistic Time,P)是指在最不利的情况下,完成某项任务所需的最长时间。

PERT图的绘制步骤如下:

1)列出活动与估算时间:列出项目中的所有活动,并为每个活动估算乐观时间、最可能时间和悲观时间。

2)计算每个活动的预期时间:使用公式计算每个活动的预期时间(T_e)。

3)构建网络图:根据活动的依赖关系构建网络图,类似于关键路径法,但在每个活动的节点上标出 T_e。

4)计算最早时间和最晚时间:计算每个活动的最早开始时间(ES)、最早结束时间(EF)、最晚开始时间(LS)和最晚结束时间(LF)。

5)确定关键路径:通过分析网络图中的各活动,识别关键路径。这些关键路径上的活动决定了项目的最短工期。

6)计算项目完成时间的期望值:通过关键路径上各活动的预期时间总和,得到项目完成的期望时间。

7)风险分析:利用标准差,分析项目完成时间的不确定性,并计算项目按期完成的概率。

PERT在项目管理中用于应对复杂项目的时间管理工作,尤其是当任务的完成时间存在不确定性时。通过使用概率分析,PERT可以帮助项目经理更准确地预测项目完成时间,并制订合理的进度计划和风险应对策略。

PERT还可以与关键路径法结合使用,通过同时考虑任务时间的确定性和不确定性,提供更全面的项目进度管理解决方案。这个工具在研究开发、新产品开发和其他高复杂性项目中得到了广泛应用。

【例11-5】

PERT 图应用

1. 列出活动与估算时间(见表11-4)

表 11-4　活动与估算时间

活动任务	乐观时间(O)	最可能时间(M)	悲观时间(P)
需求分析(A)	2天	4天	6天
设计数据库(B)	3天	5天	8天
编写代码(C)	5天	7天	10天
测试(D)	2天	4天	6天
部署(E)	1天	2天	3天

2. 计算每个活动的预期时间

$$A：T_e = \left(\frac{2+4\times4+6}{6}\right) 天 = 4 \text{ 天}$$

$$B：T_e = \left(\frac{3+4\times5+8}{6}\right) 天 \approx 5 \text{ 天}$$

$$C：T_e = \left(\frac{5+4\times7+10}{6}\right) 天 = 7 \text{ 天}$$

$$D：T_e = \left(\frac{2+4\times4+6}{6}\right) 天 = 4 \text{ 天}$$

$$E：T_e = \left(\frac{1+4\times2+3}{6}\right) 天 = 2 \text{ 天}$$

3. 构建网络图（图 11-7）

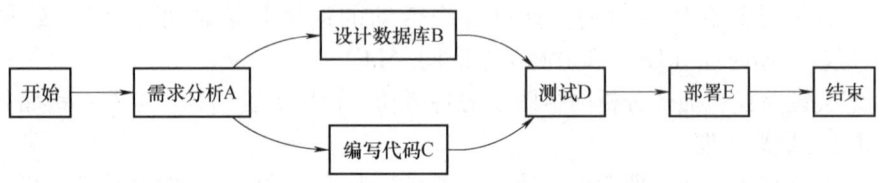

图 11-7　小型软件开发项目网络图

需求分析（A）是项目的起点。设计数据库（B）和编写代码（C）都只有在需求分析（A）完成后才能开始，它们是并行任务。测试（D）只有在设计数据库（B）和编写代码（C）两者都完成后才能开始。部署（E）只有在测试（D）完成后才能开始。

4. 计算最早和最晚时间

A：ES=0，EF=4 天，LS=0，LF=4 天。
B：ES=4 天，EF=9 天，LS=6 天，LF=11 天。
C：ES=4 天，EF=11 天，LS=4 天，LF=11 天。
D：ES=11 天，EF=15 天，LS=11 天，LF=15 天。
E：ES=15 天，EF=17 天，LS=15 天，LF=17 天。

5. 确定关键路径

浮动时间（TF）是指任务在不延迟项目的前提下可以延迟的时间。它的计算方法是：

$$TF = LS - ES = LF - EF$$

A：TF=0；B：TF=2 天；C：TF=0；D：TF=0；E：TF=0。
因此关键路径：A→C→D→E。

6. 计算项目完成时间的期望值

项目完成时间的期望值是指关键路径上所有任务的期望时间之和，即 17 天。

7. 风险分析

计算每个活动标准差（σ）：

$$\sigma_A = \left(\frac{6-2}{6}\right) 天 = \frac{2}{3} \text{ 天}$$

$$\sigma_B = \left(\frac{8-3}{6}\right) 天 = \frac{5}{6} 天$$

$$\sigma_C = \left(\frac{10-5}{6}\right) 天 = \frac{5}{6} 天$$

$$\sigma_D = \left(\frac{6-2}{6}\right) 天 = \frac{2}{3} 天$$

$$\sigma_E = \left(\frac{3-1}{6}\right) 天 = \frac{1}{3} 天$$

这些标准差值反映了每个活动完成时间的不确定性。标准差越大，表示该活动的完成时间越不确定，项目延期的风险越高。这些信息对于项目管理者来说是非常重要的，因为它们可以帮助评估项目整体的风险水平，并采取适当的风险缓解措施。

11.5 项目质量管理实践

项目质量管理实践是工程项目管理中的重要环节，旨在确保项目输出的产品或服务符合既定的质量标准和客户的期望。质量管理不仅关注最终产品的质量，还涉及项目过程中每个阶段的质量控制与改进。通过科学的质量管理实践，项目可以更高效地实现目标，降低返工和失败的风险，从而最大化项目的成功率。

项目质量管理的核心原则：①客户导向，项目质量管理始终以满足客户需求和期望为核心目标，项目团队应深入了解客户的质量要求，并在项目实施过程中确保这些要求得到充分满足；②全过程控制，质量管理贯穿项目的整个生命周期，从规划、设计、执行到最终交付，每个阶段都需要进行质量控制和评估；③预防为主，通过在早期阶段识别和预防潜在问题，项目团队可以减少后期的质量问题和返工，提高项目效率；④持续改进，项目质量管理是一个持续改进的过程，不断通过反馈和分析优化项目的各个环节，以提升整体质量水平；⑤数据驱动决策，质量管理应基于客观数据和事实，通过统计分析和科学方法识别问题、制定措施和评估效果。

11.5.1 PDCA

PDCA 循环（Plan-Do-Check-Act），也被称为戴明环（Deming Cycle），是由美国质量管理专家威廉·爱德华兹·戴明（W. Edwards Deming）推广的一种持续改进模型。该模型最初由沃尔特·休哈特（Walter A. Shewhart）提出，因此有时也被称为"休哈特循环"。PDCA 循环的核心理念是通过不断循环的 4 个阶段：计划、执行、检查和行动，推动组织或项目的持续改进。这一方法强调在实践中通过小规模实验和逐步改进来减少错误并优化流程。

PDCA 的 4 个阶段如下：

（1）计划（Plan）。计划阶段是 PDCA 循环的起点，也是整个循环中最关键的一步。在这个阶段，团队需要详细制定目标、识别问题、分析现状，并制订具体的改进计划。具体步骤包括：

1）设定质量目标：项目团队首先需要明确项目的质量目标，这些目标应与项目的总体目标和客户需求保持一致。目标应当具体、可测量、可实现、具有相关性，并在设定时间范围内（SMART 原则）。

2）识别问题与机会：通过数据分析、流程审查和客户反馈，团队需要识别当前过程中的潜在问题和改进机会。这通常涉及使用质量工具如因果图（鱼骨图）、故障模式与影响分析（FMEA）等。

3）制订改进计划：一旦识别出问题，团队需要制订详细的改进计划。该计划应包括改进目标、所需资源、时间表、责任分配以及预计的结果。这个阶段的输出通常是一个项目计划书或行动计划表。

（2）执行（Do）。执行阶段是指将计划付诸实施的阶段，强调对改进措施的实践操作。具体步骤包括：

1）实施改进措施：根据计划阶段制定的改进措施，团队开始执行这些措施。这可能涉及流程优化、技术改进、工具升级、人员培训等。团队应确保所有相关方都清楚改进措施的目标和要求。

2）记录与监控：在执行过程中，必须详细记录每个步骤的实施情况，并监控关键数据指标。这些记录不仅为后续的检查阶段提供数据支持，还为进一步优化提供了依据。

3）管理变更：执行阶段可能会涉及对原有流程或操作的变更，因此变更管理是这个阶段的关键内容。需要确保所有相关人员都了解变更内容，并且能够适应新的流程或系统。

（3）检查（Check）。检查阶段是对执行效果进行评估的阶段，旨在判断改进措施是否达到了预期效果。具体步骤包括：

1）评估执行效果：通过对实施过程中收集的数据进行分析，评估改进措施的效果。这通常涉及使用统计分析工具来判断改进措施的有效性和效率。团队需要确定是否达到了设定的质量目标，并识别任何可能存在的偏差或问题。

2）比较实际与预期：将实际执行结果与预期目标进行详细比较，以确定改进措施的成功与否。如果存在差距，团队需要分析原因，并记录下这些发现，以便在后续阶段进行调整。

3）评审和反馈：根据检查结果，项目团队应召开评审会议，讨论检查中发现的问题，并收集反馈意见。这些反馈将成为下一步行动的基础。

（4）行动（Act）。行动阶段是 PDCA 循环的最后一步，也是连接下一轮循环的关键。该阶段的核心是将有效的改进措施标准化，并对未达到预期效果的措施进行调整。具体步骤包括：

1）标准化成功经验：对于在检查阶段被证明有效的改进措施，团队应将其标准化，纳入项目管理流程或操作规范中。这确保了未来的项目或过程能够重复这些成功经验，从而实现持续改进。

2）调整与进一步改进：对于未能达到预期效果的改进措施，团队需要深入分析原因，并对措施进行调整或重新制定。在必要时，团队可能需要回到计划阶段，重新识别问题并制订新的改进计划。这样，PDCA 循环可以不断进行，推动项目质量的持续提升。

PDCA 循环以其简单、系统和循环往复的特点，广泛应用于各个行业和项目管理中。以下是 PDCA 循环在不同领域的应用场景：在制造业中，PDCA 循环常用于生产工艺的持续改进。例如，通过反复的 PDCA 循环，制造企业可以逐步减少废品率，提高产品质量和生产效率。这一过程通常伴随大量数据收集和分析，从而实现过程的精细化管理。在软件开发中，

PDCA 循环可以用于代码质量的持续优化。通过不断的测试、反馈和调整，开发团队可以逐步消除软件中的错误，提升用户体验。敏捷开发方法论中也包含了 PDCA 的循环思想，强调通过短周期的迭代来实现产品的快速交付和持续改进。在服务行业，PDCA 循环可以帮助企业优化客户服务流程，提升客户满意度。例如，酒店业可以通过 PDCA 循环不断优化客户服务，从客户反馈中发现改进点，进而提升服务质量和客户体验。在医疗领域，PDCA 循环被用于改进患者护理流程，减少医疗差错，提高患者满意度。例如，医院可以通过 PDCA 循环改进手术流程，从而减少术后并发症，提高整体医疗质量。

PDCA 循环的主要优势在于其灵活性和普适性，它可以应用于任何需要持续改进的领域或项目中。由于其结构简单且易于理解，PDCA 循环可以快速在团队中推广和实施。通过循环的持续性，PDCA 可以确保改进是逐步进行的，并且每次改进都建立在前一轮循环的基础上，从而最大限度地减少风险和错误。

然而，PDCA 循环也面临一些挑战。例如，PDCA 循环的成功依赖于准确的数据收集和分析，如果数据不准确或分析不充分，可能会导致改进措施的失败。此外，PDCA 循环的实施需要团队的持续关注和资源支持，尤其是在执行和检查阶段，可能会涉及大量的资源投入和跨部门协作。

PDCA 循环作为一种经典的质量管理工具，凭借其简单易用和系统化的特点，已经成为全球各行业广泛应用的持续改进方法。通过不断的计划、执行、检查和行动，PDCA 循环帮助组织和项目团队在复杂多变的环境中保持灵活性和创新力，实现卓越的质量管理和持续改进。尽管在实施过程中可能会遇到一些挑战，但对于致力于提升质量和效率的组织来说，PDCA 循环无疑是一个强有力的工具。

11.5.2 六西格玛

六西格玛的概念最早由摩托罗拉公司的工程师比尔·史密斯（Bill Smith）于 1986 年提出。当时，摩托罗拉面临着激烈的市场竞争和质量挑战。史密斯及其团队通过分析数据，发现摩托罗拉的制造过程存在大量变异性，导致产品质量不一致。为了应对这些问题，他们引入了六西格玛方法，旨在通过识别和消除导致过程变异的根本原因，从而显著提高产品质量。摩托罗拉成功应用六西格玛后，不仅改善了产品质量，还大幅降低了运营成本和浪费，取得了显著的经济效益。六西格玛的成功引起了其他企业的关注，其中最著名的例子是通用电气公司（GE）。在 1995 年，通用电气的首席执行官杰克·韦尔奇（Jack Welch）决定将六西格玛作为公司的战略工具之一。通过推广六西格玛，通用电气在各个业务领域实现了显著的质量改进和成本节约，进一步提升了六西格玛在全球范围内的影响力。此后，六西格玛逐渐被全球各行业的企业采纳，成为追求卓越运营和质量管理的标准方法。

DMAIC 是六西格玛中最核心的过程改进方法论，包含 5 个阶段：

1) 定义（Define）。在这个阶段，项目团队需要明确改进项目的目标和范围，识别关键问题以及可能的影响因素。定义阶段还包括确定项目的关键客户需求（Critical to Quality，CTQ），这些需求将指导后续的改进工作。

2) 测量（Measure）。测量阶段的目标是收集与问题相关的数据，并评估当前过程的性能。团队通常会使用统计工具来分析过程的能力，并确定当前的基线绩效水平。这一阶段的数据收集和分析为后续的分析阶段提供了必要的事实依据。

3）分析（Analyze）。在分析阶段，团队将使用统计分析工具来识别问题的根本原因。这一阶段通常涉及假设检验、回归分析、因果分析等工具，以深入了解哪些因素导致了过程的变异。通过分析，团队能够确定需要改进的关键领域。

4）改进（Improve）。改进阶段的重点是开发和实施有效的解决方案，以消除识别出的根本原因。团队会进行头脑风暴、设计实验（DOE）等活动，测试和验证改进措施的效果。经过反复的测试和调整，团队最终会选择最优的解决方案并将其实施到实际操作中。

5）控制（Control）。控制阶段的目的是确保改进成果的可持续性。团队会制订控制计划，使用统计过程控制（SPC）工具来监控过程性能，防止问题的再次发生。此外，团队还会对操作人员进行培训，确保他们能够遵循新的标准操作流程（SOP），以保持改进的长期效果。

六西格玛不仅限于制造业，其应用领域还扩展到服务业、医疗行业、金融行业以及项目管理等多个行业。在制造业中，六西格玛常用于减少生产中的缺陷、提高产品一致性、优化生产流程等。例如，汽车制造商使用六西格玛来降低产品返工率，提高生产线的效率和产品质量。在服务业，六西格玛可以帮助优化客户服务流程，减少服务中的变异，从而提高客户满意度。例如，银行和保险公司使用六西格玛来改善客户服务的响应时间，减少客户投诉。在医疗领域，六西格玛被用于减少医疗差错、优化患者流程管理、提升医院运营效率等。例如，医院通过六西格玛项目来减少手术中的错误，提高患者的治疗效果。在项目管理中，六西格玛帮助识别和控制项目中的关键变异源，确保项目能够按时、按预算交付高质量的成果。例如，建筑项目可以通过六西格玛方法来确保项目的各个阶段都符合预定的质量标准。

六西格玛的主要优势在于其严谨的数据驱动方法和系统化的改进流程，这使得它在各种复杂的业务环境中都能够被有效应用。六西格玛能够显著降低运营成本，提高客户满意度，并推动企业的持续改进文化。

然而，六西格玛的实施也面临一些挑战。例如，它需要大量的数据收集和分析，这可能会导致实施过程中的时间和资源消耗。其次，六西格玛的成功依赖于企业文化的支持和高层管理的承诺，缺乏这些支持的组织可能难以取得预期的成果。此外，在快速变化的市场环境中，过于依赖六西格玛可能会限制企业的灵活性。

六西格玛作为一种以数据为基础的过程改进方法，已经在全球范围内得到了广泛应用，并且在质量管理和运营效率提升方面取得了显著的成功。尽管其实施过程中可能面临一些挑战，但对于致力于持续改进和卓越运营的组织来说，六西格玛仍然是一个极为有效的工具。通过合理地应用六西格玛，企业可以在激烈的市场竞争中获得竞争优势，并实现长远的可持续发展。

11.6　人工智能在项目规划中应用

随着技术的快速发展，人工智能（AI）在项目管理，特别是在项目规划中的应用，正变得越来越普遍。人工智能通过数据分析、预测、自动化和优化，为项目经理提供了强大的工具，以提高项目规划的效率、准确性和灵活性。AI的应用不仅简化了复杂的项目规划过程，还为项目成功提供了更可靠的保障。目前，人工智能在项目规划中的若干应用领域中已经得到有效的运用。

1）项目进度预测与优化：①自动进度预测：AI可以分析历史项目数据和当前项目的相关信息，自动预测项目的进度。这包括识别潜在的瓶颈、估算任务完成时间和提前发现可能的延误风险。②动态进度优化：通过实时分析项目的进展情况，可以提供优化建议，例如调整资源分配或修改任务优先级，以确保项目按时完成。

2）资源分配与调度：①智能资源分配：可以根据项目需求、资源可用性和人员技能，自动分配最合适的资源，通过考虑多个变量，能够优化资源使用，减少浪费并提高效率。②实时调度调整：能够在项目实施过程中，根据实际进展和变化的需求，动态调整资源调度，确保项目资源的最佳利用。

3）风险预测与管理：①风险识别与评估：通过分析大量数据，AI可以识别项目潜在的风险，包括时间、成本和质量方面的风险，还能评估这些风险的可能性和潜在影响，帮助项目经理提前制定应对策略。②自动风险监控：AI系统可以在项目进行中持续监控各类风险指标，自动提醒项目经理潜在的风险变化，确保及时采取措施。

4）预算控制与成本管理：①智能成本估算：AI能够根据项目历史数据和当前市场条件，提供更精确的成本估算。它可以识别出可能的成本超支点，并建议优化预算的措施。②自动预算跟踪：AI可以实时跟踪项目支出，与预算进行对比，发现超支或节约的趋势。这样，项目经理可以迅速做出反应，调整财务计划。

5）项目决策支持：①数据驱动决策：AI通过分析大量数据，为项目经理提供决策支持。例如，AI可以通过模式识别和数据挖掘，找出成功项目的关键因素，并将这些因素应用于当前项目规划中。②情景模拟与分析：AI可以进行多种情景模拟，预测不同决策路径对项目的影响，帮助项目经理选择最优方案。

6）沟通与协作增强：①智能助理与聊天机器人：AI驱动的智能助理或聊天机器人可以帮助项目团队快速获取信息、安排会议、跟踪任务和生成报告，从而提高团队协作效率。②自动化报告生成：AI可以自动生成项目进度报告、风险分析报告等，并根据不同受众的需求定制报告内容，节省项目经理的时间。

然而，AI在项目规划中的应用也面临着一些挑战。其有效性高度依赖于数据的质量和可用性，如果数据不完整或不准确，AI的分析结果可能会具有误导性。此外，项目团队需要具备一定的技术知识来有效应用AI工具，尤其是在复杂的项目环境中，这增加了技术复杂性和培训需求。对于中小型企业而言，AI系统的开发和实施成本较高，投资回报期可能较长，这对资源有限的组织构成了挑战。此外，在使用AI时，项目团队必须考虑数据隐私和伦理问题，确保在合法合规的前提下进行数据处理，避免侵犯隐私或引发其他法律和道德问题。

随着技术的进一步发展，AI在项目规划中的应用将变得更加广泛和深入。AI不仅会继续作为辅助工具，还将逐步参与到项目决策过程中，成为项目管理中的一个核心组成部分。具体的趋势包括AI逐渐具备更强的自主决策能力，在更复杂的情景下能够独立进行决策，并且仅在需要时才寻求人工干预。同时，AI将与其他先进技术（如区块链、物联网等）深度集成，实现项目管理的全面数字化和智能化。此外，AI将在项目规划中提供更加个性化和定制化的解决方案，基于项目的独特需求和环境提供量身定制的规划建议。随着AI工具的普及，项目团队的角色和结构也将发生变化，项目管理人员将更多地依赖AI的能力，专注于战略性和创造性工作，而非日常操作，这将大幅提升项目管理的整体效率和效果。

小结

1. 项目选择的工具方法

1）帕累托图（80/20 原则）：利用统计直方图进行排序，绘制相应累积分布曲线图，识别最关键的少数，即发现最关键的 20%。

2）鱼骨图：以图形化的方式高效地协助识别产生结果的所有因素（5M1E-人机料法环测），进而识别出关键的因素。

3）甘特图：以图示的方式通过活动列表和时间进程形象地表示出任何特定项目的活动顺序与持续时间，对比识别进度滞后的活动环节。

2. 项目进程管理方法工具

1）关键路径图：以图示的方法描述达到预定目标的活动进程，量化了不同活动之间的交互关系，从中识别影响目标达成的关键环节。

2）PERT 图：通过概率分析，适合于不确定性较高的项目任务时间管理，有助于预估项目完成的时间。

3. 项目质量管理方法工具

1）PDCA：利用计划、执行、检查、行动 4 个阶段的循环，实现项目质量的持续改进。

2）六西格玛：采用 DMAIC 步骤（定义、测量、分析、改进、控制），致力于减少变异，提高过程质量。

> **高阶学习导引**　各类工具软件的使用
> 1. Minitab 软件的学习：http://minitab.djajy.cn/
> 2. 鱼骨图软件推荐：https://www.sohu.com/a/751096599_121847033
> 3. 甘特图软件推荐：https://www.sohu.com/a/774049824_121748326

测试及问题

一、判断题

1. 帕累托图用于协助识别项目关键的 80% 环节。（　　）
2. 甘特图用于描述项目不同活动的进程情况，可以显示不同项目之间的相互关系。（　　）
3. 鱼骨图中的 5M1E 六大因素构成 6 个主要的鱼骨分支。（　　）
4. PDCA 循环中的 4 个阶段是计划、执行、控制和调整。（　　）
5. 鱼骨图用于分析问题的原因，可以有效识别产生问题的根本原因。（　　）
6. PERT 图适用于时间估计不确定性较高的项目，用于帮助预估项目完成时间。（　　）
7. 关键路径图（CPM）用于识别项目中会影响整体进度的关键任务路径。（　　）
8. 人工智能在项目管理中的应用仅限于进度优化和资源分配。（　　）

9. 在项目管理中，甘特图可以显示不同任务的开始和结束时间以及进度。（ ）
10. 六西格玛的主要目标是通过减少变异来提升过程和产品的质量。（ ）

二、简答题

1. 简述项目进度管理中关键路径图（CPM）的基本步骤，并说明其重要性。
2. 在项目质量管理中，PDCA 循环的 4 个阶段是什么？请简要说明每个阶段的主要活动。
3. 在项目管理中，六西格玛的 DMAIC 方法论包含哪些阶段？
4. 人工智能在项目规划中的主要应用有哪些？请举例说明其中的一个应用领域。
5. 请识别该项目的关键路径（见图 11-8）。

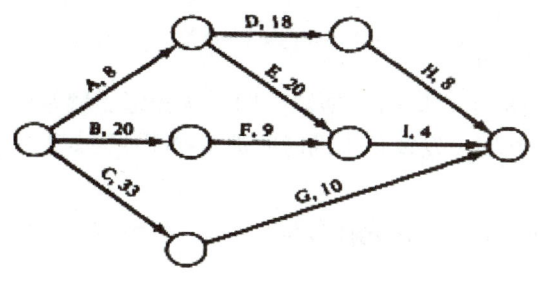

图 11-8　关键路径图

情境问题实践

个人六西格玛应用案例

相关情况见表 11-5。

表 11-5　PBL 情境问题类型基本信息

PBL 情境对象	领域	复杂度	参考知识	项目要求
个人六西格玛应用	日常生活	一级	六西格玛	个人

时间管理与效率提升：

本项目为个人 PBL 项目，请尝试在追求高效工作的过程中，引入六西格玛方法，利用 DMAIC（定义、测量、分析、改进、控制）框架来优化个人时间管理和工作效率。通过这一过程，提升任务完成的准确性和效率，减少个人拖延现象，进而改善个人绩效。设计六西格玛应用，进行过程记录，形成并递交报告。

思考如下问题：

1. 如何将六西格玛融入个人发展？

为了更系统地解决时间管理和工作效率的问题，将六西格玛作为个人成长的一部分，形成持续改进的理念。通过这一过程，培养分析和解决问题的能力，不断提高对任务的控制力和完成度。

2. DMAIC 实施过程如何规划？

（1）定义（Define）。

1）改进目标：减少任务延迟、提高工作效率、增加每日任务的完成率。

2）核心需求：希望在有限的时间内完成更多高质量的任务，减少因不必要的拖延带来的压力。

（2）测量（Measure）。

1）记录一周内的工作时间分配情况，统计每项任务的完成时间和延迟情况。

2）创建时间利用率基线，评估当前时间浪费的原因和占比，识别高效时间和低效时间。

（3）分析（Analyze）。

使用鱼骨图分析拖延的主要原因（如缺乏明确优先级、频繁的分心因素和未合理利用高效时间段）；使用帕累托图，发现80%的时间浪费在哪些因素上（如社交媒体使用）

（4）改进（Improve）。

1）任务优先级管理：引入"优先任务法"，每天将最重要的任务安排在高效时间段中完成。

2）时间块管理：采用番茄工作法，将工作时间分为25分钟的集中时间块，并在每个时间块结束后短暂休息，避免分心。

3）减少干扰：关闭手机的推送通知，专注于完成工作任务。

（5）控制（Control）。

1）每日对任务完成情况进行回顾，每周进行时间管理的整体复盘，调整任务优先级。

2）将成功的时间管理方法固化为日常习惯，利用时间日志确保时间利用率的持续优化。

3. 具体记录实施过程，形成报告，小结收获。

> **思政导引** 六西格玛不仅适用于大型企业的质量管理，对个人成长和自我优化同样具有实用性。将六西格玛方法融入个人管理，不仅能够改善工作效率和时间利用率，还可以将六西格玛理念作为一种自我成长的工具。

双语术语

- Pareto Analysis　　　　　　　　帕累托分析
- Fish Diagram　　　　　　　　　鱼骨图
- 5M1E　　　　　　　　　　　　人机料法环测
- Gantt Chart　　　　　　　　　　甘特图

- PERT Chart 计划评审关系图
- Critical Path 关键路径
- Project Progress Management 项目进程管理
- Critical to Quality（CTQ） 关键质量要素
- Design of Experiments（DOE） 实验设计
- DMAIC 过程改进/管理系统
- Statistical Process Control（SPC） 统计过程控制

拓展阅读文献

［1］何群，徐志向，梁建，等. 基于帕累托法则的发电企业计量器具管理及应用［J］. 价值工程，2023，42（32）.
［2］PINTO J K. Project management：achieving competitive advantage，5th ed［J］. Upper Saddle River，NJ：Pearson Prentice Hall. 2019：274-275.
［3］郭云涛，贾永，白思俊，等. 基于突变级数法的科技园区项目选择决策研究［J］. 科技管理研究，2017，37（5）：164-169.
［4］GUO P，HU J，PAN N，et al. Research on project portfolio selection and decision-making process based on Lotka-Volterra model［C］. International Conference on Industrial Engineering and Engineering Management. IEEE，2009：593-597.
［5］林晓民. 工程项目管理决策及全过程造价控制的分析［J］. 房地产世界，2020（16）：57-59.
［6］DUBROVIN V I，KOLPAKOVA T A，KOZLOV A V. Decision-making in the management of construction projects［J］. Radio electronics computer science control，2010（1）：134-141.
［7］高朋. 面向项目型组织的项目管理决策技术及其支持系统研究［D］. 南京：南京理工大学，2010.
［8］ROSE K. Project quality management：why，what and how［M］. J. Ross Pub.，2005.
［9］NASTASE G I. General aspects of project quality management［J］. Calitatea，2013，14（136）：91.
［10］郭月凯，屈少辉，王廷福，等. 基于 CiteSpace 的工程项目质量管理研究热点及趋势的可视化分析［J］. 建筑经济，2022，43（S2）：206-211.
［11］GVOZDENOVIC T，MILJANOVIC M，ALEKSANDAR J，et al. Bodies of knowledge in project management and project quality management［J］. International Journal for Quality research，2008，2（1）：69-76.
［12］CIRTINA L M，CÎRŢÎNĂ D，LUCA L. Quality management in projects-quality planning［J］. Applied Mechanics and Materials，2014（657）：891-895.

习题答案

附　录

附录 A　Excel 公式汇总
附录 B　财务函数总结
附录 C　离散复利利息和年金表
附录 D　连续复利利息和年金表

附录 A Excel公式汇总

ABS(value)

返回绝对值。

AVERAGE(range)

返回区域中给定值的平均数。

CEILING(number,significance)

将给定数字向上舍入（沿绝对值增大的方向）为最接近的有效位数的值。

FV(i,N,A,{PW},type)

返回第 1 期期末开始时年金为 A 的现金流量在第 N 年年末的将来值。各期利率为 i，(PW) 是可选项。

HLOOKUP(class life,table range,k)

返回表格指定位置的数值，这个位置由首行值和首行下的行序号确定。

IF(condition,true,false)

Condition 是一个逻辑表达式，包含逻辑运算符（<>,>,<,>=,<=），如果条件的结果为真，就返回 true 的值或文本。如果结果为假，则返回 false 的值或文本。

IRR(range,guess)

返回指定区域内现金流量的内部收益率（IRR）。现金流量不止一次的变换符号可能产生多个收益率。guess 为内部运算法则的开始点并一般指定为 MARR。

ISERR(cell)

运算错误，比如被零除，显示单元格中的错误值，包含此错误和与此单元格相关的其他单元格。如果单元格中有错误，则函数返回逻辑真；否则，返回逻辑假。

MAX(range)

返回区域内的最大值,文本和逻辑值忽略。

`MIN(range)`

返回区域内的最小值,文本和逻辑值忽略。

`NORMINV(number,mean;std dev)`

返回指定平均值和标准差的正态累积分布函数的反函数。

`NPV(i,range)`

返回计算指定区域内所有任意现金流的现值。需要小心 $T=0$ 时刻的现金流量(P_0)的处理。设 P_range 包括时期 1,2,…,N 各期期末现金流的区域
F_range 包括时期 0,1,…,N 各期期末现金流的区域
然后 PW 就能用以下公式确定:
$$PW = P_0 + NPV(i,P\_range)$$
或
$$PW = NPV(i,F\_range) \times (1+i)$$

`PMT(i,N,P,{F},type)`

返回与现值 P 等值的 N 个时期的年金值。$\{F\}$ 是可选项。type=1 为期初现金流量,type=0 为期末现金流量,type 为空时则假设为期末的现金流量。

`PV(i,N,A,{F},type)`

返回第 1 期期末开始的到第 N 时期期末结束的年金 A 的现值,每期利率为 i。$\{F\}$ 为可选项。注意这个函数只对年金有效,而 NPV 则对任何形式的现金流都有效。

`RAND( )`

返回大于等于 0 及小于 1 的均匀分布随机数。注意圆括号是需要的,但里面没有数值。

`ROUND(number,digits)`

返回把指定的值四舍五入为规定的小数位数的值。

`STDEV(range)`

返回为区域内的指定值估算给定样本的标准差(除数为 $n-1$)。

`SUM(range)`

返回给定区域单元格内的值的总和。

`VDB(B,SV_N,N,start,end,percent,no_switch)`

用一般余额递减法返回 d_k。percent 为 2 时则为双倍余额递减,为 1.5 时则是 150% 余额

递减，等等。如果省略的话，则假设为 2（200%）。start 和 end 值允许半年（和半个月）惯例。要转换为直线折旧法，把 switch 设为 false。这个值为 true 时则不允许转换。

AND(logical1,[logical2],...)

用于检查多个条件是否同时满足。如果所有条件都为 TRUE，则返回 TRUE；否则返回 FALSE。

OR(logical1,[logical2],...)

用于检查多个条件中是否至少有一个满足。如果至少有一个条件为 TRUE，则返回 TRUE；否则返回 FALSE。

NOT(logical)

用于反转逻辑表达式的值。如果表达式为 TRUE，则返回 FALSE；如果为 FALSE，则返回 TRUE。

CONCATENATE(text1,[text2],...) 或"&"运算符

用于将多个文本字符串合并为一个字符串。Excel 2016 及更高版本也可以使用"&"运算符进行字符串连接。

DATE(year,month,day)

根据提供的年、月和日参数返回一个日期值。

DAYS(end_date,start_date)

返回两个日期之间的天数差，不包括结束日期。

EDATE(start_date,months)

返回指定日期之后指定月份数的日期。

EOMONTH(start_date,months)

返回指定日期之后指定月份数的月末日期。

INDEX(array,row_num,[column_num])

返回数组或区域中指定行和列交叉处的值。如果省略 column_num，则返回整行。

MATCH(lookup_value,lookup_array,[match_type])

在数组或区域中查找特定值，并返回该值在数组中的相对位置。match_type 为 0 时表示精确匹配，为 1 时表示小于等于查找值的最大值（要求数组按升序排列），为 -1 时表示大于等于查找值的最小值（要求数组按降序排列）。

```
MOD(number,divisor)
```

返回两数相除的余数。divisor 不能为零。

```
POWER(number,power)
```

返回数字的乘幂结果。例如，POWER(2,3) 返回 8。

```
RANK(number,ref,[order])
```

返回指定数值在给定数列中的排名。order 为 0 或省略时表示降序排名，为 1 时表示升序排名。

```
TEXT(value,format_text)
```

将数值转换为文本，并根据提供的格式文本进行格式化。

```
TRIM(text)
```

移除文本字符串开头、结尾和内部的多余空格，只保留单词之间的单个空格。

```
SUBSTITUTE(text,old_text,new_text,[instance_num])
```

将文本字符串中的旧文本替换为新文本。可以指定替换第几次出现的旧文本。如果省略 instance_num，则替换所有出现的旧文本。

```
UNIQUE(range)
```

返回给定区域中所有唯一不同的值，形成一个新的数组或范围。这是一个较新的函数，可能不在所有版本的 Excel 中都可用。

```
XLOOKUP(lookup_value,lookup_array,return_array,[if_not_found],
[match_mode],[search_mode])
```

这是一个功能强大的查找函数，结合了 VLOOKUP 和 HLOOKUP 的功能，并提供了更多的灵活性和选项。它支持水平和垂直查找，并允许指定如果找不到查找值时的返回值、匹配模式（精确匹配或近似匹配）以及搜索模式（向前搜索或向后搜索）。

附录 B 财务函数总结

财务函数基于以下假设:
1) 每一时期利率 i,保持不变。
2) 两个现金流量之间必有一段时期。
3) 时期的长度是固定不变的。
4) 现金流量通常发生在期末。
5) 一个区域内第一个现金流量发生在第一个时期的期末。

在工程经济分析中,以下是常用的财务函数:

PV(i,N,A)

返回年金的现值。

FV(i,N,A)

返回年金的将来值。

PMT(i,N,P)

已知现值,返回年金的金额。

NPV(i,range)

返回任意现金流量的现值。

IRR(guess,range)

返回某一区域现金流量的内部收益率(IRR)。

RATE(N,PMT,PV,[FV],[type],[guess])

返回每期利率。

XNPV(rate,values,dates)

基于指定的日期返回一系列不定期现金流的净现值。

XIRR(values,dates,[guess])

返回一组不定期现金流的内部收益率(IRR)。

CUMIPMT(rate,N,PV,start_period,end_period,type)

返回指定期数内的累计利息。

CUMPRINC(rate,N,PV,start_period,end_period,type)

返回指定期数内的累计本金支付。

DB(cost,salvage,life,period,[month])

使用固定余额递减法返回指定期间的资产折旧值。

SLN(cost,salvage,life)

返回资产的直线折旧值。

DDB(cost,salvage,life,period,[factor])

返回指定期间的双倍余额递减法的折旧值。

SYD(cost,salvage,life,period)

返回使用年数总和折旧法计算的资产折旧值。

MIRR(values,finance_rate,reinvest_rate)

返回现金流量的修正内部收益率。

PERCENTRANK.INC(array,x,[significance])

返回数组中指定值的百分位数排名。

PRICE(settlement,maturity,rate,yld,redemption,frequency,[basis])

返回债券的价格。

YIELD(settlement,maturity,rate,pr,redemption,frequency,[basis])

返回债券的年收益率。

DURATION(settlement,maturity,rate,yld,frequency,[basis])

返回定期付息债券的年持续时间。

MDURATION(settlement,maturity,rate,yld,frequency,[basis])

返回基于年收益率的修正久期。

ACCRINT(issue,first_interest,settlement,rate,par,frequency,[basis],[calc_method])

返回证券的应计利息值。

```
RECEIVED(settlement,maturity,discount,[basis])
```

返回折价债券到期时的应收金额。

```
YIELDDISC(settlement,maturity,pr,redemption,[basis])
```

返回折价债券的年收益率。

附录C 离散复利利息和年金表

i 值的范围 0.25% ~ 25%

i —— 计息期有效利率（通常为1年）

N —— 复利期数

$$(F/P, i, N) = (1+i)^N$$

$$(A/F, i, N) = \frac{i}{(1+i)^N - 1}$$

$$(P/F, i, N) = \frac{1}{(1+i)^N}$$

$$(A/P, i, N) = \frac{i(1+i)^N}{(1+i)^N - 1}$$

$$(F/A, i, N) = \frac{(1+i)^N - 1}{i}$$

$$(P/G, i, N) = \frac{1}{i}\left[\frac{(1+i)^N - 1}{i(1+i)^N} - \frac{N}{(1+i)^N}\right]$$

$$(P/A, i, N) = \frac{(1+i)^N - 1}{i(1+i)^N}$$

$$(A/G, N) = \frac{1}{i} - \frac{N}{(1+i)^N - 1}$$

表 C-1　离散复利 $i=0.25\%$

N	一次支付		等额系列				均匀梯度	
	复利系数	现值系数	复利系数	现值系数	积累基金系数	资金恢复系数	梯度现值系数	梯度年值系数
	已知P求F F/P	已知F求P P/F	已知A求F F/A	已知F求P P/A	已知F求A A/F	已知P求A A/P	已知G求P P/G	已知G求A A/G
1	1.002 5	0.997 5	1.000 0	0.997 5	1.000 0	1.002 5	0.000	0.000 0
2	1.005 0	0.995 0	2.002 5	1.992 5	0.499 4	0.501 9	0.995	0.499 4
3	1.007 5	0.992 5	3.007 5	2.985 1	0.332 5	0.335 0	2.980	0.998 3
4	1.010 0	0.990 1	4.015 0	3.975 1	0.249 1	0.251 6	5.950	1.496 9
5	1.012 6	0.987 6	5.025 1	4.962 7	0.199 0	0.201 5	9.901	1.995 0
6	1.015 1	0.985 1	6.037 6	5.947 8	0.165 6	0.168 1	14.826	2.492 7
7	1.017 6	0.982 7	7.052 7	6.930 5	0.141 8	0.144 3	20.722	2.990 0
8	1.020 2	0.980 2	8.070 4	7.910 7	0.123 9	0.126 4	27.584	3.486 9
9	1.022 7	0.977 8	9.090 5	8.888 5	0.110 0	0.112 5	35.406	3.983 4
10	1.025 3	0.975 3	10.113 3	9.863 9	0.098 9	0.101 4	44.184	4.479 4
11	1.027 8	0.972 9	11.138 5	10.836 8	0.089 8	0.092 3	53.913	4.975 0
12	1.030 4	0.970 5	12.166 5	11.807 3	0.082 2	0.084 7	64.589	5.470 2
13	1.033 0	0.968 1	13.196 5	12.775 3	0.075 8	0.078 3	76.205	5.965 0
14	1.035 6	0.965 6	14.229 8	13.741 0	0.070 3	0.072 8	88.759	6.459 4
15	1.038 2	0.963 2	15.265 4	14.704 2	0.065 5	0.068 0	102.244	6.953 4
16	1.040 8	0.960 8	16.303 5	15.665 0	0.061 3	0.063 8	116.657	7.446 9
17	1.043 4	0.958 4	17.344 3	16.623 5	0.057 7	0.060 2	131.992	7.940 1
18	1.046 0	0.956 1	18.387 6	17.579 5	0.054 4	0.056 9	148.245	8.432 8
19	1.048 6	0.953 7	19.433 6	18.533 2	0.051 5	0.054 0	165.411	8.925 1
20	1.051 2	0.951 3	20.482 2	19.484 5	0.048 8	0.051 3	183.485	9.417 0
21	1.053 8	0.948 9	21.533 4	20.433 4	0.046 4	0.048 9	202.463	9.908 5
22	1.056 5	0.946 6	22.587 2	21.380 0	0.044 3	0.046 8	222.341	10.399 5
23	1.059 1	0.944 2	23.643 7	22.324 1	0.042 3	0.044 8	243.113	10.890 1
24	1.061 8	0.941 8	24.702 8	23.266 0	0.040 5	0.043 0	264.775	11.380 4
25	1.064 4	0.939 5	25.764 6	24.205 5	0.038 8	0.041 3	287.323	11.870 2
30	1.077 8	0.927 8	31.113 3	28.867 9	0.032 1	0.034 6	413.185	14.313 0
36	1.094 1	0.914 0	37.620 6	34.386 5	0.026 6	0.029 1	592.499	17.230 6
40	1.105 0	0.905 0	42.013 2	38.019 9	0.023 8	0.026 3	728.740	19.167 3
48	1.127 3	0.887 1	50.931 2	45.178 7	0.019 6	0.022 1	1 040.055	23.020 9
60	1.161 6	0.860 9	64.646 7	55.652 4	0.015 5	0.018 0	1 600.085	28.751 4
72	1.196 9	0.835 5	78.779 4	65.816 9	0.012 7	0.015 2	2 265.557	34.422 1
84	1.233 4	0.810 8	93.341 9	75.681 3	0.010 7	0.013 2	3 029.759	40.033 1
100	1.283 6	0.779 0	113.450 0	88.382 5	0.008 8	0.011 3	4 191.242	47.421 6
∞				400.000 0		0.002 5		

表 C-2　离散复利 $i=0.5\%$

N	一次支付		等额系列				均匀梯度	
	复利系数	现值系数	复利系数	现值系数	积累基金系数	资金恢复系数	梯度现值系数	梯度年值系数
	已知P求F F/P	已知F求P P/F	已知A求F F/A	已知A求P P/A	已知F求A A/F	已知P求A A/P	已知G求P P/G	已知G求A A/G
1	1.005 0	0.995 0	1.000 0	0.995 0	1.000 0	1.005 0	0.000	0.000 0
2	1.010 0	0.990 1	2.005 0	1.985 1	0.498 8	0.503 8	0.990	0.498 8
3	1.015 1	0.985 1	3.015 0	2.970 2	0.331 7	0.336 7	2.960	0.996 7
4	1.020 2	0.980 2	4.030 1	3.950 5	0.248 1	0.253 1	5.901	1.493 8
5	1.025 3	0.975 4	5.050 3	4.925 9	0.198 0	0.203 0	9.803	1.990 0
6	1.030 4	0.970 5	6.075 5	5.896 4	0.164 6	0.169 6	14.655	2.485 5
7	1.035 5	0.965 7	7.105 9	6.862 1	0.140 7	0.145 7	20.449	2.980 0
8	1.040 7	0.960 9	8.141 4	7.823 0	0.122 8	0.127 8	27.176	3.473 8
9	1.045 9	0.956 1	9.182 1	8.779 1	0.108 9	0.113 9	34.824	3.966 8
10	1.051 1	0.951 3	10.228 0	9.730 4	0.097 8	0.102 8	43.387	4.458 9
11	1.056 4	0.946 6	11.279 2	10.677 0	0.088 7	0.093 7	52.853	4.950 1
12	1.061 7	0.941 9	12.335 6	11.618 9	0.081 1	0.086 1	63.214	5.440 6
13	1.067 0	0.937 2	13.397 2	12.556 2	0.074 6	0.079 6	74.460	5.930 2
14	1.072 3	0.932 6	14.464 2	13.488 7	0.069 1	0.074 1	86.584	6.419 0
15	1.077 7	0.927 9	15.536 5	14.416 6	0.064 4	0.069 4	99.574	6.906 9
16	1.083 1	0.923 3	16.614 2	15.339 9	0.060 2	0.065 2	113.424	7.394 0
17	1.088 5	0.918 7	17.697 3	16.258 6	0.056 5	0.061 5	128.123	7.880 3
18	1.093 9	0.914 1	18.785 8	17.172 8	0.053 2	0.058 2	143.663	8.365 6
19	1.099 4	0.909 6	19.879 7	18.082 4	0.050 3	0.055 3	160.036	8.850 4
20	1.104 9	0.905 1	20.979 1	18.987 4	0.047 7	0.052 7	177.232	9.334 2
21	1.110 4	0.900 6	22.084 0	19.888 0	0.045 3	0.050 3	195.243	9.817 2
22	1.116 0	0.896 1	23.194 4	20.784 1	0.043 1	0.048 1	214.061	10.299 3
23	1.121 6	0.891 6	24.310 4	21.675 7	0.041 1	0.046 1	233.677	10.780 6
24	1.127 2	0.887 2	25.432 0	22.562 9	0.039 3	0.044 3	254.082	11.261 1
25	1.132 8	0.882 8	26.559 1	23.445 6	0.037 7	0.042 7	275.269	11.740 7
30	1.161 4	0.861 0	32.280 0	27.794 1	0.031 0	0.036 0	392.632	14.126 5
36	1.196 7	0.835 6	39.336 1	32.871 0	0.025 4	0.030 4	557.560	16.962 1
40	1.220 8	0.819 1	44.158 8	36.172 2	0.022 6	0.027 6	681.335	18.835 9
48	1.270 5	0.787 1	54.097 8	42.580 3	0.018 5	0.023 5	959.919	22.543 5
60	1.348 9	0.741 4	69.770 0	51.725 6	0.014 3	0.019 3	1 448.646	28.006 4
72	1.432 0	0.698 3	86.408 9	60.339 5	0.011 6	0.016 6	2 012.348	33.350 4
84	1.520 4	0.657 7	104.073 9	68.453 0	0.009 6	0.014 6	2 640.664	38.576 3
100	1.646 7	0.607 3	129.333 7	78.542 6	0.007 7	0.012 7	3 562.793	45.361 3
∞				200.000 0		0.005 0		

表 C-3　离散复利 $i=0.75\%$

N	一次支付		等额系列				均匀梯度	
	复利系数	现值系数	复利系数	现值系数	积累基金系数	资金恢复系数	梯度现值系数	梯度年值系数
	已知 P 求 F F/P	已知 F 求 P P/F	已知 A 求 F F/A	已知 A 求 P P/A	已知 F 求 A A/F	已知 P 求 A A/P	已知 G 求 P P/G	已知 G 求 A A/G
1	1.007 5	0.992 6	1.000 0	0.992 6	1.000 0	1.007 5	0.000	0.000 0
2	1.015 1	0.985 2	2.007 5	1.977 7	0.498 1	0.505 6	0.985	0.498 1
3	1.022 7	0.977 8	3.022 6	2.955 6	0.330 8	0.338 3	2.941	0.995 0
4	1.030 3	0.970 6	4.045 2	3.926 1	0.247 2	0.254 7	5.853	1.490 7
5	1.038 1	0.963 3	5.075 6	4.889 4	0.197 0	0.204 5	9.706	1.985 1
6	1.045 9	0.956 2	6.113 6	5.845 6	0.163 6	0.171 1	14.487	2.478 2
7	1.053 7	0.949 0	7.159 5	6.794 6	0.139 7	0.147 2	20.181	2.970 1
8	1.061 6	0.942 0	8.213 2	7.736 6	0.121 8	0.129 3	26.775	3.460 8
9	1.069 6	0.935 0	9.274 8	8.671 6	0.107 8	0.115 3	34.254	3.950 2
10	1.077 6	0.928 0	10.344 3	9.599 6	0.096 7	0.104 2	42.606	4.438 4
11	1.085 7	0.921 1	11.421 9	10.520 7	0.087 6	0.095 1	51.817	4.925 3
12	1.093 8	0.914 2	12.507 6	11.434 9	0.080 0	0.087 5	61.874	5.411 0
13	1.102 0	0.907 4	13.601 4	12.342 3	0.073 5	0.081 0	72.763	5.895 4
14	1.110 3	0.900 7	14.703 4	13.243 0	0.068 0	0.075 5	84.472	6.378 6
15	1.118 6	0.894 0	15.813 7	14.137 0	0.063 2	0.070 7	96.988	6.860 6
16	1.127 0	0.887 3	16.932 3	15.024 3	0.059 1	0.066 6	110.297	7.341 3
17	1.135 4	0.880 7	18.059 3	15.905 0	0.055 4	0.062 9	124.389	7.820 7
18	1.144 0	0.874 2	19.194 7	16.779 2	0.052 1	0.059 6	139.249	8.298 9
19	1.152 5	0.867 6	20.338 7	17.646 8	0.049 2	0.056 7	154.867	8.775 9
20	1.161 2	0.861 2	21.491 2	18.508 0	0.046 5	0.054 0	171.230	9.251 6
21	1.169 9	0.854 8	22.652 4	19.362 8	0.044 1	0.051 6	188.325	9.726 1
22	1.178 7	0.848 4	23.822 3	20.211 2	0.042 0	0.049 5	206.142	10.199 4
23	1.187 5	0.842 1	25.001 0	21.053 3	0.040 0	0.047 5	224.668	10.671 4
24	1.196 4	0.835 8	26.188 5	21.889 1	0.038 2	0.045 7	243.892	11.142 2
25	1.205 4	0.829 6	27.384 9	22.718 8	0.036 5	0.044 0	263.803	11.611 7
30	1.251 3	0.799 2	33.502 9	26.775 1	0.029 8	0.037 3	373.263	13.940 7
36	1.308 6	0.764 1	41.152 7	34.446 8	0.024 3	0.031 8	524.992	16.694 6
40	1.348 3	0.741 6	46.446 4	34.446 9	0.021 5	0.029 0	637.469	18.505 8
48	1.431 4	0.698 6	57.520 7	40.184 8	0.017 4	0.024 9	886.840	22.069 1
60	1.565 7	0.638 7	75.424 1	48.173 4	0.013 3	0.020 8	1 313.519	27.266 5
72	1.712 6	0.583 9	95.007 0	55.476 8	0.010 5	0.018 0	1 791.246	32.288 2
84	1.873 2	0.533 8	116.426 9	62.154 0	0.008 6	0.016 1	2 308.128	37.135 7
100	2.111 1	0.473 7	148.144 5	70.174 6	0.006 8	0.014 3	3 040.745	43.331 1
∞				133.333 3		0.007 5		

表 C-4　离散复利 $i=1\%$

N	一次支付		等额系列				均匀梯度	
	复利系数	现值系数	复利系数	现值系数	积累基金系数	资金恢复系数	梯度现值系数	梯度年值系数
	已知 P 求 F F/P	已知 F 求 P P/F	已知 A 求 F F/A	已知 A 求 P P/A	已知 F 求 A A/F	已知 P 求 A A/P	已知 G 求 P P/G	已知 G 求 A A/G
1	1.010 0	0.990 1	1.000 0	0.990 1	1.000 0	1.010 0	0.000	0.000 0
2	1.020 1	0.980 3	2.010 0	1.970 4	0.497 5	0.507 5	0.980	0.497 5
3	1.030 3	0.970 6	3.030 1	2.941 0	0.330 0	0.340 0	2.922	0.993 4
4	1.040 6	0.961 0	4.060 4	3.902 0	0.246 3	0.256 3	5.804	1.487 6
5	1.051 0	0.951 5	5.101 0	4.853 4	0.196 0	0.206 0	9.610	1.980 1
6	1.061 5	0.942 0	6.152 0	5.795 5	0.162 5	0.172 5	14.321	2.471 0
7	1.072 1	0.932 7	7.213 5	6.728 2	0.138 6	0.148 6	19.917	2.960 2
8	1.082 9	0.923 5	8.285 7	7.651 7	0.120 7	0.130 7	26.381	3.447 8
9	1.093 7	0.914 3	9.368 5	8.566 0	0.106 7	0.116 7	33.696	3.933 7
10	1.104 6	0.905 3	10.462 2	9.471 3	0.095 6	0.105 6	41.844	4.417 9
11	1.115 7	0.896 3	11.566 8	10.367 6	0.086 5	0.096 5	50.807	4.900 5
12	1.126 8	0.887 4	12.682 5	11.255 1	0.078 8	0.088 8	60.569	5.381 5
13	1.138 1	0.878 7	13.809 3	12.133 7	0.072 4	0.082 4	71.113	5.860 7
14	1.149 5	0.870 0	14.947 4	13.003 7	0.066 9	0.076 9	82.422	6.338 4
15	1.161 0	0.861 3	16.096 9	13.865 1	0.062 1	0.072 1	94.481	6.814 3
16	1.172 6	0.852 8	17.257 9	14.717 9	0.057 9	0.067 9	107.273	7.288 6
17	1.184 3	0.844 4	18.430 4	15.562 3	0.054 3	0.064 3	120.783	7.761 3
18	1.196 1	0.836 0	19.614 7	16.398 3	0.051 0	0.061 0	134.996	8.232 3
19	1.208 1	0.827 7	20.810 9	17.226 0	0.048 1	0.058 1	149.895	8.701 7
20	1.220 2	0.819 5	22.019 0	18.045 6	0.045 4	0.055 4	165.466	9.169 4
21	1.232 4	0.811 4	23.239 2	18.857 0	0.043 0	0.053 0	181.695	9.635 4
22	1.244 7	0.803 4	24.471 6	19.660 4	0.040 9	0.050 9	198.566	10.099 8
23	1.257 2	0.795 4	25.716 3	20.455 8	0.038 9	0.048 9	216.066	10.562 6
24	1.269 7	0.787 6	26.973 4	21.243 4	0.037 1	0.047 1	234.180	11.023 7
25	1.282 4	0.779 8	28.243 2	22.023 2	0.035 4	0.045 4	252.895	11.483 1
30	1.347 8	0.741 9	34.784 9	25.807 7	0.028 7	0.038 7	355.002	13.755 7
36	1.430 8	0.698 9	43.076 9	30.107 5	0.023 2	0.033 2	494.621	16.428 5
40	1.488 9	0.671 7	48.886 3	32.834 6	0.020 5	0.030 5	596.856	18.177 6
48	1.612 2	0.620 3	61.222 6	37.974 0	0.016 3	0.026 3	820.146	21.597 6
60	1.816 7	0.550 4	81.669 7	44.955 0	0.012 2	0.022 2	1 192.806	26.533 3
72	2.047 1	0.488 5	104.709 9	51.150 4	0.009 6	0.019 6	1 597.867	31.238 6
84	2.306 7	0.433 5	130.672 3	56.648 5	0.007 7	0.017 7	2 023.315	35.717 0
100	2.704 8	0.369 7	170.481 4	63.028 9	0.005 9	0.015 9	2 605.776	41.342 6
∞				100.000 0		0.010 0		

表 C-5　离散复利 $i=2\%$

N	一次支付		等额系列				均匀梯度	
	复利系数	现值系数	复利系数	现值系数	积累基金系数	资金恢复系数	梯度现值系数	梯度年值系数
	已知 P 求 F F/P	已知 F 求 P P/F	已知 A 求 F F/A	已知 A 求 P P/A	已知 F 求 A A/F	已知 P 求 A A/P	已知 G 求 P P/G	已知 G 求 A A/G
1	1.020 0	0.980 4	1.000 0	0.980 4	1.000 0	1.020 0	0.000	0.000 0
2	1.040 4	0.961 2	2.020 0	1.941 6	0.495 0	0.515 0	0.961	0.495 0
3	1.061 2	0.942 3	3.060 4	2.883 9	0.326 8	0.346 8	2.846	0.986 8
4	1.082 4	0.923 8	4.121 6	3.807 7	0.242 6	0.262 6	5.617	1.475 2
5	1.104 1	0.905 7	5.204 0	4.713 5	0.192 2	0.212 2	9.240	1.960 4
6	1.126 2	0.888 0	6.308 1	5.601 4	0.158 5	0.178 5	13.680	2.442 3
7	1.148 7	0.870 6	7.434 3	6.472 0	0.134 5	0.154 5	18.904	2.920 8
8	1.171.7	0.853 5	8.583 0	7.325 5	0.116 5	0.136 5	24.878	3.396 1
9	1.195 1	0.836 8	9.754 6	8.162 2	0.102 5	0.122 5	31.572	3.868 1
10	1.219 0	0.820 3	10.949 7	8.982 6	0.091 3	0.111 3	38.955	4.336 7
11	1.243 4	0.804 3	12.168 7	9.786 8	0.082 2	0.102 2	46.998	4.802 1
12	1.268 2	0.788 5	13.412 1	10.575 3	0.074 6	0.094 6	55.671	5.264 2
13	1.293 6	0.773 0	14.680 3	11.348 4	0.068 1	0.088 1	64.948	5.723 1
14	1.319 5	0.757 9	15.973 9	12.106 2	0.062 6	0.082 6	74.800	6.178 6
15	1.345 9	0.743 0	17.293 4	12.849 3	0.057 8	0.077 8	85.202	6.630 9
16	1.372 8	0.728 4	18.639 3	13.577 7	0.053 7	0.073 7	96.129	7.079 9
17	1.400 2	0.714 2	20.012 1	14.291 9	0.050 0	0.070 0	107.555	7.525 6
18	1.428 2	0.700 2	21.412 3	14.992 0	0.046 7	0.066 7	119.458	7.968 1
19	1.456 8	0.686 4	22.840 6	15.678 5	0.043 8	0.063 8	131.814	8.407 3
20	1.485 9	0.673 0	24.297 4	16.351 4	0.041 2	0.061 2	144.600	8.843 3
21	1.515 7	0.659 8	25.783 3	17.011 2	0.038 8	0.058 8	157.796	9.276 0
22	1.546 0	0.646 8	27.299 0	17.658 0	0.036 6	0.056 6	171.380	9.705 5
23	1.576 9	0.634 2	28.845 0	18.292 2	0.034 7	0.054 7	185.331	10.131 7
24	1.608 4	0.621 7	30.421 9	18.913 9	0.032 9	0.052 9	199.631	10.554 7
25	1.640 6	0.609 5	32.030 3	19.523 5	0.031 2	0.051 2	214.259	10.974 5
30	1.811 4	0.552 1	40.568 1	22.396 5	0.024 6	0.044 6	291.716	13.025 1
36	2.039 9	0.490 2	51.994 4	25.488 8	0.019 2	0.039 2	392.041	15.380 9
40	2.208 0	0.452 9	60.402 0	27.355 5	0.016 6	0.036 6	461.993	16.888 5
48	2.587 1	0.386 5	79.353 5	30.673 1	0.012 6	0.032 6	605.966	19.755 6
60	3.281 0	0.304 8	114.051 5	34.760 9	0.008 8	0.028 8	823.698	23.696 1
72	4.161 1	0.240 3	158.057 0	37.984 1	0.006 3	0.026 3	1 034.056	27.223 4
84	5.277 3	0.189 5	213.866 6	40.525 5	0.004 7	0.024 7	1 230.419	30.361 6
100	7.244 6	0.138 0	312.232 3	43.098 4	0.003 2	0.023 2	1 464.753	33.986 3
∞				50.000 0		0.020 0		

表 C-6　离散复利 $i=3\%$

N	一次支付		等额系列				均匀梯度	
	复利系数	现值系数	复利系数	现值系数	积累基金系数	资金恢复系数	梯度现值系数	梯度年值系数
	已知 P 求 F	已知 F 求 P	已知 A 求 F	已知 A 求 P	已知 F 求 A	已知 P 求 A	已知 G 求 P	已知 G 求 A
	F/P	P/F	F/A	P/A	A/F	A/P	P/G	A/G
1	1.030 0	0.970 9	1.000 0	0.970 9	1.000 0	1.030 0	0.000	0.000 0
2	1.060 9	0.942 6	2.030 0	1.913 5	0.492 6	0.522 6	0.943	0.492 6
3	1.092 7	0.915 1	3.090 9	2.828 6	0.323 5	0.353 5	2.773	0.980 3
4	1.125 5	0.888 5	4.183 6	3.717 1	0.239 0	0.269 0	5.438	1.463 1
5	1.159 3	0.862 6	5.309 1	4.579 7	0.188 4	0.218 4	8.889	1.940 9
6	1.194 1	0.837 5	6.468 4	5.417 2	0.154 6	0.184 6	13.076	2.413 8
7	1.229 9	0.813 1	7.662 5	6.230 3	0.130 5	0.160 5	17.955	2.881 9
8	1.266 8	0.789 4	8.892 3	7.019 7	0.112 5	0.142 5	23.481	3.345 0
9	1.304 8	0.766 4	10.159 1	7.786 1	0.098 4	0.128 4	29.612	3.803 2
10	1.343 9	0.744 1	11.463 9	8.530 2	0.087 2	0.117 2	36.309	4.256 5
11	1.384 2	0.722 4	12.807 8	9.252 6	0.078 1	0.108 1	43.533	4.704 9
12	1.425 8	0.701 4	14.192 0	9.954 0	0.070 5	0.100 5	51.248	5.148 5
13	1.468 5	0.681 0	15.617 8	10.635 0	0.064 0	0.094 0	59.420	5.587 2
14	1.512 6	0.661 1	17.086 3	11.296 1	0.058 5	0.088 5	68.014	6.021 0
15	1.558 0	0.641 9	18.598 9	11.937 9	0.053 8	0.083 8	77.000	6.450 0
16	1.604 7	0.623 2	20.156 9	12.561 1	0.049 6	0.079 6	86.348	6.874 2
17	1.652 8	0.605 0	21.761 6	13.166 1	0.046 0	0.076 0	96.028	7.293 6
18	1.702 4	0.587 4	23.414 4	13.753 5	0.042 7	0.072 7	106.014	7.708 1
19	1.753 5	0.570 3	25.116 9	14.323 8	0.039 8	0.069 8	116.279	8.117 9
20	1.806 1	0.553 7	26.870 4	14.877 5	0.037 2	0.067 2	126.799	8.522 9
21	1.860 3	0.537 5	28.676 5	15.415 0	0.034 9	0.064 9	137.550	8.923 1
22	1.916 1	0.521 9	30.536 8	15.936 9	0.032 7	0.062 7	148.509	7.318 6
23	1.973 6	0.506 7	32.452 9	16.443 6	0.030 8	0.060 8	159.657	9.709 3
24	2.032 8	0.491 9	34.426 5	16.935 5	0.029 0	0.059 0	170.971	10.095 4
25	2.093 8	0.477 6	36.459 3	17.413 1	0.027 4	0.057 4	182.434	10.476 8
30	2.427 3	0.412 0	47.575 4	19.600 4	0.021 0	0.051 0	241.361	12.314 1
36	2.813 9	0.355 4	60.462 1	21.487 2	0.016 5	0.046 5	301.627	14.037 5
40	3.262 0	0.306 6	75.401 2	23.114 8	0.013 3	0.043 3	361.750	15.650 2
48	3.781 6	0.264 4	92.719 9	24.518 7	0.010 8	0.040 8	420.633	17.155 6
60	4.383 9	0.228 1	112.796 9	25.729 6	0.008 9	0.038 9	477.480	18.557 5
72	5.891 6	0.169 7	163.053 4	27.675 6	0.006 1	0.036 1	583.053	21.067 4
84	10.640 9	0.094 0	321.363 0	30.200 8	0.003 1	0.033 1	756.087	25.035 3
100	19.218 6	0.052 0	607.287 7	31.598 9	0.001 6	0.031 6	879.854	27.844 4
∞				33.333 3		0.030 0		

表 C-7　离散复利 $i=4\%$

N	一次支付		等额系列				均匀梯度	
	复利系数	现值系数	复利系数	现值系数	积累基金系数	资金恢复系数	梯度现值系数	梯度年值系数
	已知 P 求 F F/P	已知 F 求 P P/F	已知 A 求 F F/A	已知 A 求 P P/A	已知 F 求 A A/F	已知 P 求 A A/P	已知 G 求 P P/G	已知 G 求 A A/G
1	1.040 0	0.961 5	1.000 0	0.961 5	1.000 0	1.040 0	0.000	0.000 0
2	1.081 6	0.924 6	2.040 0	1.886 1	0.490 2	0.530 2	0.925	0.490 2
3	1.124 9	0.889 0	3.121 6	2.775 1	0.320 3	0.360 3	2.703	0.973 9
4	1.169 9	0.854 8	4.246 5	3.629 9	0.235 5	0.275 5	5.267	1.451 0
5	1.216 7	0.821 9	5.416 3	4.451 8	0.184 6	0.224 6	8.555	1.921 6
6	1.265 3	0.790 3	6.633 0	5.242 1	0.150 8	0.190 8	12.506	2.385 7
7	1.315 9	0.759 9	7.898 3	6.002 1	0.126 6	0.166 6	17.066	2.843 3
8	1.368 6	0.730 7	9.214 2	6.732 7	0.108 5	0.148 5	22.181	3.294 4
9	1.423 3	0.702 6	10.582 8	7.435 3	0.094 5	0.134 5	27.801	3.739 1
10	1.480 2	0.675 6	12.006 1	8.110 9	0.083 3	0.123 3	33.881	4.177 3
11	1.539 5	0.649 6	13.486 4	8.760 5	0.074 1	0.114 1	40.377	4.609 0
12	1.601 0	0.624 6	15.025 8	9.385 1	0.066 6	0.106 6	47.248	5.034 3
13	1.665 1	0.600 6	16.626 8	9.985 6	0.060 1	0.100 1	54.455	5.453 3
14	1.731 7	0.577 5	18.291 9	10.563 1	0.054 7	0.094 7	61.962	5.865 9
15	1.800 9	0.555 3	20.023 6	11.118 4	0.049 9	0.089 9	69.736	6.272 1
16	1.873 0	0.533 9	21.824 5	11.652 3	0.045 8	0.085 8	77.744	6.672 0
17	1.947 9	0.513 4	23.697 5	12.165 7	0.042 2	0.082 2	85.958	7.065 6
18	2.025 8	0.493 6	25.645 4	12.659 3	0.039 0	0.079 0	94.350	7.453 0
19	2.106 8	0.474 6	27.671 2	13.133 9	0.036 1	0.076 1	102.893	7.834 2
20	2.191 1	0.456 4	29.778 1	13.590 3	0.033 6	0.073 6	111.565	8.209 1
21	2.278 8	0.438 8	31.969 2	14.029 2	0.031 3	0.071 3	120.341	8.577 9
22	2.369 9	0.422 0	34.248 0	14.451 1	0.029 2	0.069 2	129.202	8.940 7
23	2.464 7	0.405 7	36.617 9	14.856 8	0.027 3	0.067 3	138.128	9.297 3
24	2.563 3	0.390 1	39.082 6	15.247 0	0.025 6	0.065 6	147.101	9.647 9
25	2.665 8	0.375 1	41.645 9	15.622 1	0.024 0	0.064 0	156.104	9.992 5
30	3.243 4	0.308 3	56.084 9	17.292 0	0.017 8	0.057 8	201.062	11.627 4
35	3.946 1	0.253 4	73.652 2	18.664 6	0.013 6	0.053 6	244.877	13.119 8
40	4.801 0	0.208 3	95.025 5	19.792 8	0.010 5	0.050 5	286.530	14.476 5
45	5.841 2	0.171 2	121.029 4	20.720 0	0.008 3	0.048 3	325.403	15.704 7
50	7.106 7	0.140 7	152.667 1	21.482 2	0.006 6	0.046 6	361.164	16.812 2
60	10.519 6	0.095 1	237.990 7	22.623 5	0.004 2	0.044 2	422.997	18.697 2
80	23.049 8	0.043 4	551.245 0	23.915 4	0.001 8	0.041 8	511.116	21.371 8
100	50.504 9	0.019 8	1 237.623 7	24.505 0	0.000 8	0.040 8	563.125	22.980 0
∞				25.000 0		0.040 0		

表 C-8　离散复利 $i=5\%$

N	一次支付		等额系列				均匀梯度	
	复利系数	现值系数	复利系数	现值系数	积累基金系数	资金恢复系数	梯度现值系数	梯度年值系数
	已知 P 求 F F/P	已知 F 求 P P/F	已知 A 求 F F/A	已知 A 求 P P/A	已知 F 求 A A/F	已知 P 求 A A/P	已知 G 求 P P/G	已知 G 求 A A/G
1	1.050 0	0.952 4	1.000 0	0.952 4	1.000 0	1.050 0	0.000	0.000 0
2	1.102 5	0.907 0	2.050 0	1.859 4	0.487 8	0.537 8	0.907	0.487 8
3	1.157 6	0.863 8	3.152 5	2.723 2	0.317 2	0.367 2	2.635	0.967 5
4	1.215 5	0.822 7	4.310 1	3.546 0	0.232 0	0.282 0	5.103	1.439 1
5	1.276 3	0.783 5	5.525 6	4.329 5	0.181 0	0.231 0	8.237	1.902 5
6	1.340 1	0.746 2	6.801 9	5.075 7	0.147 0	0.197 0	11.968	2.357 9
7	1.407 1	0.710 7	8.142 0	5.786 4	0.122 8	0.172 8	16.232	2.805 2
8	1.477 5	0.676 8	9.549 1	6.463 2	0.104 7	0.154 7	20.970	3.244 5
9	1.551 3	0.644 6	11.026 6	7.107 8	0.090 7	0.140 7	26.127	3.675 8
10	1.628 9	0.613 9	12.577 9	7.721 7	0.079 5	0.129 5	31.652	4.099 1
11	1.710 3	0.584 7	14.206 8	8.306 4	0.070 4	0.120 4	37.499	4.514 4
12	1.795 9	0.556 8	15.917 1	8.863 3	0.062 8	0.112 8	43.624	4.921 9
13	1.885 6	0.530 3	17.713 0	9.393 6	0.056 5	0.106 5	49.988	5.321 5
14	1.979 9	0.505 1	19.598 6	9.898 6	0.051 0	0.101 0	56.554	5.713 3
15	2.078 9	0.481 0	21.578 6	10.379 7	0.046 3	0.096 3	63.288	6.097 3
16	2.182 9	0.458 1	23.657 5	10.837 8	0.042 3	0.092 3	70.160	6.473 6
17	2.292 0	0.436 3	25.840 4	11.274 1	0.038 7	0.088 7	77.141	6.842 3
18	2.406 6	0.415 5	28.132 4	11.689 6	0.035 5	0.085 5	84.204	7.203 4
19	2.527 0	0.395 7	30.539 0	12.085 3	0.032 7	0.082 7	91.328	7.556 9
20	2.653 3	0.376 9	33.066 0	12.462 2	0.030 2	0.080 2	98.488	7.903 0
21	2.786 0	0.358 9	35.719 3	12.821 2	0.028 0	0.078 0	105.667	8.241 6
22	2.925 3	0.341 8	38.505 2	13.163 0	0.026 0	0.076 0	112.846	8.573 0
23	3.071 5	0.325 6	41.430 5	13.488 6	0.024 1	0.074 1	120.009	8.897 1
24	3.225 1	0.310 1	44.502 0	13.798 6	0.022 5	0.072 5	127.140	9.214 0
25	3.386 4	0.295 3	47.727 1	14.093 9	0.021 0	0.071 0	134.228	9.523 8
30	4.321 9	0.231 4	66.438 8	15.372 5	0.015 1	0.065 1	168.623	10.969 1
35	5.516 0	0.181 3	90.320 3	16.374 2	0.011 1	0.061 1	200.581	12.249 8
40	7.040 0	0.142 0	120.799 8	17.159 1	0.008 3	0.058 3	229.545	13.377 5
45	8.985 0	0.111 3	159.700 2	17.774 1	0.006 3	0.056 3	255.315	14.364 4
50	11.467 4	0.087 2	209.348 0	18.255 9	0.004 8	0.054 8	277.915	15.223 3
60	18.679 2	0.053 5	353.583 7	18.929 3	0.002 8	0.052 8	314.343	16.606 2
80	49.561 4	0.020 2	971.228 8	19.596 5	0.001 0	0.051 0	359.646	18.352 6
100	131.501 3	0.007 6	2 610.025 2	19.847 9	0.000 4	0.050 4	381.749	19.233 7
∞				20.000 0		0.050 0		

表 C-9　离散复利 $i=6\%$

N	一次支付		等额系列				均匀梯度	
	复利系数	现值系数	复利系数	现值系数	积累基金系数	资金恢复系数	梯度现值系数	梯度年值系数
	已知 P 求 F F/P	已知 F 求 P P/F	已知 A 求 F F/A	已知 F 求 P P/A	已知 F 求 A A/F	已知 P 求 A A/P	已知 G 求 P P/G	已知 G 求 A A/G
1	1.060 0	0.943 4	1.000 0	0.943 4	1.000 0	1.060 0	0.000	0.000 0
2	1.123 6	0.890 0	2.060 0	1.833 4	0.485 4	0.545 4	0.890	0.485 4
3	1.191 0	0.839 6	3.183 6	2.673 0	0.314 1	0.374 1	2.569	0.961 2
4	1.262 5	0.792 1	4.374 6	3.465 1	0.228 6	0.288 6	4.946	1.427 2
5	1.338 2	0.747 3	5.637 1	4.212 4	0.177 4	0.237 4	7.935	1.883 6
6	1.418 5	0.705 0	6.975 3	4.917 3	0.143 4	0.203 4	11.459	2.330 4
7	1.503 6	0.665 1	8.393 8	5.582 4	0.119 1	0.179 1	15.450	2.767 6
8	1.593 8	0.627 4	9.897 5	6.209 8	0.101 0	0.161 0	19.842	3.195 2
9	1.689 5	0.591 9	11.491 3	6.801 7	0.087 0	0.147 0	24.577	3.613 3
10	1.790 8	0.558 4	13.180 8	7.360 1	0.075 9	0.135 9	29.602	4.022 0
11	1.898 3	0.526 8	14.971 6	7.886 9	0.066 8	0.126 8	34.870	4.421 3
12	2.012 2	0.497 0	16.869 9	8.383 8	0.059 3	0.119 3	40.337	4.811 3
13	2.132 9	0.468 8	18.882 1	8.852 7	0.053 0	0.113 0	45.963	5.192 0
14	2.260 9	0.442 3	21.015 1	9.295 0	0.047 6	0.107 6	51.713	5.563 5
15	2.396 6	0.417 3	23.276 0	9.712 2	0.043 0	0.103 0	57.555	5.926 0
16	2.540 4	0.393 6	25.672 5	10.105 9	0.039 0	0.099 0	63.459	6.279 4
17	2.692 8	0.371 4	28.212 9	10.477 3	0.035 4	0.095 4	69.401	6.624 0
18	2.854 3	0.350 3	30.905 7	10.827 6	0.032 4	0.092 4	75.357	6.959 7
19	3.025 6	0.330 5	33.760 0	11.158 1	0.029 6	0.089 6	81.306	7.286 9
20	3.207 1	0.311 8	36.785 6	11.469 9	0.027 2	0.087 2	87.230	7.605 1
21	3.399 6	0.294 2	39.992 7	11.764 1	0.025 0	0.085 0	93.114	7.915 1
22	3.603 5	0.277 5	43.392 3	12.041 6	0.023 0	0.083 0	98.941	8.216 6
23	3.819 5	0.261 8	46.995 8	12.303 4	0.021 3	0.081 3	104.701	8.509 9
24	4.048 9	0.247 0	50.815 6	12.550 4	0.019 7	0.079 7	110.381	8.795 1
25	4.291 9	0.233 0	54.864 5	12.783 4	0.018 2	0.078 2	115.973	9.072 2
30	5.743 5	0.174 1	79.058 2	13.764 8	0.012 6	0.072 6	142.359	10.342 2
35	7.686 1	0.130 1	111.434 8	14.498 2	0.009 0	0.069 0	165.743	11.431 9
40	10.285 7	0.097 2	154.762 0	15.046 3	0.006 5	0.066 5	185.957	12.359 0
45	13.764 6	0.072 7	212.743 5	15.455 8	0.004 7	0.064 7	203.110	13.141 3
50	18.420 2	0.054 3	290.335 9	15.761 9	0.003 4	0.063 4	217.457	13.796 4
60	32.987 7	0.030 3	533.128 2	16.161 4	0.001 9	0.061 9	239.043	14.790 9
80	105.796 0	0.009 5	1 746.599 99	16.509 1	0.000 6	0.060 6	262.549	15.903 3
100	339.302 1	0.002 9	5 638.368 11	16.617 5	0.000 2	0.060 2	272.047	16.371 1
∞				16.666 7		0.060 0		

表 C-10　离散复利 $i=7\%$

N	一次支付		等额系列				均匀梯度	
	复利系数	现值系数	复利系数	现值系数	积累基金系数	资金恢复系数	梯度现值系数	梯度年值系数
	已知P求F F/P	已知F求P P/F	已知A求F F/A	已知A求P P/A	已知F求A A/F	已知P求A A/P	已知G求P P/G	已知G求A A/G
1	1.070 0	0.934 6	1.000 0	0.934 6	1.000 0	1.070 0	0.000	0.000 0
2	1.144 9	0.873 4	2.070 0	1.808 0	0.483 1	0.553 1	0.873	0.483 1
3	1.225 0	0.816 3	3.214 9	2.624 3	0.311 1	0.381 1	2.506	0.954 9
4	1.310 8	0.762 9	4.439 9	3.387 2	0.225 2	0.295 2	4.795	1.415 5
5	1.402 6	0.713 0	5.750 7	4.100 2	0.173 9	0.243 9	7.647	1.865 0
6	1.500 7	0.666 3	7.153 3	4.766 5	0.139 8	0.209 8	10.978	2.303 2
7	1.605 8	0.622 7	8.654 0	5.389 3	0.115 6	0.185 6	14.715	2.730 4
8	1.718 2	0.582 0	10.259 8	5.971 3	0.097 5	0.167 5	18.789	3.146 5
9	1.838 5	0.543 9	11.978 0	6.515 2	0.083 5	0.153 5	23.140	3.551 7
10	1.967 2	0.508 3	13.816 4	7.023 6	0.072 4	0.142 4	27.716	3.946 1
11	2.104 9	0.475 1	15.783 6	7.498 7	0.063 4	0.133 4	32.467	4.329 6
12	2.252 2	0.444 0	17.888 5	7.942 7	0.055 9	0.125 9	37.351	4.702 5
13	2.409 8	0.415 0	20.140 6	8.357 7	0.049 7	0.119 7	42.330	5.064 8
14	2.578 5	0.387 8	22.550 5	8.745 5	0.044 4	0.114 3	47.372	5.416 7
15	2.759 0	0.362 4	25.129 0	9.107 9	0.039 8	0.109 8	52.446	5.758 3
16	2.952 2	0.338 7	27.888 1	9.446 6	0.035 9	0.105 9	57.527	6.089 7
17	3.158 8	0.316 6	30.840 2	9.763 2	0.032 4	0.102 4	62.592	6.411 0
18	3.379 9	0.295 9	33.999 0	10.059 1	0.029 4	0.099 4	67.622	6.722 5
19	3.616 5	0.276 5	37.379 0	10.335 6	0.026 8	0.096 8	72.599	7.024 2
20	3.869 7	0.258 4	40.995 5	10.594 0	0.024 4	0.094 4	77.509	7.316 3
21	4.140 6	0.241 5	44.865 2	10.835 5	0.022 3	0.092 3	82.339	7.599 0
22	4.430 4	0.225 7	49.005 7	11.061 2	0.020 4	0.090 4	87.079	7.872 5
23	4.740 5	0.210 9	53.436 1	11.272 2	0.018 7	0.088 7	91.720	8.136 9
24	5.072 4	0.197 1	58.176 7	11.469 3	0.017 2	0.087 2	96.255	8.392 3
25	5.427 4	0.184 2	63.249 0	11.653 6	0.015 8	0.085 8	100.677	8.639 1
30	7.612 3	0.131 4	94.460 8	12.409 0	0.010 6	0.080 6	120.972	9.748 7
35	10.676 6	0.093 7	138.236 9	12.947 7	0.007 2	0.077 2	138.135	10.668 7
40	14.974 5	0.066 8	199.635 1	13.331 7	0.005 0	0.075 0	152.293	11.423 3
45	21.002 3	0.047 6	285.749 5	13.605 5	0.003 5	0.073 5	163.756	12.036 0
50	29.457 0	0.033 9	406.528 9	13.800 7	0.002 5	0.072 5	172.905	12.528 7
60	57.946 4	0.017 3	813.520 4	14.039 2	0.001 2	0.071 2	185.768	13.232 1
80	224.234 4	0.004 5	3 189.062 7	14.222 0	0.000 3	0.070 3	198.075	13.927 3
100	867.716 3	0.001 2	12 381.661 8	14.269 3	0.000 1	0.070 1	202.200	14.170 3
∞				14.285 7		0.070 0		

表 C-11　离散复利 $i=8\%$

N	一次支付		等额系列				均匀梯度	
	复利系数	现值系数	复利系数	现值系数	积累基金系数	资金恢复系数	梯度现值系数	梯度年值系数
	已知P求F F/P	已知F求P P/F	已知A求F F/A	已知A求P P/A	已知F求A A/F	已知P求A A/P	已知G求P P/G	已知G求A A/G
1	1.080 0	0.925 9	1.000 0	0.925 9	1.000 0	1.080 0	0.000	0.000 0
2	1.166 4	0.857 3	2.080 0	1.783 3	0.480 8	0.560 8	0.857	0.480 8
3	1.259 7	0.793 8	3.246 4	2.577 1	0.308 0	0.388 0	2.445	0.948 7
4	1.360 5	0.735 0	4.506 1	3.312 1	0.221 9	0.301 9	4.650	1.404 0
5	1.469 3	0.680 6	5.866 6	3.992 7	0.170 5	0.250 5	7.372	1.846 5
6	1.586 9	0.630 2	7.335 9	4.622 9	0.136 3	0.216 3	10.523	2.276 3
7	1.713 8	0.583 5	8.922 8	5.206 4	0.112 1	0.192 1	14.024	2.693 7
8	1.850 9	0.540 3	10.636 6	5.746 6	0.094 0	0.174 0	17.806	3.098 5
9	1.999 0	0.500 2	12.487 6	6.246 9	0.080 1	0.160 1	21.808	3.491 0
10	2.158 9	0.463 2	14.486 6	6.710 1	0.069 0	0.149 0	25.977	3.871 3
11	2.331 6	0.428 9	16.645 5	7.139 0	0.060 1	0.140 1	30.266	4.239 5
12	2.518 2	0.397 1	18.977 1	7.536 1	0.052 7	0.132 7	34.634	4.595 7
13	2.719 6	0.367 7	21.495 3	7.903 8	0.046 5	0.126 5	39.046	4.940 2
14	2.937 2	0.340 5	24.214 9	8.244 2	0.041 3	0.121 3	43.472	5.273 1
15	3.172 2	0.315 2	27.152 1	8.559 5	0.036 8	0.116 8	47.886	5.594 5
16	3.425 9	0.291 9	30.324 3	8.851 4	0.033 0	0.113 0	52.264	5.904 6
17	3.700 0	0.270 3	33.750 2	9.121 6	0.029 6	0.109 6	56.588	6.203 7
18	3.996 0	0.250 2	37.450 2	9.371 9	0.026 7	0.106 7	60.843	6.492 0
19	4.315 7	0.231 7	41.446 3	9.603 6	0.024 1	0.104 1	65.013	6.769 7
20	4.661 0	0.214 5	45.762 0	9.818 1	0.021 9	0.101 9	69.090	7.036 9
21	5.033 8	0.198 7	50.422 9	10.016 8	0.019 8	0.099 8	73.063	7.294 0
22	5.436 5	0.183 9	55.456 8	10.200 7	0.018 0	0.098 0	76.926	7.541 2
23	5.871 5	0.170 3	60.893 3	10.371 1	0.016 4	0.096 4	80.673	7.778 6
24	6.341 2	0.157 7	66.764 8	10.528 8	0.015 0	0.095 0	84.300	8.006 6
25	6.848 5	0.146 0	73.105 9	10.674 8	0.013 7	0.093 7	87.804	8.225 4
30	10.062 7	0.099 4	113.283 2	11.257 8	0.008 8	0.088 8	103.456	9.189 7
35	14.785 3	0.067 6	172.316 8	11.654 6	0.005 8	0.085 8	116.092	9.961 1
40	21.724 5	0.046 0	259.056 5	11.924 6	0.003 9	0.083 9	126.042	10.569 9
45	31.920 4	0.031 3	386.505 6	12.108 4	0.002 6	0.082 6	133.733	11.044 7
50	46.901 6	0.021 3	573.770 2	12.233 5	0.001 7	0.081 7	139.593	11.410 7
60	101.257 1	0.009 9	1 253.213 3	12.376 6	0.000 8	0.080 8	147.300	11.901 5
80	471.954 8	0.002 1	5 886.935 4	12.473 5	0.000 2	0.080 2	153.800	12.330 1
100	2 199.761 3	0.000 5	27 484.515 7	12.494 3		0.080 0	155.611	12.454 5
∞				12.500 0		0.080 0		

表 C-12　离散复利 $i=9\%$

N	一次支付		等额系列				均匀梯度	
	复利系数	现值系数	复利系数	现值系数	积累基金系数	资金恢复系数	梯度现值系数	梯度年值系数
	已知 P 求 F F/P	已知 F 求 P P/F	已知 A 求 F F/A	已知 A 求 P P/A	已知 F 求 A A/F	已知 P 求 A A/P	已知 G 求 P P/G	已知 G 求 A A/G
1	1.090 0	0.917 4	1.000 0	0.917 4	1.000 0	1.090 0	0.000	0.000 0
2	1.188 1	0.841 7	2.090 0	1.759 1	0.478 5	0.568 5	0.842	0.478 5
3	1.295 0	0.772 2	3.278 1	2.531 3	0.305 1	0.395 1	2.386	0.942 6
4	1.411 6	0.708 4	4.573 1	3.239 7	0.218 7	0.308 7	4.511	1.392 5
5	1.538 6	0.649 9	5.984 7	3.889 7	0.167 1	0.257 1	7.111	1.828 2
6	1.677 1	0.596 3	7.523 3	4.485 9	0.132 9	0.222 9	10.092	2.249 8
7	1.828 0	0.547 0	9.200 4	5.033 0	0.108 7	0.198 7	13.375	2.657 4
8	1.992 6	0.501 9	11.028 5	5.534 8	0.090 7	0.180 7	16.888	3.051 2
9	2.171 9	0.460 4	13.021 0	5.995 2	0.076 8	0.166 8	20.571	3.431 2
10	2.367 4	0.422 4	15.192 9	6.417 7	0.065 8	0.155 8	24.373	3.797 8
11	2.580 4	0.387 5	17.560 3	6.805 2	0.056 9	0.146 9	28.248	4.151 0
12	2.812 7	0.355 5	20.140 7	7.160 7	0.049 7	0.139 7	32.159	4.491 0
13	3.065 8	0.326 2	22.953 4	7.486 9	0.043 6	0.133 6	36.073	4.818 2
14	3.341 7	0.299 2	26.019 2	7.786 2	0.038 4	0.128 4	39.963	5.132 6
15	3.642 5	0.274 5	29.360 9	8.060 7	0.034 1	0.124 1	43.807	5.434 6
16	3.970 3	0.251 9	33.003 4	8.312 6	0.030 3	0.120 3	47.585	5.724 5
17	4.327 6	0.231 1	36.973 7	8.543 6	0.027 0	0.117 0	51.282	6.002 4
18	4.717 1	0.212 0	41.301 3	8.755 6	0.024 2	0.114 2	54.886	6.268 7
19	5.141 7	0.194 5	46.018 5	8.950 1	0.021 7	0.111 7	58.387	6.523 6
20	5.604 4	0.178 4	51.160 1	9.128 5	0.019 5	0.109 5	61.777	6.767 4
21	6.108 8	0.163 7	56.764 5	9.292 2	0.017 6	0.107 6	65.051	7.000 6
22	6.658 6	0.150 2	62.873 3	9.442 4	0.015 9	0.105 9	68.205	7.223 2
23	7.257 9	0.137 8	69.531 9	9.580 2	0.014 4	0.104 4	71.236	7.435 7
24	7.911 1	0.126 4	76.789 8	9.706 6	0.013 0	0.103 0	74.143	7.638 4
25	8.623 1	0.116 0	84.700 9	9.822 6	0.011 8	0.101 8	76.927	7.831 6
30	13.267 7	0.075 4	136.307 5	10.273 7	0.007 3	0.097 3	89.028	8.665 7
35	20.414 0	0.049 0	215.710 8	10.566 8	0.004 6	0.094 6	98.359	9.308 3
40	31.409 4	0.031 8	337.882 4	10.757 4	0.003 0	0.093 0	105.376	9.795 7
45	48.327 3	0.020 7	525.858 7	10.881 2	0.001 9	0.091 9	110.556	10.160 3
50	74.357 5	0.013 4	815.083 6	10.961 7	0.001 2	0.091 2	114.325	10.429 5
60	176.031 3	0.005 7	1 944.792 1	11.048 0	0.000 5	0.090 5	118.968	10.768 3
80	986.551 7	0.001 0	10 950.574 1	11.099 8	0.000 1	0.090 1	122.431	11.029 9
100	5 529.040 8	0.000 2	61 422.675 5	11.109 1	a	0.090 0	123.234	11.093 0
∞				11.111 1		0.090 0		

注：$a<0.000\ 1$。

表 C-13　离散复利 $i=10\%$

N	一次支付		等额系列				均匀梯度	
	复利系数	现值系数	复利系数	现值系数	积累基金系数	资金恢复系数	梯度现值系数	梯度年值系数
	已知 P 求 F F/P	已知 F 求 P P/F	已知 A 求 F F/A	已知 A 求 P P/A	已知 F 求 A A/F	已知 P 求 A A/P	已知 G 求 P P/G	已知 G 求 A A/G
1	1.100 0	0.909 1	1.000 0	0.909 1	1.000 0	1.100 0	0.000	0.000 0
2	1.210 0	0.826 4	2.100 0	1.735 5	0.476 2	0.576 2	0.826	0.476 2
3	1.331 0	0.751 3	3.310 0	2.486 9	0.302 1	0.402 1	2.329	0.936 6
4	1.464 1	0.683 0	4.641 0	3.169 9	0.215 5	0.315 5	4.378	1.381 2
5	1.610 5	0.620 9	6.105 1	3.790 8	0.163 8	0.263 8	6.862	1.810 1
6	1.771 6	0.564 5	7.715 6	4.355 3	0.129 6	0.229 6	9.684	2.223 6
7	1.948 7	0.513 2	9.487 2	4.868 4	0.105 4	0.205 4	12.763	2.621 6
8	2.143 6	0.466 5	11.435 9	5.334 9	0.087 4	0.187 4	16.029	3.004 5
9	2.357 9	0.424 1	13.579 5	5.759 0	0.073 6	0.173 6	19.422	3.372 4
10	2.593 7	0.385 5	15.937 4	6.144 6	0.062 7	0.162 7	22.891	3.725 5
11	2.853 1	0.350 5	18.531 2	6.495 1	0.054 0	0.154 0	26.396	4.064 1
12	3.138 4	0.318 6	21.384 3	6.813 7	0.046 8	0.146 8	29.901	4.388 4
13	3.452 3	0.289 7	24.522 7	7.103 4	0.040 8	0.140 8	33.377	4.698 8
14	3.797 5	0.263 3	27.975 0	7.366 7	0.035 7	0.135 7	36.801	4.995 5
15	4.177 2	0.239 4	31.772 5	7.606 1	0.031 5	0.131 5	40.152	5.278 9
16	4.595 0	0.217 6	35.949 7	7.823 7	0.027 8	0.127 8	43.416	5.549 3
17	5.054 5	0.197 8	40.544 7	8.021 6	0.024 7	0.124 7	46.582	5.807 1
18	5.559 9	0.179 9	45.599 2	8.201 4	0.021 9	0.121 9	49.640	6.052 6
19	6.115 9	0.163 5	51.159 1	8.364 9	0.019 5	0.119 5	52.583	6.286 1
20	6.727 5	0.148 6	57.275 0	8.513 6	0.017 5	0.117 5	55.407	6.508 1
21	7.400 2	0.135 1	64.002 5	8.648 7	0.015 6	0.115 6	58.110	6.718 9
22	8.140 3	0.122 8	71.402 7	8.771 5	0.014 0	0.114 0	60.689	6.918 9
23	8.954 3	0.111 7	79.543 0	8.883 2	0.012 6	0.112 6	63.146	7.108 5
24	9.849 7	0.101 5	88.497 3	8.984 7	0.011 3	0.111 3	65.481	7.288 1
25	10.834 7	0.092 3	98.347 1	9.077 0	0.010 2	0.110 2	67.696	7.458 0
30	17.449 4	0.057 3	164.494 0	9.426 9	0.006 1	0.106 1	77.077	8.176 2
35	28.102 4	0.035 6	271.024 4	9.644 2	0.003 7	0.103 7	83.987	8.708 6
40	45.259 3	0.022 1	442.592 6	9.779 1	0.002 3	0.102 3	88.953	9.096 1
45	72.890 5	0.013 7	718.904 8	9.862 8	0.001 4	0.101 4	92.454	9.374 0
50	117.390 9	0.008 5	1 163.908 5	9.914 8	0.000 9	0.100 9	94.889	9.570 4
60	304.481 6	0.003 3	3 034.816 4	9.967 2	0.000 3	0.100 3	97.701	9.802 3
80	2 048.400 2	0.000 5	20 474.002 1	9.995 1	a	0.100 0	99.561	9.960 9
100	13 780.612 3	0.000 1	137 796.123 4	9.999 3	a	0.100 0	99.920	9.992 7
∞				10.000 0		0.100 0		

注：$a<0.000\ 1$。

表 C-14　离散复利 $i=12\%$

N	一次支付		等额系列				均匀梯度	
	复利系数	现值系数	复利系数	现值系数	积累基金系数	资金恢复系数	梯度现值系数	梯度年值系数
	已知 P 求 F F/P	已知 F 求 P P/F	已知 A 求 F F/A	已知 A 求 P P/A	已知 F 求 A A/F	已知 P 求 A A/P	已知 G 求 P P/G	已知 G 求 A A/G
1	1.120 0	0.892 9	1.000 0	0.892 9	1.000 0	1.120 0	0.000	0.000 0
2	1.254 4	0.797 2	2.120 0	1.690 1	0.471 7	0.591 7	0.797	0.471 7
3	1.404 9	0.711 8	3.374 4	2.401 8	0.296 3	0.416 3	2.221	0.924 6
4	1.573 5	0.635 5	4.779 3	3.037 3	0.209 2	0.329 2	4.127	1.358 9
5	1.762 3	0.567 4	6.352 8	3.604 8	0.157 4	0.277 4	6.397	1.774 6
6	1.973 8	0.506 6	8.115 2	4.111 4	0.123 2	0.243 2	8.930	2.172 0
7	2.210 7	0.452 3	10.089 0	4.563 8	0.099 1	0.219 1	11.644	2.551 5
8	2.476 0	0.403 9	12.299 7	4.967 6	0.081 3	0.201 3	14.471	2.913 1
9	2.773 1	0.360 6	14.775 7	5.328 2	0.067 7	0.187 7	17.356	3.257 4
10	3.105 8	0.322 0	17.548 7	5.650 2	0.057 0	0.177 0	20.254	3.584 7
11	3.478 5	0.287 5	20.654 6	5.937 7	0.048 4	0.168 4	23.129	3.895 3
12	3.896 0	0.256 7	24.133 1	6.194 4	0.041 4	0.161 4	25.952	4.189 7
13	4.363 5	0.229 2	28.029 1	6.423 5	0.035 7	0.155 7	28.702	4.468 3
14	4.887 1	0.204 6	32.392 6	6.628 2	0.030 9	0.150 9	31.362	4.731 7
15	5.473 6	0.182 7	37.279 7	6.810 9	0.026 8	0.146 8	33.920	4.980 3
16	6.130 4	0.163 1	42.753 3	6.974 0	0.023 4	0.143 4	36.367	5.214 7
17	6.866 0	0.145 6	48.883 7	7.119 6	0.020 5	0.140 5	38.697	5.435 3
18	7.690 0	0.130 0	55.749 7	7.249 7	0.017 9	0.137 9	40.908	5.642 7
19	8.612 8	0.116 1	63.439 7	7.365 8	0.015 8	0.135 8	42.998	5.837 5
20	9.646 3	0.103 7	72.052 4	7.469 4	0.013 9	0.133 9	44.968	6.020 2
21	10.803 8	0.092 6	81.698 7	7.562 0	0.012 2	0.132 2	46.819	6.191 3
22	12.100 3	0.082 6	92.502 6	7.644 6	0.010 8	0.130 8	48.554	6.351 4
23	13.552 3	0.073 8	104.602 9	7.718 4	0.009 6	0.129 6	50.178	6.501 0
24	15.178 6	0.065 9	118.155 2	7.784 4	0.008 5	0.128 5	51.693	6.640 6
25	17.000 1	0.058 8	133.333 9	7.843 1	0.007 5	0.127 5	53.105	6.770 8
30	29.959 9	0.033 4	241.332 7	8.055 2	0.004 1	0.124 1	58.782	7.297 4
35	52.799 6	0.018 9	431.663 5	8.175 5	0.002 3	0.122 3	62.605	7.657 7
40	93.051 0	0.010 7	767.091 4	8.243 8	0.001 3	0.121 3	65.116	7.898 8
45	163.987 6	0.006 1	1 358.230 0	8.282 5	0.000 7	0.120 7	66.734	8.057 2
50	289.002 2	0.003 5	2 400.018 2	8.304 5	0.000 4	0.120 4	67.762	8.159 7
60	897.596 9	0.001 1	7 471.641 1	8.324 0	0.000 1	0.120 1	68.810	8.266 4
80	8 658.483 1	0.000 1	72 145.692 5	8.332 4	a	0.120 0	69.359	8.324 1
100	83 522.265 7	a	696 010.547 7	8.333 2	a	0.120 0	69.434	8.332 1
∞				8.333 3		0.120 0		

注：$a<0.000\ 1$。

表 C-15　离散复利 $i=15\%$

N	一次支付		等额系列				均匀梯度	
	复利系数	现值系数	复利系数	现值系数	积累基金系数	资金恢复系数	梯度现值系数	梯度年值系数
	已知 P 求 F F/P	已知 F 求 P P/F	已知 A 求 F F/A	已知 A 求 P P/A	已知 F 求 A A/F	已知 P 求 A A/P	已知 G 求 P P/G	已知 G 求 A A/G
1	1.150 0	0.869 6	1.000 0	0.869 6	1.000 0	1.150 0	0.000	0.000 0
2	1.322 5	0.756 1	2.150 0	1.625 7	0.465 1	0.615 1	0.756	0.465 1
3	1.520 9	0.657 5	3.472 5	2.283 2	0.288 0	0.438 0	2.071	0.907 1
4	1.749 0	0.571 8	4.993 4	2.855 0	0.200 3	0.350 3	3.786	1.326 3
5	2.011 4	0.497 2	6.742 4	3.352 2	0.148 3	0.298 3	5.775	1.722 8
6	2.313 1	0.432 3	8.753 7	3.784 5	0.114 2	0.264 2	7.937	2.097 2
7	2.660 0	0.375 9	11.066 8	4.160 4	0.090 4	0.240 4	10.192	2.449 8
8	3.059 0	0.326 9	13.726 8	4.487 3	0.072 9	0.222 9	12.481	2.781 3
9	3.517 9	0.284 3	16.785 8	4.771 6	0.059 6	0.209 6	14.755	3.092 2
10	4.045 6	0.247 2	20.303 7	5.018 8	0.049 3	0.199 3	16.980	3.383 2
11	4.652 4	0.214 9	24.349 3	5.233 7	0.041 1	0.191 1	19.129	3.654 9
12	5.350 3	0.186 9	29.001 7	5.420 6	0.034 5	0.184 5	21.185	3.908 2
13	6.152 8	0.162 5	34.351 9	5.583 1	0.029 1	0.179 1	23.135	4.143 8
14	7.075 7	0.141 3	40.504 7	5.724 5	0.024 7	0.174 7	24.973	4.362 4
15	8.137 1	0.122 9	47.580 4	5.847 4	0.021 0	0.171 0	26.693	4.565 0
16	9.357 6	0.106 9	55.717 5	5.954 2	0.017 9	0.167 9	28.296	4.752 2
17	10.761 3	0.092 9	65.075 1	6.047 2	0.015 4	0.165 4	29.783	4.925 1
18	12.375 5	0.080 8	75.836 4	6.128 0	0.013 2	0.163 2	31.157	5.084 3
19	14.231 8	0.070 3	88.211 8	6.198 2	0.011 3	0.161 3	32.421	5.230 7
20	16.366 5	0.061 1	102.443 6	6.259 3	0.009 8	0.159 8	33.582	5.365 1
21	18.821 5	0.053 1	118.810 1	6.312 5	0.008 4	0.158 4	34.645	5.488 3
22	21.644 7	0.046 2	137.631 6	6.358 7	0.007 3	0.157 3	35.615	5.601 0
23	24.891 5	0.040 2	159.276 4	6.398 8	0.006 3	0.156 3	36.499	5.704 0
24	28.625 2	0.034 9	184.167 8	6.433 8	0.005 4	0.155 4	37.302	5.797 9
25	32.919 0	0.030 4	212.793 0	6.464 1	0.004 7	0.154 7	38.031	5.883 4
30	66.211 8	0.015 1	434.745 1	6.566 0	0.002 3	0.152 3	40.753	6.206 6
35	133.175 5	0.007 5	881.170 2	6.616 6	0.001 1	0.151 1	42.359	6.401 9
40	267.863 5	0.003 7	1 779.090 3	6.641 8	0.000 6	0.150 6	43.283	6.516 8
45	538.769 3	0.001 9	3 585.128 5	6.654 3	0.000 3	0.150 3	43.805	6.583 0
50	1 083.657 4	0.000 9	7 217.716 3	6.660 5	0.000 1	0.150 1	44.096	6.620 5
60	4 383.998 7	0.000 2	29 219.991 6	6.665 1	a	0.150 0	44.343	6.653 0
80	71 750.879 4	a	478 332.529 3	6.666 6	a	0.150 0	44.436	6.665 6
100	1 174 313.450 7	a	7 828 749.671 3	6.666 7	a	0.150 0	44.444	6.666 6
∞				6.666 7		0.150 0		

注：$a<0.000\ 1$。

表 C-16　离散复利 $i=18\%$

N	一次支付		等额系列				均匀梯度	
	复利系数	现值系数	复利系数	现值系数	积累基金系数	资金恢复系数	梯度现值系数	梯度年值系数
	已知 P 求 F F/P	已知 F 求 P P/F	已知 A 求 F F/A	已知 A 求 P P/A	已知 F 求 A A/F	已知 P 求 A A/P	已知 G 求 P P/G	已知 G 求 A A/G
1	1.180 0	0.847 5	1.000 0	0.847 5	1.000 0	1.180 0	0.000	0.000 0
2	1.392 4	0.718 2	2.180 0	1.565 6	0.458 7	0.638 7	0.718	0.458 7
3	1.643 0	0.608 6	3.572 4	2.174 3	0.279 9	0.459 9	1.935	0.890 2
4	1.938 8	0.515 8	5.215 4	2.690 1	0.191 7	0.371 7	3.483	1.294 7
5	2.287 8	0.437 1	7.154 2	3.127 2	0.139 8	0.319 8	5.231	1.672 8
6	2.699 6	0.370 4	9.442 0	3.497 6	0.105 9	0.285 9	7.083	2.025 2
7	1.017 5	0.313 9	12.141 5	3.811 5	0.082 4	0.262 4	8.967	2.352 6
8	3.758 9	0.266 0	15.327 0	4.077 6	0.065 2	0.245 2	10.829	2.655 8
9	4.435 5	0.225 5	19.085 9	4.303 0	0.052 4	0.232 4	12.633	2.935 8
10	5.233 8	0.191 1	23.521 3	4.494 1	0.042 5	0.222 5	14.353	3.193 6
11	6.175 9	0.161 9	28.755 1	4.656 0	0.034 8	0.214 8	15.972	3.430 3
12	7.287 6	0.137 2	34.931 1	4.793 2	0.028 6	0.208 6	17.481	3.647 0
13	8.599 4	0.116 3	42.218 7	4.909 5	0.023 7	0.203 7	18.877	3.844 9
14	10.147 2	0.098 5	50.818 0	5.008 1	0.019 7	0.199 7	20.158	4.025 0
15	11.973 7	0.083 5	60.965 3	5.091 6	0.016 4	0.196 4	21.327	4.188 7
16	14.129 0	0.070 8	72.939 0	5.162 4	0.013 7	0.193 7	22.389	4.336 9
17	16.672 2	0.060 0	87.068 0	5.222 3	0.011 5	0.191 5	23.348	4.470 8
18	19.673 3	0.050 8	103.740 3	5.273 2	0.009 6	0.189 6	24.212	4.591 6
19	23.214 4	0.043 1	123.413 5	5.316 2	0.008 1	0.188 1	24.988	4.700 3
20	27.393 0	0.036 5	146.628 0	5.352 7	0.006 8	0.186 8	25.681	4.797 8
21	32.323 8	0.030 9	174.021 0	5.383 7	0.005 7	0.185 7	26.300	4.885 1
22	38.142 1	0.026 2	206.344 8	5.409 9	0.004 8	0.184 8	26.851	4.963 2
23	45.007 6	0.022 2	244.486 8	5.432 1	0.004 1	0.184 1	27.339	5.032 9
24	53.109 0	0.018 8	289.494 5	5.450 9	0.003 5	0.183 5	27.773	5.095 0
25	62.668 6	0.016 0	342.603 5	5.466 9	0.002 9	0.182 9	28.156	5.150 2
30	143.370 6	0.007 0	790.948 0	5.516 8	0.001 3	0.181 3	29.486	5.344 8
35	327.997 3	0.003 0	1 818.651 6	5.538 6	0.000 6	0.180 6	30.177	5.448 5
40	750.378 3	0.001 3	4 163.213 0	5.548 2	0.000 2	0.180 2	30.527	5.502 2
45	1 716.683 9	0.000 6	9 531.577 1	5.552 3	0.000 1	0.180 1	30.701	5.529 3
50	3 927.356 9	0.000 3	21 813.093 7	5.554 1	a	0.180 0	30.786	5.542 8
60	20 555.140 0	a	114 189.666 5	5.555 3	a	0.180 0	30.847	5.552 6
80	563 067.660 4	a	3 128 148.113 3	5.555 5	a	0.180 0	30.863	5.555 4
∞				5.555 6		0.180 0		

注：$a<0.000\ 1$。

表 C-17　离散复利 $i=20\%$

N	一次支付		等额系列				均匀梯度	
	复利系数	现值系数	复利系数	现值系数	积累基金系数	资金恢复系数	梯度现值系数	梯度年值系数
	已知 P 求 F F/P	已知 F 求 P P/F	已知 A 求 F F/A	已知 A 求 P P/A	已知 F 求 A A/F	已知 P 求 A A/P	已知 G 求 P P/G	已知 G 求 A A/G
1	1.200 0	0.833 3	1.000 0	0.833 3	1.000 0	1.200 0	0.000	0.000 0
2	1.440 0	0.694 4	2.200 0	1.527 8	0.454 5	0.654 5	0.694	0.454 5
3	1.728 0	0.578 7	3.640 0	2.106 5	0.274 7	0.474 7	1.852	0.879 1
4	2.073 6	0.482 3	5.368 0	2.588 7	0.186 3	0.386 3	3.299	1.274 2
5	2.488 3	0.401 9	7.441 6	2.990 6	0.134 4	0.334 4	4.906	1.640 5
6	2.986 0	0.334 9	9.929 9	3.325 5	0.100 7	0.300 7	6.581	1.978 8
7	3.583 2	0.279 1	12.915 9	3.604 6	0.077 4	0.277 4	8.255	2.290 2
8	4.299 8	0.232 6	16.499 1	3.837 2	0.060 6	0.260 6	9.883	2.575 6
9	5.159 8	0.193 8	20.798 9	4.031 0	0.048 1	0.248 1	11.434	2.836 4
10	6.191 7	0.161 5	25.958 7	4.192 5	0.038 5	0.238 5	12.887	3.073 9
11	7.430 1	0.134 6	32.150 4	4.327 1	0.031 1	0.231 1	14.233	3.289 3
12	8.916 1	0.112 2	39.580 5	4.439 2	0.025 3	0.225 3	15.467	3.484 1
13	10.699 3	0.093 5	48.496 6	4.532 7	0.020 6	0.220 6	16.588	3.659 7
14	12.839 2	0.077 9	59.195 9	4.610 6	0.016 9	0.216 9	17.601	3.817 5
15	15.407 0	0.064 9	72.035 1	4.675 5	0.013 9	0.213 9	18.510	3.958 8
16	18.488 4	0.054 1	87.442 1	4.729 6	0.011 4	0.211 4	19.321	4.085 1
17	22.186 1	0.045 1	105.930 6	4.774 6	0.009 4	0.209 4	20.042	4.197 6
18	26.623 3	0.037 6	128.116 7	4.812 2	0.007 8	0.207 8	20.681	4.297 6
19	31.948 0	0.031 3	154.740 0	4.843 5	0.006 5	0.206 5	21.244	4.386 1
20	38.337 6	0.026 1	186.688 0	4.869 6	0.005 4	0.205 4	21.740	4.464 3
21	46.005 1	0.021 7	225.025 6	4.891 3	0.004 4	0.204 4	22.174	4.533 4
22	55.206 1	0.018 1	271.030 7	4.909 4	0.003 7	0.203 7	22.555	4.594 1
23	66.247 4	0.015 1	326.236 9	4.924 5	0.003 1	0.203 1	22.887	4.647 5
24	79.496 8	0.012 6	392.484 2	4.937 1	0.002 5	0.202 5	23.176	4.694 3
25	95.396 2	0.010 5	471.981 1	4.947 6	0.002 1	0.202 1	23.428	4.735 2
30	237.376 3	0.004 2	1 181.881 6	4.978 9	0.000 8	0.200 8	24.263	4.873 1
35	590.668 2	0.001 7	2 948.341 1	4.991 5	0.000 3	0.200 3	24.661	4.940 6
40	1 469.771 6	0.000 7	7 343.857 8	4.996 6	0.000 1	0.200 1	24.847	4.972 5
45	3 657.262 0	0.000 3	18 281.309 9	4.998 6	0.000 1	0.200 1	24.932	4.987 7
50	9 100.438 2	0.000 1	45 497.190 8	4.999 5	0.000 1	0.200 0	24.970	4.994 5
60	56 347.5144	a	281 732.571 8	4.999 9	a	0.200 0	24.994	4.998 9
80	2 160 228.4620	a	10 801 137.310 1	5.000 0	a	0.200 0	25.000	5.000 0
∞				5.000 0		0.200 0		

注：$a<0.000\ 1$。

表 C-18　离散复利 $i=25\%$

N	一次支付		等额系列				均匀梯度	
	复利系数	现值系数	复利系数	现值系数	积累基金系数	资金恢复系数	梯度现值系数	梯度年值系数
	已知 P 求 F F/P	已知 F 求 P P/F	已知 A 求 F F/A	已知 A 求 P P/A	已知 F 求 A A/F	已知 P 求 A A/P	已知 G 求 P P/G	已知 G 求 A A/G
1	1.250 0	0.800 0	1.000 0	0.800 0	1.000 0	1.250 0	0.000	0.000 0
2	1.562 5	0.640 0	2.250 0	1.440 0	0.444 4	0.694 4	0.640	0.444 4
3	1.953 1	0.512 0	3.812 5	1.952 0	0.262 3	0.512 3	1.664	0.852 5
4	2.441 4	0.409 6	5.765 6	2.361 6	0.173 4	0.423 4	2.893	1.224 9
5	3.051 8	0.327 7	8.207 0	2.689 3	0.121 8	0.371 8	4.204	1.563 1
6	3.814 7	0.262 1	11.258 8	2.951 4	0.088 8	0.338 8	5.514	1.868 3
7	4.768 4	0.209 7	15.073 5	3.161 1	0.066 3	0.316 3	6.773	2.142 4
8	5.960 8	0.167 8	19.841 9	3.328 9	0.050 4	0.300 4	7.947	2.387 2
9	7.450 6	0.134 2	25.802 3	3.463 1	0.038 8	0.288 8	9.021	2.604 8
10	9.313 2	0.107 4	33.252 9	3.570 5	0.030 1	0.280 1	9.987	2.797 1
11	11.641 5	0.085 9	42.566 1	3.656 4	0.023 5	0.273 5	10.846	2.966 3
12	14.551 9	0.068 7	54.207 7	3.725 1	0.018 4	0.268 4	11.602	3.114 5
13	18.189 9	0.055 0	68.759 6	3.780 1	0.014 5	0.264 5	12.262	3.243 7
14	22.737 4	0.044 0	86.949 5	3.824 1	0.011 5	0.261 5	12.833	3.355 9
15	28.421 7	0.035 2	109.686 8	3.859 3	0.009 1	0.259 1	13.326	3.453 0
16	35.527 1	0.028 1	138.108 5	3.887 4	0.007 2	0.257 2	13.748	3.536 0
17	44.408 9	0.022 5	173.635 7	3.909 9	0.005 8	0.255 8	14.109	3.608 4
18	55.511 2	0.018 0	218.044 6	3.927 9	0.004 6	0.254 6	14.415	3.669 8
19	69.388 9	0.014 4	273.555 8	3.942 4	0.003 7	0.253 7	14.674	3.722 2
20	86.736 2	0.011 5	342.944 7	3.953 9	0.002 9	0.252 9	14.893	3.766 7
21	108.420 2	0.009 2	429.680 9	3.963 1	0.002 3	0.252 3	15.078	3.804 5
22	135.525 3	0.007 4	538.101 1	3.970 5	0.001 9	0.251 9	15.233	3.836 5
23	169.406 6	0.005 9	673.626 4	3.976 4	0.001 5	0.251 5	15.363	3.863 4
24	211.758 2	0.004 7	843.032 9	3.981 1	0.001 2	0.251 2	15.471	3.886 1
25	264.697 8	0.003 8	1 054.791 0	3.984 9	0.000 9	0.250 9	15.562	3.905 2
30	807.793 6	0.001 2	3 227.174 3	3.995 0	0.000 3	0.250 3	15.832	3.962 8
35	2 465.190 3	0.000 4	9 856.761 3	3.998 4	0.000 1	0.250 1	15.937	3.985 8
40	7 523.163 8	0.000 1	30 088.655 4	3.999 5	a	0.250 0	15.977	3.994 7
45	22 958.874 0	a	91 831.496 2	3.999 8	a	0.250 0	15.992	3.998 0
50	70 064.923 2	a	280 255.692 9	3.999 9	a	0.250 0	15.997	3.999 3
60	652 530.4468	a	2 610 117.787 2	4.000 0	a	0.250 0	16.000	3.999 9
∞				4.000 0		0.250 0		

注：$a<0.000\ 1$。

# 附录 D　连续复利利息和年金表

r 值的范围为 8%~20%

r —— 连续复利的计息期名义利率

N —— 复利期数

$$(F/P, r, N) = e^{rN}$$

$$(P/F, r, N) = e^{-rN} = \frac{1}{e^{rN}}$$

$$(F/A, r, N) = \frac{e^{rN}-1}{e^{r}-1}$$

$$(P/A, r, N) = \frac{e^{rN}-1}{e^{rN}(e^{r}-1)}$$

表 D-1　连续复利 $r=8\%$

	离散现金流			
	一次支付		等额支付	
N	复利系数	现值系数	复利系数	现值系数
	已知 P 求 F, F/P	已知 F 求 P, P/F	已知 A 求 F, F/A	已知 A 求 P, P/A
1	1.083 3	0.923 1	1.000 0	0.923 1
2	1.173 5	0.852 1	2.083 3	1.775 3
3	1.271 2	0.786 6	3.256 8	2.561 9
4	1.377 1	0.726 1	4.528 0	3.288 0
5	1.491 8	0.670 3	5.905 2	3.958 4
6	1.616 1	0.618 8	7.397 0	4.577 1
7	1.750 7	0.571 2	9.013 1	5.148 3
8	1.896 5	0.527 3	10.763 7	5.675 6
9	2.054 4	0.486 8	12.660 2	6.162 4
10	2.225 5	0.449 3	14.714 7	6.611 7
11	2.410 9	0.414 8	16.940 2	7.026 5
12	2.611 7	0.382 9	19.351 1	7.409 4
13	2.829 2	0.353 5	21.962 8	7.762 9
14	3.064 9	0.326 3	24.792 0	8.089 1
15	3.320 1	0.301 2	27.856 9	8.390 3
16	3.596 6	0.278 0	31.177 0	8.668 4
17	3.896 2	0.256 7	34.773 6	8.925 0
18	4.220 7	0.236 9	38.669 8	9.162 0
19	4.572 2	0.218 7	42.890 5	9.380 7
20	4.953 0	0.201 9	47.462 7	9.582 6
21	5.365 6	0.186 4	52.415 8	9.768 9
22	5.812 4	0.172 0	57.781 3	9.941 0
23	6.296 5	0.158 8	63.593 8	10.099 8
24	6.812 0	0.146 6	69.890 3	10.246 4
25	7.389 1	0.135 3	76.711 3	10.381 7
26	8.004 5	0.124 9	84.100 3	10.506 7
27	8.671 1	0.115 3	92.104 8	10.622 0
28	9.393 3	0.106 5	100.776	10.728 5
29	10.1757	0.098 3	110.169	10.826 9
30	11.023 2	0.090 7	120.345	10.917 4
35	16.444 6	0.060 8	185.439	11.276 5
40	24.532 5	0.040 8	282.547	11.517 2
45	36.598 2	0.027 3	427.416	11.678 6
50	54.598 2	0.018 3	643.535	11.786 8
55	81.450 9	0.012 3	965.947	11.859 3
60	121.510	0.008 2	1 446.93	11.907 9
65	181.272	0.005 5	2 164.47	11.940 4
70	270.426	0.003 7	3 234.91	11.962 3
75	403.429	0.002 5	4 831.83	11.976 9
80	601.845	0.001 7	7 214.15	11.986 7
85	897.847	0.001 1	10 768.1	11.993 3
90	1 339.43	0.000 7	16 070.1	11.997 7
95	1 998.20	0.000 5	23 979.7	12.000 7
100	2 980.96	0.000 3	35 779.3	12.002 6

表 D-2　连续复利 $r=10\%$

N	离散现金流			
	一次支付		等额支付	
	复利系数	现值系数	复利系数	现值系数
	已知 P 求 F, F/P	已知 F 求 P, P/F	已知 A 求 F, F/A	已知 A 求 P, P/A
1	1.105 2	0.904 8	1.000 0	0.904 8
2	1.221 4	0.818 7	2.105 2	1.723 6
3	1.349 9	0.740 8	3.326 6	2.464 4
4	1.491 8	0.670 3	4.676 4	3.134 7
5	1.648 7	0.606 5	6.168 3	3.741 2
6	1.822 1	0.548 8	7.817 0	4.290 0
7	2.013 8	0.496 6	9.639 1	4.786 6
8	2.225 5	0.449 3	11.652 8	5.236 0
9	2.459 6	0.406 6	13.878 4	5.642 5
10	2.718 3	0.367 9	16.338 0	6.010 4
11	3.004 2	0.332 9	19.056 0	6.343 3
12	3.320 1	0.301 2	22.060 4	6.644 5
13	3.669 3	0.272 5	25.380 6	6.917 0
14	4.055 2	0.246 6	29.049 9	7.163 6
15	4.481 7	0.223 1	33.105 1	7.386 7
16	4.953 0	0.201 9	37.586 7	7.588 6
17	5.473 9	0.182 7	42.539 8	7.771 3
18	6.049 6	0.165 3	48.013 7	7.936 6
19	6.685 9	0.149 6	54.063 4	8.086 2
20	7.389 1	0.135 3	60.749 3	8.221 5
21	8.166 2	0.122 5	68.138 3	8.344 0
22	9.025 0	0.110 8	76.304 5	8.454 8
23	9.974 2	0.100 3	85.329 5	8.555 0
24	11.023 2	0.090 7	95.303 7	8.645 8
25	12.182 5	0.082 1	106.327	8.727 8
26	13.463 7	0.074 3	118.509	8.802 1
27	14.879 7	0.067 2	131.973	8.869 3
28	16.444 6	0.060 8	146.853	8.930 1
29	18.174 1	0.055 0	163.298	8.985 2
30	20.085 5	0.049 8	181.472	9.034 9
35	33.115 5	0.030 2	305.364	9.221 2
40	54.598 1	0.018 3	509.629	9.334 2
45	90.017 1	0.011 1	846.404	9.402 7
50	148.413	0.006 7	1 401.65	9.444 3
55	244.692	0.004 1	2 317.10	9.469 5
60	403.429	0.002 5	3 826.43	9.484 8
65	665.142	0.001 5	6 314.88	9.494 0
70	1 096.63	0.000 9	10 417.6	9.499 7
75	1 808.04	0.000 6	17 182.0	9.503 1
80	2 980.96	0.000 3	28 334.4	9.505 1
85	4 914.77	0.000 2	46 721.7	9.506 4
90	8 103.08	0.000 1	77 037.3	9.507 2
95	13 359.7	小于 0.000 1	127 019.0	9.507 6
100	22 026.5	小于 0.000 1	209 425.0	9.507 9

表 D-3 连续复利 $r=20\%$

N	离散现金流 一次支付 复利系数 已知 P 求 F, F/P	离散现金流 一次支付 现值系数 已知 F 求 P, P/F	离散现金流 等额支付 复利系数 已知 A 求 F, F/A	离散现金流 等额支付 现值系数 已知 A 求 P, P/A
1	1.221 4	0.818 7	1.000 0	0.818 7
2	1.491 8	0.670 3	2.221 4	1.489 1
3	1.822 1	0.548 8	3.713 2	2.037 9
4	2.225 5	0.449 3	5.535 3	2.487 2
5	2.718 3	0.367 9	7.760 9	2.855 1
6	3.320 1	0.301 2	10.479 2	3.156 3
7	4.055 2	0.246 6	13.799 3	3.402 9
8	4.953 0	0.201 9	17.854 5	3.604 8
9	6.049 6	0.165 3	22.807 5	3.770 1
10	7.389 1	0.135 3	28.857 2	3.905 4
11	9.025 0	0.110 8	36.246 2	4.016 2
12	11.023 2	0.090 7	45.271 2	4.106 9
13	13.463 7	0.074 3	56.294 4	4.181 2
14	16.444 6	0.060 8	69.758 1	4.242 0
15	20.085 5	0.049 8	86.202 8	4.291 8
16	24.532 5	0.040 8	106.288	4.332 5
17	29.964 1	0.033 4	130.821	4.365 9
18	36.598 2	0.027 3	160.785	4.393 2
19	44.701 2	0.022 4	197.383	4.415 6
20	54.598 1	0.018 3	242.084	4.433 9
21	66.686 3	0.015 0	296.682	4.448 9
22	81.450 9	0.012 3	363.369	4.461 2
23	99.484 3	0.010 1	444.820	4.471 3
24	121.510	0.008 2	544.304	4.479 5
25	148.413	0.006 7	665.814	4.486 2
26	181.272	0.005 5	814.227	4.491 7
27	221.406	0.004 5	995.500	4.496 3
28	270.426	0.003 7	1 216.91	4.500 0
29	330.299	0.003 0	1 487.33	4.503 0
30	403.429	0.002 5	1 817.63	4.505 5
35	1 096.63	0.000 9	4 948.60	4.512 5
40	2 980.96	0.000 3	13 459.4	4.515 1
45	8 103.08	0.000 1	36 594.3	4.516 1
50	22 026.5	<0.000 1	99 481.4	4.516 5
55	59 874.1	<0.000 1	270 426.0	4.516 6
60	162 755.0	<0.000 1	735 103.0	4.516 6

参 考 文 献

［1］沙利文，威克斯，科林. 工程经济学：第 17 版［M］. 北京：清华大学出版社，2020.
［2］刘亚臣. 工程经济学［M］. 北京：高等教育出版社，2021.
［3］程正中，齐园，刁昳. 工程经济学［M］. 北京：机械工业出版社，2023.
［4］邵颖红，黄渝祥，邢爱芳，等. 工程经济学［M］. 上海：同济大学出版社，2009.
［5］倪蓉，陈光. 工程经济学［M］. 2 版. 北京：化学工业出版社，2021.
［6］邵俊岗，肖敏. 工程经济学［M］. 上海：复旦大学出版社. 2020.
［7］黄有亮. 工程经济学原理及应用［M］. 北京：机械工业出版社，2022.
［8］THUESEN G J, FABRYCKY W J. 工程经济学：第 9 版［M］. 北京：清华大学出版社，2005.
［9］王付宇，汪和平，夏明长. 工程经济与项目管理［M］. 北京：机械工业出版社，2021.
［10］尼贝尔，弗瑞瓦兹. 方法、标准与作业设计：第 11 版［M］. 王爱虎，译. 北京：清华大学出版社，2007.
［11］李海莲. 工程经济与项目管理：慕课版［M］. 北京：中国铁道出版社有限公司，2022.